초보자를 위한 **2판**

C# 200제

강병익 지음

정보문화사
Information Publishing Group

초보자를 위한
C# 200제 2판

2판 1쇄 발행 | 2019년 9월 20일
2판 2쇄 발행 | 2021년 6월 10일

지 은 이 | 강병익
발 행 인 | 이상만
발 행 처 | 정보문화사

편 집 진 행 | 노미라

주   소 | 서울시 종로구 동숭길 113 (정보빌딩)
전   화 | (02)3673-0037(편집부) / (02)3673-0114(代)
팩   스 | (02)3673-0260
등   록 | 1990년 2월 14일 제1-1013호
홈 페 이 지 | www.infopub.co.kr

I S B N | 978-89-5674-839-9

머리말

C#은 전통적으로 가장 강력한 프로그래밍 언어인 C와 C++를 계승한 언어입니다. C#은 2000년에 발표되었는데 발표 당시에는 특징이 비슷한 Java와 비교되며 크게 인정받지 못하다가 마이크로소프트의 .NET 프레임워크의 주 언어로 버전이 업데이트될 때마다 크게 발전하여 이제는 현존하는 언어 중 현대 프로그래밍 언어의 특징을 가장 잘 구현한 언어라고 평가받고 있습니다. 2019년 C# 8이 발표되었습니다.

C#은 포인터를 사용하지 않아도 되는 쉬운 문법과 막강한 .NET Framework의 지원, 비주얼 스튜디오라는 강력한 통합개발환경의 무료 제공 등으로 점점 인기가 높아지고 있습니다.

C#은 윈도우 환경에서 GUI를 사용하는 비주얼 프로그래밍에서 더욱 빛을 냅니다. 윈도우 폼과 WPF 템플릿을 사용하면 아주 쉽게 강력한 윈도우 GUI 프로그램이 가능합니다. 이와 같이 C#은 기본적으로 윈도우 데스크톱 프로그램에서 월등한 능력을 발휘하지만 ASP.NET을 활용한 웹 프로그래밍에도 활용되며 Xamarin을 사용하여 Android, IOS, UWP의 크로스 플랫폼 앱 개발이 가능합니다. 또 유니티를 사용하는 게임 프로그램의 주 언어이기도 합니다.

오랜 강의를 통해 프로그램을 배우는 가장 좋은 방법은 학생들이 스스로 흥미 있는 프로그램을 만드는 것이라고 확신합니다. 이 책은 초보자들을 대상으로 C# 프로그래밍 언어를 예제를 통해 공부할 수 있도록 5개 파트, 200개의 예제로 구성하였습니다.

책에 수록된 모든 예제는 비주얼스튜디오 2019에서 작성하고 실행되었습니다. 소스 코드는 정보문화사 홈페이지(infopub.co.kr) 자료실과 저자의 깃허브(github.com/BeeEyeDmu/CSharp200)에서 다운받을 수 있습니다.

마지막으로 책이 출판될 수 있도록 많은 도움을 주신 정보문화사 관계자 여러분께 감사드립니다. 원고를 검토해주고 정리해준 같은 학과의 조용석 교수님과 성광현 학생에게도 감사드립니다. 그리고 항상 응원해주시는 부모님과 장모님, 아내 명희, 딸 경덕, 아들 경원에게도 이 책을 바칩니다.

저자 강병익

이 책의 구성

예제 제목

해당 예제의 번호와 제목을 가장 핵심적인 내용으로 나타냅니다.

학습 내용

해당 예제에서 배울 학습 내용을 설명합니다.

힌트 내용

예제에 대한 힌트나 시간을 절약할 수 있는 방법과 숨겨진 기능을 설명합니다.

소스

예제 파일은 정보문화사 홈페이지 (www.infopub.co.kr) 자료실에서 다운로드 받을 수 있습니다.

예제 소스

단락에서 배울 내용의 전체 예제(소스)를 나타냅니다.

❶

입문

008 Console.WriteLine 메소드로 여러 개의 값을 출력

❷ • **학습 내용** : Console.WriteLine() 메소드로 여러 개의 값을 출력할 수 있습니다.
❸ • **힌트 내용** : 형식(format) 정보를 사용합니다.

여러 개의 변수나 값을 한 문장으로 출력할 수도 있습니다. 이때는 형식(format) 정보를 사용하여 지정한 개체의 텍스트 표현을 콘솔에 출력합니다. 문법은 다음과 같습니다.

```
Console.WriteLine(string format, object arg0, object arg1, ...)
```

여기서 arg0, arg1, ... 등은 출력하고자 하는 데이터들입니다. 문자열로 표시되는 format은 이 데이터들을 어떤 형태로 출력할지를 지정합니다. 콤마 뒤에 따라 나오는 데이터들은 {0}, {1}, {2}와 같이 중괄호 안에 0부터 시작하는 순서로 지정합니다. String.Format()을 사용하면 콘솔에 출력하는 것과 똑같이 문자열에 저장할 수도 있습니다.

❹

File : A008_ConsoleWriteMulti/Program.cs

```
1  using System;
2
3  namespace A008_ConsoleWriteMulti
4  {
5    class Program
6    {
7      static void Main(string[] args)
8      {
9        Console.WriteLine("10 이하의 소수: {0}, {1}, {2}, {3}", 2, 3, 5, 7 );
10
11       string primes;
12       primes = String.Format("10 이하의 소수: {0}, {1}, {2}, {3}", 2, 3, 5, 7);
13       Console.WriteLine(primes);
14     }
15   }
16 }
```

❺ 7

콘솔에 "나이는 "과 age 변수의 값, 그 뒤에 "세, 키는 ", height 변수의 값과 "cm 이군요!" 문자
열을 출력합니다.   ◆ 20~23 ❻

두 줄을 출력하는데 Console.Write()와 Console.WriteLine()을 7개나 사용했습니다. 다음 장에
서 더 효율적으로 출력하는 방법을 알아보겠습니다.

결과 ❼

```
이름을 입력하세요: Steve Enter↵
나이를 입력하세요: 23 Enter↵
카를 입력하세요(cm): 173.2 Enter↵
안녕하세요, Steve님!
나이는 23세, 키는 173.2cm 이군요!
```

NOTE ❽

var형

Visual C# 3.0부터 메소드 범위에서 선언된 변수에 암시적 "형식" var를 사용할 수 있습니다. var 형식은 지
역변수로만 사용할 수 있습니다. 암시적 형식 지역 변수는 형식을 직접 선언한 것처럼 강력한 형식이지만 컴
파일러가 형식을 결정합니다. i의 다음 두 선언은 기능이 동일합니다.

```
var i = 10; // 암시적 형식
int i = 10; // 명시적 형식
```

줄 번호

예제(소스)를 줄 번호에 맞게 차례대로
차근차근 설명해 줍니다.

결과 화면

설명한 예제의 입력, 컴파일, 링크 과
정을 거쳐 예제의 실행 결과를 보여줍
니다. 이 결과와 다르게 나온다면 다시
한 번 확인해 보는 것이 좋습니다.

NOTE

예제를 학습해 보면서 현재 내용과
관련된 추가 정보나 주의할 점, 초보
자가 종종 놓칠 수 있는 내용을 알려
줍니다.

Scheduler 한 달에 책 한 권 끝내기!

공부하고자 마음먹고 책은 샀는데,
어떻게 학습 계획을 세워야할지 막막한가요?

정보문화사가 스케줄러까지 꼼꼼하게 책임지겠습니다. 난이도별로 날짜에 맞춰 차근차근 공부하다보면 어느새 한 달에 한 권 뚝딱 끝내는 마법이 벌어집니다.

이 스케줄러를 기본으로 학습자의 진도에 맞춰 수정하며 연습하여 실력이 향상되길 바랍니다.

1일	2일	3일
PART 1 입문 ● 001~003	● 004~010	● 011~017

4일	5일	6일
● 018~023	● 024~031	● 032~040

7일	8일	9일
● 041~048	● 049~056	**PART 2 초급** ● 057~062

10일	11일	12일
● 063~069	● 070~078	● 079~085

13일	14일	15일
● 086~092	**PART 3 중급** ● 093~099	● 100~107

- ● **PART 1 입문 예제**
- ● **PART 2 초급 예제**
- ● **PART 3 중급 예제**
- ● **PART 4 활용 예제**
- ● **PART 5 실무 예제**

16일	17일	18일
● 108~115	● 116~124	**PART 4 활용** ● 125~132
19일	20일	21일
● 133~140	● 141~149	● 150~159
22일	23일	24일
PART 5 실무 ● 160~165	● 166~170	● 171~174
25일	26일	27일
● 175~180	● 181~186	● 187~192
28일	29일	30일
● 193~196	● 197~198	● 199~200

차례

PART 1 · 입문 · C# 첫발 내딛기

PART 2 **초급** C# 기초 다지기

PART 3 · 중급 · C# 실력 다지기

PART 4 활용 C# 비주얼 프로그래밍

PART 5 **실무** C# 응용 프로그램 작성하기

1
PART 입문

C#
첫발 내딛기

초보자를 위한

C#

200제

간단한 C# 프로그램을 명령줄에서 컴파일하기

- **학습 내용:** 가장 작은 C# 프로그램을 만들어 봅니다.
- **힌트 내용:** 명령줄(Command Line)에서 컴파일하고 실행합니다.

프로그래밍은 소스코드를 작성하고 컴파일한 후 실행하는 과정입니다. C#으로 만드는 가장 작은 프로그램은 어떻게 생겼을까요?

소스 코드를 입력하기 위해 비주얼스튜디오 없이 메모장을 사용해서 코드를 작성하고 컴파일한 후 실행까지 시켜보겠습니다. 메모장에서 다음의 코드를 작성한 후 저장할 때 바탕화면에 CS라는 폴더를 만들고 이곳에 hello.cs라고 저장합니다. cs는 C# 코드 파일의 확장자입니다.

```
hello.cs - 메모장                           —    □    ×
파일(F)  편집(E)  서식(O)  보기(V)  도움말(H)
class Hello
{
    static void Main()
    {
        System.Console.WriteLine("Hello, World");
    }
}
```

[그림 1-1] 메모장으로 만든 hello.cs 프로그램

이 소스파일을 명령프롬프트 창을 열어 컴파일하고 실행해보겠습니다. C# 컴파일러(csc.exe)는 .NET 폴더에 있습니다. 사용하는 컴퓨터마다 차이가 있을 수 있지만 필자의 컴퓨터는 C:\Windows\Microsoft.NET\Framework\v4.0.30319\csc.exe에 있습니다.

윈도우 메뉴에서 cmd를 입력하여 명령프롬프트 창을 엽니다. hello.cs 파일이 저장되어 있는 폴더로 이동합니다. dir 명령을 입력하여 hello.cs 파일이 있는 것을 확인합니다. csc hello.cs 명령으로 컴파일하고 dir 명령으로 hello.exe 실행 파일이 생겼는지 확인합니다. hello를 입력하여 프로그램을 실행시키면 화면에 **Hello, World**라고 출력되는 것을 볼 수 있습니다.

```
cd C:\Users\강병익\Desktop\CS [Enter↵]
C:\Windows\Microsoft.NET\Framework\v4.0.30319\csc.exe hello.cs [Enter↵]
hello [Enter↵]


Hello, World
```

지금 실행한 hello.cs 파일은 화면에 Hello, World라고 출력하는 아주 간단한 프로그램입니다. 이 프로그램의 코드를 살펴보겠습니다.

📁 File: A001/Hello.cs

```
1 class Hello
2 {
3     static void Main()
4     {
5         System.Console.WriteLine("Hello, World");
6     }
7 }
```

C#은 class가 프로그램의 기본 단위입니다. 따라서 필드(변수)나 메소드(함수) 등의 프로그램 구성 요소들은 반드시 class 안에 존재해야 합니다. ◆ 1

C나 C++에서와 같이 메인 함수가 있습니다. C나 C++과 달리 대문자 Main()으로 반드시 있어야 하며 이곳이 프로그램의 시작점입니다. ◆ 3

WriteLine()은 화면에 문자열을 출력하는 메소드입니다. 이 메소드는 Console 클래스에 속하며 .NET 프레임워크의 System이라는 네임스페이스에 속합니다. 네임스페이스는 using 키워드를 써서 프로그램 앞부분에 써줄 수 있습니다. 그럴 경우에는 프로그램은 다음과 같습니다. ◆ 5

```
1 using System;
2
3 class Hello
4 {
5     static void Main()
6     {
7         Console.WriteLine("Hello, World");
8     }
9 }
```

1 ◆ using 문으로 System 네임스페이스를 포함시킵니다.

7 ◆ using System을 써주었기 때문에 System을 생략하고 Console.WriteLine()만 써도 출력이 가능합니다. 보통의 경우 이 프로그램처럼 using을 사용해서 필요한 네임스페이스들을 포함시킵니다.

문법적으로 가능한 가장 작은 프로그램은 다음과 같습니다. 물론 이 프로그램은 Main() 안에 코드가 없기 때문에 아무 일도 하지 않습니다.

```
1 class Hello
2 {
3     static void Main()
4     {
5     }
6 }
```

비주얼스튜디오 없이 프로그램을 만들고 컴파일하고 실행도 할 수 있지만 생산성이 너무 떨어집니다. 앞으로는 강력한 통합 개발 환경인 비주얼스튜디오를 사용해서 프로그램을 하겠습니다.

비주얼스튜디오 설치하고 출력

입문

002

- **학습 내용:** 비주얼스튜디오를 설치하여 C# 프로그램을 만들고 실행합니다.
- **힌트 내용:** visualstudio.com 사이트에서 Community 2019를 설치합니다.

비주얼스튜디오는 C# 프로그램 개발을 위한 가장 좋은 통합 개발 환경(IDE, Integrated Development Environment)입니다. 소스코드를 입력하고 빌드하고 실행하는 모든 작업을 비주얼스튜디오에서 할 수 있습니다. 비주얼스튜디오는 마이크로소프트에서 만들고 배포하고 있습니다. 2019년 4월에 최신 버전인 2019가 배포되었습니다. https://visualstudio.com에서 무료로 배포되는 Community 2019를 설치하면 됩니다.

[그림 2-1] visualstudio.com 사이트

Community 2019를 다운로드하면 자동으로 Visual Studio Installer를 다운받아 설치합니다. 여기서 설치할 요소를 선택하게 하는데 우리가 개발하는 환경은 .NET 데스크톱 환경이므로 .NET 데스크톱 개발만 선택하고 설치를 누릅니다. 이때 필요한 공간은 약 4GB입니다. 다른 요소들이 필요하면 나중에 추가 설치를 할 수 있습니다. 설치 버튼을 누르면 다운로드가 진행되고 다운로드가 끝나면 설치가 진행됩니다.

[그림 2-2] .NET 데스크톱 개발 선택 후 설치   **[그림 2-3]** 콘솔 앱(.NET Framework) 선택

비주얼스튜디오를 실행하고 첫 번째 프로그램을 작성하겠습니다. [그림 2-3]의 화면에서 언어를 C#으로, 프로젝트 형식을 콘솔로 선택하고 콘솔 앱(.NET Framework)을 선택합니다. 다음을 누르고 [그림 2-4]의 화면에서 프로젝트의 이름을 A002_HelloWorld라고 입력합니다.

[그림 2-4] 프로젝트 이름 입력   **[그림 2-5]** HelloWorld 프로젝트의 시작 화면

[그림 2-5]를 보면 우리가 프로그램을 입력하기도 전에 using, namespace, class, Main()과 같은 필요한 코드 블록이 입력되어 있습니다. 이를 지우고 다시 코딩해도 되고, 보통은 그대로 두고 필요한 코드을 추가하여 프로그램합니다. 소스 파일의 이름은 디폴트로 Program.cs입니다. 솔루션 탐색기 창에서 프로그램의 이름을 바꾸어도 됩니다.

📁 File: A002_HelloWorld/Program.cs

```
1 using System;
2
3 namespace A002_HelloWorld
4 {
5   class Program
6   {
7     static void Main(string[] args)
8     {
9       Console.WriteLine("Hello, World");
10    }
11  }
12 }
```

System 네임스페이스가 필요합니다. [그림 2-5]의 소스 창에는 System외에도 4개의 네임스페이스가 using 문에 포함되어 있습니다. 프로그램에서 사용되지 않는 네임스페이스는 흐리게 표시됩니다. Console.WriteLine()을 위해 System 네임스페이스만 필요하므로 나머지는 지웁니다. ◆ 1

네임스페이스는 디폴트로 프로젝트의 이름과 같이 만들어집니다. ◆ 3

Program 클래스입니다. C#은 필드나 메서드 등의 프로그램 구성요소들이 반드시 클래스 안에 있어야 합니다. ◆ 5

Main() 메소드는 프로그램의 진입점입니다. 여러 클래스가 있다면 그 중에 하나에만 들어가 있어야 합니다. ◆ 7

Console.WriteLine() 메서드를 사용하여 메시지를 출력합니다. ◆ 9

프로그램을 빌드하고 실행할 때 두 가지 옵션이 있습니다. 하나는 F5(디버깅 시작)이고 또 하나는 Ctrl+F5(디버그하지 않고 시작)입니다. 콘솔 프로그램에서 F5로 실행하면 콘솔창이 떴다가 바로 없어져버려서 결과를 확인할 수 없습니다. 콘솔 프로그램을 실행하고 결과를 확인하기 위해서는 Ctrl+F5를 누릅니다.

결과

Hello World!

콘솔에서 읽고 쓰기

- **학습 내용 :** 화면에 이름을 입력하면 그 이름과 함께 인사말을 출력합니다.
- **힌트 내용 :** .NET 프레임워크에서 콘솔 응용 프로그램을 만들어 입력과 출력을 해봅니다.

프로그램은 입력과 출력을 할 수 있어야 합니다. 비주얼스튜디오에서 콘솔 응용프로그램을 만들고 입력과 출력을 연습해 봅니다.

일반적으로 입력은 키보드로, 출력은 모니터에서 하는데 이것을 콘솔(Console)이라고 합니다. 원래 콘솔이라는 말은 컴퓨터에 연결되어 시스템의 상황을 모니터하는데 사용되는 터미널을 의미하는 것으로 보통 모니터와 키보드가 조합된 장치를 말합니다.

콘솔 앱은 System.Console 클래스를 사용하여 콘솔로부터 문자를 읽거나 콘솔에 문자를 출력할 수 있습니다. 콘솔의 데이터는 표준 입력 스트림에서 읽혀지고 표준 출력 스트림으로 쓰여지며, 콘솔의 오류 데이터는 표준 오류 출력 스트림으로 쓰여집니다. 이러한 스트림은 응용 프로그램이 시작될 때 콘솔과 자동으로 연결되며 In, Out 및 Error 속성으로 나타납니다.

그래픽 응용 프로그램과 같이 Windows 기반 응용 프로그램 내에 콘솔이 존재하지 않을 경우 정보를 쓸 콘솔이 없으므로 표준 출력 스트림에 쓰여지는 출력은 보이지 않습니다.

콘솔 입출력 메소드	동작
int Console.Read()	콘솔에서 한 글자를 읽는다
string Console.ReadLine()	콘솔에서 한 줄을 읽는다
void Console.Write(string)	콘솔에 문자열(스트링)을 출력한다
void Console.WrietLine(string)	콘솔에 문자열(스트링)을 출력하고 줄을 바꾼다

다음의 프로그램을 작성해 보겠습니다.

📁 File: A003_Console/Program.cs

```
1  using System;
2
3  namespace A003_Console
4  {
5    class Program
6    {
7      static void Main(string[] args)
8      {
9        Console.Write("Hello ");
10       Console.WriteLine("World!");
11       Console.Write("이름을 입력하세요: ");
12
13       string name = Console.ReadLine();    // 이름을 입력받습니다.
14       Console.Write("안녕하세요, ");
15       Console.Write(name);
16       Console.WriteLine("님!");
17     }
18   }
19 }
```

콘솔에 "Hello World!"라고 출력합니다. Write()는 줄바꿈을 하지 않고 WriteLine()은 줄바꿈을 합니다. ◆ 9~10

콘솔에 "이름을 입력하세요: "라고 출력합니다. 줄바꿈은 하지 않습니다. ◆ 11

콘솔에서 입력을 받습니다. 입력받은 문자열을 name이라는 변수에 저장합니다. ◆ 13

콘솔에 "안녕하세요, "와 name 변수의 값, 그리고 "님!"이라고 출력합니다. ◆ 14~16

결과

```
Hello World!
이름을 입력하세요: Steve Enter↵
안녕하세요, Steve님!
```

변수 선언 및 자료형(Type)

- **학습 내용:** 변수 사용 방법을 학습합니다.
- **힌트 내용:** 입력된 값을 변수에 저장하고 콘솔에 변수의 내용을 출력합니다.

프로그래밍에서 변수(variable)라는 용어가 많이 사용됩니다. 변수는 무엇일까요?
수학에서 말하는 변수는 말 그대로 변하는 숫자인데, C#을 비롯한 모든 프로그래밍 언어에서 변수는 **값을 저장하는 곳**이라고 생각해야 합니다. 컴퓨터에서 모든 데이터는 메모리의 특정 위치에 저장되기 때문입니다. 하나의 변수는 한 순간에 하나의 값을 저장하고 있으며, 이 값은 변할 수 있습니다.

다음과 같이 프로그램하면, 첫 문장에서 x에는 1이라는 값이 저장되고, 두 번째 문장에서 x값에 1을 더한 값, 즉 2가 x에 저장됩니다. 따라서 x는 처음에 1이라는 값을 가지고 있다가 2라는 값으로 바뀌게 되는 것입니다. 그래서 변수, 즉 변하는 수라는 이름을 갖게 된 것입니다.

```
x = 1;
x = x + 1;
```

프로그램에서 변수는 데이터를 저장하기 위해서 사용합니다. 변수에 값이 한 번 할당되면 다시 할당될 때까지 그 값을 유지합니다. 변수의 값은 언제든지 새로운 값으로 할당할 수 있습니다. 변수에 새로운 값이 할당되면 이전에 저장되었던 값은 없어집니다.
변수는 자료형(type)을 갖습니다. 자료형은 저장할 수 있는 자료의 종류에 따라 구분합니다. 즉, 문자, 문자열, 정수, 실수 등 어떤 형식의 값을 저장하는 지에 따라 변수의 형이 정해집니다. 변수는 사용하기 전에 자료형과 함께 선언(declare)해 주어야 합니다.

```
자료형 변수이름;
```

예를 들면 이름은 문자열이므로 이름을 저장하는 변수는 string name;과 같이 선언합니다.

```
string name;        // 스트링 타입의 변수 name 선언
name = "Steve";     // name 변수에 "Steve" 값을 할당
```

변수는 선언과 동시에 값을 할당할 수도 있습니다.

```
string name = "Steve";      // 선언과 동시에 값을 할당할 수 있음
```

C#에서 제공하는 기본 자료형의 종류는 bool, byte, sbyte, char, decimal, double, float, int, uint, long, ulong, short, ushort, string이 있습니다.

이중 숫자 형식만을 정리하면 다음의 표와 같습니다. 각 형식의 최대값과 최소값은 MaxValue와 MinValue 속성으로 정의되어 있습니다. 예를 들어 int형의 최대값과 최소값은 int.MaxValue, int. MinValue로 사용하면 됩니다.

분류	형식	크기	표현할 수 있는 수의 범위
부호있는 정수	sbyte	8 bit	−128~127
	short	16 bit	−32,768~32,767
	int	32 bit	−2,147,483,648~2,147,483,647
	long	64 bit	−9,223,372,036,854,775,808~9,223,372,036,854,775,807
부호없는 정수	byte	8 bit	0~255
	ushort	16 bit	0~65,535
	uint:	32 bit	0~4,294,967,295
	ulong	64 bit	0~18,446,744,073,709,551,615
부동 소수점	float	32 bit	$1.5 \times 10^{-45} - 3.4 \times 10^{38}$, 전체 자릿수 7자리
	double	64 bit	$5.0 \times 10^{-324} - 1.7 \times 10^{308}$, 전체 자릿수 15자리
Decimal	decimal	128 bit	$-7.9 \times 10^{-28} - 7.9 \times 10^{28}$, 전체 자릿수 28자리 이상

이름, 나이, 키를 입력하고 출력하는 프로그램을 작성해 보겠습니다.

📁 File: A004_Variable/Program.cs

```
1 using System;
2
3 namespace A004_Variable
4 {
5   class Program
6   {
```

```
 7    static void Main(string[] args)
 8    {
 9      Console.Write("이름을 입력하세요: ");
10      string name = Console.ReadLine();
11      Console.Write("나이를 입력하세요: ");
12      int age = int.Parse(Console.ReadLine());
13      Console.Write("키를 입력하세요(cm): ");
14      float height = float.Parse(Console.ReadLine());
15
16      Console.Write("안녕하세요, ");
17      Console.Write(name);
18      Console.WriteLine("님!");
19
20      Console.Write("나이는 ");
21      Console.Write(age);
22      Console.Write("세, 키는 ");
23      Console.Write(height);
24      Console.WriteLine("cm 이군요!");
25    }
26  }
27 }
```

9 ◆ 콘솔에 "이름을 입력하세요: "라고 출력합니다. 줄바꿈은 하지 않습니다.

10 ◆ string 변수 name을 선언하고 콘솔에서 입력받은 문자열을 name 변수에 할당합니다. Console. ReadLine()은 콘솔에 입력되는 값을 무조건 string으로 반환합니다.

11 ◆ 콘솔에 "나이를 입력하세요: "라고 출력합니다. 줄바꿈은 하지 않습니다.

12 ◆ int형 변수 age를 선언하고 입력받은 문자열을 정수로 바꾸어 할당합니다.

13 ◆ 콘솔에 "키를 입력하세요(cm): "라고 출력합니다. 줄바꿈은 하지 않습니다.

14 ◆ float형 변수 height를 선언하고 입력받은 문자열을 float로 바꾸어 할당합니다.

16~18 ◆ 콘솔에 "안녕하세요, "와 name 변수의 값, 그 뒤에 "님!"을 출력합니다.

콘솔에 "나이는 "과 age 변수의 값, 그 뒤에 "세, 키는 ", height 변수의 값과 "cm 이군요!" 문자열 ◆ 20~23
을 출력합니다.

두 줄을 출력하는데 Console.Write()와 Console.WriteLine()을 7개나 사용했습니다. 다음 장에서
더 효율적으로 출력하는 방법을 알아보겠습니다.

결과

이름을 입력하세요: **Steve** `Enter↵`
나이를 입력하세요: **23** `Enter↵`
키를 입력하세요(cm): **173.2** `Enter↵`
안녕하세요, Steve님!
나이는 23세, 키는 173.2cm 이군요!

 N O T E

var형

Visual C# 3.0부터 메소드 범위에서 선언된 변수에 암시적 "형식" var을 사용할 수 있습니다. var 형식은 지역변수로만 사용할 수 있습니다. 암시적 형식 지역 변수는 형식을 직접 선언한 것처럼 강력한 형식이지만 컴파일러가 형식을 결정합니다. i의 다음 두 선언은 기능이 동일합니다.

```
var i = 10; // 암시적 형식
int i = 10; // 명시적 형식
```

문자와 문자열

- **학습 내용:** 문자열을 사용하는 방법을 학습합니다.
- **힌트 내용:** 문자열의 연산에 대해 알아보겠습니다.

기본 데이터 형식 중 하나인 char는 영문자, 숫자, 한글 등 UTF-16으로 코딩된 문자 하나를 저장할 수 있습니다. 예를 들어 char는 'A', '1', '가'와 같은 값을 저장할 수 있습니다. 이때 문자 하나를 표시하는 방법은 홑 따옴표, 즉 single quote(')를 사용하는 것입니다.

C#뿐 아니라 많은 프로그래밍 언어에서는 A와 'A'와 "A"는 완전히 다른 의미를 갖습니다. A는 변수명이고 'A'는 문자(char), "A"는 문자열(string)을 의미합니다. C#에서 한글도 변수명으로 사용될 수 있기 때문에 가, '가', "가"도 마찬가지입니다. 1과 '1'과 "1"도 완전히 다르게 처리됩니다. 1은 숫자, '1'은 문자(char), "1"은 문자열(string)입니다.

문자 하나보다는 여러 문자들이 모여야 의미를 갖는 경우가 많기 때문에 문자를 연결한 문자열을 많이 사용합니다. "가나다", "ABCD", "123" 등은 모두 문자열입니다. 문자열을 표시하는 방법은 겹 따옴표, 즉 double quote(")를 사용하는 것입니다.

C#에서 문자열을 저장하기 위해서는 string 형식의 변수를 사용합니다. string은 System.String의 별칭이므로 대문자로 시작하는 String을 써도 똑같이 인식됩니다. string의 특징 몇 가지를 더 알아보겠습니다.

(1) string의 개별 문자에 대한 읽기 전용 액세스를 위해 [] 연산자를 사용할 수 있습니다. 다음 예과 같이 string의 개별 문자를 배열과 같이 [] 연산자와 0부터 시작하는 인덱스를 이용하여 사용할 수 있습니다.

```
string str = "test";
char x = str[2];   // x = 's';
```

(2) 백슬래시(\) 뒤에 한 문자나 숫자가 오는 문자 조합을 "이스케이프 시퀀스"라고 합니다. 줄바꿈 문자('\n'), 따옴표('\''), 탭('\t') 또는 문자 상수의 다른 특정 문자를 나타내려면 이스케이프 시퀀스를 사용해야 합니다. 이스케이프 시퀀스는 단일 문자로 간주됩니다. 콘솔에 백슬래

시(\)를 출력하고 싶다면 백슬래시 두 개(\\)를 써야 합니다. 왜냐하면 첫 번째 백슬래시는 이스케이프 시퀀스의 시작을 알리는 용도이기 때문에 두 개를 써야 백슬래시 하나를 출력합니다.

(3) 겹 따옴표(") 앞에 @를 쓰면 이스케이프 시퀀스를 무시합니다.

```
string b = @"c:\Docs\Source\a.txt";      // "c:\\Docs\\Source\\a.txt"와 동일
Console.WriteLine(@"abc\nabc");          // "abc\nabc"라고 출력
```

(4) string 타입의 변수에 사용되는 연산자는 다음과 같이 세 가지가 있습니다.

연산자	사용예	의미
==	a == b	string a와 b가 같다.
!=	a != b	string a와 b가 같지 않다.
+	a + b	string a와 b를 연결한다.

📁 File: A005_string/Program.cs

```
1  using System;
2
3  namespace A005_string
4  {
5    class Program
6    {
7      static void Main(string[] args)
8      {
9        string a = "hello";
10       string b = "h";
11
12       b = b + "ello";
13       Console.WriteLine(a == b);
14       Console.WriteLine("b = " + b);
15
16       int x = 10;
17       string c = b + '!' + " " + x;
18       Console.WriteLine("c = " + c);
```

```
19    }
20  }
21 }
```

9 ◆ string 변수 a에 "hello" 문자열을 할당합니다.

10 ◆ string 변수 b에 문자열 "h"를 할당합니다.

12 ◆ + 연산자는 두 문자열을 연결하니까 "h" + "ello", 즉 b는 "hello"가 됩니다.

13 ◆ a==b는 두 문자열을 비교하는데 둘 다 "hello"이므로 true를 출력합니다.

14 ◆ 콘솔에 "b = "과 b를 연결한 문자열을 출력합니다. 즉 "b = hello"라고 출력하게 됩니다.

17 ◆ string 변수 c에 string c의 값(hello)와 문자 '!'와 문자열 " "(빈칸)과 int x의 값을 연결하여 할당합니다. string에 다른 자료형의 값을 +연산자로 연결하면 다른 자료형이 string으로 바뀌어 연결됩니다. 그래서 string c의 값은 "hello! 10"이 됩니다.

결과

```
True
b = hello
c = hello! 10
```

대입연산자와 대입문

- **학습 내용 :** 대입연산자(=)에 대해 학습합니다.
- **힌트 내용 :** 대입문을 사용하는 방법을 학습합니다.

프로그래밍 언어에서 제일 많이 나오는 글자는 아마도 '='입니다. 수학에서 사용할 때는 "등호"이고 "같다"라는 뜻이지만 프로그래밍 언어에서 '='는 "같다"의 의미가 절대 아닙니다. 예를 들어, x = 1;이라는 문장이 있습니다. 이 문장은 "x는 1이다"라는 뜻이 **절대** 아닙니다. 이 문장의 뜻은 "1이라는 **값**을 x라는 **곳**에 넣어라"라는 뜻입니다. 간단하게 "1을 x에 넣어라"라고 읽는 것이 좋습니다.

여기서 **값**과 **곳**이라는 말이 중요합니다. '=' 표시의 오른쪽은 **값**, 왼쪽은 **곳**을 의미합니다. 즉 '=' 표시의 오른쪽을 rhs(right hand side) value, 왼쪽을 lhs(left hand side) identifier(식별자)라고 합니다. 중요한 것은 rhs는 변수, 값, 수식 등이 올 수 있지만 lhs는 **변수**만이 올 수 있다는 것입니다.

자주 나오는 표현 중에, x = x + 1;이라는 문장이 있습니다. 수학적으로는 말이 안 됩니다. 어떻게 x가 x+1과 같겠습니까? 이 문장은 "x값에 1을 더한 값을 x에 넣어라"라는 뜻입니다. 똑같은 x 라도 =의 오른쪽에 있으면 값, 왼쪽에 있으면 변수가 되는 것입니다.

문법적으로는 '='를 대입연산자, '='이 있는 문장을 "대입문"이라고 부릅니다.

프로그래밍 언어에서 1=x;이라는 문장은 없습니다. '='의 왼쪽에는 반드시 값을 저장할 수 있는 변수가 와야 하기 때문이죠. 그럼 이건 어떨까요?

```
x + 1 = 3;
x + y = z + 1;
```

컴파일을 해보십시오. "할당식의 왼쪽은 변수, 속성 또는 인덱서여야 합니다."라는 에러가 나옵니다. lhs 즉 '='의 왼쪽은 무조건 변수가 와야 하고 '='의 오른쪽은 값이 와야 합니다.

```csharp
1  using System;
2
3  namespace CS200
4  {
5    class Program
6    {
7      static void Main(string[] args)
8      {
9        int i;
10       double x;
11
12       i = 5;
13       x = 3.141592;
14       Console.WriteLine("i = " + i + ", x = " + x);
15
16       x = i;              // 암시적 형변환
17       i = (int)x;         // 캐스트가 필요함
18       Console.WriteLine("i = " + i + ", x = " + x);
19     }
20   }
21 }
```

9~10 ◆ int 변수 i를 선언하고 double 변수 x를 선언합니다.

12~13 ◆ 변수 i에 정수 5를 할당하고 변수 x에 실수 3.141592를 할당합니다.

14 ◆ 콘솔에 i와 x의 값을 출력합니다. Console.WriteLine() 메소드는 매개변수로 문자열을 + 연산자로 합쳐서 출력합니다. 이때 변수 i와 변수 x는 문자열이 아니지만 문자열과 + 연산자로 연결되면 자동으로 문자열로 변환되어 합쳐집니다.

16 ◆ double 변수 x에 int 변수 i의 값을 할당합니다. int는 4바이트(32비트), double은 8바이트(64비트)이므로 값 손실없이 암시적으로 변환하여 할당할 수 있습니다.

17 ◆ int 변수 i에 double 변수 x의 값을 할당합니다. 더 큰 자료형을 더 작은 자료형으로 변환하기 때문에 (int)x로 형변환을 하여 할당해야 합니다. 이것을 캐스트(cast)라고 합니다.

콘솔에 i와 x의 값을 출력합니다. 문자열을 + 연산자로 합쳐서 출력합니다. ◆ 18

결과

```
i = 5, x = 3.141592
i = 5, x = 5
```

Console.WriteLine 메소드

• **학습 내용:** Concole.WriteLine() 메소드의 출력 방법을 학습합니다.
• **힌트 내용:** WriteLine() 메소드를 사용하는 다양한 방법이 있습니다.

Console.Write()와 Console.WriteLine() 메소드는 하나의 변수나 값을 출력할 때는 어떤 자료형이라도 출력이 가능합니다. 이것은 이 메소드가 여러 가지 자료형에 대해 중복(overload)되어 있기 때문입니다. 다음은 여러 가지 자료형의 변수들을 출력하는 예제입니다. 변수나 값을 출력하면 자료형마다 디폴트로 정해진 형식으로 콘솔에 출력됩니다.

File: A007_ConsoleWriteLine/Program.cs

```csharp
1 using System;
2
3 namespace A007_ConsoleWriteLine
4 {
5   class Program
6   {
7     static void Main(string[] args)
8     {
9       bool b = true;
10      char c = 'A';
11      decimal d = 1.234m;     // m은 decimal 형의 접미사
12      double e = 1.23456789;
13      float f = 1.23456789f; // f는 float 형의 접미사
14      int i = 1234;
15      string s = "Hello";
16
17      Console.WriteLine(b);
18      Console.WriteLine(c);
19      Console.WriteLine(d);
20      Console.WriteLine(e);
21      Console.WriteLine(f);
```

```
22        Console.WriteLine(i);
23        Console.WriteLine(s);
24    }
25  }
26 }
```

결과

```
True
A
1.234
1.23456789
1.234568
1234
Hello
```

Console.WriteLine 메소드로 여러 개의 값을 출력

- **학습 내용:** Console.WriteLine() 메소드로 여러 개의 값을 출력할 수 있습니다.
- **힌트 내용:** 형식(format) 정보를 사용합니다.

여러 개의 변수나 값을 한 문장으로 출력할 수도 있습니다. 이때는 형식(format) 정보를 사용하여 지정한 개체의 텍스트 표현을 콘솔에 출력합니다. 문법은 다음과 같습니다.

```
Console.WriteLine(string format, object arg0, object arg1, ...)
```

여기서 arg0, arg1, … 등은 출력하고자 하는 데이터들입니다. 문자열로 표시되는 format은 이 데이터들을 어떤 형태로 출력할지를 지정합니다. 콤마 뒤에 따라 나오는 데이터들은 {0}, {1}, {2}와 같이 중괄호 안에 0부터 시작하는 순서로 지정합니다. String.Format()을 사용하면 콘솔에 출력하는 것과 똑같이 문자열에 저장할 수도 있습니다.

📁 **File: A008_ConsoleWriteMulti/Program.cs**

```
1 using System;
2
3 namespace A008_ConsoleWriteMulti
4 {
5   class Program
6   {
7     static void Main(string[] args)
8     {
9       Console.WriteLine("10 이하의 소수: {0}, {1}, {2}, {3}", 2, 3, 5, 7 );
10
11      string primes;
12      primes = String.Format("10 이하의 소수: {0}, {1}, {2}, {3}", 2, 3, 5, 7);
13      Console.WriteLine(primes);
14    }
15  }
16 }
```

"10 이하의 소수: " 뒤에 {0}, {1}, {2}, {3}으로 콤마 뒤의 파라미터를 지정해줍니다. 순서대로 2, 3, 5, 7이 출력됩니다. ◆ 9

String.Format() 메소드를 사용하면 Console.WriteLine()과 같은 방법으로 문자열을 만들 수 있습니다. string primes는 "10 이하의 소수 : 2, 3, 5, 7"가 됩니다. ◆ 12

String primes를 출력합니다. 9번째 줄의 출력과 똑같이 출력됩니다. ◆ 13

결과

```
10 이하의 소수 : 2, 3, 5, 7
10 이하의 소수 : 2, 3, 5, 7
```

두 변수를 출력하는 방법

- **학습 내용:** 두 개 이상의 변수를 출력하는 여러 가지 방법을 학습합니다.
- **힌트 내용:** 세 가지 방법을 사용합니다.

Console.WriteLine() 메소드는 모든 자료형의 변수 값을 출력할 수 있습니다. 그런데 두 개의 변수를 출력하려면 어떻게 해야 할까요? 다음의 코드를 입력하고 컴파일해보겠습니다.

```
int v1 = 100;
double v2 = 1.234;
Console.WriteLine(v1, v2);
```

이때 컴파일러는 다음과 같은 에러를 출력합니다.

```
CS1503  C# Argument 1: cannot convert from 'int' to 'string'
```

두 개 이상의 변수를 출력하려면 다음과 같이 세 가지 방법을 사용합니다.

(1) 두 개 변수의 값을 각각 문자열로 바꾸어 연결해서 하나의 문자열로 출력하는 방법

```
Console.WriteLine(v1.ToString() + ", " + v2.ToString());
Console.WriteLine("v1 = " + v1 + ", v2 = " + v2);
```

출력하고 싶은 값들을 모두 + 연산자로 연결해서 하나의 문자열로 변환하여 출력하는 방법입니다.

(2) 형식 정보를 사용하여 여러 개의 변수나 값을 출력하는 방법

```
Console.WriteLine("v1 = {0}, v2 = {1}", v1, v2);
```

8장에서 설명한 방법입니다. 출력할 때 가장 많이 사용하는 방법입니다.

(3) 형식문자열 앞에 '$' 기호를 사용하는 문자열 보간(string interpolation) 방법

```
Console.WriteLine($"v1 = {v1}, v2 = {v2}");
```

C# 6에서 도입된 기능입니다. 형식 문자열 앞에 $ 기호를 사용하면 중괄호 안에 있는 변수 값을 출력할 수 있습니다. (2)번 방법보다 조금 더 간단해졌습니다.

📁 **File: A009_VariablesAndWrite/Program.cs**

```
1 using System;
2
3 namespace A009_VariablesAndWrite
4 {
5   class Program
6   {
7     static void Main(string[] args)
8     {
9       int v1 = 100;
10       double v2 = 1.234;
11
12       //Console.WriteLine(v1, v2);  // 에러가 발생합니다.
13       Console.WriteLine(v1.ToString() + ", " + v2.ToString());
14       Console.WriteLine("v1 = " + v1 + ", v2 = " + v2);
15       Console.WriteLine("v1 = {0}, v2 = {1}", v1, v2);
16       Console.WriteLine($"v1 = {v1}, v2 = {v2}");
17     }
18   }
19 }
```

에러가 발생합니다. 두 변수를 출력하는 Console.WriteLine() 메소드 정의가 없기 때문입니다. ◆ 12

두 개 변수를 ToString()으로 문자열로 바꾸어 + 연산자로 연결하여 출력합니다. 문자열 하나를 출력하는 셈입니다. ◆ 13

문자열과 숫자를 + 연산자로 연결하면 문자열이 됩니다. 하나의 문자열을 출력하는 셈입니다. ◆ 14

형식(format)문자열을 사용할 수 있습니다. ◆ 15

16 ◆ 형식문자열 앞에 $를 쓰면 { } 안에 변수명을 직접 쓸 수 있습니다.

결과

```
100, 1.234
v1 = 100, v2 = 1.234
v1 = 100, v2 = 1.234
v1 = 100, v2 = 1.234
```

형식지정자를 사용한
Console.WriteLine 메소드

출력할 때 형식지정자를 사용할 수 있습니다. 형식지정자는 Axx의 형태로 표현되는데 A는 형식이고 xx는 정밀도입니다. 정밀도는 0~99까지의 값을 가지며 결과값의 자릿수에 영향을 줍니다. 정밀도는 없어도 되는 선택사항이며 지정하지 않으면 디폴트 정밀도가 적용됩니다.

가장 많이 사용되는 표준 숫자 형식지정자는 다음과 같습니다.

형식지정자	이름	정밀도 지정자	사용예
"C" 또는 "c"	통화	십진자릿수	123.456 ('C') → ₩123.46 123.456 ('C3') → ₩123.456
"D" 또는 "d"	십진수(정수)	최소자릿수	1234 ('D') → 1234 −1234 ('D6') → −001234
"E" 또는 "e"	지수(과학)	소수 자릿수	1052.0329112756 ('E') → 1.052033E+003 −1052.0329112756('e2') → −1.05e+003
"F" 또는 "f"	고정자릿수	소수 자릿수	1234.567 ('F') → 1234.57 −1234.56 ('F4') → −1234.5600
"G" 또는 "g"	일반	유효자릿수	−123.456 ('G') → −123.456 123.4546 ('G4') → 123.5
"N" 또는 "n"	천단위 구분 기호 숫자	소수 자릿수	1234.567 ('N') → 1,234.57 −1234.56 ('N3') → −1,234.560
"P" 또는 "p"	퍼센트	소수 자릿수	1 ('P') → 100.00 % −0.39678 ('P1') → −39.7 %
"R" 또는 "r"	라운드트립	무시됨	1234567.12345 ('R') → 1234567.12345
"X" 또는 "x"	16진수	자릿수	255 ('X') → FF 255 ('x4') → 00ff

다음은 정수 −1235678과 실수 −1234.5678을 9가지 형식지정자를 사용하여 출력하는 프로그램입니다.

```csharp
 1 using System;
 2
 3 namespace A010_ConsoleFormat
 4 {
 5   class Program
 6   {
 7     static void Main(string[] args)
 8     {
 9       Console.Clear();
10
11       Console.WriteLine("Standard Numeric Format Specifiers");
12       Console.WriteLine(
13           "(C) Currency: . . . . . . . . {0:C}\n" +
14           "(D) Decimal:. . . . . . . . . {0:D}\n" +
15           "(E) Scientific: . . . . . . . {1:E}\n" +
16           "(F) Fixed point:. . . . . . . {1:F}\n" +
17           "(G) General:. . . . . . . . . {0:G}\n" +
18           "(N) Number: . . . . . . . . . {0:N}\n" +
19           "(P) Percent:. . . . . . . . . {1:P}\n" +
20           "(R) Round-trip: . . . . . . . {1:R}\n" +
21           "(X) Hexadecimal:. . . . . . . {0:X}\n",
22           -12345678, -1234.5678f);
23     }
24   }
25 }
```

9 ◆ 콘솔창의 모든 글자를 지웁니다.

11 ◆ "Standard Numeric Format Specifiers"라고 출력합니다.

12~22 ◆ 콘솔에 9가지 형식지정자를 사용하여 −12345678과 −1234.5678이라는 숫자를 출력합니다. {0}
은 콤마 뒤의 첫 번째 파라미터인 −12345678을, {1}은 두 번째 파라미터인 −1234.5678을 의미
합니다. 예를 들어 13번째 줄의 {0:C}라는 포맷은 첫 번째 파리미터 −12345678을 통화 형식인
"C" 형식지정자로 출력합니다.

결과

```
Standard Numeric Format Specifiers
(C) Currency: . . . . . . . .    -₩12,345,678
(D) Decimal:. . . . . . . . .    -12345678
(E) Scientific: . . . . . . .    -1.234568E+003
(F) Fixed point:. . . . . .      -1234.57
(G) General:. . . . . . . .      -12345678
(N) Number: . . . . . . . .      -12,345,678.00
(P) Percent:. . . . . . . .      -123,456.80%
(R) Round-trip: . . . . . . .    -1234.56775
(X) Hexadecimal:. . . . . . .    FF439EB2
```

형식지정자와 함께 정밀도 지정자를 사용할 수 있습니다. 예를 들어 다음의 코드는 value 값을 통화 형식으로 소수점 아래 두 자리로 출력합니다.

```
decimal value = 123456.789m;
Console.WriteLine("잔액은 {0:C2}원 입니다.", value);
```

다음의 20:C2 형식지정자는 전체 20자리를 차지하고 통화 형식으로 소수점 아래 두 자리로 출력합니다. 20자리 중 앞쪽의 사용되지 않는 부분은 빈칸으로 나타납니다.

```
Console.WriteLine("잔액은 {0,20:C2}원 입니다.", value);
```

결과

```
잔액은 ₩123,456.79원 입니다.
잔액은          ₩123,456.79원 입니다.
```

형식지정자를 사용하는
String.Format()과 ToString()

- **학습 내용 :** String.Format(), ToString() 메소드에서의 형식지정자 사용 방법을 학습합니다.
- **힌트 내용 :** Console.WriteLint()에서와 같이 String.Format(), ToString()에서도 형식지정자를 사용할 수 있습니다.

형식지정자는 크게 두 가지로 나눌 수 있는데, 하나는 표준 형식지정자이고 또 다른 하나는 커스텀 형식지정자입니다. 많이 사용하는 숫자 표준 형식지정자는 N(Number), D(Decimal), C(Currency), F(Fixed Point), E(Scientific)입니다. 이들 지정자는 숫자를 사용하여 정밀도를 표현할 수 있습니다.

```
Console.WriteLine("{0:N2}",1234.5678); // 출력: 1,234.57
Console.WriteLine("{0:D8}", 1234);      // 출력: 00001234
Console.WriteLine("{0:F3}", 1234.56);  // 출력: 1234.560
```

이러한 형식지정자는 Console.WriteLine()에서 사용되는데 Console.WriteLine()뿐만 아니라 String.Formar()과 ToString()에서도 똑같이 사용될 수 있습니다.

또 하나 유용한 기능이 커스텀 형식지정자입니다. 다음과 같은 기호를 이용하여 쉽게 포맷을 지정할 수 있습니다. 예를 들어 소수점 아래 두 자리까지만 표시하고 싶다면 {"#.##"}을 쓰면 됩니다. 세 자리마다 콤마 표시를 하고 소수점 두 자리까지 표시한다면 {"#.#.##"}로 쓰면 됩니다.

```
# : Digit placeholder(0이 앞에 붙지 않음)
0 : Zero placeholder(0이 앞에 붙음)
. : 소숫점(Decimal point)
, : 천 자리(Thousands operator)
; : 섹션 구분 기호(Section separator)
```

섹션 구분 기호(Section separator)는 아주 독특한 기능을 합니다. 숫자를 표시할 때 양수, 음수, 0의 값을 세미콜론으로 구분하여 제각기 다른 포맷으로 출력할 수 있습니다. 예를 들어 회계에서는 음수 123을 −123이 아니고 (123)으로 표시합니다. 이럴 때 "{#,##0;(#,##0);zero}" 포맷을 쓰면 음수는 괄호 안에 숫자로, 0은 zero로 출력합니다.

📁 File: A011_FormatSpecifier/Program.cs

```
1  using System;
2
3  namespace A011_FormatSpecifier
4  {
5    class Program
6    {
7      static void Main(string[] args)
8      {
9        Console.WriteLine("{0:N2}", 1234.5678);  // 출력: 1,234.57
10       Console.WriteLine("{0:D8}", 1234);        // 출력: 00001234
11       Console.WriteLine("{0:F3}", 1234.56);     // 출력: 1234.560
12       Console.WriteLine("{0,8}", 1234);         // 출력: ____1234
13       Console.WriteLine("{0,-8}", 1234);        // 출력: 1234____
14
15       string s;
16       s = string.Format("{0:N2}", 1234.5678);
17       Console.WriteLine(s);
18       s = string.Format("{0:D8}", 1234);
19       Console.WriteLine(s);
20       s = string.Format("{0:F3}", 1234.56);
21       Console.WriteLine(s);
22
23       Console.WriteLine(1234.5678.ToString("N2"));
24       Console.WriteLine(1234.ToString("D8"));
25       Console.WriteLine(1234.56.ToString("F3"));
26
27       Console.WriteLine("{0:#.##}", 1234.5678);
28       Console.WriteLine("{0:0,0.00}", 1234.5678);
29       Console.WriteLine("{0:#,#.##}", 1234.5678);
30       Console.WriteLine("{0:000000.00}", 1234.5678);
31
32       Console.WriteLine("{0:#,#.##;(#,#.##);zero}", 1234.567);
33       Console.WriteLine("{0:#,#.##;(#,#.##);zero}", -1234.567);
34       Console.WriteLine("{0:#,#.##;(#,#.##);zero}", 0);
35     }
```

```
36    }
37 }
```

다양한 형식지정자를 사용하여 출력하였습니다. 소스코드와 출력을 비교해보면서 공부하기 바랍니다. 형식지정자는 Console.WriteLine(), string.Format(), ToString()에서 똑같이 사용할 수 있습니다.

결과

1,234.57	00001234
00001234	1234.560
1234.560	1234.57
1234	1,234.57
1234	1,234.57
1,234.57	001234.57
00001234	1,234.57
1234.560	(1,234.57)
1,234.57	zero

실수를 표현하는
float, double, decimal

- **학습 내용 :** float, double, decimal을 언제 사용하는지 학습합니다.
- **힌트 내용 :** float, double, decimal의 차이점을 살펴봅니다.

C#에는 실수를 표현하는 자료형으로 float, double, decimal이 있습니다. 언제 어떤 자료형을 사용해야 하는지 알아둘 필요가 있습니다.

구분	설명
정밀도	가장 큰 차이는 정밀도입니다. 유효 숫자가 float는 7자리, double은 15~16자리, decimal은 28~29자리입니다. decimal은 훨씬 정밀한 숫자를 표시할 수 있기 때문에 정밀도가 중요한 금융 프로그램에 적합합니다. 금융 프로그램은 반드시 decimal을 쓰라고 권장하고 있습니다.
표현할 수 있는 수의 범위	float나 double은 decimal보다 더 크거나 더 작은 값을 표현할 수 있습니다. 그래서 과학적인 계산이 필요한 프로그램에 적합합니다.
저장 공간의 크기와 계산 속도	float는 4바이트, double은 8바이트, decimal은 16바이트를 차지합니다. 계산 속도는 float와 double이 decimal보다 훨씬 속도가 빠릅니다.
접미사	C#에서 실수는 별도로 표시하지 않으면 double로 인식합니다. float나 decimal로 사용할 때는 숫자 뒤에 접미사 f, m을 붙여야 합니다. double을 명시하려면 숫자 뒤에 접미사 d를 붙입니다.

📁 **File: A012_FloatDoubleDecimal/Program.cs**

```
1 using System;
2
3 namespace A012_FloatDoubleDecimal
4 {
5   class Program
6   {
7     static void Main(string[] args)
8     {
9       float flt = 1F / 3;
10      double dbl = 1D / 3;
11      decimal dcm = 1M / 3;
12
13      Console.WriteLine("float : {0}\ndouble : {1}\ndecimal : {2}",
```

```
14          flt, dbl, dcm);
15      Console.WriteLine("float : {0} bytes\ndouble : {1} bytes\ndecimal :
16          {2} bytes", sizeof(float), sizeof(double), sizeof(decimal));
17      Console.WriteLine("float : {0}~{1}", float.MinValue,
18          float.MaxValue);
19      Console.WriteLine("double : {0}~{1}", double.MinValue,
20          double.MaxValue);
21      Console.WriteLine("decimal : {0}~{1}", decimal.MinValue,
22          decimal.MaxValue);
23      }
24   }
25 }
```

9 ◆ float 변수 flt를 선언하고 1F/3을 계산하여 저장합니다. 1F는 float 1을 의미합니다.

10 ◆ double 변수 dbl를 선언하고 1D/3을 계산하여 저장합니다. 1D는 double 1을 의미합니다.

11 ◆ decimal 변수 dcm를 선언하고 1M/3을 계산하여 저장합니다. 1M은 decimal 1을 의미합니다.

13 ◆ 세 변수의 값을 출력합니다. float, double, decimal 순으로 정밀도가 높은 것을 알 수 있습니다.

15 ◆ sizeof() 메소드를 사용하여 float, double, decimal의 크기를 출력합니다. sizeof()는 크기를 바이트 단위로 리턴합니다.

17~22 ◆ float, double, decimal의 최소값과 최대값을 출력합니다.

결과

```
float : 0.3333333
double : 0.333333333333333
decimal : 0.3333333333333333333333333333
float : 4 bytes
double : 8 bytes
decimal : 16 bytes
float : -3.402823E+38~3.402823E+38
double : -1.79769313486232E+308~1.79769313486232E+308
decimal : -79228162514264337593543950335~79228162514264337593543950335
```

캐스팅과 자료형 변환

- **학습 내용:** 자료형을 변환하는 방법을 학습합니다.
- **힌트 내용:** 암시적 형변환과 명시적 형변환이 있습니다.

C#은 엄격하게 자료형을 체크합니다. 예를 들어, 다음과 같이 쓰면 "double 형식의 리터럴을 암시적으로 'float' 형식으로 변환할 수 없습니다. 이 형식의 리터럴을 만들려면 'F' 접미사를 사용하세요"라는 메시지가 나옵니다. 접미사 없는 실수는 double형으로 인식하기 때문입니다.

```
float f = 1234.5;   // 에러
```

하나의 자료형을 다른 자료형으로 바꾸는 것을 형변환이라고 합니다.

(1) 암시적 형변환

float를 double로 형변환하는 경우처럼 작은 자료형을 더 큰 자료형으로 변환할 때는 데이터의 손실이 생기지 않습니다. 그래서 이런 경우에는 자동으로 형이 변환되고 이것을 암시적 형변환이라고 합니다.

(2) 명시적 형변환

반대로 double을 int로 변환하는 경우처럼 큰 자료형을 작은 자료형으로 변환할 때는 데이터가 손실될 수 있습니다. 이 경우에는 강제로 형변환을 시켜주어야 합니다.

명시적 형변환을 위해서는 변환하고자 하는 자료형으로 기존 자료형을 캐스트(cast)해줍니다. 예를 들어 double 변수 x가 있을 때 int a = (int)x;라고 하면 x를 int로 바꾼 후에 int 변수 a에 할당합니다. 이때 x의 값이 소수점 아래 수를 가지고 있다면 정수로 변환되면서 소수점 아래 숫자는 잃어버리게 됩니다.

 File: A013_TypeConversion/Program.cs

```
1 using System;
2
```

```
 3  namespace A013_TypeConversion
 4  {
 5    class Program
 6    {
 7      static void Main(string[] args)
 8      {
 9        int num = 2147483647;
10        long bigNum = num;   // 암시적 형변환
11        Console.WriteLine(bigNum);
12
13        double x = 1234.5;
14        int a;
15
16        a = (int)x;        // 명시적 형변환
17        Console.WriteLine(a);
18      }
19    }
20  }
```

9 ◆ int 변수 num을 선언하고 2147483647을 할당합니다.

10 ◆ long 변수 bigNum을 선언하고 num 변수의 값을 할당합니다. int보다 long이 더 크므로 암시적 형변환이 가능합니다.

11 ◆ bigNum의 값을 출력합니다. bigNum은 암시적 형변환으로 num 값과 똑같은 값을 가지고 있습니다.

13 ◆ double x를 선언하고 1234.5를 할당합니다.

16 ◆ int 변수 a에 double 변수 x의 값을 할당합니다 int보다 double이 더 크므로 (int)로 캐스팅하여 강제로 형변환을 해줍니다.

17 ◆ int 변수 a를 출력합니다. 강제 형변환으로 소수점 아래는 손실된 것을 알 수 있습니다.

결과

2147483647
1234

문자열과 숫자의 변환

- **학습 내용:** 문자열을 숫자로 변환하는 방법을 학습합니다.
- **힌트 내용:** int.Parse(), Convert.ToInt32()의 사용법을 실습합니다.

두 개의 숫자를 입력받아서 계산하는 계산기 프로그램을 만들려고 합니다. Console.ReadLine()으로 입력받은 값은 string인데 계산을 하려면 이를 숫자로 바꾸어야 합니다. 이와 같이 문자열을 숫자로 바꾸거나 반대로 숫자를 문자열로 바꾸어야 할 경우가 많습니다.

문자열을 숫자로 바꾸는 방법은 두 가지가 있습니다. 하나는 숫자 형식(int, float, double 등)에 있는 Parse()나 TryParse() 메소드를 사용하는 것이고, 또 다른 하나는 Convert 클래스의 메소드를 사용하는 것입니다. 이번장에서는 Parse()와 TryParse() 메소드의 사용법을 연습해보고 다음 장에서 Convert 클래스의 메소드를 사용해 보겠습니다.

Parse()와 TryParse() 두 메소드 모두 문자열의 앞뒤에 있는 공백은 무시합니다. 다른 모든 문자들은 int, double, decimal 등의 숫자형식에 맞는 문자들이어야 합니다. 문자열 중간에 공백이 있으면 에러가 발생합니다. 예를 들어 decimal.TryParse()를 사용할 때 "10", "10.5" 등은 가능하지만 "10e2"(이것은 float에서는 가능)나 "1 0"과 같은 문자열은 에러가 납니다.

문자열이 숫자를 나타내지 않는 경우에는 Parse()는 에러가 발생하고 TryParse()는 false를 리턴합니다.

📁 **File: A014_StringToNumber/Program.cs**

```
1 using System;
2
3 namespace A014_StringToNumber
4 {
5   class Program
6   {
7     static void Main(string[] args)
8     {
```

```
 9        string input;
10        int value;
11
12        Console.Write("1. int로 변환할 문자열을 입력하세요: ");
13        input = Console.ReadLine();
14        bool result = Int32.TryParse(input, out value);
15
16        if (!result)
17          Console.WriteLine("'{0}'는 int로 변환될 수 없습니다.\n", input);
18        else
19          Console.WriteLine("int '{0}'으로 변환되었습니다.\n", value);
20
21        Console.Write("2. double로 변환할 문자열을 입력하세요: ");
22        input = Console.ReadLine();
23        try
24        {
25          double m = Double.Parse(input);
26          // double m = Convert.ToDouble(input);
27          Console.WriteLine("double '{0}'으로 변환되었습니다.\n", m);
28        }
29        catch (FormatException e)
30        {
31          Console.WriteLine(e.Message);
32        }
33      }
34    }
35 }
```

12 ◆ 입력을 안내하는 문자열을 출력합니다.

13 ◆ Console.ReadLine()으로 문자열을 입력받아 string input에 저장합니다.

14 ◆ Int32.TryParse() 메소드로 input을 정수 value로 변환합니다. 변환이 성공하면 bool result는 true 가 되고 실패하면 false가 됩니다.

16~19 ◆ bool result 값에 따라 성공하였으면 변환된 value 값을 출력하고 실패하였으며 "int로 변환될 수 없습니다."라고 출력합니다.

입력을 안내하는 문자열을 출력합니다.   ◆ 21

Console.ReadLine()으로 문자열을 입력받아 string input에 저장합니다.   ◆ 22

try~catch 문은 예외가 발생하였을 때(C#에서는 에러를 예외라고 합니다) 처리하는 문장입니다.   ◆ 23
TryParse()는 리턴값으로 true와 false를 주어 예외상황에 따른 처리가 가능하지만 Parse()는 에러
가 나면 프로그램이 그대로 종료됩니다. try 블록에서 에러가 발생하면 catch 블록에서 어떤 에러
인지 정보를 제공하고 처리할 수 있도록 해줍니다.

double.Parse() 메소드로 input을 double m으로 변환하고 출력합니다.   ◆ 25~26

에러가 발생하면 시스템에서 제공하는 에러 메시지를 출력합니다.   ◆ 28~31

Convert 클래스의 메소드들은 Parse()와 똑같이 동작합니다. 25번째 줄의 Double.Parse() 부분을
Convert.ToDouble()로 바꾸면 똑같이 동작하는 프로그램이 됩니다.

결과

```
1. int로 변환할 문자열을 입력하세요: 123
int '123'으로 변환되었습니다.

2. double로 변환할 문자열을 입력하세요: -1.23e5
double '-123000'으로 변환되었습니다.
```

결과

```
1. int로 변환할 문자열을 입력하세요: 123.45
'123.45'는 int로 변환될 수 없습니다.

2. double로 변환할 문자열을 입력하세요: -123.45d
입력 문자열의 형식이 잘못되었습니다.
```

Convert 클래스와
2진수, 8진수, 16진수 출력

- **학습 내용:** 문자열을 숫자로, 숫자를 문자열로 변환하는 방법을 학습합니다.
- **힌트 내용:** Convert 클래스의 숫자 변환 메소드를 사용합니다.

Console.ReadLine()으로 입력받은 데이터는 모두 string입니다. 입력받은 데이터를 숫자로 변환할 때 사용하는 Convert 클래스를 알아보겠습니다. 앞에서 Parse()와 TryParse()를 공부했는데 Convert 클래스의 메소드들은 이중 Parse()와 똑같이 사용할 수 있습니다.

Convert 클래스는 ToInt32(), ToSingle(), ToDouble()과 같이 string을 숫자형으로 바꾸는 여러 가지 메소드를 제공합니다. Convert에는 string을 숫자로 바꾸는 메소드뿐 아니라 ToString(), ToByte(), ToBoolean(), ToChar(), ToDateTime() 등과 같이 여러 자료형 사이의 변환도 지원합니다.

Convert 클래스의 ToString()이나 ToInt32() 메소드는 숫자를 원하는 진수로 처리할 수 있습니다. 이를 이용하면 쉽게 진수 변환이 가능합니다. 예를 들어 ToString(123, 2) 메소드는 123을 2진수로 표현한 문자열로 바꾸어 줍니다.

📁 **File: A015_Convert/Program.cs**

```
1 using System;
2
3 namespace A015_Convert
4 {
5   class Program
6   {
7     static void Main(string[] args)
8     {
9       int x, y;
10
11       Console.Write("첫 번째 숫자를 입력하세요: ");
12       x = Convert.ToInt32(Console.ReadLine());
13       Console.Write("두 번째 숫자를 입력하세요: ");
```

```
14        y = Convert.ToInt32(Console.ReadLine());
15        Console.WriteLine("{0} + {1} = {2}", x, y, x + y);
16
17        // 2진수, 8진수, 10진수, 16진수로 출력하기
18        short value = short.MaxValue; // Int16.MaxValue
19        Console.WriteLine("\n2진수, 8진수, 10진수, 16진수로 출력하기");
20
21        int baseNum = 2;
22        string s = Convert.ToString(value, baseNum);
23        int i = Convert.ToInt32(s, baseNum);
24        Console.WriteLine("i = {0}, {1,2}진수= {2,16}", i, baseNum, s);
25
26        baseNum = 8;
27        s = Convert.ToString(value, baseNum);
28        i = Convert.ToInt32(s, baseNum);
29        Console.WriteLine("i = {0}, {1,2}진수= {2,16}", i, baseNum, s);
30
31        baseNum = 10;
32        s = Convert.ToString(value, baseNum);
33        i = Convert.ToInt32(s, baseNum);
34        Console.WriteLine("i = {0}, {1,2}진수= {2,16}", i, baseNum, s);
35
36        baseNum = 16;
37        s = Convert.ToString(value, baseNum);
38        i = Convert.ToInt32(s, baseNum);
39        Console.WriteLine("i = {0}, {1,2}진수= {2,16}", i, baseNum, s);
40    }
41 }
```

int x, y를 선언합니다.   ◆ 9

첫 번째 숫자를 입력하라는 안내를 출력합니다.   ◆ 11

Console.ReadLine()으로 값을 받아서 Int32형으로 변환하여 x에 할당합니다.   ◆ 12

두 번째 숫자를 입력하라는 안내를 출력합니다.   ◆ 13

Console.ReadLine()으로 값을 받아서 Int32형으로 변환하여 y에 할당합니다.   ◆ 14

15 ◆ x와 y의 값을 더해서 출력합니다.

18 ◆ short value를 선언하고 MaxValue를 할당합니다. short는 Int16과 같은 자료형입니다.

19 ◆ 콘솔에 "2진수, 8진수, 10진수, 16진수로 출력하기"라고 출력합니다.

21 ◆ int baseNum은 진수를 의미합니다. 진수를 2진수로 정합니다.

22 ◆ Convert.ToString(value, baseNum)를 사용하여 value 값을 2진 문자열로 변환하여 s에 할당합니다.

23 ◆ Convert.ToInt32(s, baseNum)을 사용하여 2진 문자열을 저장하고 있는 s의 값을 Int32 형으로 변환합니다. baseNum 파라미터가 문자열을 몇 진수로 해석할지 알려줍니다.

24 ◆ i, baseNum, s를 지정된 형식으로 출력합니다. {0}은 첫 번째 데이터인 i값을 출력하고, {1,2}는 두 번째 데이터인 baseNum을 2자리로, {2,16}은 세 번째 데이터 s를 16자리에 출력하라는 의미입니다. 출력이 정렬되어 보이도록 출력 형식에 자릿수를 사용했습니다.

26~29 ◆ 8진수로 위의 과정을 반복합니다.

31~34 ◆ 10진수로 위의 과정을 반복합니다.

36~39 ◆ 16진수로 위의 과정을 반복합니다.

결과

```
첫 번째 숫자를 입력하세요: 121
두 번째 숫자를 입력하세요: 456
121 + 456 = 577


2진수, 8진수, 10진수, 16진수로 출력하기
i = 32767,    2진수 =  111111111111111
i = 32767,    8진수 =            77777
i = 32767,   10진수 =            32767
i = 32767,   16진수 =             7fff
```

C#의 연산자와 식

- **학습 내용:** C#의 연산자는 어떤 것들이 있는지 학습합니다.
- **힌트 내용:** 연산자의 종류를 알아봅니다.

변수나 상수가 연산자에 의해 연결되면 식 또는 수식(expression)이 됩니다. 예를 들어 a + b는 수식입니다. 연산자는 식에서 수행할 연산을 지정하는 기호입니다. C#에서는 많은 연산자를 제공하며, 대부분의 연산자는 보통 기호나 간단한 단어입니다. 예를 들어 3과 4를 더할 때 산술연산자 '+' 기호를 사용하여 3+4라고 사용합니다.

연산자를 종류별로 정리하면 다음과 같습니다.

〈표 16-1〉 연산자의 종류

연산자 분류	연산자
산술 연산자	+, −, *, /, %
논리 연산자	!, ~, &&, ||
비트 연산자	&, |, ^, 《, 》
증감 연산자	++, −−
관계 연산자	==, !=, 〈, 〉, 〈=, 〉=
문자열 연결 연산자	+
대입 및 복합 연산자	=, +=, −=, *=, /=, %=, 《=, 》=, &=, |=, ^=
멤버 연산자	.
인덱싱 연산자	[]
형변환 연산자	()
조건 연산자	?:
포인터 및 주소 연산자	*, −〉, &
Linq 연산자	=〉

연산자는 중복되어 사용될 수 있습니다. 즉 하나의 기호가 여러 가지 기능을 할 수 있습니다.

예를 들어 "3+4"에서 '+'는 산술연산자로 사용되어 계산의 결과는 7이지만 "Hello " + "World!"와 같이 문자열과 문자열 사이에 있는 '+'는 문자열 연결 연산자로 사용되어 결과는 "Hello World!"가 됩니다. 소스 코드가 컴파일될 때 연산자의 의미를 결정하게 됩니다.

식에서 연산자가 여러 개 사용될 때는 우선순위가 중요합니다. 예를 들어 3+4*5는 '+'와 '*' 연산자가 사용되는데 어느 연산자가 먼저 사용되는가에 따라 계산 결과가 다릅니다. 같은 산술연산자라도 '+'보다는 '*' 연산자의 우선순위가 높기 때문에 이 식의 계산 결과는 23이 됩니다. +가 먼저 계산되게 하고 싶다면 괄호를 사용합니다. 즉, (3+4)*5와 같이 사용합니다. ()는 연산자 우선순위가 가장 높습니다.

수식은 하나의 결과를 만들어 냅니다. 다음의 c = a + b라는 식은 a + b를 계산해서 c에 할당하게 되어 화면에 c의 값 30을 출력하게 됩니다.

```
int a = 10, b = 20, c;
Console.WriteLine(c = a + b);
```

📁 File: A016_Operators/Program.cs

```
1  using System;
2
3  namespace A016_Operators
4  {
5    class Program
6    {
7      static void Main(string[] args)
8      {
9        Console.WriteLine(3 + 4 * 5);
10       Console.WriteLine((3 + 4) * 5);
11       Console.WriteLine(3 * 4 / 5);
12       Console.WriteLine(4 / 5 * 3);
13
14       int a = 10, b = 20, c;
15       Console.WriteLine(c = a + b);
16     }
17   }
18 }
```

3+4*5의 결과값을 출력합니다. *가 먼저 계산되므로 23으로 출력됩니다. ◆ 9

(3+4)*5의 결과값을 출력합니다. 괄호 안의 덧셈이 먼저 계산되므로 35가 출력됩니다. ◆ 10

3*4/5의 결과값을 출력합니다. *와 /는 연산순서가 좌에서 우이므로 * 먼저 계산하고 12/5를 ◆ 11
나중에 계산합니다. 정수/정수는 결과도 정수이므로 소수점이 없어진 2가 출력됩니다.

4/5*3의 결과값을 출력합니다. 연산순서가 좌에서 우이므로 / 먼저 계산하고 0*5를 나중에 계 ◆ 12
산하여 0을 출력합니다.

a + b를 계산하고 결과를 c에 할당합니다. 그것을 출력하므로 c의 값 30이 출력됩니다. ◆ 15

결과

```
23
35
2
0
30
```

산술연산자

- **학습 내용:** 5개의 산술연산자를 학습합니다.
- **힌트 내용:** 자료형에 따라 연산의 결과가 달라질 수 있습니다.

산술연산자는 4개의 사칙연산자(+, −, *, /)와 나머지(%) 연산자로 총 5가지가 있습니다. 연산의 결과는 숫자입니다.

산술연산에서 중요한 것은 자료형입니다. 즉, 피연산자의 자료형에 따라 계산 결과값의 자료형도 결정됩니다. 특히 주의해야 하는 것은 "정수/정수"의 결과는 정수라는 점입니다. 예를 들어 1/2의 결과는 0.5가 아니고 0이 됩니다. "정수/실수"의 결과는 실수입니다. C나 C++과 달리 % 연산자는 실수형에도 사용할 수 있습니다.

📁 **File: A017_ArithmeticOperators/Program.cs**

```
1  using System;
2
3  namespace A017_ArithmeticOperators
4  {
5    class Program
6    {
7      static void Main(string[] args)
8      {
9        Console.WriteLine("정수의 계산");
10       Console.WriteLine(123 + 45);
11       Console.WriteLine(123 - 45);
12       Console.WriteLine(123 * 45);
13       Console.WriteLine(123 / 45);
14       Console.WriteLine(123 % 45);
15
16       Console.WriteLine("\n실수의 계산");
17       Console.WriteLine(123.45 + 67.89);
18       Console.WriteLine(123.45 - 67.89);
```

```
19        Console.WriteLine(123.45 * 67.89);
20        Console.WriteLine(123.45 / 67.89);
21        Console.WriteLine(123.45 % 67.89);
22    }
23  }
24 }
```

콘솔에 "정수의 계산"이라고 출력합니다.   ◆ 9

123과 45를 +, −, *, /, % 연산자로 계산한 결과를 출력합니다. 13번째 줄의 나누기 연산의 결   ◆ 10~14
과는 정수연산이므로 출력도 정수인 2가 됩니다.

콘솔에 "실수의 계산"이라고 출력합니다.   ◆ 16

123.45와 67.89를 +, −, *, /, % 연산자로 계산한 결과를 출력합니다. 21번째 줄에서 C, C++   ◆ 17~21
언어와 달리 실수도 % 연산이 가능합니다.

결과

정수의 계산
168
78
5535
2
33

실수의 계산
191.34
55.56
8381.0205
1.81838267786125
55.56

DivideByZeroException과 try~catch 문

입문

018

- **학습 내용:** 산술연산에서 발생할 수 있는 DivideByZeroException을 학습합니다.
- **힌트 내용:** try~catch 문을 사용하여 예외처리를 합니다.

C#에서는 실행 중에 나오는 에러를 예외(Exception)라고 합니다. 산술 연산에서 나올 수 있는 예외는 0으로 나눔 예외(DivideByZeroException)와 오버플로우 예외(OverflowException)입니다. 다음의 예제를 통해 0으로 나눔 예외를 알아보겠습니다.

📁 File: A018_DivideByZero/Program.cs

```
1 using System;
2
3 namespace A018_DivideByZero
4 {
5   class Program
6   {
7     static void Main(string[] args)
8     {
9       int x = 10, y = 0;
10      Console.WriteLine(10.0 / y);
11      Console.WriteLine(x / y);
12    }
13  }
14 }
```

10 ◆ 10.0/y는 실수를 0으로 나누기 때문에 예외가 아니고 ∞를 출력합니다.

11 ◆ x/y를 할 때 y값이 0이기 때문에 0으로 나눔 예외가 발생합니다.

결과

∞

처리되지 않은 예외: System.DivideByZeroException: 0으로 나누려 했습니다.

064

프로그램 중에 나누기 계산을 할 때는 위의 예제와 같이 y가 어떤 값인지 모르기 때문에 이런 예외의 가능성이 있습니다. 만약 실행 중에 y가 0이라면 "처리되지 않은 예외"를 출력하고 종료되어 버립니다. 이런 예외를 처리하기 위해서 다음과 같이 try~catch 문을 사용합니다.

📁 **File: A018_DivideByZero/Program.cs**

```
1 using System;
2
3 namespace A018_DivideByZero
4 {
5   class Program
6   {
7     static void Main(string[] args)
8     {
9       int x = 10, y = 0;
10
11      try
12      {
13        Console.WriteLine(x / y);
14      }
15      catch(Exception e)
16      {
17        Console.WriteLine(e.Message);
18      }
19    }
20  }
21 }
```

나누기 연산을 하는 13번째 줄을 try~catch 문의 try 문 안에 넣습니다.   ◆ 11~14

catch 문은 예외가 발생하면 실행됩니다. 여기서는 Exception 클래스의 Massage 속성을 출력하게   ◆ 14~18
했습니다. "0으로 나누려 했습니다"라고 출력합니다.try~catch 문은 예외 처리를 하고 다음 문장으로 진행합니다.

결과

0으로 나누려 했습니다.

OverflowException과 checked 키워드

- **학습 내용:** 산술연산에서 발생할 수 있는 OverflowException 예외 처리를 학습합니다.
- **힌트 내용:** checked 키워드를 사용합니다.

오버플로 예외를 처리해 보겠습니다.

📁 File: A019_Overflow/Program.cs

```csharp
1 using System;
2
3 namespace A019_Overflow
4 {
5   class Program
6   {
7     static void Main(string[] args)
8     {
9       Console.WriteLine("int.MaxValue = {0}", int.MaxValue);
10      int x = int.MaxValue, y = 0;
11      y = x + 10;
12      Console.WriteLine("int.MaxValue + 10 = {0}", y);
13    }
14  }
15 }
```

9 ◆ int.MaxValue를 출력합니다. int.MaxValue는 부호를 갖는 32비트 정수가 표현할 수 있는 최대값으로 2,147,483,647입니다.

11 ◆ int.MaxValue에 10을 더한 값을 y에 할당합니다. int의 최대값보다 더 큰 값이므로 오버플로우가 발생합니다. 하지만 출력은 오버플로우 메시지 없이 엉뚱한 값인 −2147483639를 출력합니다.

이때 출력되는 −2147483639는 다음과 같은 계산의 결과입니다.

```
  int.MaxValue(2,147,483,647)    0111 1111 1111 1111 1111 1111 1111 1111
+ 10                             0000 0000 0000 0000 0000 0000 0000 1010
----------------------------------------------------------------------------
  -2147483639                    1000 0000 0000 0000 0000 0000 0000 1001
```

즉, 32비트의 비트 패턴은 위와 같이 "1000 0000 0000 0000 0000 0000 0000 1001"인데 맨 앞자리는 부호를 나타내므로 이 수는 음수 −2147483639로 해석되는 것입니다.

결과

```
int.MaxValue = 2147483647
int.MaxValue + 10 = -2147483639
```

오버플로 메시지를 표시하기 위해서는 checked 키워드를 사용해야 합니다.

📁 File: A019_Overflow/Program.cs

```
1 using System;
2
3 namespace A019_Overflow
4 {
5   class Program
6   {
7     static void Main(string[] args)
8     {
9       // y = int.MaxValue + 10;  // 이 문장은 컴파일할 때 에러가 나옵니다.
10      int x = int.MaxValue, y = 0;
11
12      checked
13      {
14        try
15        {
16          y = x + 10;
17        }
18        catch (Exception e)
19        {
```

```
20          Console.WriteLine(e.Message);
21        }
22      }
23      Console.WriteLine("int.MaxVlaue + 10 = {0}", y);
24    }
25  }
26 }
```

9 ◆ y = int.MaxValue + 10;이라는 문장을 쓴다면 이미 상수 값이 정수의 범위를 넘어선 것을 알 수 있기 때문에 컴파일할 때 에러가 발생합니다.

12 ◆ checked 키워드를 사용하면 오버플로 예외를 발생시킵니다. checked를 사용하지 않으면 디폴트로 unchecked 상태가 되어 결과의 가장 중요한 비트(MSB)가 무시되고 실행이 계속됩니다.

14~21 ◆ try ~ catch 문으로 예외가 발생하면 어떤 예외인지를 출력합니다. 오버플로가 발생했다는 메시지를 출력합니다.

23 ◆ 오버플로가 발생한 변수 y의 값은 0으로 출력됩니다.

결과

```
int.MaxValue = 2147483647
산술 연산으로 인해 오버플로가 발생했습니다.
int.MaxVlaue + 10 = 0
```

정수 오버플로가 발생할 경우 수행되는 작업은 checked 또는 unchecked에 따라 달라집니다. checked를 사용하면 OverflowException이 throw됩니다. unchecked 컨텍스트에서는 결과의 가장 중요한 비트가 무시되고 실행이 계속됩니다. 디폴트는 unchecked입니다.

산술 연산자 외에도 정수 계열 형식 간 캐스팅(예: long을 int로 캐스팅)은 오버플로를 발생시키고 checked 또는 unchecked 실행이 적용될 수 있습니다. 그러나 비트 연산자와 시프트 연산자는 오버플로를 발생시키지 않습니다. Decimal 변수의 산술 연산 오버플로는 항상 OverflowException을 throw합니다. 또한 Decimal을 0으로 나누면 항상 DivideByZeroException이 throw됩니다.

관계연산자

- **학습 내용 :** 6개의 관계연산자를 학습합니다.
- **힌트 내용 :** 관계연산의 결과는 부울값입니다.

관계연산자는 ==, 〉, 〉=, 〈, 〈=, !=의 6가지이며 두 개의 피연산자 사이의 크기 관계를 체크할 때 사용됩니다. 관계가 참이면 결과가 true이고 아니면 false가 됩니다. 관계연산자는 주로 판단과 반복문에 사용됩니다.

📁 File: A020_RelationalOperator/Program.cs

```csharp
1  using System;
2
3  namespace A020_RelationalOperators
4  {
5    class Program
6    {
7      static void Main(string[] args)
8      {
9        bool result;
10       int first = 10, second = 20;
11
12     result = (first == second);
13       Console.WriteLine("{0} == {1} : {2}", first, second, result);
14
15     result = (first > second);
16       Console.WriteLine("{0} > {1} : {2}", first, second, result);
17
18     result = (first < second);
19       Console.WriteLine("{0} < {1} : {2}", first, second, result);
20
21     result = (first >= second);
22       Console.WriteLine("{0} >= {1} : {2}", first, second, result);
```

```
23
24        result = (first <= second);
25        Console.WriteLine("{0} <= {1} : {2}", first, second, result);
26
27        result = (first != second);
28        Console.WriteLine("{0} != {1} : {2}", first, second, result);
29    }
30    }
31 }
```

9 ◆ 부울형 변수 result를 정의합니다. 관계연산의 결과는 bool 값입니다.

10 ◆ 정수 first와 second를 정의하고 10과 20으로 초기값을 줍니다.

12~13 ◆ first == second를 계산하여 계산 결과를 result에 할당하고 출력합니다.

15~16 ◆ first 〉 second를 계산하여 계산 결과를 result에 할당하고 출력합니다.

18~19 ◆ first 〈 second를 계산하여 계산 결과를 result에 할당하고 출력합니다.

21~22 ◆ first 〉= second를 계산하여 계산 결과를 result에 할당하고 출력합니다.

24~25 ◆ first 〈= second를 계산하여 계산 결과를 result에 할당하고 출력합니다.

27~28 ◆ first != second를 계산하여 계산 결과를 result에 할당하고 출력합니다.

결과

```
10 == 20 : False
10 > 20 : False
10 < 20 : True
10 >= 20 : False
10 <= 20 : True
10 != 20 : True
```

논리연산자

• 학습 내용 : 4개의 논리연산자를 학습합니다.
• 힌트 내용 : 논리 연산의 결과는 부울값입니다.

논리연산자는 &&, ||, ^, !의 4가지이며, 각각 AND, OR, 배타적 OR, NOT의 논리연산을 수행합니다. 이중 &&, ||, ^는 피연산자가 2개인 이항연산자이고 !은 피연산자가 하나인 단항연산자입니다. 논리연산의 피연산자와 결과는 true 또는 false의 부울값입니다.

논리 AND는 피연산자가 모두 true일 때만 결과가 true이고 논리 OR는 피연산자 중 하나만 true이면 결과가 true입니다. Exclusive OR는 두 값이 같으면 false, 다르면 true입니다. 논리 NOT은 단항연산자로 피연산자의 논리 값을 바꾸어 줍니다. 논리연산자는 주로 판단과 반복문에 사용됩니다.

📁 File: A021_LogicalOperators/Program.cs

```
1  using System;
2
3  namespace A021_LogicalOperators
4  {
5    class Program
6    {
7      static void Main(string[] args)
8      {
9        bool result;
10       int first = 10, second = 20;
11
12       result = (first == second) || (first > 5);
13       Console.WriteLine("{0} || {1} : {2}", first == second, first > 5, result);
14
15       result = (first == second) && (first > 5);
16       Console.WriteLine("{0} && {1} : {2}", first == second, first > 5, result);
17
```

```
18        result = true ^ false;
19        Console.WriteLine("{0} ^ {1} : {2}", true, false, result);
20
21        result = !(first > second);
22        Console.WriteLine("!{0} : {1}", first > second, result);
23
24      }
25    }
26 }
```

9 ◆ 부울형 변수 result를 정의합니다. 논리 연산의 결과는 bool 값입니다.

10 ◆ 정수 first와 second를 정의하고 10과 20으로 초기값을 할당합니다.

12~13 ◆ (first == second) || (first 〉 5)를 계산하여 계산 결과를 result에 할당하고 결과를 출력합니다.
first == second는 false이며 first 〉 5는 true이므로 result는 true가 됩니다.

15~16 ◆ (first == second) && (first 〉 5)를 계산하여 계산 결과를 result에 할당하고 결과를 출력합니다.
first == second는 false이며 first 〉 5는 true이므로 result는 false가 됩니다.

18~19 ◆ true ^ false를 계산하여 계산 결과를 result에 할당하고 결과를 출력합니다. true ^ false는 true이므
로 result는 true가 됩니다.

21~22 ◆ !(first 〉 second)를 계산하여 계산 결과를 result에 할당하고 결과를 출력합니다. first 〉 second는
false이므로 result는 true가 됩니다.

결과

```
False || True : True
False && True : False
True ^ False : True
!False : True
```

비트연산자

- **학습 내용 :** 6개의 비트연산자를 학습합니다.
- **힌트 내용 :** 정수값을 2진수로 변환하고 비트 연산을 할 수 있습니다.

C#의 비트연산자는 모두 6가지로 C나 C++ 언어와 같습니다. 정수형 변수(int, long 등)와 부울형 변수에 대해 비트 수준에서 연산을 합니다.

〈표 22-1〉 비트연산자

연산자	의미
~	Bitwise Complement
&	Bitwise AND
|	Bitwise OR
^	Bitwise Exclusive OR (XOR)
《	Bitwise Left Shift
》	Bitwise Right Shift

예를 들어, 정수 14는 2진수로 표현하면 1110, 정수 11은 2진수로 표현하면 1011입니다. 정수는 32비트이지만 설명을 위해서 8비트만을 표현하면, 정수 14는 0000 1110이고 정수 11은 0000 1011입니다.

이 두 수에 대해 6가지 비트 연산을 수행하면 다음과 같습니다.

비트 AND(&)	비트 OR(|)	비트 XOR(^)
14 : 0000 1110 11 : 0000 1011 ────────────── & 0000 1010	14 : 0000 1110 11 : 0000 1011 ────────────── | 0000 1111	14 : 0000 1110 11 : 0000 1011 ────────────── ^ 0000 0101
비트 NOT(~)	왼쪽 두 비트 시프트	오른쪽 한 비트 시프트
14 : 0000 1110 ────────────── ~ 1111 0001	14 : 0000 1110 ────────────── 《2 0011 1000	11 : 0000 1011 ────────────── 》1 0000 0101

비트 AND, 비트 OR, 비트 XOR는 피연산자가 2개인 이항연산자이며 각 비트별로 AND, OR, XOR 연산을 수행합니다. 비트 NOT 연산은 피연산자가 하나이며 각 비트의 0과 1을 바꾸어 줍니다. 위의 그림에서 0000 1110을 비트 NOT한 결과는 1111 0001인데 맨 앞자리가 1이므로 음수로 해석되고 음수는 2의 보수로 계산되므로 −15로 해석됩니다.

왼쪽 시프트와 오른쪽 시프트 연산은 오른쪽에 몇 비트를 시프트 하는지 숫자로 표시합니다. 왼쪽 시프트는 한 비트를 시프트할 때마다 2를 곱하는 효과가 있고, 오른쪽 시프트는 한 비트를 시프트할 때마다 2로 나누는 결과가 나옵니다.

📁 File: A022_BitwiseOperators/Program.cs

```
1 using System;
2
3 namespace A022_BitwiseOperators
4 {
5   class Program
6   {
7     static void Main(string[] args)
8     {
9       int x = 14, y = 11, result;
10
11       result = x | y;
12       Console.WriteLine("{0} | {1} = {2}", x, y, result);
13       result = x & y;
14       Console.WriteLine("{0} & {1} = {2}", x, y, result);
15       result = x ^ y;
16       Console.WriteLine("{0} ^ {1} = {2}", x, y, result);
17       result = ~x;
18       Console.WriteLine("~{0} = {1}", x, result);
19       result = x << 2;
20       Console.WriteLine("{0} << 2 = {1}", x, result);
21       result = y >> 1;
22       Console.WriteLine("{0} >> 1 = {1}", y, result);
23     }
24   }
25 }
```

x = 14, y = 11, result를 정수형 변수로 선언합니다. ◆ 9

x와 y의 비트 OR 연산을 하고 결과를 result에 할당한 후 출력합니다. ◆ 11~12

x와 y의 비트 AND 연산을 하고 결과를 result에 할당한 후 출력합니다. ◆ 13~16

x와 y의 비트 배타적 OR 연산을 하고 결과를 result에 할당한 후 출력합니다. ◆ 15~16

x의 보수를 계산하여 결과를 result에 할당한 후 출력합니다. 0은 1로, 1은 0으로 바꾸어주는 1의 ◆ 17~18
보수입니다.

x를 왼쪽으로 2비트 시프트하고 결과를 출력합니다. x에 4을 곱하는 결과입니다. ◆ 19~20

y를 오른쪽으로 1비트 시프트하고 결과를 출력합니다. x를 2로 나누는 결과입니다. ◆ 21~22

결과

```
14 | 11 = 15
14 & 11 = 10
14 ^ 11 = 5
~14 = -15
14 << 2 = 56
11 >> 1 = 5
```

- **학습 내용:** 조건연산자의 사용법을 학습합니다.
- **힌트 내용:** 조건연산자(C ? A : B)는 C의 조건식이 참이면 A를, 거짓이면 B를 리턴합니다.

조건연산자는 C#의 연산자 중 유일하게 3개 항을 갖는 연산자입니다. condition이 true이면 first_expression이 적용되고 false이면 second_expression이 적용됩니다.

```
condition ? first_expression : second_expression;
```

조건 연산자를 사용하면 if-else 구성이 필요한 계산을 더 간결하게 표현할 수 있습니다.

```
if( input >= 0 )
    result = "양수입니다";
else
    result = "음수입니다";
```

위와 같은 if~else 문은 조건연산자를 사용하면 다음과 같이 한 줄로 표현할 수 있습니다.

```
result = (input > 0) ? "양수입니다." : "음수입니다.";
```

나이를 영어로 얘기해 보겠습니다.

```
나는 5살입니다.          I am 5 years old.
내 동생은 1살입니다.      My brother is 1 year old.
```

영어로 1살일 때는 year로 단수를 쓰고, 2살 이상일 때는 years로 복수를 써야 합니다. 이럴 때도 조건연산자를 쓰면 간단하게 코딩할 수 있습니다.

```
string name = "Steve";
int age = 12;
Console.WriteLine("{0} is {1} year{2} old", name, age,
    (age == 1) ? "" : "s");
```

📁 File: A023_ConditionalOperator/Program.cs

```
1  using System;
2
3  namespace A023_ConditionalOperator
4  {
5    class Program
6    {
7      static void Main(string[] args)
8      {
9        int input = Convert.ToInt32(Console.ReadLine());
10
11       string result = (input > 0) ? "양수입니다." : "음수입니다."
12       Console.WriteLine("{0}는 {1}", input, result);
13       Console.WriteLine("{0}는 {1}", input,
14           (input % 2 == 0) ? "짝수입니다." : "홀수입니다.");
15
16       for (int i = 1; i <= 50; i++)
17       {
18         Console.Write("{0,3}{1}", i, i % 10 != 0 ? "" : "\n");
19       }
20     }
21   }
22 }
```

콘솔에서 값을 입력받아 정수로 변환하여 input 변수에 할당합니다. ◆ 9

input 값이 0보다 크면 result는 "양수입니다."가, 0보다 작으면 "음수입니다."가 할당됩니다. ◆ 11

input과 result 값을 출력합니다. ◆ 12

13~14 ◆ input과 조건연산자의 결과를 출력합니다. input이 2로 나누어 나머지가 0이면 "짝수입니다.",
아니면 "홀수입니다."라고 출력합니다.

16~19 ◆ 여러 개의 숫자를 쓸 때 10개마다 줄바꿈을 하고 싶다면 조건문으로 10으로 나눈 나머지가 0일
때 "\n"을 써줍니다.

결과

---

123 `Enter ↵`
123는 양수입니다.
123는 홀수입니다.

```
 1  2  3  4  5  6  7  8  9 10
11 12 13 14 15 16 17 18 19 20
21 22 23 24 25 26 27 28 29 30
31 32 33 34 35 36 37 38 39 40
41 42 43 44 45 46 47 48 49 50
```

증가연산자, 감소연산자와 대입연산자의 압축

입문

024

- **학습 내용 :** ++, -- 연산자와 대입연산자의 압축을 학습합니다.
- **힌트 내용 :** 증가, 감소연산자와 대입연산자의 압축은 매우 많이 사용됩니다.

프로그래밍 언어에서는 x = x + 1;과 같이 변수의 값을 바꾸어 다시 그 변수에 할당하는 경우가 많습니다. 이런 경우 같은 변수 이름을 두 번 사용해야 하기 때문에 번거로울 수 있습니다.

```
resultOfCalculation = resultOfCalculation * 2;
```

위와 같은 문장이 있다면 resultOfCalculation이라는 긴 변수를 두 번 쓰는 것이 불편합니다. 이와 같은 대입연산을 간편하게 하기 위해 다음과 같이 압축하여 사용할 수 있습니다.

```
resultOfCalculation *= 2;
```

압축하여 사용할 때 주의할 점이 있습니다. x += y * 3;이라는 문장은 x = x + (y * 3)이라는 뜻입니다. (x + y) * 3가 아니라는 것에 주목합니다. 이와 같은 압축 표현은 모든 이항연산자에 적용되며 이것을 지정연산자라고도 합니다.

증가연산자(++)와 감소연산자(--)는 매우 편리하며 자주 사용됩니다. x = x + 1 대신 x++ , x = x - 1 대신 x--라고 하면 됩니다. ++와 --가 변수의 앞에 있는지 뒤에 있는지에 따라 동작이 차이가 납니다. ++를 예를 들면 ++x와 x++ 두 가지로 사용되는데 ++x는 x를 먼저 증가시키고 사용하는 것이고 x++는 x의 현재 값을 먼저 사용하고 나서 x 값을 증가시키는 것입니다.

📁 File: A024_CompoundAssignment/Program.cs

```
1 using System;
2
3 namespace A024_CompoundAssignment
4 {
5   class Program
6   {
```

```
 7      static void Main(string[] args)
 8      {
 9        int x = 32;
10
11        Console.WriteLine(x += 2);
12        Console.WriteLine(x -= 8);
13        Console.WriteLine(x *= 3);
14        Console.WriteLine(x /= 2);
15        Console.WriteLine(x++);
16        Console.WriteLine(--x);
17      }
18    }
19  }
```

9 ◆ int 변수 x는 32로 초기화되었습니다.

11 ◆ x += 2는 x = x+2와 같은 의미입니다. x에 2를 더하여 x에 할당하므로 x는 34가 됩니다.

12 ◆ x -= 8은 x = x-8과 같은 의미입니다. x에 8을 빼서 x에 할당하므로 x는 26이 됩니다.

13 ◆ x *= 3은 x = x*3과 같은 의미입니다. x에 3을 곱해서 x에 할당하므로 x는 78이 됩니다.

14 ◆ x /= 2은 x = x/2과 같은 의미입니다. x를 2로 나누어서 x에 할당하므로 x는 39가 됩니다.

15 ◆ x++는 x를 사용하고 나서 하나 증가시킵니다. 따라서 39를 출력하고 x는 40이 됩니다.

16 ◆ --x는 x를 하나 감소시킨 후 사용합니다. 현재 x의 값은 40이므로 39가 되고 39를 출력합니다.

결과

```
34
26
78
39
39
39
```

String 클래스

- **학습 내용:** C#의 문자열, string을 학습합니다.
- **힌트 내용:** String 클래스의 속성과 메소드를 학습합니다.

문자열(string)은 프로그램에서 가장 많이 쓰이는 자료형입니다. 5장 문자와 문자열에서 학습한 것과 같이 문자열은 겹 따옴표(")를 사용하여 표현되며, 단일 문자(char)는 홑 따옴표(')를 사용하여 표현됩니다.

키워드 string은 .NET의 System.String 클래스와 동일합니다. int가 Int32의 별명인 것처럼 string 은 String의 별명입니다. 따라서 문자열을 사용할 때 대문자 String이나 소문자 string의 어떤 것을 사용해도 됩니다.

C# string은 불변(Immutable)입니다. 한 번 문자열이 설정되면 다시 변경할 수 없습니다. 예를 들어, string s가 있을 때, s = "Hello";라고 한 후 다시 s = "World";라고 하면, .NET 시스템은 새로운 string 객체를 생성하여 "World"라는 데이터로 초기화한 후 이를 변수명 s에 할당합니다. 이전의 "Hello"를 저장하고 있던 메모리는 개비지 콜렉터에 의해 시스템에 반환됩니다.

String 클래스의 속성인 Length는 String 객체의 길이입니다. 또한 string은 문자 배열처럼 인덱스로 String의 특정 위치에 있는 문자를 가져올 수 있습니다. 예를 들어 s.Length, s[8]과 같이 사용할 수 있습니다. 둘 다 값을 가져올 수만 있고 설정할 수는 없습니다. 즉 int i = s.Length라고 쓸 수는 있지만 s.Length = 5와 같이 쓸 수는 없습니다. 마찬가지로 s[5] = 'a'와 같이 쓸 수도 없습니다.

String 클래스의 필드 중에 Empty가 있습니다. 이 필드는 static readonly이고 값은 길이가 0인 문자열, 즉 빈 문자열입니다. Empty와 null은 다릅니다. Null은 선언되고 할당되지 않은 스트링을 의미하고 Empty 또는 ""는 빈 문자열이라는 뜻입니다.

String 클래스에는 매우 다양한 메소드가 있습니다. 대부분의 메소드들은 매개변수의 개수와 종류가 다양하게 중복되어 선언되어 있습니다. 사용할 때는 마이크로소프트 문서를 참조하거나 비주얼스튜디오의 인텔리센스 기능을 사용하는 것이 좋습니다.

〈표 25-1〉 String 클래스의 메소드

메소드	동작
Insert	string 안의 특정 위치에 string을 삽입합니다.
Contains	특정 문자 또는 문자열을 포함하는지 true/false로 리턴합니다
CompareTo	string을 비교해서 작으면 -값, 같으면 0, 크면 +값을 리턴합니다.
IndexOf	string에서 특정 문자 또는 문자열이 처음으로 나오는 index를 리턴합니다.
LastIndexOf	string에서 특정 문자 또는 문자열이 마지막으로 나오는 index를 리턴합니다.
PadLeft	string 앞에 특정 문자를 삽입하여 글자 수를 맞춥니다.
PadRight	string 뒤에 특정 문자를 삽입하여 글자 수를 맞춥니다.
Remove	string에서 substring을 삭제합니다.
Replace	string에서 문자 혹은 substring을 다른 문자 혹은 substring으로 대체합니다.
ToLower	string의 문자를 소문자로 변환합니다.
ToUpper	string의 문자를 대문자로 변환합니다.
Trim	string에서 앞뒤의 공백문자 또는 특정 문자를 제거합니다.
TrimEnd	string의 뒤의 공백문자 또는 특정 문자를 제거합니다.
TrimStart	string의 앞의 공백문자 혹은 특정 문자를 제거합니다.
Split	string에서 substring을 추출하여 새로운 string 배열을 리턴합니다.
CopyTo	string의 일부분을 문자 배열로 복사합니다.
Substring	string에서 특정 문자에서 끝까지의 substring을 추출합니다.

정적 메소드(Static Method)는 객체에 사용되는 멤버 메소드와 달리 클래스 자체에 적용되는 메소드입니다. String 클래스의 정적 메소드들은 String.Format()과 같이 클래스 이름인 String 뒤에 . 연산자와 함께 사용합니다.

〈표 25-2〉 String 클래스의 정적 메소드

스태틱 메소드	동작
Concat	한 개 이상의 substring을 합쳐서 새로운 string을 만듭니다.
Compare	두 개의 string을 비교해서 상대적인 위치를 리턴합니다.
Copy	현재 string을 복사하여 새로운 string을 만듭니다.
Format	문자열을 포맷에 맞추어 변경합니다.
Join	배열이나 컬렉션의 멤버들을 모아서 새로운 string을 만듭니다. 이때 멤버 사이에 구분자를 삽입합니다.

위의 두 개의 표에 나오는 메소드들을 순서대로 실행해 보겠습니다.

📁 File: A025_StringMethods/Program.cs

```csharp
1  using System;
2
3  namespace A025_StringMethods
4  {
5    class Program
6    {
7      static void Main(string[] args)
8      {
9        string s = " Hello, World! ";
10       string t;
11
12       Console.WriteLine(s.Length);
13       Console.WriteLine(s[8]);
14       Console.WriteLine(s.Insert(8, "C# "));
15       Console.WriteLine(s.PadLeft(20, '.'));
16       Console.WriteLine(s.PadRight(20, '.'));
17       Console.WriteLine(s.Remove(6));
18       Console.WriteLine(s.Remove(6, 7));
19       Console.WriteLine(s.Replace('l', 'm'));
20       Console.WriteLine(s.ToLower());
21       Console.WriteLine(s.ToUpper());
22       Console.WriteLine('/' + s.Trim() + '/');
23       Console.WriteLine('/' + s.TrimStart() + '/');
24       Console.WriteLine('/' + s.TrimEnd() + '/');
25
26       string[] a = s.Split(',');
27       foreach(var i in a)
28         Console.WriteLine('/' + i + '/');
29
30       char[] destination = new char[10];
31       s.CopyTo(8, destination, 0, 6);
32       Console.WriteLine(destination);
33
```

```
34        Console.WriteLine('/' + s.Substring(8) + '/');
35        Console.WriteLine('/' + s.Substring(8, 5) + '/');
36
37        Console.WriteLine(s.Contains("ll"));
38        Console.WriteLine(s.IndexOf('o'));
39        Console.WriteLine(s.LastIndexOf('o'));
40        Console.WriteLine(s.CompareTo("abc"));
41
42        Console.WriteLine(String.Concat("Hi~", s));
43        Console.WriteLine(String.Compare("abc", s));
44        Console.WriteLine(t = String.Copy(s));
45
46        String[] val = { "apple", "orange", "grape", "pear" };
47        String result = String.Join(", ", val);
48        Console.WriteLine(result);
49    }
50    }
```

9 ◆ string s를 " Hello, World! "로 할당합니다. 앞뒤에 빈칸이 있습니다.

10 ◆ string t를 선언합니다.

12 ◆ s.Length는 문자열 s의 길이입니다. 빈칸을 포함해서 15글자입니다.

13 ◆ string은 문자 배열과 같이 인덱스로 값을 지정하거나 가져올 수 있습니다.

14 ◆ Insert() 메소드는 특정 위치에 문자열을 삽입합니다. 8번째 인덱스에 "C# "을 삽입하니까 " Hello, C# World! "가 됩니다. Insert() 메소드는 새로운 string을 리턴하므로 s는 바뀌지 않습니다.

15~16 ◆ PadLeft() 메소드는 앞쪽에 특정 문자를 넣어서 문자열의 길이를 맞춥니다. s의 길이가 15이므로 앞에 점 5개가 출력됩니다. PadRight() 메소드는 뒤쪽에 특정 문자를 넣어서 뒤에 점 5개가 출력됩니다.

17 ◆ Remove(6) 메소드는 6번째 인덱스부터 끝까지를 지워줍니다. 따라서 " Hello"만 출력됩니다.

18 ◆ Remove(6,7) 메소드는 6번째 인덱스부터 7개의 문자를 지워줍니다. " Hello" 뒤의 ", World"의 7개 문자가 지워져서 " Hello! "가 출력됩니다.

Replace('l', 'm') 메소드는 'l'을 'm'으로 바꾸어 줍니다. " Hemmo, Wormd! "가 출력됩니다. ◆ 19

ToLower() 메소드는 소문자로, ToUpper() 메소드는 대문자로 바꾸어줍니다. ◆ 20~21

Trim() 메소드는 앞뒤의 공백문자를 없애고 TrimStart() 메소드는 앞쪽의 공백문자를, TrimEnd() 메소드는 뒤쪽의 공백문자를 없앱니다. ◆ 22~24

Split(',') 메소드는 문자열을 콤마로 구분하여 스트링 배열로 만듭니다. ◆ 26

CopyTo() 메소드는 스트링의 일부분을 문자 배열로 저장합니다. 따라서 s.CopyTo(8, destination, 0, 6)은 s의 8번째 인덱스로부터 destination[] 배열의 0번 인덱스(맨앞)로 6개의 문자 "World!"를 복사합니다. ◆ 31

SubString(x) 메소드는 x번째 인덱스부터 맨 뒤까지의 문자열을 리턴하고 SubString(x, y) 메소드는 x번째 인덱스부터 y개의 문자열을 리턴합니다. ◆ 34~35

s.Contains("ll") 메소드는 s에 "ll"이라는 문자열이 있으면 true를 리턴합니다. ◆ 37

s.IndexOf('o') 메소드는 s에서 처음 나오는 'o'의 위치를 리턴하고 s.LastIndexOf('o') 메소드는 s에서 맨 마지막으로 나오는 'o'의 위치를 리턴합니다. ◆ 38~39

s.CompareTo(t) 메소드는 s와 t를 사전식으로 비교하여 s가 t보다 앞에 나오면 마이너스 값을, 같으면 0을, s가 t보다 뒤에 나오면 플러스값을 리턴합니다. " Hello, World! "는 빈칸으로 시작하므로 "abc"보다 앞에 나오기 때문에 −1이 리턴됩니다. ◆ 40

String.Concat() 메소드는 정적 메소드이므로 s.Concat()이 아니고 String.Concat()으로 사용해야 합니다. 두 개의 스트링을 합쳐줍니다. ◆ 42

String.Compare() 메소드도 정적 메소드입니다. CompareTo() 메소드와 다르게 String.Compare()와 같이 클래스 이름과 함께 사용합니다. 예제에서 "abc"의 'a'가 빈칸보다 뒤에 나오므로 +1이 출력됩니다. ◆ 43

Copy() 메소드도 정적메소드입니다. 10번째 줄에 선언한 t가 여기에서 사용되어 t = String.Copy(s)를 하면 t는 s와 같은 값이 됩니다. ◆ 44

string 배열 val을 선언하고 초기화했습니다. ◆ 46

String.Join(", ", val)은 string 배열 val의 각 요소를 ", "으로 연결하여 리턴합니다. ◆ 47

```
15
W
 Hello, C# World!
..... Hello, World!
 Hello, World! .....
 Hello
 Hello!
 Hemmo, Wormd!
 hello, world!
 HELLO, WORLD!
/Hello, World!/
/Hello, World! /
/ Hello, World!/
/ Hello/
/ World! /
World!
/World! /
/World/
True
5
9
-1
Hi~ Hello, World!
1
 Hello, World!
apple, orange, grape, pear
```

String.Split() 메소드를 사용한 문자열 구문 분석

- **학습 내용:** String.Split() 메소드의 사용법을 학습합니다.
- **힌트 내용:** 하나의 문자열에서 구분자에 의해 구분된 문자열 배열을 만듭니다.

콘솔에서 숫자를 입력하여 더하는 프로그램을 만든다면 가장 간단한 방법은 여러 개의 숫자들을 한 줄에 입력하고 그 값들을 더해서 결과를 출력하는 것입니다. 예를 들어 다음과 같은 프로그램을 만들어 봅니다.

```
> 더하고자 하는 숫자들을 입력하세요 : 10 50 60 44 55 24 77 Enter↵
> 결과는 320
```

콘솔에서 값을 입력받으려면 string s = Console.ReadLine()을 사용하는데 Enter↵를 입력할 때까지 입력되는 한 줄을 하나의 스트링으로 저장합니다. 이때 s는 "10 50 60 44 55 24 77"의 값을 갖는 하나의 스트링입니다. 계산을 위해서는 이 문자열에서 숫자들을 추출해서 더해주어야 하는데 이때 사용할 메소드가 Split()입니다.

구분하고자 하는 문자는 디폴트로 공백입니다. s.Split(',')와 같이 구분하고자 하는 문자를 Split() 메소드에 매개변수로 전달할 수도 있습니다. 또한 Split() 메소드에서 구분하고자 하는 문자를 여러 개 지정할 수도 있습니다. 예를 들어 빈칸, 콤마, '−' 기호로 구분하고자 하면 다음과 같이 구분하고자 하는 문자들을 문자 배열로 만들어 주면 됩니다.

```
char[] delimiters = { ',', ' ', '-' };
string[] v = s.Split(delimiters);
```

📁 File: A026_SplitMethod/Program.cs

```
1 using System;
2
3 namespace A026_SplitMethod
4 {
```

```
 5   class Program
 6   {
 7     static void Main(string[] args)
 8     {
 9       Console.Write("더하고자 하는 숫자들을 입력하세요: ");
10       string s = Console.ReadLine();
11       Console.WriteLine(s);
12
13       int sum = 0;
14       string[] v = s.Split();
15       foreach(var i in v)
16       {
17         sum += int.Parse(i);
18       }
19       Console.WriteLine("결과는 {0}", sum);
20     }
21   }
22 }
```

9~11 ◆ 입력 안내문을 출력하고 콘솔에서 한 줄의 입력을 받은 후, 입력된 문자열을 출력합니다.

13 ◆ 합을 저장하는 sum 변수를 0으로 초기화합니다.

14 ◆ s.Split()으로 입력 문자열을 빈칸으로 나누어 스트링 배열 v에 넣습니다.

15~19 ◆ 배열에 저장된 개수가 몇 개인지 알 수 없으므로 foreach() 문을 쓰는 것이 좋습니다. int.Parse()
로 배열의 각 요소 i를 정수로 변환하여 sum에 더하고 결과를 출력합니다.

결과

더하고자 하는 숫자들을 입력하세요: **10 20 50 77 84 61 35** Enter↵
10 20 50 77 84 61 35
결과는 337

문자열을 연결하는 네 가지 방법

입문
027

- **학습 내용:** 문자열을 연결하는 여러 가지 방법을 학습합니다.
- **힌트 내용:** 여러 개의 문자열을 하나의 문자열로 연결합니다.

몇 가지 방법으로 한 문자열을 다른 문자열의 끝에 연결해 줄 수 있습니다.

(1) '+' 연산자 사용

'+' 연산자를 사용하여 문자열을 연결합니다. + 연산자는 사용하기 쉽고 직관적입니다. 하나의 문장에서 여러 + 연산자를 사용할 수도 있습니다. 다음 코드는 + 및 += 연산자를 사용하여 문자열을 연결하는 예제를 보여줍니다. 예제에서 str은 "Hello Steve. Today is Aug 1, 2019."이 됩니다.

```
string userName = "Steve";
string dateString = "Aug 1, 2019";
string str = "Hello " + userName + ". Today is " + dateString;
str += ".";
```

(2) 문자열 보간(string interpolation)

문자열 보간은 C# 6에서 추가된 기능입니다. $ 문자를 사용하여 문자열 변수의 값을 표현할 수 있게 합니다. 이를 사용하면 보다 읽기 쉽고 편리하게 문자열을 만들 수 있습니다.

```
string userName = "bikang";
string date = DateTime.Today.ToShortDateString();

string str = $"Hello {userName}. Today is {date}.";
Console.WriteLine(str);
```

str은 "Hello bikang. Today is 2019-02-27."이 됩니다. 포맷을 위해 특별한 조작이 필요 없이 $ 기호만 표시하고 변수를 문자열 안에 { } 괄호를 사용하여 표시합니다.

(3) String.Format

또 다른 방법으로는 String.Format() 메소드를 사용하는 것입니다. 예를 들어 아래 문장을 보면 {0}, {1}, …과 같이 0부터 시작되는 순차적인 숫자로 매개변수를 표시합니다. String.Format()은 11장에서 자세히 설명했습니다.

```
decimal temp = 20.4m;
string s = String.Format("At {0}, the temperature is {1}°C.",
                         DateTime.Now, 20.4);
Console.WriteLine(s);
```

(4) String.Concat()과 String.Join()

Concat() 메소드는 문자열을 연결한 새로운 문자열을 리턴합니다. 다음 문장의 출력은 "I am a boy"가 됩니다.

```
Console.WriteLine(String.Concat("I ", "am ", "a ", "boy"));
```

배열이나 리스트 등의 컬렉션을 문자열로 연결할 때에도 String.Concat()과 String.Join() 메소드를 사용하면 편리합니다. Join() 메소드는 구분 기호를 표시할 수 있습니다.

```
string[] animals = { "mouse", "cow", "tiger", "rabbit", "dragon"};
string s = String.Concat(animals);
Console.WriteLine(s);
s = String.Join(", ", animals);
Console.WriteLine(s);
```

위의 문장은 다음과 같이 출력됩니다.

```
mousecowtigerrabbitdragon
mouse, cow, tiger, rabbit, dragon
```

📁 File: A027_StringConcat/Program.cs

```csharp
1 using System;
2
3 namespace A027_StringConcat
4 {
5   class Program
6   {
7     static void Main(string[] args)
8     {
9       string userName = "bikang";
10      string date = DateTime.Today.ToShortDateString();
11
12      string strPlus = "Hello " + userName + ". Today is " + date + ".";
13      Console.WriteLine(strPlus);
14
15      string strFormat = String.Format("Hello {0}. Today is {1}.",
16          userName, date);
17      Console.WriteLine(strFormat);
18
19      string strInterpolation = $"Hello {userName}. Today is {date}.";
20      Console.WriteLine(strInterpolation);
21
22      string strConcat = String.Concat("Hello ", userName,
23          ". Today is ", date, ".");
24      Console.WriteLine(strConcat);
25
26      string[] animals = { "mouse", "cow", "tiger", "rabbit", "dragon"};
27      string s = String.Concat(animals);
28      Console.WriteLine(s);
29      s = String.Join(", ", animals);
30      Console.WriteLine(s);
31    }
32  }
33 }
```

string 변수 userName을 선언하고 "bikang"으로 초기화합니다. ◆ 9

10 ◆ string 변수 date를 선언하고 오늘 날짜로 초기화합니다.

12 ◆ + 연산자를 사용하여 문자열을 결합하는 문장입니다.

15 ◆ String.Format() 메소드로 문자열을 결합하는 문장입니다.

19 ◆ 문자열 보간으로 문자열을 결합하는 문장입니다.

22 ◆ String.Concat() 메소드로 문자열을 결합하는 문장입니다.

26 ◆ string 배열 animals를 초기화합니다.

27 ◆ String.Concat() 메소드로 배열의 요소들을 연결해 줍니다.

29 ◆ String.Join() 메소드로 배열의 요소들을 연결해 줍니다. 구분 기호로 ", "를 사용하여 요소마다 구분할 수 있게 문자열을 만들어줍니다.

결과

```
Hello bikang. Today is 2019-02-27.
Hello bikang. Today is 2019-02-27.
Hello bikang. Today is 2019-02-27.
Hello bikang. Today is 2019-02-27.
mousecowtigerrabbitdragon
mouse, cow, tiger, rabbit, dragon
```

문자열의 검색

String 클래스에는 문자열을 검색할 수 있는 여러 가지 메소드들이 있습니다. 이를 이용하여 문자열에 특정한 글자가 포함되어 있는지, 또는 어느 위치에 있는지 등을 알 수 있습니다.

(1) Contains() 메소드

Contains() 메소드는 스트링에 특정 문자열이 포함되어 있는지를 체크합니다. 포함되어 있으면 true를 아니면 false를 리턴하는 bool 메소드입니다. 다음의 예제에서 b는 true 값을 갖게 됩니다.

```
string s1 = "mouse, cow, tiger, rabbit, dragon";
string s2 = "cow";
bool b = s1.Contains(s2);
```

(2) IndexOf() 메소드

IndexOf() 메소드는 문자열에서 특정 문자 또는 문자열이 나타나는 인덱스를 리턴해줍니다. 이때 인덱스는 0부터 시작합니다. 만일 찾는 문자열이 없을 때는 −1을 리턴합니다. 리턴값이 −1인지 아닌지로 문자열을 포함하고 있는지를 알 수 있습니다. IndexOf는 여러 가지 방법으로 중복되어 있습니다.

```
public int Indexof(char, int, int, StringComparison);
public int Indexof(string, int, int, StringComparison);
```

매개변수의 첫 번째는 하나의 문자 또는 문자열입니다. 나머지 매개변수는 없어도 되는데 첫 번째 숫자는 시작 인덱스, 두 번째 숫자는 시작 인덱스에서부터 비교할 글자 수, 그리고 마지막의 StringComparison은 비교 방법을 지정하는 열거형입니다.

(3) 대소문자를 구분하지 않는 비교

앞에서 설명한 Contains() 메소드는 대소문자를 구분합니다. 따라서 맨 위의 예제에서 s2 = "Cow"였다면 b는 false가 됩니다.

대소문자를 구분하지 않고 비교한다면 StringComparison 열거형을 사용하면 됩니다.

```
public int IndexOf (string value, StringComparison comparisonType);
```

StringComparison 열거형은 언어, 정렬 순서, 대소문자 구분 여부 등을 표현합니다. CurrentCulture, CurrentCultureIgnoreCase, InvariantCulture, InvariantCultureIgnoreCase, Ordinal, OrdinalIgnoreCase 6개의 값을 갖습니다. 이중 IgnoreCase가 들어 있는 열거형을 사용하면 대소문자를 구분하지 않고 비교를 합니다.

(4) String.StartsWith()와 String.EndsWith() 메소드

StartWith() 메소드는 문자열이 특정 문자열로 시작되는지를 알려줍니다. EndWith() 메소드는 특정 문자열로 끝나는지를 알려줍니다.

📁 File: A028_StringContains/Program.cs

```
1 using System;
2
3 namespace A028_StringContains
4 {
5   class Program
6   {
7     static void Main(string[] args)
8     {
9       string s1 = "mouse, cow, tiger, rabbit, dragon";
10      string s2 = "Cow";    // s2 = "cow";
11      bool b = s1.Contains(s2);
12      Console.WriteLine("'{0}' is in the string '{1}': {2}", s2, s1, b);
13
14      if (b)
15      {
16        int index = s1.IndexOf(s2);
17        if (index >= 0)
18          Console.WriteLine("'{0} begins at index {1}", s2, index);
19      }
20
21      if (s1.IndexOf(s2, StringComparison.CurrentCultureIgnoreCase) >= 0)
```

```
22        {
23            Console.WriteLine("'{0}' is in the string '{1}'", s2, s1);
24        }
25    }
26  }
27 }
```

string 변수 s1과 s2를 선언하고 초기화합니다. s2가 "Cow"일 때와 "cow"일 때로 나누어 실행해 ◆ 9~10
보겠습니다.

s1이 s2를 포함하고 있는지 체크합니다. s2 값이 대문자로 시작하는 "Cow"이므로 s1에는 포함되 ◆ 11
어 있지 않기 때문에 b 값은 false가 됩니다. 만약 s2가 "cow"라면 b 값은 true가 됩니다.

s1이 s2에 포함되어 있다면 IndexOf() 메소드를 사용하여 몇 번째 인덱스에 위치하는지를 출력합 ◆ 14~19
니다. 인덱스는 0부터 시작합니다. 이 부분은 s2가 "Cow"라면 실행되지 않습니다. s2가 "cow"라
면 7번 인덱스에 위치하므로 7을 출력합니다.

StringComparison을 사용하는 IndexOf() 메소드를 사용하는 예입니다. CurrentCultureIgnoreCase ◆ 21~24
를 사용하면 대소문자를 구분하지 않습니다. 리턴값이 −1이라면 s2가 s1에 없다는 뜻이고 0보다
크거나 같다는 것은 찾고자 하는 값이 s1에 포함되어 있다는 뜻이 됩니다.

결과 〈s2="Cow"일 때〉

```
'Cow' is in the string 'mouse, cow, tiger, rabbit, dragon': False
'Cow' is in the string 'mouse, cow, tiger, rabbit, dragon'
at index 7 (case insensitive)
```

결과 〈s2="cow"일 때〉

```
'cow' is in the string 'mouse, cow, tiger, rabbit, dragon': True
'cow begins at index 7
'cow' is in the string 'mouse, cow, tiger, rabbit, dragon'
at index 7 (case insensitive)
```

입문

029

String.Format의
날짜와 시간 형식 지정

• **학습 내용:** String.Format() 메소드를 사용하여 새로운 문자열을 만듭니다.
• **힌트 내용:** 날짜와 시간 형식 지정에 대해 학습합니다.

String.Format 메소드는 지정된 형식에 따라 객체, 변수, 수식의 값을 문자열로 변환하여 다른 문자열에 삽입합니다. 포맷 문자열에 {0}, {1}, …과 같은 인덱스를 사용하여 표현하고자 하는 객체, 변수, 수식(이것을 포맷 아이템이라고 합니다)을 나타냅니다. 포맷 문자열 뒤에 나오는 파라미터는 0부터 순서대로 번호가 부여됩니다.

{0:C}와 같이 인덱스 뒤에 콜론과 함께 형식지정자가 나올 수 있습니다. 예를 들어 통화(Currency)는 C, 날짜는 d, 시간은 t 등입니다. 날짜, 시간 형식문자열은 국가마다 표현 방법이 다릅니다. 따라서 컴퓨터에 설정된 국가에 따라 다르게 표시됩니다.

📁 **File: A029_StringFormat/Program.cs**

```csharp
1  using System;
2
3  namespace A029_StringFormat
4  {
5    class Program
6    {
7      static void Main(string[] args)
8      {
9        string max = String.Format("0x{0:X} {0:E} {0:N}", Int64.MaxValue);
10       Console.WriteLine(max);
11
12       Decimal exchangeRate = 1129.20m;
13
14       string s = String.Format("현재 원달러 환율은 {0}입니다.", exchangeRate);
15       Console.WriteLine(s);
16
```

```
17          s = String.Format("현재 원달러 환율은 {0:C2}입니다.", exchangeRate);
18          Console.WriteLine(s);
19
20          s = String.Format("오늘 날짜는 {0:d}, 시간은 {0:t} 입니다.", DateTime.Now);
21          Console.WriteLine(s);
22
23          TimeSpan duration = new TimeSpan(1, 12, 23, 62);
24          string output = String.Format("소요 시간: {0:c}", duration);
25          Console.WriteLine(output);
26      }
27    }
28 }
```

String.Format("0x{0:X} {0:E} {0:N}", Int64.MaxValue)은 Int64.MaxValue를 각각 16진수형, 지수형, 구분자(,)가 있는 숫자형으로 변환하여 string max에 할당하고 출력합니다. 인덱스는 모두 {0}이며 형식지정자만 다릅니다.   ◆ 9~10

decimal형의 변수 exchangeRate를 선언하고 값을 할당합니다.   ◆ 12

exchangeRate 변수의 값을 출력합니다. 1129.20으로 출력됩니다.   ◆ 14~15

{0:C2} 포맷으로 exchangeRate의 값을 string s에 할당하고 출력합니다. C는 통화 형식으로 화폐 단위인 원을 표시하는 \ 기호와 3자리마다 콤마를 넣어줍니다.   ◆ 17~18

DateTime.Now는 현재 날짜와 시간을 가져옵니다. "오늘 날짜는 {0:d}, 시간은 {0:t} 입니다." 형태로 string s를 만들고 출력합니다.   ◆ 20~21

duration은 TimeSpan 구조체 변수입니다. 초기 값을 1일 12시간 23분 62초로 세팅했습니다. 이 값을 {0:c}로 포맷하면 1.12:24:02가 됩니다.   ◆ 23~25

결과

```
0x7FFFFFFFFFFFFFFF 9.223372E+018 9,223,372,036,854,775,807.00
현재 원달러 환율은 1129.20입니다.
현재 원달러 환율은 ₩1,129.20입니다.
오늘 날짜는 2019-05-10, 시간은 오후 4:15 입니다.
소요 시간: 1.12:24:02
```

그룹 분리자를 넣는 방법

숫자의 정수부를 표시할 때 세자리마다 콤마(,)를 넣는 것이 큰 수를 읽을 때 편리합니다. 이 콤마를 그룹 분리자(Group Separator)라고 합니다.

표준 형식지정자 중에 N이 그룹 분리자를 표시해줍니다. N 형식지정자는 디폴트로 소수점 아래 두 자리를 표시합니다. 소수점 아래 자릿수를 지정할 때는 N 뒤에 숫자로 표시합니다. 출력은 반올림하여 표시됩니다.

```
double v = 1234.5678;
string.Format("{0:N}", v);    // 출력: 1,234.57
string.Format("{0:N0}", v);   // 출력: 1,235
string.Format("{0:N3}", v);   // 출력: 1,234.568
```

다음과 같이 소수점 아래 자릿수는 그대로 두고 정수부에만 세 자리씩 콤마를 추가하고 싶다면 어떻게 할 수 있을까요?

```
1234       →  1,234
4321.5678  →  4,321.5678
```

주어진 숫자를 그룹 분리자로 콤마를 넣어 표시하되 소수점 아래 자릿수는 그대로 출력하는 메소드를 만들어 보겠습니다. 이 메소드는 161장 윈도우 표준 계산기에서 사용됩니다.

📁 File: A030_GroupSeparator/Program.cs

```
1 using System;
2
3 namespace A030_GroupSeparator
4 {
```

```
 5   class Program
 6   {
 7     static void Main(string[] args)
 8     {
 9       while(true)
10       {
11         Console.Write("표시할 숫자를 입력하세요(종료:-1): ");
12         string s = Console.ReadLine();
13         double v = double.Parse(s);
14         if (v == -1)
15           break;
16         Console.WriteLine(NumberWithGroupSeparator(s));
17       }
18     }
19
20     private static string NumberWithGroupSeparator(string s)
21     {
22       int pos = 0;
23       double v = Double.Parse(s);
24
25       if (s.Contains("."))
26       {
27         pos = s.Length - s.IndexOf('.');
28         string formatStr = "{0:N" + (pos - 1) + "}"
29         s = string.Format(formatStr, v);
30       }
31       else
32         s = string.Format("{0:N0}", v);
33       return s;
34     }
35   }
36 }
```

무한루프를 반복합니다. 숫자를 입력하도록 안내문을 출력하고 입력한 숫자를 숫자로 바꾸어 v   ◆ 9~13
에 할당합니다.

v의 값이 −1이면 while 루프를 빠져나옵니다.   ◆ 14~15

16 ◆ NumberWithGroupSeparator(s)를 호출하여 리턴받은 문자열을 출력합니다.

20 ◆ NumberWithGroupSeparator(string s) 메소드는 숫자를 그룹 분리자가 포함된 문자열로 바꾸어 리턴합니다.

22 ◆ pos는 소수점 아래 자릿수를 의미하는 변수이고 초기값을 0으로 합니다.

23 ◆ s를 double로 바꾸어 v에 할당합니다.

25~30 ◆ s.Contain(".") 메소드로 소수점이 있는지 검사하여 있다면 문자열의 길이에서 소수점이 있는 인덱스를 뺀 값을 pos에 할당합니다. pos는 소수점 자릿수보다 1이 큰 수가 됩니다. 예를 들어 s가 "1234.56"이라면 s.Length=7, s.IndexOf('.') = 4이므로 pos = 7−4 = 3이 됩니다.

28 ◆ pos−1이 소수점 아래 자릿수이므로 포맷 문자열을 "{0:N"+(pos−1)+"}"로 만듭니다. 예를 들어 s가 "1234.56"이라면 formatStr은 "{0:N2}"가 됩니다.

31 ◆ 소수점이 없다면 "{0:N0}" 포맷으로 출력합니다.

33 ◆ s를 리턴합니다.

결과

표시할 숫자를 입력하세요(종료: -1): 1234.5678 `Enter↵`
　1,234.5678
표시할 숫자를 입력하세요(종료: -1): 123456789.0123 `Enter↵`
　123,456,789.0123
표시할 숫자를 입력하세요(종료: -1): 1234.5 `Enter↵`
　1,234.5
표시할 숫자를 입력하세요(종료: -1): -1 `Enter↵`

String과 StirngBuilder의 차이점

- **학습 내용 :** String과 StringBuilder 클래스를 학습합니다.
- **힌트 내용 :** 두 클래스가 어떤 차이점이 있는지, 언제 사용하면 좋은지 학습합니다.

String 객체의 값은 한 번 만들면 변경할 수 없습니다. 이것을 불변(immutable)이라고 합니다. 객체가 변경될 때마다 새로운 string을 만들어서 변수명에 할당해 주는 것입니다. 따라서 String의 값이 빈번하게 변경되는 경우에는 쓸데없이 스트링이 많이 만들어지고 그만큼 실행 속도와 메모리 사용이 많아집니다.

C#은 String 클래스와 비슷한 StringBuilder 클래스를 제공합니다. StringBuilder는 가변(mutable)입니다. 문자열이 변경되면 자동으로 필요한 메모리를 동적으로 조정하고 내용을 바꿀 수 있기 때문에 자주 변경되는 스트링을 다룰 때 효율적입니다. 다음의 예제를 보겠습니다.

```
string buffer = "The numbers are: ";
for (int i = 0; i < 3; i++)
{
  buffer += i.ToString();
}
```

위에서 3번 반복되는 루프 안에서는 정수 i를 string으로 만들고 buffer에 추가하여 buffer를 변경합니다. string은 변경될 때마다 새로운 string이 만들어지므로 이때 메모리 안에서는 다음과 같이 7개의 string이 만들어지게 됩니다. 그중 6개는 필요 없어지는 것입니다.

```
1 - "The numbers are: "
2 - "0"
3 - "The numbers are: 0"
4 - "1"
5 - "The numbers are: 01"
6 - "2"
7 - "The numbers are: 012"
```

이와 같이 String 객체가 자주 변경되는 경우에는 StringBuilder를 사용하는 것이 훨씬 좋습니다. StringBuilder는 스트링을 추가, 제거, 수정하는 메소드들을 제공합니다.

〈표 31-1〉 StringBuilder 클래스의 속성과 메소드

속성	동작
Capacity	StringBuilder 객체에 할당된 메모리가 허용하는 최대 문자수를 가져오거나 설정합니다.
Length	StringBuilder 객체의 길이를 가져오거나 설정합니다.

메소드	동작
Append	StringBuilder 객체의 끝에 문자열을 추가합니다.
Clear	StringBuilder 객체의 모든 문자들을 없애줍니다.
CopyTo	string의 일부분을 문자 배열로 복사합니다.
EnsureCapacity	StringBuilder 객체의 용량을 최소한 지정된 값이 되도록 합니다.
Equals	이 객체가 다른 객체와 같은 지를 부울값으로 리턴합니다.
Insert	특정한 위치에 지정한 문자열을 삽입합니다.
Remove	특정 위치에 있는 문자열을 삭제합니다.
Replace	StringBuilder 객체에서 문자 혹은 substring을 다른 문자 혹은 substring으로 대체합니다.
ToString	StringBuilder 객체의 값을 String으로 변환합니다.

다음의 프로그램에서 StringBuilder의 다양한 메소드들을 사용해보고 String과 StringBuilder의 성능 차이가 얼마나 나는지 Stopwatch를 사용하여 실행 속도를 체크해 보겠습니다.

📁 File: A031_StringBuilder/Program.cs

```
1 using System;
2 using System.Diagnostics;
3 using System.Text;
4
5 namespace A031_StringBuilder
6 {
7   class Program
8   {
9     static void Main(string[] args)
10    {
```

```
11    StringBuilder sb = new StringBuilder("This is a StringBuilder Test.");
12    Console.WriteLine("{0} ({1} characters)", sb.ToString(), sb.Length);
13
14    sb.Clear();
15    Console.WriteLine("{0} ({1} characters)", sb.ToString(), sb.Length);
16
17    sb.Append("This is a new string.");
18    Console.WriteLine("{0} ({1} characters)", sb.ToString(), sb.Length);
19
20    sb.Insert(5, "xyz ", 2);
21    Console.WriteLine("{0} ({1} characters)", sb.ToString(), sb.Length);
22
23    sb.Remove(5, 4);
24    Console.WriteLine("{0} ({1} characters)", sb.ToString(), sb.Length);
25
26    sb.Replace("xyz", "abc");
27    Console.WriteLine("{0} ({1} characters)", sb.ToString(), sb.Length);
28
29    Stopwatch time = new Stopwatch();
30    string test = string.Empty;
31    time.Start();
32    for (int i = 0; i < 100000; i++)
33    {
34       test += i;
35    }
36    time.Stop();
37    Console.WriteLine("String: " + time.ElapsedMilliseconds + " ms");
38
39    StringBuilder test1 = new StringBuilder();
40    time.Reset();
41    time.Start();
42    for (int i = 0; i < 100000; i++)
43    {
44       test1.Append(i);
45    }
46    time.Stop();
47    Console.WriteLine("StringBuilder: " + time.ElapsedMilliseconds + " ms“);
```

```
48      }
49    }
50 }
```

2 ◆ Stopwatch를 사용하기 위해 System.Diagnostics 네임스페이스를 추가합니다.

11~12 ◆ StringBuilder 클래스의 객체 sb를 만들고 내용과 길이를 출력합니다.

14 ◆ sb.Clear() 메소드는 sb를 초기화합니다.

17 ◆ sb.Append() 메소드는 문자열을 뒤에 추가합니다.

20 ◆ sb.Insert(5, "xyz ", 2) 메소드는 sb의 5번째 위치에 "xyz "을 2번 삽입합니다.

23 ◆ sb.Remove(5, 4) 메소드는 sb의 5번째 위치에서 4개의 문자를 삭제합니다.

26 ◆ sb.Replace("xyz", "abc") 메소드는 sb에서 "xyz"를 "abc"로 대치합니다.

29~37 ◆ Stopwatch 객체 time을 생성하여 Start()하고 Stop()할 때까지의 시간을 측정합니다. string text를 생성하고 0~99,999까지 10만 번 반복하면서 test에 숫자를 문자열로 추가합니다.

39~47 ◆ StringBuilder test1를 생성하여 위와 똑같이 10만 번 반복하면서 test1 뒤에 숫자를 문자열로 추가하며 시간을 측정합니다.

결과

```
This is a StringBuilder Test. (29 characters)
 (0 characters)
This is a new string. (21 characters)
This xyz xyz is a new string. (29 characters)
This xyz is a new string. (25 characters)
This abc is a new string. (25 characters)
String: 17152 milliseconds
StringBuilder: 12 milliseconds
```

String을 사용할 때는 17초 이상이 걸리는데 StringBuilder는 불과 12밀리초 밖에 걸리지 않습니다. 빈번한 변경이 이루어지는 스트링은 StringBuilder를 사용하는 것이 훨씬 효율적인 것을 알 수 있습니다.

열거형 enum

- **학습 내용**: enum을 이용하여 커피 가격표를 출력하는 프로그램을 작성합니다.
- **힌트 내용**: enum은 상수의 나열입니다.

열거형은 서로 관련 있는 상수들의 집합을 정의한 것입니다. 숫자에 특정한 명칭을 붙여주어 의미를 쉽게 이해할 수 있게 하는 용도로 사용됩니다. 예를 들어 프로그램에서 사과, 바나나, 오렌지의 세 가지 과일을 사용하고 싶은데 각각 0, 1, 2라는 숫자를 부여해서 if(fruit == 1)과 같이 사용한다면 나중에 1이 무엇을 의미하는지 이해하기 어려울 수 있습니다. 이럴 때 enum을 사용하면 다음과 같이 보기 편한 코드를 만들 수 있습니다.

```
enum Fruit { Apple, Banana, Orange };
Fruit fruit;
...
if( fruit == Fruit.Apple )
    ...
```

원소로 기술된 명칭을 기호 상수라고 부르며 명시된 순서에 따라 디폴트로 0부터 순서대로 정수값을 갖게 됩니다. 예를 들어 보겠습니다.

```
enum Day {Sat, Sun, Mon, Tue, Wed, Thu, Fri};
```

여기서 Sat는 0, Sun=1, Mon=2와 같이, 0에서부터 순서대로 정수값을 갖습니다.

```
enum Day {Sat=1, Sun, Mon, Tue, Wed, Thu, Fri=10};
```

기호 상수의 값을 지정할 수도 있습니다. 위의 예제에서 Sat를 1로 설정해 주었으므로 그 다음 요소부터 2, 3, 4…와 같은 값을 갖게 되며 맨 마지막 Fri는 별도로 10을 지정했으므로 10의 값을 갖게 됩니다. 열거형 값을 정수로 대입할 때는 다음과 같이 (int)로 캐스팅합니다.

```
int x = (int)Day.Sun;
```

enum 문은 클래스 안이나 네임스페이스 내에서만 선언될 수 있습니다. 즉, 메소드 안이나 프로퍼티 안에서는 선언할 수 없습니다. Enum 클래스에서 제공되는 GetValues()와 GetNames() 메소드를 사용하여 enum의 값들을 반복문에서 사용할 수 있습니다.

📁 File: A032_Enum/Program.cs

```
1  using System;
2
3  namespace A032_Enum
4  {
5    class Program
6    {
7      enum Size { Short, Tall, Grande, Venti };
8      static int[] price = { 3300, 3800, 4300, 4800 };
9      enum Colors { Red = 1, Green = 2, Blue = 4, Yellow = 8 };
10     enum Coffee { Short = 3300, Tall = 3800, Grande = 4300, Venti = 4800 };
11
12     static void Main(string[] args)
13     {
14       Console.WriteLine("커피 가격표");
15       for(int i=0; i<4; i++)
16       {
17         if (i == (int)Size.Short)
18           Console.WriteLine("{0,10} : {1:C}", Size.Short, price[i]);
19         else if(i == (int)Size.Tall)
20           Console.WriteLine("{0,10} : {1:C}", Size.Tall, price[i]);
21         else if (i == (int)Size.Grande)
22           Console.WriteLine("{0,10} : {1:C}", Size.Grande, price[i]);
23         else if (i == (int)Size.Venti)
24           Console.WriteLine("{0,10} : {1:C}", Size.Venti, price[i]);
25       }
26
27       Console.WriteLine("\n커피 가격표(Enum iteration)");
28       foreach (var size in Enum.GetValues(typeof(Size)))
29       {
30         Console.WriteLine("{0,10} : {1:C}", size, price[(int)size]);
31       }
```

```
32
33      Console.WriteLine("\nColors Enum iteration");
34      foreach (var color in Enum.GetValues(typeof(Colors)))
35      {
36        Console.WriteLine("{0,10} : {1}", color,
37          Convert.ToInt32(color));
38      }
39
40      Console.WriteLine("\n커피 가격표(Enum iteration with value)");
41      foreach (var coffee in Enum.GetValues(typeof(Coffee)))
42      {
43        Console.WriteLine("{0,10} : {1:C}", coffee,
44          Convert.ToInt32(coffee));
45      }
46    }
47  }
48 }
```

4개의 요소값을 갖는 열거형 Size를 정의합니다. 열거형은 메소드 안에 쓸 수 없고, namespace나 ◆ **7**
class 안에 위치해야 합니다.

정수 배열 price를 정의합니다. enum Size의 각 요소에 해당하는 가격을 표시합니다. ◆ **8**

열거형 Color를 정의합니다. 4개의 요소에 각각 값을 지정했습니다. ◆ **9**

열거형 Coffee를 정의합니다. 7번째 줄에서 정의한 Size와 같은 요소인데 사이즈를 기호 상수로 ◆ **10**
가격을 값으로 지정했습니다.

열거형 Size의 각 요소에 대해 가격을 price 배열에서 가져와서 출력합니다. Size.Short를 출력하 ◆ **15~25**
면 "Short"라는 문자열을 출력하고 이를 (int)로 캐스팅하면 기호 상수에 해당하는 숫자를 사용할
수 있습니다.

Enum.GetValues(typeof(Size))를 foreach 문에 사용하면 열거형의 각 요소를 반복문에서 사용할 ◆ **28~31**
수 있습니다. 크기와 가격을 출력합니다.

반복문에서 Colors 열거형의 각 요소 이름과 값을 출력합니다. ◆ **34~38**

41~45 ◆ Colors 열거형을 출력할 때 요소 이름과 값을 같이 출력했듯이 enum Coffee의 각 요소 이름과 값을 출력합니다. 이렇게 하면 price[] 배열을 사용할 필요가 없습니다.

결과

```
커피 가격표
      Short : ₩3,300
       Tall : ₩3,800
     Grande : ₩4,300
      Venti : ₩4,800

커피 가격표(Enum iteration)
      Short : ₩3,300
       Tall : ₩3,800
     Grande : ₩4,300
      Venti : ₩4,800

Colors Enum iteration
        Red : 1
      Green : 2
       Blue : 4
     Yellow : 8

커피 가격표(Enum iteration with value)
      Short : ₩3,300
       Tall : ₩3,800
     Grande : ₩4,300
      Venti : ₩4,800
```

상수, const와 readonly

- **학습 내용:** C#에서 상수를 표현하는 방법을 학습합니다.
- **힌트 내용:** const와 readonly의 차이점을 이해하고 사용할 수 있습니다.

상수는 변하지 않는 값입니다. 상수의 예를 살펴보겠습니다. 길이를 나타내는 단위 중에 미터와 야드가 있습니다. 1미터는 1.09361야드입니다. 이 값은 변하지 않으므로 상수입니다. 그런데 이 값을 double형 변수로 선언해 두면, 프로그래머가 실수로 이 값을 바꿀 수도 있습니다. const 키워드로 선언된 상수를 바꾸려고 하면 컴파일 시에 에러가 나옵니다. 그래서 프로그래머가 실수로라도 상수를 바꾸지 못하게 합니다.

```
const double meterToYard = 1.09361;
```

C#에는 "읽기 전용"이라는 뜻의 readonly라는 키워드도 있습니다. readonly 키워드를 붙인 변수는 변수를 선언하는 시점과 생성자 메소드에서만 값을 변경할 수 있고, 그 외의 경우에 변경하면 오류가 발생합니다. const와 readonly의 차이점을 정리하면 다음과 같습니다.

const	readonly
• 선언될 때 값이 할당됩니다. • "Classname.VariableName"으로 사용해야 합니다. • 컴파일 시에 값이 결정됩니다.	• 실행될 때 또는 객체가 생성자에 의해 초기화될 때 값이 할당됩니다. • "InstanceName.VariableName"으로 사용해야 합니다. • 런타임 시에 값이 결정됩니다.

다음의 예제를 통해 const와 readonly를 비교해 보겠습니다.

📁 **File: A033_ConstAndReadonly/Program.cs**

```
1 using System;
2
3 namespace A033_ConstAndReadonly
4 {
```

```
 5    class ConstEx
 6    {
 7      public const int number = 3;
 8    }
 9
10    class ReadonlyEx
11    {
12      public readonly int number = 10;
13      public ReadonlyEx()
14      {
15        number = 20;
16      }
17      public ReadonlyEx(int n)
18      {
19        number = n;
20      }
21    }
22
23    class Program
24    {
25      static void Main(string[] args)
26      {
27        Console.WriteLine(ConstEx.number); // const 사용
28
29        ReadonlyEx inst1 = new ReadonlyEx(); // readonly 사용
30        Console.WriteLine(inst1.number);
31
32        ReadonlyEx inst2 = new ReadonlyEx(100); // readonly 사용
33        Console.WriteLine(inst2.number);
34      }
35    }
36 }
```

5~8 ◆ ConstEx 클래스의 정의입니다. const int number를 선언하고 3을 할당합니다. 이후에는 number
의 값을 변경할 수 없습니다.

ReadonlyEx 클래스의 정의입니다. readonly int number를 선언하고 10으로 할당합니다. 생성 ◆ 10~21
자가 2개 중복되어 있습니다. 13~15번째 줄의 매개변수 없는 ReadonlyEx() 생성자는 number
값을 20으로 할당합니다. 17~20번째 줄의 int 매개변수를 갖는 ReadonlyEx(int n) 생성자는
number 값을 n으로 할당합니다.

const를 사용한 number 값을 출력합니다. 3이 출력됩니다. ConstEx.number와 같이 "클래스이 ◆ 27
름.변수명"을 사용합니다.

ReadonlyEx의 인스턴스 inst1을 생성합니다. 이때 new ReadonlyEx()를 사용하였으므로 매개변수 ◆ 29~30
없는 ReadonlyEx() 생성자가 실행되며, number 값은 20으로 할당됩니다. inst1.number를 출력
하면 20이 출력됩니다. const와 달리 readonly 변수는 "인스턴스명.변수명"을 사용합니다.

ReadonlyEx의 인스턴스 inst2을 생성합니다. 이때 new ReadonlyEx(100)를 사용하였으므로 매 ◆ 32~33
개변수로 int를 갖는 ReadonlyEx(int n) 생성자가 실행되며, number 값은 100으로 할당됩니다.
inst2.number를 출력하면 100이 출력됩니다.

결과

```
3
20
100
```

값 형식과 참조 형식, ref 키워드

- **학습 내용:** C#의 값 형식과 참조 형식을 학습합니다.
- **힌트 내용:** C#의 자료형에는 값 형식과 참조 형식이 있습니다.

C#의 자료형에는 두 가지 타입이 있습니다. 값 형식(value type)과 참조 형식(reference type)입니다. 값 형식은 변수가 실제 데이터 값을 저장하는 형식이고, 참조 형식은 변수가 값이 저장되어 있는 곳의 위치(이것을 참조, reference라고 합니다)를 저장하는 형식입니다. C언어의 포인터와 비슷한 개념입니다.

C#에서의 값 형식과 참조 형식을 정리하면 다음과 같습니다.

값 형식	기본 C# 형식(int, double, char, bool 등), enum, struct
참조 형식	object, string, dynamic, class, interface, delegate

string이나 배열은 참조 형식입니다. 굉장히 긴 문자열이나 굉장히 큰 배열도 있을 수 있기 때문에 문자열이나 배열의 데이터는 힙 영역에 저장하고 스택에는 참조만 저장합니다.

📁 **File: A034_ValueAndReference/Program.cs**

```
1 using System;
2
3 namespace A034_ValueAndReference
4 {
5   class Program
6   {
7     static void Main(string[] args)
8     {
9       string s = "before passing";
10      Console.WriteLine(s);
11
12      Test(s);
13      Console.WriteLine(s);
```

```
14
15      Test(ref s);
16      Console.WriteLine(s);
17    }
18
19    public static void Test(string s)
20    {
21      s = "after passing";
22    }
23
24    public static void Test(ref string s)
25    {
26      s = "after passing";
27    }
28  }
29 }
```

s에 "before passing"을 할당하고 출력합니다. ◆ 9~10

Test(s) 메소드를 호출합니다. 19번째 줄에 있는 Test() 메소드가 호출됩니다. 이 메소드 안에서 s ◆ 12~13
가 변하지만 이는 로컬변수 s의 내용이 바뀐 것이므로 Main에서는 값이 변하지 않습니다.

Test(ref s)를 호출합니다. 이때는 24번째 줄의 Test(ref sting s) 메소드가 호출되고 ref 키워드에 ◆ 15~16
의해 s의 값이 변하면 Main에서도 바뀌게 됩니다.

두 개의 Test 메소드가 매개변수만 다르고 이름을 똑같습니다. 이것을 메소드 중복이라고 합니 ◆ 19~27
다. 매개변수의 개수나 형에 따라 그에 맞는 메소드를 호출하게 됩니다.

결과

```
before passing
before passing
after passing
```

배열과 객체를 메소드 매개변수로 전달

- **학습 내용:** 메소드를 호출할 때 배열과 객체를 매개변수로 전달하는 방법을 학습합니다.
- **힌트 내용:** 배열과 객체는 참조 형식입니다.

배열은 참조형이고 배열의 이름은 그 배열이 저장된 곳의 참조입니다. 따라서 메소드를 호출할 때 배열의 이름을 매개변수로 전달하면 배열의 참조가 전달됩니다. 이때 호출된 메소드 안에서 배열의 내용을 바꾸면 호출한 곳에서도 배열이 바뀌게 됩니다. 클래스의 객체도 참조형이므로 배열과 같이 호출된 메소드 안에서 내용을 바꾸면 호출한 곳에서도 바뀌게 됩니다.

📁 **File: A035_PassingArrayAndObject/Program.cs**

```
1  using System;
2
3  namespace A035_PassingArrayAndObject
4  {
5    class Program
6    {
7      static void Main(string[] args)
8      {
9        int[] arr = { 10, 20, 30 };
10       Console.WriteLine("Main() before: arr[0] = {0}", arr[0]);
11       Change(arr);
12       Console.WriteLine("Main() after: arr[0] = {0}", arr[0]);
13
14       Student s1 = new Student();
15       s1.name = "Alpha";
16       Console.WriteLine("Main() before: " + s1.name);
17       Change(s1);
18       Console.WriteLine("Main() after: " + s1.name);
19     }
20
21     private static void Change(int[] arr)
```

```
22      {
23        arr[0] = -10;
24      }
25
26      private static void Change(Student s1)
27      {
28        s1.name = "Beta";
29      }
30    }
31
32    class Student
33    {
34      public string name;
35    }
36  }
```

정수 배열 arr을 선언하고 초기화하고 arr[0]를 출력합니다. ◆ 9~10

배열의 이름을 매개변수로 Change 메소드를 호출합니다. 배열의 이름은 참조형이므로 Change ◆ 11~12
메소드에서 변경한 값은 Main에서도 반영됩니다.

Student 클래스의 객체 s1을 생성하고 s1의 name을 "Alpha"로 설정하고 출력합니다. ◆ 14~16

객체 s1을 매개변수로 Change(s1)을 호출합니다. 객체 s1은 참조형이므로 메소드에서 변경된 값 ◆ 17~18
이 Main에서도 반영됩니다.

배열의 이름을 매개변수로 받는 Change 메소드입니다. 배열의 첫 번째 요소 값을 바꿉니다. ◆ 21~24

Student 클래스의 객체를 매개변수로 받는 Change 메소드입니다. 객체의 name을 바꿉니다. ◆ 26~29

Student 클래스의 정의입니다. 멤버로 public string name을 갖습니다. ◆ 32~35

결과

```
Main() before: arr[0] = 10
Main() after: arr[0] = -10
Main() before: Alpha
Main() after: Beta
```

Null 조건 연산자(?)

• **학습 내용:** Null 조건 연산자 ?에 대해 학습합니다.
• **힌트 내용:** Null 조건 연산자는 피연산자가 null일 때 null을 리턴합니다.

C# 프로그래밍에서 null이란 "어떤 객체도 참조하지 않는 참조형 변수"라는 뜻입니다. null은 참조형 변수의 디폴트 값입니다. 값형은 null일 수 없습니다.

참조형 변수의 속성을 사용하려고 하면 그 변수는 null이 아니어야 합니다. null인 참조형에서 속성에 접근할 경우 NullReferenceException이 발생합니다. 다음의 예제에서 s는 null로 초기화되어 있으므로 s.Length를 체크하는 순간 예외가 발생합니다.

```
string s = null;
if(s.Length > 1)
{
    ....
}
```

이를 피하기 위해서는 다음과 같이 Length 속성을 접근할 때마다 이 변수가 null인지를 체크해 주어야 하는 불편함이 있었습니다.

```
if(s != null && s.Length > 1)
```

C# 6.0부터 이러한 불편을 없애기 위해 null 조건연산자 '?'가 도입되었습니다. 다음과 같이 Null 조건 연산자 ?를 사용하면 s가 null일 때는 Length를 찾지 않습니다.

```
if(s?.Length > 0)
```

Null 조건 연산자는 보통 멤버 연산자(.)나 인덱스 연산자([])와 같이 사용되며 피연산자 값이 null이면 null을 리턴합니다.

```
int? length = customers?.Length; // customers가 null이면 null
Customer first = customers?[0];  // customers가 null이면 null
int? count = customers?[0]?.Orders?.Count();
  // customers나 customers[0]나 customers[0].Orders가 null이면 null
```

다음의 프로그램에서는 4글자 이상인 동물의 이름만을 출력하게 합니다.

📁 File: A036_NullConditionalOperator/Program.cs

```
 1 using System;
 2
 3 namespace A036_NullConditionalOperator
 4 {
 5   class Program
 6   {
 7     static void Main(string[] args)
 8     {
 9       string animal = null;
10
11       Console.WriteLine("4글자 이상인 동물의 이름만 출력합니다.");
12       do
13       {
14         LongNameAnimal(animal);
15         Console.Write("동물 이름: ");
16       } while ((animal = Console.ReadLine()) != "");
17     }
18
19     private static void LongNameAnimal(string animal)
20     {
21       if(animal?.Length >= 4)
22         Console.WriteLine(animal + " : " + animal.Length);
23     }
24   }
25 }
```

string 변수 animal을 null로 초기화합니다.   ◆ 9

화면에 안내문을 출력합니다.   ◆ 11

do~while 반복문으로 LongNameAnimal() 메소드를 호출합니다. 맨 처음 이 메소드를 호출할 때 animal은 null이기 때문에 21번째 줄에서 null 조건 연산자 ?가 없으면 NullReferenceException 예외가 발생합니다. 콘솔에 동물 이름 없이 Enter만 입력할 때까지 동물 이름을 입력받습니다.

LongNameAnimal() 메소드에서는 동물 이름의 길이가 4보다 크거나 같은 경우에만 이름과 길이를 출력합니다.

결과

```
4글자 이상인 동물의 이름만 출력합니다.
동물 이름: mouse Enter↵
mouse : 5
동물 이름: cow Enter↵
동물 이름: tiger Enter↵
tiger : 5
동물 이름: rabbit Enter↵
rabbit : 6
동물 이름: Enter↵
```

변수의 초기화와 default

- **학습 내용:** 변수의 초기화 방법을 학습합니다.
- **힌트 내용:** 모든 변수의 초기화를 쉽게 하기 위해 default를 사용할 수 있습니다.

C#에서는 초기화되지 않은 변수를 사용할 수 없습니다. 특정한 값을 할당해주거나 해당 형식의 기본값(default)을 사용하여 변수를 초기화하여야 합니다.

〈표 37-1〉 형식에 따른 기본값

형식	기본값
참조 형식	null
숫자 값 형식	0
bool	false
char	'\0'
enum	식 (E)0 값이며 여기서 E는 열거형 식별자입니다.
struct	모든 값 형식 필드를 기본값으로 설정하고 모든 참조 형식 필드를 null로 설정하여 생성한 값
nullable 형식	HasValue 속성은 false이고 Value 속성은 정의되지 않은 인스턴스

다음과 같이 default 메소드를 사용하여 기본값을 할당해 줄 수 있습니다. C# 7.1부터는 default 리터럴을 사용하여 더 간단하게 해당 형식의 기본값으로 초기화할 수 있습니다. 비주얼스튜디오에서 default 리터럴을 사용할 때 C# 7.0을 사용하고 있다면 "이 프로젝트를 7.1로 업데이트 하십시오"라고 안내합니다.

```
int a = default(int);
int a = default;
```

string은 참조형식이므로 default 값이 ""(공백문자열)이 아니고 null입니다.

default식은 특히 제네릭 클래스와 메소드에서 유용합니다. 제네릭 사용으로 발생하는 문제는 매개변수의 형식 T에 기본값을 할당하는 방법입니다. 예를 들어, 매개변수가 있는 형식 T의 변수 t에 기본값을 할당할 때 T가 참조 형식인 경우라면 t = null이라고 해야 합니다.

또 값 형식 중에도 숫자라면 할당 t = 0이라고 할 수 있지만, 구조체에는 작동하지 않습니다. default식은 T가 어떠한 타입이라도 문제없이 초기화를 해줍니다.

📁 File: A037_Deafult/Program.cs

```
1  using System;
2
3  namespace A037_Default
4  {
5    class Program
6    {
7      enum E { Red, Green, Blue };
8
9      static void Main(string[] args)
10     {
11       int a = default;
12       string s = default;
13       Console.WriteLine("a = " + a);
14       Console.WriteLine("s = " + s);
15
16       Console.WriteLine("E = " + default(E));
17       Console.WriteLine("E = " + (E)0);
18
19       MyList<int> iList = new MyList<int>();
20       Console.WriteLine("iList : " + iList.GetLast());
21
22       MyList<string> sList = new MyList<string>();
23       Console.WriteLine("sList : " + sList.GetLast());
24     }
25   }
26
27   public class MyList<T>
28   {
29     private class Node
30     {
31       public T data;
32       public Node next;
```

```
33        }
34      private Node head = default;
35
36      public void AddNode(T t)
37      {
38        Node newNode = new Node();
39        newNode.next = head;
40        newNode.data = t;
41        head = newNode;
42      }
43
44      public T GetLast()
45      {
46        T temp = default(T);
47
48        Node current = head;
49        while (current != null)
50        {
51          temp = current.data;
52          current = current.next;
53        }
54        return temp;
55      }
56    }
57 }
```

enum E를 선언합니다. enum은 메소드 밖에 선언해야 합니다.   ◆ 7

int a와 string s를 디폴트로 할당하고 출력합니다. a는 0, s는 null로 초기화됩니다. null 문자열을   ◆ 11~14
출력하면 아무것도 출력되지 않습니다.

열거형 E의 default를 출력합니다. 첫 번째 요소인 Red가 출력됩니다. (E)0도 마찬가지로 0에 해   ◆ 16~17
당하는 E의 값 Red가 출력됩니다.

연결 리스트인 제네릭 클래스 MyList의 객체로 정수의 연결 리스트 iList를 생성합니다. iList.   ◆ 19~20
GetLast() 메소드로 마지막 노드의 data 값을 가져오는데 MyList가 비어 있다면 data의 디폴트 값
0을 출력합니다.

22~23 ◆ 연결 리스트인 제너릭 클래스 MyList의 객체로 stirng의 연결 리스트 sList를 생성합니다. sList. GetLast() 메소드로 마지막 노드의 data 값을 가져오는데 MyList가 비어 있다면 data의 디폴트 값인 null을 받아 출력합니다.

27 ◆ MyList〈T〉클래스를 정의합니다.

29~33 ◆ Node 클래스를 정의합니다. T data와 Node next를 멤버로 갖습니다.

34 ◆ Node 객체 head를 default로 초기화합니다. Node가 클래스이므로 null입니다.

36~42 ◆ AddNode(T t)는 data를 t로 하는 노드를 만들어 맨 앞에 추가합니다.

44~55 ◆ 리스트의 마지막 data 값을 리턴하는 메소드입니다. 처음에 T temp = default(T)로 초기화합니다. 만일 리스트에 요소가 하나도 없다면 이 값이 리턴됩니다. 이때 T 형에 따라 디폴트 값이 달라지므로 default(T)를 사용해야 합니다.

결과

```
a = 0
s =
E = Red
E = Red
iList : 0
sList :
```

Nullable형

• **학습 내용:** Nullable형에 대해 학습합니다.
• **힌트 내용:** Nullable형은 값 형식의 변수에 null을 할당할 수 있게 합니다.

값 형식의 변수는 null 값을 할당할 수 없습니다. 예를 들어 int i = null;이라고 쓰면 컴파일 에러가 납니다. C# 2.0부터 nullable형을 도입해서 값 형식의 변수에 null을 할당할 수 있게 했습니다. nullable형은 Nullable〈T〉를 사용해서 선언합니다. 여기서 T는 데이터 형을 의미합니다.

```
Nullable<int> i = null;
```

Nullable형은 다음과 같은 System.Nuallable〈T〉 구조체의 인스턴스입니다.

```
public struct Nullable<T> where T : struct
{
    public bool HasValue { get; }
    public T Value { get; }
}
```

Nullable〈int〉는 보통의 int에 그 변수가 값을 가지고 있는지 아닌지를 표현하는 플래그를 가지고 있는 셈입니다. 즉, null인지 아닌지를 알 수 있습니다. Nullable〈T〉 구조체의 HasValue 속성은 값이 할당되어 있으면 true를 리턴하고 어떤 값도 할당되지 않거나 null 값이 할당되어 있으면 false를 리턴합니다. 구조체의 GetValueOrDefault() 메소드는 값이 있으면 그 값을 가져오고, null이면 디폴트 값을 가져옵니다.

Nullable〈T〉를 쓰는 대신 ? 연산자를 쓸 수 있습니다. 예를 들어, Nullable〈int〉, Nullable〈double〉 대신에 다음과 같이 쓸 수 있습니다.

```
int? i = null;
double? d = null;
```

Nullable 변수의 값을 Nullable이 아닌 일반 변수에 넣으면 "암시적으로 int? 형식을 int 형식으로 변환할 수 없다"는 에러가 발생합니다.

Nullable 타입을 non-nullable 타입에 할당할 때는 ?? 연산자를 사용해야 합니다. ?? 연산자는 null일 때 0를 할당해줍니다.

null은 숫자와 비교할 수 있을까요? 다음의 코드는 둘 다 False를 출력합니다. 즉, null은 10보다 크지도, 같지도, 작지도 않다는 뜻입니다. null을 비교할 때는 조심해야 합니다.

```
int? x = null;
Console.WriteLine(x >= 10);
Console.WriteLine(x < 10);
```

Nullable 변수를 비교할 때는 Nullable.Compare() 메소드를 사용합니다. 이때 주의할 점은 null 값은 모든 값보다 작다는 것입니다. Nullable형의 특성을 정리하면 다음과 같습니다.

- Nullable⟨T⟩ 형은 값 형에 null을 할당할 수 있게 합니다.
- ? 연산자는 Nullable형을 간단히 표현할 수 있게 합니다.
- Value 속성은 null이면 InvalidOperationException을 발생합니다. 아니면 값을 리턴합니다.
- HasValue 속성은 변수가 값을 가지면 true, null이면 false를 리턴합니다.
- Nullable형에서는 ==과 != 연산만 사용할 수 있습니다. 다른 비교는 Nullable 클래스의 Compare() 메소드를 사용합니다.

Nullable형은 언제 필요할까요? Null이란 "값이 없다", "정해지지 않았다"라는 의미입니다. 따라서 Nullable형은 데이터베이스 프로그램에서 자주 사용됩니다. 예를 들어 데이터베이스에서 나이를 가져와서 int age에 할당하려고 할 때, 그 컬럼의 값이 null이라면 int에 가져올 수 없습니다. 이럴 때 Nullable⟨int⟩ age를 사용하면 됩니다.

📁 File: A038_Nullable/Program.cs

```
1 using System;
2
3 namespace A038_Nullable
4 {
5   class Program
```

```
 6  {
 7    static void Main(string[] args)
 8    {
 9      Nullable<int> i = null;
10      Console.WriteLine(i.GetValueOrDefault());
11
12      if (i.HasValue)
13        Console.WriteLine(i.Value); // or Console.WriteLine(i)
14      else
15        Console.WriteLine("Null");
16
17      int? x = null;
18      int j = x ?? 0;
19      Console.WriteLine("x = {0}, j = {1}", x, j);
20
21      Console.WriteLine("x >= 10 ? {0}", x >= 10);
22      Console.WriteLine("x < 10 ? {0}", x < 10);
23
24      if (Nullable.Compare<int>(i, j) < 0)
25        Console.WriteLine("i < j");
26      else if (Nullable.Compare<int>(i, j) > 0)
27        Console.WriteLine("i > j");
28      else
29        Console.WriteLine("i = j");
30    }
31  }
32 }
```

Nullabel〈int〉 변수 i를 선언하고 null 값을 할당합니다. i의 값을 출력할 때는 GetValueOrDefault() ◆ 9~11
메소드를 사용하여 출력합니다. i가 null일 때 default인 0을 출력합니다.

Nullable 클래스의 HasValue 속성이 true이면 i.Value로 할당된 값을 출력하고, 아니면 "Null"이라 ◆ 12~15
고 출력합니다. 값이 할당되어 있으면 i를 직접 출력해도 됩니다.

Nullable〈int〉 대신 int?를 써도 됩니다. ◆ 17

18 ◆ Nullable의 값을 non-Nullable에 할당할 때는 ?? 연산자를 사용합니다. int j = x ?? 0; 문장은 x 가 null이 아니면 x의 값을, null 일 때는 0을 할당해줍니다.

19 ◆ x와 j의 값을 출력합니다. x는 null이므로 아무 값도 출력하지 않습니다. j는 0을 출력합니다.

21~22 ◆ Nullable 변수는 숫자나 non-Nullable 변수와 직접 비교할 수 없습니다. 항상 False가 출력됩니다.

24~29 ◆ Nullable 변수를 비교할 때는 Nullable 클래스의 Compare() 메소드를 사용합니다. 이때 null 값은 모든 숫자보다 작다고 나옵니다.

결과

```
0
Null
x = , j = 0
x >= 10 ? False
x < 10 ? False
i < j
```

object 타입과 박싱, 언박싱

- **학습 내용:** 박싱과 언박싱의 개념을 학습합니다.
- **힌트 내용:** object 타입은 모든 데이터의 조상입니다.

C#에서 모든 형식은 기본 형식이나 사용자가 정의한 형식이나, 값 형식이나, 참조 형식이나 상관없이 모두 Object로부터 상속됩니다. 따라서 object 타입은 모든 데이터의 조상이고 object 타입의 변수에는 어떠한 값이라도 할당할 수가 있습니다. Object와 object는 같은 말입니다. 값 형식의 변수가 object 타입으로 변환되는 것을 **박싱(Boxing)**이라고 하고 object 타입의 변수가 값 형식으로 변환되는 것을 **언박싱(Unboxing)**이라고 합니다.

object 타입은 참조형식이기 때문에 힙에 데이터를 할당합니다. 반면 int나 double과 같은 값 형식의 자료는 스택에 데이터를 할당합니다. 값 형식의 변수를 박싱할 경우에는 object로 포장해서 힙에 저장하게 됩니다. 언박싱은 object에서 값 형식을 꺼내는 것입니다. 언박싱은 (int)와 같이 형식변환을 위한 캐스팅이 필요합니다.

다음의 예제 프로그램에서 원래의 변수와 박싱된 object는 서로 다른 메모리 영역을 사용하기 때문에 다른 값을 저장할 수 있다는 것을 알 수 있습니다.

📁 File: A039_Object/Program.cs

```
1 using System;
2
3 namespace A039_Object
4 {
5   class Program
6   {
7     static void Main(string[] args)
8     {
9       int i = 123;
10      object o = i; // i의 값을 박싱하여 o로 복사합니다.
11      i = i + 10; // i의 값을 바꿉니다. o는 변하지 않습니다.
12      int j = (int)o; // o의 값을 언박싱하여 j로 복사합니다.
```

```
13
14          // i의 값이 변해도 o에 저장된 값은 영향을 받지 않습니다.
15          Console.WriteLine("The value-type value i = {0}", i);
16          Console.WriteLine("The object-type value o = {0}", o);
17          Console.WriteLine("The value-type value j = {0}", j);
18
19          object p = o;
20          o = 100;
21          Console.WriteLine("The object-type value o = {0}", o);
22          Console.WriteLine("The object-type value p = {0}", p);
23      }
24    }
25 }
```

9 ◆ int 변수 i를 선언하고 123의 값을 할당합니다. i는 값 형식의 변수입니다.

10 ◆ object o를 선언하고 i의 값을 할당합니다. i의 값은 박싱되어 o에 저장됩니다. i는 스택 영역에 위치하고 o는 힙 영역에 위치합니다.

11 ◆ i의 값을 바꿉니다. 서로 다른 메모리 영역을 사용하고 있기 때문에 i의 값이 바뀌더라도 o의 값은 변하지 않습니다.

12 ◆ o의 값을 int형 변수 j에 할당합니다. 이 과정을 언박싱이라고 하며 (int)로 캐스팅해야 합니다.

15~17 ◆ i, o, j의 값을 출력합니다.

19 ◆ object p를 선언하고 o를 할당하고 o에 숫자 100을 박싱하여 할당합니다.

21~22 ◆ o의 값과 p의 값을 출력합니다. 100과 123이 출력됩니다.

결과

```
The value-type value i = 133
The object-type value o = 123
The value-type value j = 123
The object-type value o = 100
The object-type value p = 123
```

if~else 조건문

- **학습 내용 :** 조건에 따라 분기하는 조건문을 학습합니다.
- **힌트 내용 :** if ~ else if ~ else의 문장 구조를 이해합니다.

if~else 문은 조건식에 따라 프로그램의 흐름을 결정하기 위해 사용되는 조건문입니다. 문법은 다음과 같습니다. 식은 true와 false로 계산되어야 하고 식의 결과가 true이면 문장1이 실행되고 그렇지 않으면 문장2가 실행됩니다. 단, else 부분 없이 if 부분만 있어도 됩니다.

```
if(식)
    문장1
else
    문장2
```

조건이 2개 이상이면 다음과 같이 else if 문을 원하는 만큼 추가하여 확장할 수 있습니다.

```
if(식1)
    문장1
else if(식2)
    문장2
else if(식3)
    문장3
...
else
    문장n
```

입력한 년도가 윤년인지, 평년인지 판단하여 출력하는 프로그램을 작성해 봅니다. 윤년은 "4로 나누어지고 100으로 나누어지지 않거나 400으로 나누어지는 연도"입니다.

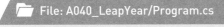
File: A040_LeapYear/Program.cs

```
1 using System;
```

```
 2
 3  namespace A040_LeapYear
 4  {
 5    class Program
 6    {
 7      static void Main(string[] args)
 8      {
 9        int year = int.Parse(Console.ReadLine());
10
11        if (year % 4 == 0 && year % 100 != 0 || year % 400 == 0)
12          Console.WriteLine("{0}는 윤년", year);
13        else
14          Console.WriteLine("{0}는 평년", year);
15
16        if (DateTime.IsLeapYear(year))
17          Console.WriteLine("{0}은 윤년", year);
18        else
19          Console.WriteLine("{0}는 평년", year);
20      }
21    }
22  }
```

9 ◆ 콘솔에서 값을 입력받아 정수로 변환하여 year 변수에 할당합니다.

11 ◆ if 문에서 조건식을 "4로 나누어지고 100으로 나누어지지 않거나 400으로 나누어지는"을 year % 4 == 0 && year % 100 != 0 || year % 400 == 0로 씁니다.

12~14 ◆ 조건을 만족하면 "윤년"이라고 출력합니다. 조건식이 false이면 "평년"이라고 출력합니다.

16 ◆ DateTime 구조체에서 제공되는 IsLeapYear() 메소드를 사용해도 같은 결과가 출력됩니다.

결과

2020 Enter↵
2020년은 윤년
2020년은 윤년

switch 문

- **학습 내용 :** case에 따라 분기하는 switch 문을 학습합니다.
- **힌트 내용 :** if ~ else if ~ else와 같이 조건에 따라 분기합니다.

switch 문은 조건에 따른 분기가 여러 개일 경우에 편리하게 사용할 수 있는 문장입니다. if ~ else if ~ else 문장을 다르게 표현한 것이라고 할 수 있습니다.

다음의 프로그램은 if 문을 사용하여 c값이 랜덤하게 Color 값 중 하나를 갖게 되는 경우에 어떤 색인지를 출력하는 프로그램입니다. Random 클래스는 61장에서 학습합니다.

```csharp
public enum Color { Red, Green, Blue };

public static void Main()
{
    Color c = (Color) (new Random()).Next(0, 3);
    if (c == Color.Red)
        Console.WriteLine("The color is red");
    else if (c == Color.Green)
        Console.WriteLine("The color is green");
    else if (c == Color.Blue)
        Console.WriteLine("The color is blue");
    else
        Console.WriteLine("The color is unknown.");
}
```

위의 프로그램에서 if ~ else if ~ else 대신 switch 문을 사용하면 다음과 같은 프로그램이 됩니다. case 문에 쓰이는 값은 char, string, bool, int 또는 long과 같은 정수, enum 값이 될 수 있습니다. case 문은 break로 끝나고 어떤 조건에도 맞지 않는 경우는 default에서 처리됩니다.

```
public static void Main()
{
    Color c = (Color) (new Random()).Next(0, 3);
    switch (c)
    {
        case Color.Red:
            Console.WriteLine("The color is red");
            break;
        case Color.Green:
            Console.WriteLine("The color is green");
            break;
        case Color.Blue:
            Console.WriteLine("The color is blue");
            break;
        default:
            Console.WriteLine("The color is unknown.");
            break;
    }
}
```

점수를 입력받아 학점을 출력하는 프로그램을 if 문과 switch 문의 두 가지로 만들어 보겠습니다. 100점 만점이며 90점 이상이면 A, 80~89점은 B, 70~79점은 C, 60~69점은 D, 그 외에는 F라고 출력합니다.

📁 File: A041_Grading/program.cs

```
1 using System;
2
3 namespace A041_Grading
4 {
5   class Program
6   {
7     static void Main(string[] args)
8     {
9       Console.Write("점수를 입력하세요: ");
10      int score = int.Parse(Console.ReadLine());
```

```
11      string grade = null;
12
13      if (score >= 90)
14        grade = "A";
15      else if (score >= 80)
16        grade = "B";
17      else if (score >= 70)
18        grade = "C";
19      else if (score >= 60)
20        grade = "D";
21      else
22        grade = "F";
23
24      Console.WriteLine("학점은 {0}", grade);
25
26      switch (score / 10)
27      {
28        case 10:
29        case 9:
30          grade = "A";
31          break;
32        case 8:
33          grade = "B";
34          break;
35        case 7:
36          grade = "C";
37          break;
38        case 6:
39          grade = "D";
40          break;
41        default:
42          grade = "F";
43          break;
44      }
45      Console.WriteLine("학점은 {0}", grade);
46    }
47  }
48 }
```

"점수를 입력하세요: "라는 안내문을 출력하고 키보드에서 값을 입력받아 정수로 변환하여 score 변수에 할당합니다.

학점을 저장할 스트링 변수 grade를 선언합니다.

if ~ else if ~ else 문으로 학점을 계산하여 grade에 할당하고 출력합니다.

같은 프로그램을 switch 문으로 작성합니다. 90~99점까지의 숫자는 10으로 나누면 결과가 9가 됩니다. 정수 나누기 정수는 결과도 정수이기 때문입니다. 그래서 score를 10으로 나눈 값으로 점수 구간을 표현할 수 있습니다.

case 문은 반드시 break 문을 가져야합니다. 여러 case가 하나의 작업을 할 때는 case를 겹쳐 쓸 수 있습니다.

default 문은 앞에서 나온 case에 해당하지 않을 때 수행됩니다.

결과

점수를 입력하세요: 88 `Enter↵`
학점은 B
학점은 B

BMI 계산기

- **학습 내용 :** 체질량지수 BMI를 계산한 후 BMI 값에 따라 비만 정도를 출력합니다.
- **힌트 내용 :** if ~ else if ~ else 문장을 사용합니다.

BMI(Body Mass Index, 체질량지수) 계산기를 만들어 보겠습니다. BMI는 몸무게를 키의 제곱으로 나눈 값입니다. 단 몸무게의 단위는 kg, 키의 단위는 m입니다.

BMI 수치는 다음과 같이 해석됩니다.

```
BMI < 20, 저체중
20 <= BMI < 25, 정상체중
25 <= BMI < 30, 경도비만
30 <= BMI < 40, 비만
BMI >= 40, 고도비만
```

몸무게와 키를 입력받아 BMI를 계산하고 비만 정도를 출력하는 프로그램을 만듭니다.

📁 File: A042 BMI/Program.cs

```
1 using System;
2
3 namespace A042_BMI
4 {
5   class Program
6   {
7     static void Main(string[] args)
8     {
9       Console.Write("키를 입력하세요(cm) : ");
10      double height = double.Parse(Console.ReadLine());
11      height /= 100;  // m 단위
12
13      Console.Write("체중을 입력하세요(kg) : ");
```

```
14        double weight = double.Parse(Console.ReadLine());
15        double bmi = weight / (height * height);
16
17        string comment = null;
18        if (bmi < 20)
19          comment = "저체중"
20        else if (bmi < 25)
21          comment = "정상체중";
22        else if (bmi < 30)
23          comment = "경도비만";
24        else if (bmi < 40)
25          comment = "비만";
26        else
27          comment = "고도비만";
28
29        Console.WriteLine("BMI={0:F1}, \"{1}\"입니다", bmi, comment);
30      }
31    }
32 }
```

9~11 ◆ "키를 입력하세요(cm) : "라는 안내문을 출력하고 값을 입력받아 double로 변환하여 height 변수에 할당합니다. 입력받은 cm 단위의 키를 100으로 나누어 계산식에서 사용되는 m 단위로 변환합니다.

13~14 ◆ "체중을 입력하세요(kg) : "라는 안내문을 출력하고 키보드에서 값을 입력받아 double로 변환하여 weight 변수에 할당합니다.

15 ◆ bmi 값을 계산합니다.

17~27 ◆ string 변수 comment를 선언하고 if ~ else if ~ else 문으로 bmi에 따른 comment 값을 할당합니다.

29 ◆ bmi 값을 소수점 첫째 자리까지 출력합니다. comment 값은 앞뒤에 따옴표를 넣어 출력합니다.

결과

키를 입력하세요(cm) : 173 [Enter↵]
체중을 입력하세요(kg) : 80 [Enter↵]
BMI=26.7, "경도비만"입니다

반복문(1에서 100까지 더하기, 홀수의 합, 역수의 합)

- **학습 내용:** 반복문의 종류와 문법을 익히고 반복문이 필요한 문제를 풀어봅니다.
- **힌트 내용:** while, do while, for 문을 익힙니다.

반복문(loop)은 프로그램 중 가장 자주 나오고 중요한 부분입니다. 프로그램을 잘 하는지 여부가 반복문을 얼마나 자유롭게 잘 사용할 수 있는지에 달려있다고 해도 과언이 아닙니다.

C#에서는 반복문을 위한 4가지 문법이 제공됩니다. 특정 조건을 만족하는 동안 정해진 코드를 반복해서 실행합니다. foreach 문장은 배열이나 컬렉션과 함께 사용됩니다.

```
- while
- do while
- for
- foreach
```

"Hello C#"이라는 문장을 10번 출력하는 프로그램을 세 가지 방법으로 작성해 보겠습니다.

while 문	```int i = 0; // 초기값```
	```while (i < 10) // 반복하는 조건```
	```{```
	``` Console.WriteLine("{0}: Hello C#", i);```
	``` i++; // 반복할 때마다 변하는 값```
	```}```

do while 문	```int i = 0; // 초기값```
	```do```
	```{```
	``` Console.WriteLine("{0}: Hello C#", i);```
	``` i++; // 반복할 때마다 변하는 값```
	```} while (i < 10); // 반복하는 조건```

for 문	```for(int i=0; i<10; i++)``` ``` Console.WriteLine("{0}: Hello C#", i);```

세 가지 반복문 중 for 문장은 변수 선언과 초기화, 반복하는 조건, 반복할 때마다 변화하는 값을 모두 한 줄에 쓸 수 있기 때문에 편리합니다.

반복문으로 몇 가지 문제를 더 풀어 보겠습니다.

(1) 1부터 100까지 더하는 프로그램

(2) 1에서 100까지 홀수의 합을 구하는 프로그램

(3) 1 + 1/2 + 1/3 + ... + 1/100(역수의 합)을 구하는 프로그램

📁 File: A043_Loop.cs/Program.cs

```
1  using System;
2
3  namespace A043_Loop
4  {
5    class Program
6    {
7      static void Main(string[] args)
8      {
9        // (1) 1부터 100까지 더하는 프로그램
10       int sum = 0;
11       for(int i=1; i<=100; i++)
12       {
13         sum += i;
14       }
15       Console.WriteLine("1부터 100까지 숫자의 합은 {0}", sum);
16
17       // (2) 1에서 100까지 홀수의 합을 구하는 프로그램
18       int sum2 = 0;
19       for (int x = 1; x <= 100; x++)
20       {
21         if (x % 2 == 1)
22           sum2 += x;
23       }
24       Console.WriteLine("1부터 100까지 홀수의 합은 {0}", sum2);
25
26       // (3) 1 + 1 / 2 + 1 / 3 + ... + 1 / 100 을 구하는 프로그램
27       double sum3 = 0;
28       for (int x = 1; x <= 100; x++)
29       {
30           sum3 += 1.0/x;
```

138

```
31          }
32          Console.WriteLine("1부터 100까지 역수의 합은 {0}", sum3);
33      }
34   }
35 }
```

결과를 저장하기 위한 변수 sum을 선언하고 0으로 초기화합니다. ◆ 10

반복하면서 1~100까지의 값을 sum에 더하고 결과값을 출력합니다. ◆ 11~15

결과를 저장하기 위한 변수 sum2를 선언하고 0으로 초기화합니다. ◆ 18

반복하면서 1~100까지의 값 중 홀수(2로 나눈 나머지가 1인 수)를 sum2에 더하고 결과값을 출 ◆ 19~24
력합니다.

결과를 저장하기 위한 변수 sum3을 선언하고 0으로 초기화합니다. ◆ 27

반복하면서 숫자 1~100의 역수를 sum에 더하고 결과값을 출력합니다. ◆ 28~32

결과

```
1부터 100까지 숫자의 합은 5050
1부터 100까지 홀수의 합은 2500
1부터 100까지 역수의 합은 5.18737751763962
```

반복문으로 2진, 8진, 16진수 출력

- **학습 내용 :** 반복문을 이용하여 1부터 128까지의 숫자를 2진, 8진, 16진수로 출력합니다.
- **힌트 내용 :** Convert.ToString() 메소드로 여러 진수를 출력할 수 있습니다.

반복문(loop)은 프로그램의 핵심이라고 할 만큼 중요하므로 많은 연습이 필요합니다. 반복문을 이용하여 1부터 128까지의 숫자를 2진, 8진, 16진수로 출력합니다.

📁 File: A044_NumberSystem/Program.cs

```
1 using System;
2
3 namespace A044_NumberSystem
4 {
5   class Program
6   {
7     static void Main(string[] args)
8     {
9       Console.WriteLine("{0,5} {1,8} {2,3} {3,4}", "10진수", "2진수",
10        "8진수", "16진수");
11
12      for (int i = 1; i <= 128; i++)
13      {
14        Console.WriteLine("{0,7} {1,10} {2,5} {3,6}", i,
15            Convert.ToString(i, 2).PadLeft(8, '0'),
16            Convert.ToString(i, 8),
17            Convert.ToString(i, 16));
18      }
19    }
20  }
21 }
```

◆ 9~10

화면에 "10진수 2진수 8진수 16진수"라는 제목을 출력합니다.

◆ 12~19

i를 1~128까지 반복하면서 10진수, 2진수, 8진수, 16진수로 각각 출력합니다. 2진수로 출력하려면 Convert.ToString(i, 2)를 사용하면 됩니다. Convert.ToString() 메소드의 두 번째 인수가 진수를 의미합니다. 2진수의 왼쪽을 '0'으로 채우기 위해서 String.PadLeft(8, '0')을 사용합니다. PadLeft(8, '0') 메소드는 왼쪽에 '0'을 채워서 8자리로 만들어줍니다.

결과

10진수	2진수	8진수	16진수
1	00000001	1	1
2	00000010	2	2
3	00000011	3	3
...			
127	01111111	177	7f
128	10000000	200	80

반복문으로 구구단 출력

- **학습 내용:** 구구단을 출력합니다.
- **힌트 내용:** 반복문을 사용합니다.

1~9 사이의 정수 n을 읽어 들여 해당하는 구구단의 n단을 출력하는 프로그램을 작성합니다.

📁 File: A045_MultiplicationTable/Program.cs

```
1  using System;
2
3  namespace A045_MultiplicationTable
4  {
5    class Program
6    {
7      static void Main(string[] args)
8      {
9        Console.Write("구구단의 출력할 단수를 입력하세요 : ");
10       int n = int.Parse(Console.ReadLine());
11
12       for (int i = 1; i <= 9; i++)
13       {
14         Console.WriteLine("{0} x {1} = {2}", n, i, n * i);
15       }
16     }
17   }
18 }
```

9~10 ◆ 출력할 구구단의 단수를 입력받아 정수로 변환하여 n에 대입합니다.

12~15 ◆ 반복문으로 정수 n의 구구단을 출력합니다.

결과

구구단의 단수를 입력하세요 : 5 Enter↵
5 x 1 = 5
5 x 2 = 10
5 x 3 = 15
5 x 4 = 20
5 x 5 = 25
5 x 6 = 30
5 x 7 = 35
5 x 8 = 40
5 x 9 = 45

평균, 최소, 최대값 구하기

- **학습 내용:** 5명의 키를 읽은 후 평균과 최소, 최대값을 구하여 출력합니다.
- **힌트 내용:** 반복문 안에서 최소, 최대값을 구합니다.

여러 개의 값 중에서 최소, 최대값을 구하는 문제는 프로그램 중에 빈번하게 만나는 문제입니다.
평균값을 구하는 것도 자주 접하는 문제입니다.

📁 **File: A046_MinMax/Program.cs**

```csharp
1 using System;
2
3 namespace A046_MinMax
4 {
5   class Program
6   {
7     static void Main(string[] args)
8     {
9       double max = double.MinValue;
10      double min = double.MaxValue;
11      double sum = 0;
12
13      for (int i = 0; i < 5; i++)
14      {
15        Console.Write("키를 입력하세요(단위: cm) : ");
16        double h = double.Parse(Console.ReadLine());
17        if (h > max)
18          max = h;
19        if (h < min)
20          min = h;
21        sum += h;
22      }
23      Console.WriteLine("평균: {0}cm, 최대: {1}cm, 최소: {2}cm",
```

```
24            sum / 5, max, min);
25      }
26   }
27 }
```

double형 변수로 max, min을 선언하고 max는 double이 표현할 수 있는 가장 작은 값, min은 가   ◆ 9
장 큰 값을 할당합니다.

입력되는 키의 평균을 구하려면 합계를 구하고 사람 수로 나누어야 합니다. 합계를 저장하기 위   ◆ 11
해 sum을 선언하고 0으로 초기화합니다.

5번 반복하여 화면에 키를 입력하라고 출력하고 입력을 받습니다. 입력받은 값은 double로 변환   ◆ 13~22
하여 h 값에 할당합니다. h가 min보다 작으면 min = h로, h가 max보다 크면 max = h로 바꿉니
다. sum에 h를 더해나갑니다.

평균, 최대, 최소값을 출력합니다.   ◆ 23~24

결과

키를 입력하세요(단위: cm) : 165.4 `Enter↵`
키를 입력하세요(단위: cm) : 172.5 `Enter↵`
키를 입력하세요(단위: cm) : 177.3 `Enter↵`
키를 입력하세요(단위: cm) : 168 `Enter↵`
키를 입력하세요(단위: cm) : 186.5 `Enter↵`
평균: 173.94cm, 최대: 186.5cm, 최소: 165.4cm

x의 y승 구하기

- **학습 내용:** 반복문을 이용하여 x의 y승을 구합니다.
- **힌트 내용:** x를 y번 곱합니다.

x의 y승을 구하는 프로그램을 작성합니다. x, y는 양의 정수입니다.

📁 File: A047_Power/Program.cs

```
1 using System;
2
3 namespace A047_Power
4 {
5   class Program
6   {
7     static void Main(string[] args)
8     {
9       Console.WriteLine("x의 y승을 계산합니다.");
10      Console.Write(" x를 입력하세요: ");
11      int x = int.Parse(Console.ReadLine());
12      Console.Write(" y를 입력하세요: ");
13      int y = int.Parse(Console.ReadLine());
14
15      int pow = 1;
16
17      for(int i = 0; i < y; i++)
18        pow *= x;
19
20      Console.WriteLine("{0}의 {1}승은 {2}입니다", x, y, pow);
21    }
22  }
23 }
```

콘솔에서 두 수를 입력받아 정수로 변환하여 x, y에 저장합니다.   ◆ **9~13**

pow는 숫자를 곱해나가므로 0이 아닌 1로 초기화합니다.   ◆ **15**

x의 y승은 x를 y번 곱해서 구합니다. 반복문을 y번 반복하도록 하고 반복할 때마다 pow에 x를 곱   ◆ **17~18**
해줍니다.

결과를 출력합니다.   ◆ **20**

결과

x의 y승을 계산합니다.
  x를 입력하세요: 3 `Enter↵`
  y를 입력하세요: 4 `Enter↵`
3의 4승은 81입니다

팩토리얼 구하기

• **학습 내용:** 반복문을 이용하여 팩토리얼을 계산합니다.
• **힌트 내용:** n!은 1부터 n까지를 곱한 수입니다.

정수 n을 입력받아서 n 팩토리얼을 구하는 프로그램을 반복문으로 작성합니다.

📁 File: A048_Factorial/Program.cs

```csharp
1  using System;
2
3  namespace A048_Factorial
4  {
5    class Program
6    {
7      static void Main(string[] args)
8      {
9        Console.WriteLine("n!을 계산합니다.");
10       Console.Write("정수 n을 입력하세요: ");
11       int n = int.Parse(Console.ReadLine());
12
13       int fact = 1;
14
15       for (int i = 2; i <= n; i++)
16         fact *= i;
17
18       Console.WriteLine("{0}! = {1}", n, fact);
19     }
20   }
21 }
```

콘솔에서 숫자를 입력받아 정수로 변환하여 n에 저장합니다.   ◆ 9~11

n!을 계산하기 위해 int형 변수 fact를 정의하고 1로 초기화합니다.   ◆ 13

fact = 1*2*...*n으로 계산하므로 i를 1부터 n까지 반복하면서 fact에 곱해줍니다.   ◆ 15~16

결과를 출력합니다.   ◆ 18

결과

n!을 계산합니다.
정수 n을 입력하세요: 5 Enter↵
5! = 120

소수 판단하기

- **학습 내용 :** 반복문을 사용하여 주어진 숫자가 소수인지를 판단합니다.
- **힌트 내용 :** 소수는 1과 자신 외에는 나누어지지 않는 수입니다.

정수를 입력받아 그 수가 소수(prime number)인지 아닌지를 판별하는 프로그램을 작성합니다.
소수는 1과 자신 외에는 나누어지지 않는 수입니다.

📁 File: A049_PrimeNumber/Program.cs

```
1  using System;
2
3  namespace A049_PrimeNumber
4  {
5    class Program
6    {
7      static void Main(string[] args)
8      {
9        Console.Write("숫자를 입력하세요: ");
10       int num = int.Parse(Console.ReadLine());
11       int index;
12
13       for (index = 2; index < num; index++)
14       {
15         if (num % index == 0)
16         {
17           Console.WriteLine("{0}는 소수가 아닙니다", num);
18           break;
19         }
20       }
21       if (index == num)
22         Console.WriteLine("{0}는 소수입니다", num);
23     }
```

```
24    }
25 }
```

콘솔에서 숫자를 입력받아 정수로 변환하여 num에 저장합니다. ◆ 9~10

for 문에서 사용하게 될 index 변수를 선언합니다. 21번째 줄에서 for 문 밖에서도 index를 체크 ◆ 11
해야 하므로 for 문 밖에 선언합니다.

index를 2부터 num−1까지 반복하면서 num이 index로 나누어지는지 체크합니다. 나누어지면 소 ◆ 13~20
수가 아니라고 출력하고 break 문으로 반복문을 빠져 나옵니다.

break로 빠져나오지 않고 if 문을 만나면 소수입니다. ◆ 21~22

결과

숫자를 입력하세요: 717 [Enter↵]
717는 소수가 아닙니다

원주율의 계산

- **학습 내용**: 반복문을 이용하여 원주율 π를 계산합니다.
- **힌트 내용**: 라이프니츠의 원주율 공식을 프로그램합니다.

원주율은 원둘레와 지름의 비, 즉 원의 지름에 대한 둘레의 비율을 나타내는 수학 상수입니다. 지름이 1인 원의 둘레를 나타냅니다. 그리스 문자 π로 표기하고, 파이(π)라고 읽습니다.

독일의 수학자 라이프니츠의 원주율 공식이 널리 알려져 있습니다. 다음의 식에서 항수를 늘릴 수록 정확도가 높아집니다.

$$\pi = 4(\frac{1}{1} - \frac{1}{3} + \frac{1}{5} - \frac{1}{7} + \frac{1}{9} - \frac{1}{11} + \frac{1}{13} - \frac{1}{15} + \frac{1}{17}...)$$

반복문(loop)을 이용하여 원주율 π를 계산합니다. 항수에 따라 원주율 π를 출력합니다. 위의 계산식에서 한번은 덧셈, 한번은 뺄셈을 수행하기 때문에 부호를 바꾸기 위한 플래그 변수를 사용합니다. 반복문은 1, 3, 5, 7, 9,...와 같이 루프 변수를 증가시키면 됩니다.

📁 **File: A050_FindingPI/Program.cs**

```
1  using System;
2
3  namespace A050_FindingPI
4  {
5    class Program
6    {
7      static void Main(string[] args)
8      {
9        bool sign = false;
10       double pi = 0;
11
12       for (int i = 1; i <= 10000; i += 2)
13       {
14         if (sign == false)
```

```
15          {
16            pi += 1.0 / i;
17            sign = true;
18          }
19          else
20          {
21            pi -= 1.0 / i;
22            sign = false;
23          }
24          Console.WriteLine("i = {0}, PI = {1}", i, 4*pi);
25        }
26      }
27   }
28 }
```

한번은 덧셈, 한번은 뺄셈을 번갈아 수행하므로 이를 위한 플래그 변수 sign을 정의합니다.   ◆ 9
초기값을 false로 하고 false이면 덧셈, true이면 뺄셈을 수행합니다.

double pi를 정의하고 초기화합니다.   ◆ 10

루프 변수 i를 1부터 10000까지 2씩 증가시키면서 반복하면서 sign이 false이면 1.0/i를 pi에 더해   ◆ 12~23
주고 sign을 true로 바꿉니다. sign이 true이면 1.0/i를 pi에서 빼주고 sign을 false로 바꿉니다.

몇 번째 항까지 계산했는지 그 결과를 출력합니다. 반복 횟수가 많아질수록 정확한 값에 가까워   ◆ 24
집니다. 결과의 출력은 일부분만 표현했습니다.

결과

```
i = 1, PI = 4
i = 3, PI = 2.66666666666667
i = 5, PI = 3.46666666666667
i = 7, PI = 2.8952380952381
i = 9, PI = 3.33968253968254
...
i = 9995, PI = 3.14139257355978
i = 9997, PI = 3.14179269359579
i = 9999, PI = 3.14139265359179
```

무한루프와 break 문

- **학습 내용 :** 무한루프를 이용하여 문제를 해결합니다.
- **힌트 내용 :** 무한루프를 빠져나올 때는 break를 사용합니다.

경우에 따라 몇 번 반복할지 모를 때가 있습니다. 이런 경우에는 반복문을 무한이 계속하면서 반복문 안에서 끝나는 조건을 체크하여 조건이 맞으면 빠져나오게 합니다. 이와 같이 무한이 반복되는 반복문을 무한루프라고 하고, 루프를 빠져나올 때는 break 문을 사용합니다.

무한루프는 보통 while 문과 for 문으로 만듭니다. while 문으로 만드는 무한루프는 반복 조건이 항상 true로 만들어 while(true) { }의 형태가 됩니다. for 문으로는 for(; ;)의 형태로 무한루프를 만들 수 있습니다.

첫 날 1000원을 저금하고 매일 전 날의 두 배씩을 저금한다고 하면 며칠 만에 100만원을 저금할 수 있을 지 계산하는 프로그램을 while 문과 for 문으로 만들어 보겠습니다.

📁 **File: A051_InfiniteLoop/Program.cs**

```
1  using System;
2
3  namespace A051_InfiniteLoop
4  {
5    class Program
6    {
7      static void Main(string[] args)
8      {
9        int sum = 0;
10       int days = 1;
11       int money = 1000;
12
13       while(true)
14       {
15         sum += money;
```

```
16          Console.WriteLine("{0,2}일차 : {1,8:C}, sum = {2,11:C}", days, money, sum);
17          if (sum >= 1000000)
18            break;
19          days++;
20          money *= 2;
21        }
22        Console.WriteLine("{0}일차에 {1:###,###}원이 됩니다.", days, sum);
23
24        for(sum=0, days=1, money=1000; ; days++, money *= 2)
25        {
26          sum += money;
27          Console.WriteLine("{0,2}일차 : {1,8:C}, sum = {2,11:C}", days, money, sum);
28          if (sum >= 1000000)
29            break;
30        }
31        Console.WriteLine("{0}일차에 {1:###,###}원이 됩니다.", days, sum);
32      }
33    }
34 }
```

총 저금액 sum을 정의하고 0으로 초기화합니다.   ◆ 9

days는 며칠째인지를 표시하는 변수로 1로 초기화하고 반복될 때마다 1씩 증가합니다.   ◆ 10

money는 저금액을 의미하는 변수로 첫날 1000원에서 반복될 때마다 두배씩 증가합니다.   ◆ 11

while(true)는 조건식이 항상 true이므로 무한이 반복되는 루프입니다.   ◆ 13

sum에 money를 더해줍니다.   ◆ 15

며칠째인지(days)와 그날의 저금액(money)과 총 저금액(sum)을 출력합니다.   ◆ 16

총 저금액이 1000000보다 큰지 비교하여 더 크면 break 문은 사용하여 while 문을 빠져나옵니다.   ◆ 17~18

반복될 때마다 days를 하나 증가시키고 money는 두배로 만듭니다.   ◆ 19~20

18번째 줄의 break에 의해 while 문이 끝나면 며칠만에 총 저금액이 얼마인지 출력합니다.   ◆ 22

24~30 ◆ while 문과 같은 동작을 하는 for 문으로 만든 반복문입니다. sum, days, money를 초기화하고 반복할 때마다 day++, money*=2로 바꿉니다. while 문에서와 같이 sum이 1백만보다 크면 break로 for 문을 빠져나옵니다.

31 ◆ 며칠만에 총 저금액이 1백만원이 넘는지, 그리고 그게 얼마인지 출력합니다.

결과는 아래의 출력 내용이 똑같이 한번 더 출력됩니다.

결과

```
 1일차 :    ₩1,000, sum =       ₩1,000
 2일차 :    ₩2,000, sum =       ₩3,000
 3일차 :    ₩4,000, sum =       ₩7,000
 4일차 :    ₩8,000, sum =      ₩15,000
 5일차 :   ₩16,000, sum =      ₩31,000
 6일차 :   ₩32,000, sum =      ₩63,000
 7일차 :   ₩64,000, sum =     ₩127,000
 8일차 :  ₩128,000, sum =     ₩255,000
 9일차 :  ₩256,000, sum =     ₩511,000
10일차 :  ₩512,000, sum =   ₩1,023,000
10일차에 총 저금액은 1,023,000원이 됩니다.
```

합계가 10000이 넘는 순간

- **학습 내용:** 1부터 숫자를 더해서 10000이 넘는 순간의 합을 계산합니다.
- **힌트 내용:** 1부터 순차적으로 숫자를 더해서 10000이 넘는 순간을 찾아냅니다.

이번에도 무한루프를 사용하는 문제입니다. 반복문 안에서 끝나는 조건을 체크하여 조건이 맞으면 break 문을 사용하여 반복문을 빠져나옵니다. 1부터 순차적으로 숫자를 더해나가다가 10,000이 넘는 순간이 어느 숫자까지를 더했을 때이고 이때의 합은 얼마인지를 출력합니다.

📁 File: A052_UsingBreak/Program.cs

```
1  using System;
2
3  namespace A052_UsingBreak
4  {
5    class Program
6    {
7      static void Main(string[] args)
8      {
9        int sum = 0;
10       for (int i = 1; ; i++)
11       {
12         sum += i;
13         if(sum >= 10000)
14         {
15           Console.WriteLine("1~{0}의 합= {1}", i, sum);
16           break;
17         }
18       }
19
20       sum = 0;
21       int index = 1;
22       for (; sum < 10000; index++)
```

```
23      {
24        sum += index;
25      }
26      Console.WriteLine("1~{0}의 합= {1}", index - 1, sum);
27    }
28  }
29 }
```

9 ◆ 합을 저장하기 위한 sum 변수를 선언하고 0으로 초기화합니다.

10 ◆ for 문에서 끝나는 조건이 없습니다. 무한루프입니다.

12~17 ◆ sum에 i 값을 더하고 문제의 뜻에 따라 sum이 10000을 넘는지 체크합니다. 10000이 넘으면 그 때의 i 값과 sum 값을 출력하고 break 문으로 반복문을 빠져나옵니다.

같은 프로그램을 break 문 없이 만들 수도 있습니다. 반복문을 끝내는 조건을 for 문에 넣는 것입니다.

20 ◆ 합을 저장하기 위한 sum 변수를 0으로 초기화합니다.

21 ◆ for 문 안에서 반복하는 변수 index를 선언하고 1로 초기화합니다. 반복문이 끝났을 때 index 값을 출력하기 위해 루프의 바깥에서 선언했습니다. 반복문은 sum이 10000보다 작은 동안 계속됩니다.

22~26 ◆ for 문은 반복할 때마다 i 값이 증가되고 나서 반복 조건 sum 〈 10000을 체크합니다. 10000이 넘으면 루프를 빠져나오는데 그때의 index 값은 sum에 더해진 값보다 하나 더 큰 값입니다. 따라서 출력할 때 index−1을 출력해야 합니다.

결과

```
1~141의 합 = 10011
1~141의 합 = 10011
```

이중 반복문으로 1~n까지의 팩토리얼과 합 구하기

- **학습 내용** : 1부터 n!까지를 출력하고 그 합을 계산하는 프로그램을 작성합니다.
- **힌트 내용** : 반복문 안에 또 다른 반복문이 있는 다중 루프를 학습합니다.

반복문 안에 또 다른 반복문이 있을 수 있습니다. 이렇게 여러 개의 반복문이 겹쳐있는 것을 다중 반복문, 또는 다중 루프라고 합니다. 특히 두 개의 반복문이 겹친 이중 루프가 많이 사용됩니다. 많은 연습을 통해 익숙해져야 합니다.

48장에서 팩토리얼 계산 프로그램을 만들어 보았습니다. 이번에는 정수 n을 입력받아 1!부터 n! 까지를 출력하는 프로그램을 작성해 보겠습니다. 1부터 n까지 반복하면서 팩토리얼을 계산해야 하고, 팩토리얼을 계산하는데 반복문이 또 필요하기 때문에 반복문 안에 반복문이 사용되는 형태, 즉 이중 루프가 됩니다.

📁 File: A053_SumOfFactorials/Program.cs

```
1  using System;
2
3  namespace A053_SumOfFactorials
4  {
5    class Program
6    {
7      static void Main(string[] args)
8      {
9        Console.Write("숫자를 입력하세요: ");
10       int n = int.Parse(Console.ReadLine());
11
12       int sum = 0;
13       for (int i = 1; i <= n; i++)
14       {
15         int fact = 1;
16         for (int j = 2; j <= i; j++)
17         {
18           fact *= j;
```

```
19        }
20      sum += fact;
21      Console.WriteLine("{0,2}! = {1,10:#,#}", i, fact);
22    }
23    Console.WriteLine("1! + 2! + ... + {0}! = {1:N0}\n", n, sum);
24  }
25 }
26 }
```

10 ◆ 숫자를 입력받아 정수로 변환하여 n에 할당합니다.

12 ◆ 합계를 저장하기 위한 변수 sum을 정의하고 0으로 초기화합니다.

13 ◆ i가 1~n까지 반복하면서 i 팩토리얼을 계산하는 바깥 루프입니다.

15 ◆ fact=1로 초기화합니다. 바깥 루프가 반복될 때마다 초기화해야 합니다.

16~19 ◆ i 팩토리얼을 계산하는 안쪽 루프입니다. fact에 j 값을 곱해 나갑니다.

20 ◆ 안쪽 루프에서 i 팩토리얼의 계산이 끝나면 결과 fact를 sum에 더합니다.

21 ◆ i 팩토리얼의 계산 결과를 출력합니다. i는 두자리로, fact는 10자리로 출력합니다. fact는 읽기 쉽게 세자리마다 소수점을 표시했습니다.

23 ◆ 이중 루프가 모두 끝난 후에 합계를 출력합니다.

결과

```
숫자를 입력하세요: 10 Enter↵
 1! =          1
 2! =          2
 3! =          6
 4! =         24
 5! =        120
 6! =        720
 7! =      5,040
 8! =     40,320
 9! =    362,880
10! =  3,628,800
1! + 2! + ... + 10! = 4,037,913
```

이중 루프를 이용하여 구구단 출력

- **학습 내용:** 반복문 안에 또 다른 반복문이 있는 다중 루프를 학습합니다.
- **힌트 내용:** 출력할 때는 한 줄을 다 출력하고 다음 줄로 내려가야 합니다.

이중 루프로 구구단을 출력하는 프로그램을 작성합니다. 다음의 구구단 출력 결과를 보면 2단부터 9단까지 옆으로 배치되어 있습니다. 출력은 줄 단위로 이루어지기 때문에 2x1=2 3x1=3 … 9x1=9을 출력한 다음에 줄바꿈을 하고 2x2=4 3x2=6 … 9x2=18을 출력하는 식으로 프로그램 해야 합니다. 따라서 안쪽 루프는 뒤의 수, 바깥 쪽 루프는 앞의 수를 반복합니다.

📁 File: A054_TimesTable/Program.cs

```csharp
1  using System;
2
3  namespace A054_TimesTable
4  {
5    class Program
6    {
7      static void Main(string[] args)
8      {
9        for (int y = 1; y <= 9; y++)
10       {
11         for (int x = 2; x <= 9; x++)
12           Console.Write("{0}x{1}={2,2}  ", x, y, x * y);
13         Console.WriteLine();
14       }
15     }
16   }
17 }
```

9~15 ◆ 2 x 3 = 6과 같이 표시되는 앞의 숫자를 x, 뒤의 숫자를 y로 나타냅니다. 맨 첫 번째 줄 2x1=2 3x1=3 … 9x1=9가 나오고 줄바꿈이 있어야 합니다. 이때 y=1이면서 x가 2에서 9까지 변해야 합니다. 그래서 바깥 반복문은 y, 안쪽 반복문은 x가 변하게 합니다. 안쪽 반복문이 끝나면 줄바꿈을 위해 Console.WriteLine()을 수행합니다.

결과

```
2x1= 2   3x1= 3   4x1= 4   5x1= 5   6x1= 6   7x1= 7   8x1= 8   9x1= 9
2x2= 4   3x2= 6   4x2= 8   5x2=10   6x2=12   7x2=14   8x2=16   9x2=18
2x3= 6   3x3= 9   4x3=12   5x3=15   6x3=18   7x3=21   8x3=24   9x3=27
2x4= 8   3x4=12   4x4=16   5x4=20   6x4=24   7x4=28   8x4=32   9x4=36
2x5=10   3x5=15   4x5=20   5x5=25   6x5=30   7x5=35   8x5=40   9x5=45
2x6=12   3x6=18   4x6=24   5x6=30   6x6=36   7x6=42   8x6=48   9x6=54
2x7=14   3x7=21   4x7=28   5x7=35   6x7=42   7x7=49   8x7=56   9x7=63
2x8=16   3x8=24   4x8=32   5x8=40   6x8=48   7x8=56   8x8=64   9x8=72
2x9=18   3x9=27   4x9=36   5x9=45   6x9=54   7x9=63   8x9=72   9x9=81
```

1000까지의 소수를 출력하고 몇 개인지 출력

- **학습 내용 :** 반복문 안에 또 다른 반복문이 있는 다중 루프를 학습합니다.
- **힌트 내용 :** 이중 루프는 매우 많이 등장하므로 연습을 통해 익숙해져야 합니다.

소수(prime number)는 1과 자기 자신 외에는 나누어지지 않는 숫자입니다. 2, 3, 5, 7, … 등이 소수입니다. 49장에서 소수인지를 판단하는 프로그램을 작성했습니다. 이번에는 2에서 1000 사이의 소수를 출력하고 모두 몇 개인지 출력하는 프로그램을 작성합니다.

2부터 1000까지를 반복하는 바깥 루프와 어떤 숫자가 소수인지를 판단하기 위한 안쪽 루프가 필요합니다.

📁 **File: A055_PrimeNumbers/Program.cs**

```
1  using System;
2
3  namespace A055_PrimeNumbers
4  {
5    class Program
6    {
7      static void Main(string[] args)
8      {
9        int index;
10       int primes = 0;
11
12       for (int i = 2; i < 1000; i++)
13       {
14         for (index = 2; index < i; index++)
15         {
16           if (i % index == 0)
17             break;
18         }
19         if (index == i)  // i가 소수라면
20         {
```

```
21          primes++;
22          Console.Write("{0,5}{1}", i, primes % 15 == 0 ? "\n" : "");
23        }
24      }
25      Console.WriteLine("\n2부터 1000 사이의 소수의 개수: {0}개", primes);
26    }
27  }
28 }
```

9 ◆ 소수를 찾을 때 사용하는 안쪽 루프의 index를 정의합니다.

10 ◆ 소수의 개수를 저장하기 위한 변수 primes를 선언하고 0으로 초기화합니다.

12 ◆ 바깥 루프는 i가 2~1000까지 반복합니다.

14~18 ◆ 안쪽 루프는 index가 2~(i-1)까지 반복하면서 중간에 나누어 떨어지면 break로 안쪽 루프를 벗어납니다. 끝까지 나누어 떨어지지 않으면 루프를 벗어날 때 index의 값이 i가 됩니다.

19~23 ◆ 루프가 끝났을 때 index가 i와 같으면 루프가 끝날 때까지 나누어 떨어지지 않았다는 것이므로 소수가 됩니다. 중간에 어떤 숫자로 나누어 떨어져서 break로 루프를 빠져나왔다면 index와 i가 같지 않습니다. i가 소수라면 소수의 개수 primes를 하나 증가시키고 i를 5자리로 출력합니다. 조건연산자를 사용하여 개수가 15개마다 줄바꿈을 합니다.

25 ◆ 소수가 총 몇 개인지 출력합니다.

결과

```
    2     3     5     7    11    13    17    19    23    29    31    37    41    43    47
   53    59    61    67    71    73    79    83    89    97   101   103   107   109   113
...
  877   881   883   887   907   911   919   929   937   941   947   953   967   971   977
  983   991   997
2부터 1000 사이의 소수의 개수: 168개
```

이중 루프와 피라미드 출력

- **학습 내용:** 반복문 안에 또 다른 반복문이 있는 다중 루프를 학습합니다.
- **힌트 내용:** 이중 루프는 매우 많이 등장하므로 연습을 통해 익숙해져야 합니다.

반복문을 연습하기 위해 다양한 형태의 피라미드를 출력하는 프로그램을 작성합니다. 먼저 가장 쉬운 모양으로 한 줄에 10개의 별표를 5줄 출력해봅니다.

```
**********
**********
**********
**********
**********
```

출력은 줄 단위로 이루어지기 때문에 10번 반복하는 안쪽 루프가 5번 반복(바깥쪽 루프)됩니다. 별표를 10번 출력하고 난 후에는 줄바꿈이 필요합니다. 이를 코드로 바꾸면 다음과 같습니다. 이 기본형을 익숙하게 익히는 것이 좋습니다.

```
for(int i=0; i<5; i++) {
    for(int j=0; j<10; j++)
        Console.Write("*");
    Console.WriteLine();
}
```

출력에 보이는 다양한 형태를 프로그램합니다. 모두 이중 루프를 사용합니다.

📁 File: A056_LoopPyramid

```
1 using System;
2
3 namespace A056_LoopPyramid
4 {
```

```
5   class Program
6   {
7     static void Main(string[] args)
8     {
9       // (1)
10      for (int i = 1; i <= 5; i++)
11      {
12        for (int j = 1; j <= i; j++)
13          Console.Write("*");
14        Console.WriteLine();
15      }
16      Console.WriteLine();
17
18      // (2)
19      for (int i = 1; i <= 5; i++)
20      {
21        for (int j = 1; j <= 2 * i - 1; j++)
22          Console.Write("*");
23        Console.WriteLine();
24      }
25      Console.WriteLine();
26
27      // (3)
28      for (int i = 5; i >= 1; i--)
29      {
30        for (int j = 1; j <= i; j++)
32          Console.Write("*");
33        Console.WriteLine();
34      }
35      Console.WriteLine();
36
37      // (4)
38      for (int i = 1; i <= 5; i++)
39      {
40        for (int j = 1; j <= 5-i; j++)
41          Console.Write(" ");
42        for(int j=1; j<=i; j++)
```

```
43              Console.Write("*");
44            Console.WriteLine();
45          }
46        Console.WriteLine();
47
48        // (5)
49        for (int i = 1; i <= 5; i++)
50        {
51          for (int j = 1; j <= 5 - i; j++)
52            Console.Write(" ");
53          for (int j = 1; j <= 2 * i - 1; j++)
54            Console.Write("*");
55          Console.WriteLine();
56        }
57        Console.WriteLine();
58
59        // (6)
60        for (int i = 5; i >= 1; i--)
61        {
62          for (int j = 1; j <= 5 - i; j++)
63            Console.Write(" ");
64          for (int j = 1; j <= 2 * i - 1; j++)
65            Console.Write("*");
66          Console.WriteLine();
67        }
68      }
69    }
70 }
```

(1)번 문제입니다. 바깥 루프가 i=1~5까지 변하면서 안쪽 루프는 1~i까지 별표를 출력합니다. ◆ 10~15
별은 1, 2, 3, 4, 5개가 출력됩니다. 안쪽 루프가 끝나면 줄바꿈을 합니다.

(2)번 문제는 바깥 루프가 i=1~5까지 변하면서 안쪽 루프는 별을 1, 3, 5, 7, 9개 출력합니다. ◆ 19~24
그래서 안쪽 루프의 j=1~(2*i−1)까지 반복됩니다.

28~34

(3)번 문제는 (1)번 문제와 반대로 5, 4, 3, 2, 1개의 별을 출력합니다. 바깥 루프를 i=5~1까지 하나씩 줄이면서 안쪽 루프에서는 1~i까지 별을 출력합니다. 바깥 루프의 끝나는 조건은 i >= 1임을 주의합니다.

38~45

(4)번 문제입니다. 별은 1, 2, 3, 4, 5개 출력하지만 별을 출력하기 전에 빈칸을 4, 3, 2, 1, 0개 출력해야 합니다. 내부 루프에서 빈칸을 j=5-i~0개 출력하고 또 다른 내부 루프에서 별을 1,2,3,4,5개 출력합니다.

49~56

(5)번 문제 피라미드 모양입니다. 빈칸이 4,3,2,1,0개 출력되고 별은 1,3,5,7,9개 출력됩니다. 바깥 루프 i=1~5까지 변하면서 빈칸은 5-i 개, 별은 2*i-1개 출력합니다.

60~67

(6)번 문제 역피라미드 모양입니다. (5)번의 바깥 루프를 거꾸로 반복하면 됩니다. 즉, i=5~1까지 하나씩 감소시키면서 반복합니다. 빈칸은 5-i개로 0,1,2,3,4개 출력하고 별은 2*i-1로 9,7,5,3,1개 출력합니다.

결과

```
(1)                     (3)                     (5)
*                       *****                          *
**                      ****                          ***
***                     ***                          *****
****                    **                          *******
*****                   *                          *********

(2)                     (4)                     (6)
*                              *                 *********
***                           **                  *******
*****                        ***                   *****
*******                     ****                    ***
*********                   *****                    *
```

168

메모하세요

2

PART 초급

C# 기초 다지기

초보자를 위한

C#
200제

배열의 초기화와 배열 요소의 출력

- **학습 내용:** 배열을 초기화하고 요소들을 출력하는 방법을 학습합니다.
- **힌트 내용:** foreach 문을 사용하면 편리합니다.

배열은 같은 자료형을 갖는 자료들의 연속된 집합입니다. C#에서 배열은 참조형이므로 다음과 같이 new 키워드를 사용하여 생성합니다.

```
자료형[] 배열명 = new 자료형[N];   // N은 배열의 크기
```

배열은 선언과 동시에 초기화할 수 있습니다. 중괄호 안에 배열 원소들을 나열하면 됩니다. 초기화할 때는 배열의 개수가 중괄호 안에 있는 자료의 숫자이므로 배열의 크기를 명시하지 않아도 됩니다. 다음은 배열을 초기화하는 세 가지 방법입니다.

```
자료형[] 배열명 = {자료1, 자료2, ... };
자료형[] 배열명 = new 자료형[] {자료1, 자료2, ... };
자료형[] 배열명 = new 자료형[N] {자료1, 자료2, ..., 자료N };
```

배열 안에 들어 있는 각각의 자료를 요소(element)라고 합니다. 배열의 요소를 지정할 때는 대괄호 안에 숫자 인덱스를 사용합니다. 크기가 N인 배열의 요소는 0부터 N−1까지의 인덱스로 지정합니다. 즉 배열 a[]의 첫 번째 요소는 a[0], 두 번째 요소는 a[1], 맨 마지막 요소는 a[N−1]가 됩니다. 만약 a[N]을 사용하면 IndexOutOfRangeException이 발생합니다.

배열이나 리스트와 같이 데이터들을 모아 놓은 것을 컬렉션(collection)이라고 합니다. 컬렉션은 foreach 반복문을 사용하면 편리합니다. foreach (var value in a)는 "a 컬렉션의 각 요소값 value에 대해서"라는 뜻입니다. 여기서 var는 어떤 자료형에도 쓸 수 있는 키워드입니다.

배열의 생성, 초기화, 출력 방법을 프로그램을 통해 알아보겠습니다.

📁 File: A057_ArrayBasic/Program.cs

```
1  using System;
2
3  namespace A057_ArrayBasic
4  {
5    class Program
6    {
7      static void Main(string[] args)
8      {
9        int[] a = { 1, 2, 3 };
10       Console.Write("a[]: ");
11       foreach (var value in a)
12         Console.Write(value + " ");
13
14       int[] b = new int[] { 1, 2, 3 };
15       Console.Write("\nb[]: ");
16       for (int i = 0; i < 3; i++)
17         Console.Write(b[i] + " ");
18
19       int[] c = new int[3] { 1, 2, 3 };
20       Console.Write("\nc[]: ");
21       for (int i = 0; i < c.Length; i++)
22         Console.Write(c[i] + " ");
23
24       int[] d = new int[3];
25       d[0] = 1;
26       d[1] = d[0] + 1;
27       d[2] = d[1] + 1;
28       Console.Write("\nd[]: ");
29       foreach (int value in d)
30         Console.Write(value + " ");
31       Console.WriteLine();
32     }
33   }
34 }
```

9 ◆ 정수 배열 a[]를 만들고 초기화합니다. new 키워드 없이 생성했습니다.

10~12 ◆ "a[]: "라고 출력하고 foreach 문으로 a 배열의 각 요소를 출력합니다.

14 ◆ 정수 배열 b[]를 만들고 초기화합니다. new 키워드를 사용했습니다.

10~12 ◆ "b[]: "라고 출력하고 for 문으로 b 배열의 각 요소를 출력합니다.

19 ◆ 정수 배열 c[]를 만들고 초기화합니다. new int[3]로 배열의 크기를 지정했습니다.

20~22 ◆ "c[]: "라고 출력하고 for 문으로 0부터 c.Length - 1까지의 배열 요소를 출력합니다. C#의 모든 배열은 System.Array 클래스를 상속받아 구현되기 때문에 Array 클래스의 속성인 Length를 사용할 수 있습니다. Length는 배열 요소의 개수이며 이 예제에서는 3입니다.

24~27 ◆ 배열을 미리 만들어 두고 값을 나중에 할당할 수도 있습니다. 이때도 [] 안에 정수 인덱스를 사용합니다.

28~31 ◆ "d[]: "라고 출력하고 foreach 문으로 d 배열의 각 요소를 출력합니다.

결과

```
a[]: 1 2 3
b[]: 1 2 3
c[]: 1 2 3
d[]: 1 2 3
```

배열과 Array 클래스

- **학습 내용:** System.Array 클래스의 속성과 메소드를 학습합니다.
- **힌트 내용:** 모든 배열은 System.Array 클래스를 상속받습니다.

C#의 모든 배열은 System.Array 클래스를 상속받아 구현됩니다. 따라서 배열이 선언되면 System.Array 클래스의 속성과 메소드를 사용할 수 있습니다. System.Array 클래스의 주요 속성과 메소드는 〈표 58-1〉과 같습니다. 속성은 괄호가 없고 메소드는 괄호가 있습니다. Array. Sort()와 같이 클래스 이름 Array와 함께 사용하는 메소드는 정적 메소드(static method)입니다.

〈표 58-1〉 System.Array 클래스의 주요 속성과 메소드

속성 및 메소드	설명
Length	배열 요소의 총 개수
Rank	배열의 차수(차원)
Array.Sort(a)	a 배열을 오름차순으로 정렬
Array.Reverse(a)	a 배열 요소들의 순서를 뒤집어줌
Array.Clear(a)	a 배열을 초기화
Clone()	동일한 내용을 갖는 배열을 복사(얕은 복사)
Array.Copy(a,n1,b,n2,len)	a 배열의 n1부터 len 길이만큼 b 배열의 n2에 복사
CopyTo(b,n)	a 배열을 b 배열의 n 인덱스 위치에 복사
GetLength(n)	n 차원의 요소 개수를 리턴(n은 0부터 시작)
GetValue()	인덱스 위치의 요소값을 리턴
SetValue()	인덱스 위치에 지정한 값을 저장

Array 클래스의 메소드를 사용하는 예제를 프로그램을 통해 알아보겠습니다.

📁 **File: A058_ArrayClass/Program.cs**

```
1 using System;
2
```

```
 3 namespace A058_ArrayClass
 4 {
 5   class Program
 6   {
 7     static void Main(string[] args)
 8     {
 9       int[] a = { 5, 25, 75, 35, 15 }; // 배열을 선언하고 초기화
10       PrintArray(a);
11
12       int[] b;
13       b = (int[])a.Clone();        // 배열 복사 방법 1
14       PrintArray(b);
15
16       int[] c = new int[10];
17       Array.Copy(a, 0, c, 1, 3); // 배열 복사 방법 2
18       PrintArray(c);
19
20       a.CopyTo(c, 3);              // 배열 복사 방법 3
21       PrintArray(c);
22
23       Array.Sort(a);              // 오름차순으로 정렬
24       PrintArray(a);
25
26       Array.Reverse(a);           // 내림차순으로 정렬
27       PrintArray(a);
28
29       Array.Clear(a, 0, a.Length); // 배열을 초기화
30       PrintArray(a);
31     }
32
33     private static void PrintArray(int[] a)
34     {
35       foreach(var i in a)
36         Console.Write("{0,5}", i);
37       Console.WriteLine();
38     }
39   }
40 }
```

int 배열 a를 선언하고 5개의 정수 값으로 초기화 합니다. 초기화에 의해 배열 a[]의 크기는 5가
됩니다. int[] a = new int[5] { 5, 25, 75, 35, 15 };와 같습니다. ◆ **9**

a 배열의 요소를 출력하는 PrintArray(a) 메소드를 호출합니다. ◆ **10**

b[] 배열을 선언합니다. ◆ **12**

a.Clone() 메소드를 사용하여 a 배열과 똑같은 배열을 만들어 b에 할당합니다. Clone() 메소드는 ◆ **13**
Object를 리턴하므로 (int [])로 캐스팅하여 사용합니다.

b 배열의 요소를 출력하는 PrintArray(b) 메소드를 호출합니다. ◆ **14**

크기가 10인 c[] 배열을 선언합니다. 요소들은 0으로 초기화됩니다. ◆ **16**

Array 클래스의 정적메소드인 Array.Copy()를 사용하여 a 배열의 내용을 c 배열에 복사합니다. ◆ **17~18**
Array.Copy(a, 0, c, 1, 3)는 a 배열의 0번 인덱스부터 3개의 요소를 c배열의 1번 인덱스 위치에
복사합니다. 따라서 c 배열은 {0, 5, 25, 75, 0, 0, …}이 됩니다. PrintArray(c) 메소드를 호출하
여 배열의 내용을 출력합니다.

a.CopyTo(c, 3) 메소드로 a 배열의 내용을 c 배열의 3번 인덱스에 복사하고 출력합니다. c 배열 ◆ **20~21**
이 {0, 5, 25, 5, 25, 75, 35, 15, 0, 0}으로 바뀝니다.

Array.Sort(a) 메소드를 이용하여 a 배열의 요소를 오름차순으로 정렬합니다. ◆ **23**

Array.Reverset(a) 메소드를 이용하여 a 배열의 요소의 순서를 뒤집어줍니다. ◆ **26**

Array.Clear(a, 0, a.Length) 메소드를 이용하여 a 배열의 0번 인덱스부터 a.Length개, 즉 모든 요 ◆ **33**
소를 0으로 초기화합니다.

1차원 배열의 요소를 출력하는 메소드입니다. ◆ **33~38**

결과

```
  5    25    75    35    15
  5    25    75    35    15
  0     5    25    75     0     0     0     0     0     0
  0     5    25     5    25    75    35    15     0     0
  5    15    25    35    75
 75    35    25    15     5
  0     0     0     0     0
```

초급
059

다차원 배열

• **학습 내용:** C#의 다차원 배열을 공부합니다.
• **힌트 내용:** 2차원 배열의 두 가지 구현 방법을 공부합니다.

다차원 배열이란 차수(rank)가 2 이상인 배열을 말합니다. 2차원 배열을 많이 사용하며 드물게 3차원 배열을 사용하기도 합니다. 4차원 이상은 문법적으로는 가능하지만 실제로는 거의 사용되지 않습니다. 다차원 배열은 다음과 같이 선언합니다.

```
자료형[,] 배열명 = new 자료형[X,Y];        // 2차원 배열
자료형[][] 배열명 = new int[X][Y];        // 2차원 배열(가변배열)
자료형[,,] 배열명 = new 자료형[X,Y,Z];   // 3차원 배열
자료형[][][] 배열명 = new int[X][Y][Z]; // 3차원 배열(가변 배열)
```

a[2,3]과 a[2][3]은 차이가 있습니다. a[2][3]과 같이 대괄호 두 개를 쓰는 경우는 배열 요소의 크기를 다르게 지정할 수 있는 가변 배열(jagged array)입니다.

📁 **File: A059_MultiDimensionArray/Program.cs**

```
1 using System;
2
3 namespace A059_MultiDimensionArray
4 {
5   class Program
6   {
7     static void Main(string[] args)
8     {
9       Console.WriteLine("2차원 배열: arrA[2,3]");
10      int[,] arrA = new int[2, 3] { { 1, 2, 3 }, { 4, 5, 6 } };
11
12      for (int i = 0; i < 2; i++)
13      {
```

```
14          for (int j = 0; j < 3; j++)
15            Console.Write("{0,5}", arrA[i, j]);
16          Console.WriteLine();
17      }
18
19      Console.WriteLine("가변 배열: arrB[2][3]");
20      int[][] arrB = new int[2][];
21      arrB[0] = new int[] {1, 2};
22      arrB[1] = new int[] {3, 4, 5};
23
24      for (int i = 0; i < 2; i++) {
25        Console.Write("arrB[{0}] : ", i);
26        for(int j = 0; j< arrB[i].Length; j++)
27          Console.Write("{0}  ", arrB[i][j]);
28        Console.WriteLine();
29      }
30    }
31  }
32 }
```

2차원 배열 arrA[,]를 선언하고 초기화합니다. ◆ 10

2차원 배열의 요소들을 2중 반복문을 사용하여 출력합니다. ◆ 12~17

2차원 가변 배열 arrB를 선언하고 초기화합니다. 2차원 가변 배열은 앞의 대괄호 안에는 숫자가 ◆ 20
있어야 하고 뒤의 대괄호 안에는 숫자가 없어야 합니다.

2차원 가변배열의 각 요소를 설정하고 출력합니다. ◆ 21~29

결과

```
2차원 배열: arrA[2,3]
1   2   3
4   5   6
가변 배열: arrB[2][3]
arrB[0] : 1  2
arrB[1] : 3  4  5
```

이름을 배열에 저장하고 알파벳 순으로 정렬

• **학습 내용 :** string 배열을 선언하고 알파벳 순으로 정렬합니다.
• **힌트 내용 :** Array.Sort() 메소드를 이용합니다.

배열은 정말 많이 사용되는 자료구조이며 정렬도 자주 수행되는 작업입니다. 배열의 요소를 정렬할 때는 Array 클래스의 정적 메소드인 Array.Sort() 메소드를 사용합니다. 내림차순으로 정렬할 때는 정렬한 후에 Array.Reverse() 메소드로 배열 요소들의 순서를 뒤집어 줍니다.

배열에 동물들의 이름을 저장하고 알파벳 순으로 정렬(오름차순과 내림차순)하는 프로그램을 작성해보겠습니다.

📁 **File: A060_ArraySorting/Program.cs**

```
1 using System;
2
3 namespace A060_ArraySorting
4 {
5   class Program
6   {
7     static void Main(string[] args)
8     {
9       string[] name = { "Mouse", "Cow", "Tiger", "Rabiit", "Dragon",
10        "Snake", "Horse" };
11       PrintArray("Before Sort: ", name);
12
13       Array.Reverse(name);
14       PrintArray("After Reverse: ", name);
15
16       Array.Sort(name);
17       PrintArray("After Sort: ", name);
18
19       Array.Reverse(name);
```

```
20        PrintArray("After Reverse: ", name);
21    }
22
23    private static void PrintArray(string s, string[] name)
24    {
25      Console.WriteLine(s);
26      foreach (var n in name)
27        Console.Write("{0} ", n);
28      Console.WriteLine();
29    }
30  }
31 }
```

string 배열 name을 동물들의 이름으로 초기화하고, PrintArray() 메소드를 호출하여 출력합니다.   ◆ 9~11

Array.Reverse()로 배열 요소들의 순서를 뒤집고 배열의 내용을 출력합니다.   ◆ 13~14

Array.Sort()로 배열을 오름차순으로 정렬하고 배열의 내용을 출력합니다.   ◆ 16~17

Array.Reverse()로 배열 요소들의 순서를 뒤집고 배열의 내용을 출력합니다. 정렬된 배열을 뒤집어 주었으므로 내림차순으로 정렬한 셈입니다.   ◆ 19~20

foreach 반복문은 배열과 같은 컬렉션과 함께 사용됩니다. name 배열의 각 원소를 출력합니다.   ◆ 23~29

결과

```
Before Sort:
Mouse Cow Tiger Rabiit Dragon Snake Horse
After Reverse:
Horse Snake Dragon Rabiit Tiger Cow Mouse
After Sort:
Cow Dragon Horse Mouse Rabiit Snake Tiger
After Reverse:
Tiger Snake Rabiit Mouse Horse Dragon Cow
```

Random 클래스

C#에서 랜덤값을 만들려면 Random 클래스를 사용합니다. 클래스는 참조형이므로 다음과 같이 new 키워드를 사용하여 객체를 생성합니다.

```
Random r = new Random();   // Random 객체 r 생성
```

Next() 메소드는 다음과 같이 파라미터의 개수에 따라 세 가지로 중복되어 있습니다.

```
int x = r.Next();        // 0~2,147,483,647 사이의 값 리턴
int y = r.Next(100);     // 0~99 사이의 값 리턴
int z = r.Next(1, 7);    // 1~6 사이의 값 리턴(예: 주사위 숫자)
```

이 외에 NextDouble()은 0.0 이상 1.0 미만의 실수를 리턴합니다. 이 메소드들은 한번 호출할 때 하나씩의 랜덤값이 리턴됩니다. 그러나 0~255까지의 바이트 숫자를 리턴하는 NextBytes()는 독특하게 한번 호출로 배열 전체를 랜덤 숫자로 채워줍니다.

📁 **File: A061_RandomClass/Program.cs**

```
1 using System;
2
3 namespace A061_RandomClass
4 {
5   class Program
6   {
7     static void Main(string[] args)
8     {
9       Random r = new Random();
10
```

```
11      Console.Write("{0,-16}", "Random Bytes");
12      Byte[] b = new byte[5];
13      r.NextBytes(b);                     // 한번 호출로 배열을 랜덤값으로 채움
14
15      foreach (var x in b)
16        Console.Write("{0,12}", x); // 12자리로 출력
17      Console.WriteLine();
18
19      Console.Write("{0,-16}", "Random Double");
20      double[] d = new double[5];
21
22      for (int i = 0; i < 5; i++)     // 5개 double 랜덤값 생성 저장
23        d[i] = r.NextDouble();
24
25      foreach (var x in d)
26        Console.Write("{0,12:F8}", x); // 12자리, 소수점 아래 8자리로 출력
27      Console.WriteLine();
28
29      Console.Write("{0,-16}", "Random Int32");
30      int[] a = new int[5];
31
32      for (int i = 0; i < 5; i++)     // 5개 int 랜덤값 생성 저장
33        a[i] = r.Next();
34      PrintArray(a);
35
36      Console.Write("{0,-16}", "Random 0~99");
37      int[] v = new int[5];
38
39      for (int i = 0; i < 5; i++)     // 5개 0~99의 랜덤값 생성 저장
40        v[i] = r.Next(100);
41      PrintArray(v);
42    }
43
44    private static void PrintArray(int[] v)
45    {
46      foreach(var value in v)
47        Console.Write("{0,12}", value);
```

```
48          Console.WriteLine();
49      }
50   }
51 }
```

9 ◆ Random 객체 r을 생성합니다.

12~17 ◆ r.NextBytes(b)는 한번만 호출하면 랜덤 바이트 숫자로 b 배열을 채웁니다. 랜덤값은 0~254까지입니다. 배열은 한 숫자 당 12자리를 차지하게 출력합니다.

19~27 ◆ 5번 반복하면서 r.NextDouble() 메소드로 d 배열을 0~1 사이의 랜덤한 double 숫자로 채우고 12자리, 소수점 아래 8자리로 출력합니다.

29~34 ◆ 5번 반복하면서 a 배열을 랜덤 정수로 채우고 PrintArray(a) 메소드를 호출하여 출력합니다.

36~41 ◆ 5번 반복하면서 v 배열을 0~99 사이의 랜덤 정수로 채우고 PrintArray(v) 메소드를 호출하여 출력합니다.

44~49 ◆ 정수 배열의 각 요소를 12자리로 출력합니다.

결과

```
Random Bytes :            55         104          34         198         226
Random Double :   0.35065514  0.58045676  0.00577627  0.17414278  0.12131567
Random Int32 :    1626474049  1600288274  1819222977   811267800   665552076
Random 0~99 :             36          30           6          45          44
```

배열에서 최소, 최대, 평균 계산

- **학습 내용:** 배열에 랜덤값을 저장하고 최소값, 최대값, 평균값을 계산합니다.
- **힌트 내용:** 배열에서 최소, 최대값을 찾는 문제입니다.

배열은 가장 효율적이며 많이 사용되는 자료구조입니다. 배열에 저장된 요소의 개수는 Length 속성을 사용합니다. 랜덤값을 배열에 저장하고 최소값, 최대값, 평균값을 계산하는 프로그램을 작성합니다.

📁 **A062_ArrayAndRandom/Program.cs**

```
1  using System;
2
3  namespace A062_ArrayAndRandom
4  {
5    class Program
6    {
7      static void Main(string[] args)
8      {
9        Random r = new Random();
10       int[] v = new int[20];
11
12       for (int i = 0; i < v.Length; i++)   // 5개 0~99의 랜덤값 저장
13         v[i] = r.Next(100);
14       PrintArray(v);
15
16       int max = v[0];  // 최대값
17       for (int i = 1; i < v.Length; i++)
18         if (v[i] > max)
19           max = v[i];
20       Console.WriteLine("최대값: {0}", max);
21
22       int min = v[0];  // 최소값
```

```
23        for (int i = 1; i < v.Length; i++)
24          if (v[i] < min)
25            min = v[i];
26        Console.WriteLine("최소값: {0}", min);
27
28        int sum = 0;    // 합계
29        for (int i = 0; i < v.Length; i++)
30          sum += v[i];
31        Console.WriteLine("합계: {0}\n평균: {1:F2}", sum,
32          (double)sum / v.Length);
33      }
34
35      private static void PrintArray(int[] v)
36      {
37        for (int i = 0; i < v.Length; i++)
38          Console.Write("{0,5}{1}", v[i], (i % 10 == 9) ? "\n" : "");
39      }
40    }
41 }
```

9~10 ◆ Random 객체 r을 생성하고 int 배열 a[20]을 선언합니다.

12~14 ◆ v.Length번 반복하면서 v 배열을 0에서 99 사이의 랜덤 정수로 채웁니다. PrintArray(a) 메소드를 호출하여 a 배열의 내용을 출력합니다.

16~20 ◆ 최대값을 계산하는 부분입니다. 배열의 첫 번째 요소를 max로 설정하고 두 번째 요소부터 끝까지 반복하면서 max보다 큰 값이 있으면 그 값으로 max를 설정합니다.

22~26 ◆ 최소값을 계산하는 부분입니다. 배열의 첫 번째 요소를 min으로 설정하고 두 번째 요소부터 끝까지 반복하면서 min보다 작은 값이 있으면 그 값으로 min을 설정합니다.

28~32 ◆ v 배열 요소의 합과 평균을 구해서 출력합니다. 평균은 소수점 아래 두 자리까지 출력합니다.

35~39 ◆ 정수 배열의 각 요소를 5자리로 출력합니다. 10개씩 한 줄에 출력하기 위해 i%10이 9이면 "\n"을 출력합니다.

결과

13	33	12	6	17	48	17	45	68	75
10	71	7	23	7	81	33	76	63	56

최대값: 81
최소값: 6
합계: 761
평균: 38.05

선형탐색과 이진탐색

- **학습 내용:** 배열의 요소에서 원하는 값을 찾아 배열의 인덱스를 출력합니다.
- **힌트 내용:** 선형탐색과 이진탐색 두 가지 방법을 사용하여 횟수를 비교합니다.

배열에 자료가 저장되어 있을 때, 그 자료들 중에서 원하는 값을 찾는 문제를 탐색(search)이라고 합니다. 대표적인 탐색 알고리즘으로 선형탐색과 이진탐색이 있습니다.

선형탐색은 배열의 처음부터 끝까지 모든 요소를 찾고자하는 값(키값)과 비교하여 같으면 그 값의 인덱스를 결과로 출력합니다. 데이터의 개수가 N일 때 비교횟수는 평균 N/2로 시간복잡도가 O(N)인 알고리즘입니다.

이진탐색은 배열의 요소들이 정렬되어 있을 때만 적용할 수 있는 알고리즘입니다. 배열이 정렬되어 있다면 배열의 중간 값과 키값을 비교하여 중간 값보다 키값이 크다면 중간 아래쪽 자료는 검색할 필요가 없습니다. 한번 비교할 때마다 검색할 자료가 1/2씩 줄어들기 때문에 시간복잡도가 O(lnN)입니다. 자료의 개수가 적을 때는 큰 차이가 없지만 수백만, 수천만 개의 데이터를 탐색할 때는 엄청난 속도의 차이가 생깁니다.

1~1000까지의 정수 30개를 랜덤으로 만들어 배열에 저장하고 선형탐색과 이진탐색을 수행하여 결과를 출력하고 비교횟수가 몇 번인지 출력하는 프로그램을 작성해 보겠습니다.

📁 File: A063_BinarySearch/Program.cs

```
1 using System;
2
3 namespace A063_BinarySearch
4 {
5   class Program
6   {
7     static void Main(string[] args)
8     {
9       Random r = new Random();
```

```
10      int[] v = new int[30];
11
12      for (int i = 0; i < 30; i++)
13        v[i] = r.Next(1000);
14      PrintArray("정렬 전", v);
15
16      // (1) 정렬
17      Array.Sort(v);
18      PrintArray("정렬 후", v);
19
20      Console.Write("=> 검색할 숫자를 입력하세요: ");
21      int key = int.Parse(Console.ReadLine());
22      int count = 0;   // 비교횟수
23
24      // (2) 선형탐색
25      for (int i = 0; i < v.Length - 1; i++)
26      {
27        count++;
28        if (v[i] == key)
29        {
30          Console.WriteLine("v[{0}] = {1}", i, key);
31          Console.WriteLine("선형탐색의 비교횟수는 {0}회입니다.", count);
32          break;
33        }
34      }
35
36      // (3) 이진탐색
37      count = 0;
38      int low = 0;
39      int high = v.Length - 1;
40      while (low <= high)
41      {
42        count++;
43        int mid = (low + high) / 2;
44        if (key == v[mid])
45        {
46          Console.WriteLine("v[{0}] = {1}", mid, key);
```

```
47              Console.WriteLine("이진탐색의 비교횟수는 {0}회입니다.", count);
48              break;
49            }
50          else if (key > v[mid])
51            low = mid + 1;
52          else
53            high = mid - 1;
54        }
55      }
56
57      private static void PrintArray(string s, int[] v)
58      {
59        Console.WriteLine(s);
60        for (int i = 0; i < v.Length; i++)
61          Console.Write("{0,5}{1}", v[i], (i % 10 == 9) ? "\n" : "");
62      }
63    }
64 }
```

9 ◆ Random 객체 r을 생성합니다.

10 ◆ 30개의 정수를 저장하기 위해 int 배열 v[]를 선언합니다.

12~14 ◆ 30번 반복하면서 v[i]에 0~999 사이의 랜덤값을 저장하고 PrintArray(v) 메소드로 배열의 요소를
출력합니다.

17~18 ◆ Array.Sort(v)로 v 배열을 정렬합니다. 이진탐색에서는 데이터가 정렬되어야 하므로 Sort() 메소
드로 정렬하고 배열 내용을 PrintArray() 메소드로 출력합니다.

20~21 ◆ 콘솔에서 숫자를 입력받아 정수로 변환한 후 key값에 할당합니다.

22 ◆ 비교횟수를 기록하기 위한 변수 count를 선언하고 0으로 초기화합니다.

25~34 ◆ 선형탐색 부분입니다. 반복할 때마다 비교가 이루어지므로 count를 하나 증가시키고 요소의 값
이 key값과 같으면 인덱스와 key값, count값을 출력하고 반복문을 빠져나옵니다.

이진탐색을 위한 준비 부분입니다. 먼저 count=0으로 초기화합니다. low 변수는 탐색할 배열의 하한이고 high는 탐색할 배열의 상한을 나타내는 인덱스 값입니다. 초기에 low=0, high=v.Length-1입니다.   ◆ **37~39**

반복은 high가 low보다 큰 동안 계속됩니다.   ◆ **40**

반복할 때마다 비교를 하므로 count를 하나 증가시킵니다.   ◆ **42**

mid 변수는 low와 high의 중간 인덱스를 가리킵니다.   ◆ **43**

만약 v[mid] 값이 key값이라면 탐색이 완료된 것이고 이때 인덱스 mid와 key값, count값을 출력하고 반복문을 빠져나옵니다.   ◆ **44~49**

만약 v[mid] 값이 key값보다 작으면 찾고자 하는 값은 mid 위쪽에 있으므로 low를 mid+1로 바꾸어 주고 반복문을 다시 수행합니다.   ◆ **50~51**

그렇지 않다면 v[mid] 값이 key값보다 크다는 뜻이고, 찾고자 하는 값은 mid 아래쪽에 있으므로 high를 mid-1로 바꾸어 주고 반복문을 다시 수행합니다.   ◆ **52~53**

PrintArray(s, v)는 1차원 배열의 요소를 출력하는 메소드입니다. 파라미터 중 s는 문자열로 "정렬 전", "정렬 후"와 같이 안내 문장을 출력하기 위함입니다. v 배열은 10개씩 나누어 출력하기 위해 (i % 10 == 9) ? "\n" : " "를 사용합니다. 즉 10으로 나눈 나머지가 9이면 10번째 숫자이므로 줄바꿈 문자 "\n"을 출력하고 아니면 " "로 아무것도 출력하지 않습니다.   ◆ **57~62**

결과

```
정렬 전
    780   612   519   201   782   677   777   344   919   349
    738   764   615    78   430    72   537   994   699   667
    583   512    10   644    53    48   516   806   106   705
정렬 후
     10    48    53    72    78   106   201   344   349   430
    512   516   519   537   583   612   615   644   667   677
    699   705   738   764   777   780   782   806   919   994
=> 검색할 숫자를 입력하세요: 644
v[17] = 644
선형탐색의 비교횟수는 18회 입니다.
v[17] = 644
이진탐색의 비교횟수는 5회 입니다.
```

초급

064

버블정렬

- **학습 내용 :** 정렬 알고리즘 중 가장 간단한 버블정렬을 학습합니다.
- **힌트 내용 :** 인접한 두 개의 숫자를 비교하여 큰 수를 뒤로 보내는 과정을 반복합니다.

Array 클래스에는 Sort() 메소드가 있어서 Array.Sort(a)와 같이 쉽게 정렬한 결과를 구할 수 있습니다. 하지만 우리가 직접 정렬하는 프로그램을 만들 수도 있습니다. 버블정렬, 선택정렬, 퀵정렬 등 여러 가지 정렬이 있는데 그중 가장 간단한 버블정렬을 코딩해 보겠습니다.

버블정렬은 인접한 2개의 요소를 비교하여 더 큰 수를 뒤로 보내는 과정을 반복합니다.

[그림 64-1] 버블정렬의 진행 과정

예를 들어 위의 [그림 64-1]의 (1)과 같이 5개의 숫자가 저장된 배열이 있다면 할 때, 알고리즘의 수행과정을 살펴보겠습니다.

(1)번 그림의 맨 앞에서부터 두 개씩의 요소를 비교하여 더 큰 수를 뒤로 보냅니다. 이때 5↔2, 7↔1이 교환됩니다. (2)번 그림은 첫 번째 반복이 끝났을 때입니다. 한번 반복이 끝나면 맨 뒤에는 가장 큰 값 7이 저장됩니다. (3)번 그림은 두 번째 반복이 끝났을 때입니다. 3↔2, 5↔1이 교환됩니다. 두 번째 반복이 끝나면 맨 뒤에 가장 큰 5와 7이 자리하게 됩니다. (4)번 그림은 세 번째 반복이 끝났을 때입니다. 3↔1이 교환되어 가장 큰 3, 5, 7이 맨 뒤에 자리합니다. (5)번째 그림은 네 번째, 마지막 반복이 끝났을 때입니다. 2↔1이 교환되고 정렬이 끝납니다.

버블 정렬은 바깥 루프가 끝날 때마다 맨 뒤에 하나씩 가장 큰 값들이 자리하게 되는 모습이 마치 물속에서 물방울(bubble)이 하나씩 올라오는 모습과 같다고 해서 붙여진 이름입니다. 이 과정을 프로그램으로 구현해 보겠습니다.

📁 File: A064_BubbleSort/Program.cs

```
1  using System;
2
3  namespace A064_BubbleSort
4  {
5    class Program
6    {
7      static void Main(string[] args)
8      {
9        int[] v = { 3, 5, 2, 7, 1 };
10       PrintArray(v);
11
12       for (int i = 4; i > 0; i--)
13       {
14         for (int j = 0; j < i; j++)
15           if (v[j] > v[j + 1])
16           {
17             int t = v[j];
18             v[j] = v[j + 1];
19             v[j + 1] = t;
20           }
21         PrintArray(v);
22       }
23     }
24
25     private static void PrintArray(int[] v)
26     {
27       foreach(var i in v)
28         Console.Write("{0, 5}", i);
29       Console.WriteLine();
30     }
31   }
32 }
```

결과

3	5	2	7	1
3	2	5	1	7
2	3	1	5	7
2	1	3	5	7
1	2	3	5	7

클래스와 구조체

• **학습 내용 :** C#에서 클래스와 구조체의 비슷한 점과 다른 점을 공부합니다.
• **힌트 내용 :** 클래스는 참조형이고 구조체는 값형입니다. 그 외는 동일합니다.

클래스와 구조체는 .NET Framework의 공용 형식 시스템의 기본 구문입니다. 각각은 기본적으로 하나의 논리 단위에 속하는 '데이터' 및 '동작'을 캡슐화하는 데이터 구조입니다. 클래스나 구조체의 멤버는 데이터와 동작을 정의하며 필드, 메소드, 속성, 이벤트 등을 포함합니다.

예를 들어 날짜를 구성하는 정보에는 년, 월, 일이 필요하며 이는 각각 정수로 표현할 수 있습니다. 하나의 날짜를 표현할 때는 년, 월, 일이 다 필요하기 때문에 다음과 같이 구조체 또는 클래스로 만들어서 사용하는 것이 편리합니다.

```
struct Date                          class Date
{                                    {
    int year;                            int year;
    int month;                           int month;
    int day;                             int day;
}                                    }
```

위와 같이 구조체나 클래스가 멤버 변수만을 포함하고 있다면(멤버 변수를 필드라고 합니다) 접근 한정자인 public 키워드를 사용해야 구조체나 클래스 밖에서도 그 멤버를 읽거나 수정할 수 있습니다. 그래서 C#에서의 구조체, 클래스는 다음과 같은 모양이 됩니다.

```
struct Date                          class Date
{                                    {
    public int year;                     public int year;
    public int month;                    public int month;
    public int day;                      public int day;
}                                    }
```

3개 변수가 모두 같은 int형이므로 다음과 같이 한 줄로 쓸 수도 있습니다.

```
struct Date                          class Date
{                                    {
    public int year, month, day;         public int year, month, day;
}                                    }
```

정수형 변수 x를 만들 때 int x;라고 쓰는 것처럼 Date 구조체의 변수 birthDay는 Date birthDay;
와 같이 만들 수 있습니다. 만일 Date가 클래스라면 참조형이기 때문에 반드시 new 키워드를 사
용하여 만들어야 합니다.

```
Date birthDay;                  // 구조체는 이렇게 사용할 수 있습니다.
Date birthDay = new Date();     // 클래스의 객체는 new를 사용하여 만듭니다.
```

구조체와 클래스로 만들어지는 변수를 인스턴스, 즉 객체라고 합니다. 위의 예에서 birthday는
객체입니다.

구조체는 new 키워드를 사용하지 않고 만들 수 있다고 했는데, new 키워드를 사용해서 만들 수
도 있습니다. 이렇게 new 키워드를 사용해서 클래스나 구조체의 객체를 만들면 필드가 모두 디
폴트 값으로 초기화됩니다. birthDay의 세 개 필드는 모두 정수이므로 정수의 디폴트 값인 0으로
초기화됩니다. 객체의 필드는 birthDay.year, birthDay.month, birthDay.day와 같이 멤버연산자
(.)을 사용하여 접근할 수 있습니다.

구조체와 클래스는 ① 클래스 안 ② 같은 파일 안에서 클래스 밖 ③ 다른 파일의 세 가지 위치에
만들 수 있습니다. 클래스 안에 만들면 그 구조체나 클래스는 자기를 포함하고 있는 클래스 안에
서만 사용할 수 있습니다. 다른 파일에 클래스나 구조체를 만들 때는 그 파일이 같은 프로젝트
안에 있어야 합니다.

다음의 예에서 Person은 클래스 이름이고, p와 q는 Person 클래스의 객체입니다. 클래스는 참조
형식이므로 클래스의 객체는 해당 메모리에 대한 참조만 갖습니다. q = p와 같이 객체가 다른 객
체에 할당되면 새 객체도 동일한 메모리를 참조하게 되며, 한 객체의 값을 바꾸면 다른 객체의
값도 바뀝니다.

```
class Person {          // 멤버 변수(필드), 속성, 메소드, 이벤트 등이 정의됩니다.
}
Person p = new Person();   // 인스턴스(객체) p가 만들어 집니다.
Person q = p;              // 인스턴스(객체) q가 만들어 집니다.
```

구조체와 클래스의 중요한 차이는 구조체가 값 형식이라는 점입니다. 구조체가 만들어지면 구조체 변수에 참조가 아닌 실제 데이터가 할당됩니다. t = s와 같이 구조체를 새 변수에 할당하면 구조체가 통째로 복사됩니다. 이 경우 s의 값을 바꾸어도 t의 값은 바뀌지 않습니다.

```
struct Student {
    ...
}
Student s = new Student();
Student t = s;
```

일반적으로 클래스는 좀 더 복잡한 동작이나 객체를 만든 후 수정하려는 데이터를 모델링하는 데 사용됩니다. 구조체는 만든 후에 수정하지 않으려는 데이터를 포함하는 작은 데이터 구조에 적합합니다.

구조체와 클래스를 비교하여 정리하면 다음과 같습니다.

(1) 구조체와 클래스는 class와 struct 키워드만 빼고 구문이 똑같습니다.
(2) 구조체는 값형이고 클래스는 참조형입니다. 즉 구조체는 메모리의 스택 영역에 공간을 갖게 되고 클래스는 스택에 참조만 위치하게 됩니다. 클래스는 반드시 new 키워드를 사용하여 객체를 생성합니다.
(3) 구조체와 클래스 모두 세 가지 위치에 만들 수 있습니다. ① 클래스 내 ②같은 파일의 클래스 밖 ③ 다른 파일에 만듭니다. 클래스 내에 만들면 그 클래스에서만 사용할 수 있고, 다른 파일에 만들 때는 같은 프로젝트 안에 파일이 있어야 합니다.
(4) 구조체와 클래스 모두 new 키워드로 만들 수 있는데, 이 경우에는 필드의 값들이 모두 디폴트 값으로 초기화 됩니다.

```
1 using System;
2
3 namespace A065_ClassAndStruct
4 {
5   struct DateStruct
6   {
7     public int year, month, day;
8   }
9
10   class DateClass
11   {
12     public int year, month, day;
13   }
14
15   class Program
16   {
17     static void Main(string[] args)
18     {
19       DateStruct sDay;
20       sDay.year = 2018;
21       sDay.month = 11;
22       sDay.day = 22;
23       Console.WriteLine("sDay: {0}/{1}/{2}", sDay.year, sDay.month, sDay.day);
24
25       DateClass cDay = new DateClass();
26       cDay.year = 2018;
27       cDay.month = 11;
28       cDay.day = 22;
29       Console.WriteLine("cDay: {0}/{1}/{2}", cDay.year, cDay.month, cDay.day);
30
31       DateStruct sDay2 = new DateStruct();
32       Console.WriteLine("sDay2: {0}/{1}/{2}", sDay2.year, sDay2.month, sDay2.day);
33       DateClass cDay2 = new DateClass();
34       Console.WriteLine("cDay2: {0}/{1}/{2}", cDay2.year, cDay2.month, cDay2.day);
35
```

```
36          DateStruct s = sDay;
37          DateClass c = cDay;
38
39          s.year = 2000;
40          c.year = 2000;
41
42          Console.WriteLine("s: {0}/{1}/{2}", s.year, s.month, s.day);
43          Console.WriteLine("c: {0}/{1}/{2}", c.year, c.month, c.day);
44          Console.WriteLine("sDay: {0}/{1}/{2}", sDay.year, sDay.month, sDay.day);
45          Console.WriteLine("cDay: {0}/{1}/{2}", cDay.year, cDay.month, cDay.day);
46      }
47  }
48 }
```

year, month, day 필드를 갖는 구조체 DateStruct를 정의했습니다.   ◆ 5~8

똑같은 필드를 갖는 클래스 DateClass를 정의했습니다.   ◆ 10~13

DateStruct sDay를 정의합니다. 구조체는 값형이므로 new 키워드가 없어도 됩니다. 멤버연산자   ◆ 19~23
(.)를 사용하여 sDay 구조체의 필드에 값을 할당하고 sDay의 멤버변수들의 값을 출력합니다.

cDay는 참조형인 클래스 객체이므로 반드시 new 키워드를 사용해서 생성해야 합니다. 멤버연산   ◆ 25~29
자(.)을 사용하여 cDay의 필드에 값을 할당하고 출력합니다.

구조체와 클래스 모두 new 키워드로 객체를 생성할 수 있으며 이때는 필드가 0으로 초기화가 됩   ◆ 31~34
니다.

구조체 s를 만들고 sDay의 값으로 초기화합니다. s는 값형인 구조체이므로 메모리 영역에 3개 필   ◆ 36
드를 저장할 수 있는 영역이 할당되고 값이 복사됩니다.

클래스 c를 만들고 cDay의 값으로 초기화합니다. c는 참조형인 클래스이므로 스택 영역에 참조   ◆ 37
만 만들어지고 cDay와 같은 힙 영역을 참조하게 됩니다.

s.year = 2000;으로 s의 멤버 변수 내용을 바꿉니다. 다음의 그림처럼 s의 값만 바꾸고 sDay의 값   ◆ 39
은 그대로 2018입니다.

40 ◆ c.year = 2000;으로 c의 멤버 변수 내용을 바꾸면 다음의 그림처럼 참조하고 있는 힙 영역의 내용이 바뀝니다.

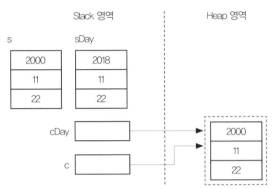

42~43 ◆ s와 c의 값은 모두 2000년으로 출력됩니다.

44~45 ◆ sDay는 2018년으로 출력되고 cDay는 2000년으로 출력됩니다.

결과

```
sDay: 2018/11/22
cDay: 2018/11/22
sDay2: 0/0/0
cDay2: 0/0/0
s: 2000/11/22
c: 2000/11/22
sDay: 2018/11/22
cDay: 2000/11/22
```

클래스의 멤버, 필드와 상수

- **학습 내용** : 클래스 멤버의 종류를 알아보고 필드와 상수의 사용법을 익힙니다.
- **힌트 내용** : 인스턴스 변수와 클래스 변수의 차이점을 이해합니다.

클래스 및 구조체에는 데이터와 동작을 나타내는 다음과 같은 종류의 멤버가 있습니다. 클래스가 상속을 받았다면 클래스에서 선언된 모든 멤버와 함께 상속받은 클래스에서 선언된 모든 멤버들(생성자 및 종료자 제외)도 클래스의 멤버에 포함됩니다.

〈표 66-1〉 클래스 또는 구조체에 포함될 수 있는 멤버의 종류

멤버	설명
필드	필드는 클래스 또는 구조체에서 직접 선언되는 모든 형식의 변수입니다. 필드는 기본 제공 형식 또는 다른 클래스의 인스턴스일 수 있습니다.
상수	상수는 값이 컴파일 시간에 설정되며 변경할 수 없는 필드나 속성입니다.
속성	해당 클래스의 필드처럼 액세스되는 클래스의 메소드로 객체 모르게 필드가 변경되지 않도록 할 수 있습니다.
메소드	클래스가 수행하는 작업을 정의합니다. 입력으로 매개변수를 사용할 수 있으며, 매개변수를 통해 출력 데이터를 반환할 수 있습니다. 매개변수를 통하지 않고 직접 값을 반환할 수도 있습니다.
이벤트	이벤트는 버튼 클릭, 성공적인 메소드 완료 등의 사건이 발생했을 때 알림을 다른 객체에 제공합니다. 이벤트는 대리자를 사용하여 정의 및 트리거됩니다.
연산자	오버로드된 연산자는 클래스 멤버로 간주되며 클래스에서 public static 메소드로 정의합니다.
인덱서	인덱서를 사용하면 배열과 유사한 방식으로 객체를 인덱싱할 수 있습니다.
생성자	생성자는 객체를 처음 만들 때 호출되는 메소드입니다. 보통 객체의 데이터를 초기화하는데 사용됩니다.
소멸자	C#에서 드물게 사용되며, 메모리에서 객체를 제거할 때 런타임 실행 엔진이 호출하는 메소드입니다.

(1) 필드

클래스에서 선언되는 모든 형식의 변수를 멤버 변수 혹은 필드(field)라고 합니다. 필드는 보통 소문자로 시작합니다. 필드는 보통의 경우 캡슐화를 위해 private 또는 protected로 사용합니다. 클래스에는 인스턴스 필드와 정적 필드의 두 종류가 있습니다.

- **인스턴스(객체) 필드** : 객체에 속한 필드로 객체의 이름과 함께 사용합니다. `public string name;`과 같이 [접근제한자] [자료형] [필드명]으로 생성하고 "인스턴스.필드명"으로 사용됩니다.

- **정적 필드(클래스 필드)** : 클래스 이름과 함께 쓰는 필드를 클래스 필드라고 합니다. 만들 때는 static 키워드가 추가되며 사용할 때는 "[클래스 이름].[필드명]"으로 사용합니다.

(2) 상수

상수는 컴파일 시간에 알려진 변경할 수 없는 값입니다. 프로그램이 수행되는 동안 값을 변경하지 않는 경우에 사용합니다. 상수는 const 한정자로 선언됩니다. C#의 기본 제공 형식(bool, byte, char, int, double, string 등)만 const로 선언할 수 있습니다. 클래스, 구조체 및 배열을 비롯한 사용자 정의 형식은 const가 될 수 없습니다. 상수를 초기화할 때 수식을 사용할 수도 있습니다. 클래스의 모든 인스턴스에 대해 상수 값이 같으므로 상수가 static 필드인 것처럼 "[클래스이름].[상수명]"으로 액세스합니다. static 키워드를 사용하지는 않습니다.

📂 **File: A066_MemberVariable/FieldsAndConstants.cs**

```
1  using System;
2
3  namespace A066_FieldsAndConstants
4  {
5    class Product
6    {
7      public string name;
8      public int price;
9    }
10
11   class MyMath
12   {
13     public static double PI = 3.14;
14   }
15
16   class MyCalendar
17   {
18     public const int months = 12;
19     public const int weeks = 52;
20     public const int days = 365;
21
22     public const double daysPerWeek = (double)days / (double)weeks;
23     public const double daysPerMonth = (double)days / (double)months;
24   }
25
```

```
26   class MemberVariables
27   {
28     static void Main(string[] args)
29     {
30       Product p = new Product();
31       p.name = "시계";
32       p.price = 100000;
33
34       Console.WriteLine("{0} : {1:C}", p.name, p.price);
35       Console.WriteLine("원주율: {0}", MyMath.PI);
36       Console.WriteLine("한 달은 평균 {0:F3}일", MyCalendar.daysPerMonth);
37     }
38   }
39 }
```

Product 클래스에 대한 정의입니다.   ◆ 5~9

MyMath 클래스에 대한 정의입니다. PI 변수는 static double로 클래스 필드입니다.   ◆ 11~14

MyCalendar 클래스에 대한 정의입니다. 상수 5개를 선언합니다. 상수는 const 키워드로 만들고   ◆ 16~24
반드시 값 또는 수식으로 초기화시켜야 합니다.

Product 클래스의 인스턴스 p를 생성하고 p의 name 필드를 "시계"로, price 필드를 100000으로   ◆ 30~32
설정합니다.

p의 name과 price를 출력합니다. price는 통화포맷(C)로 출력했습니다.   ◆ 34

MaMath.PI를 출력합니다. PI는 static이므로 객체를 생성하지 않고 바로 사용합니다.   ◆ 35

MyCalendar 클래스에 정의된 상수 months를 출력합니다. 상수는 static 키워드가 없지만 객체를   ◆ 36
생성하지 않고 클래스 이름으로 사용할 수 있습니다.

결과

```
시계 : ₩100,000
원주율 : 3.14
한달은 평균 30.417일
```

인스턴스 메소드와 스태틱 메소드

- **학습 내용:** 클래스와 구조체 안에 메소드를 정의하는 방법을 학습합니다.
- **힌트 내용:** 필드와 같이 인스턴스 메소드와 스태틱 메소드가 있습니다.

날짜와 관련된 작업 중 자주 등장하는 것이 오늘은 올해의 며칠째 되는 날인가 하는 것입니다. 이를 위해서는 올해가 윤년인지 평년인지 알아야 하는데 2월 달의 날짜수가 윤년은 29일, 평년은 28일이기 때문입니다. 어떤 해가 윤년이면 true를 리턴하는 IsLeapYear(int year) 함수를 Date 클래스 안에 만들 수 있습니다. 이와 같이 클래스나 구조체 안에 정의된 함수를 메소드라고 합니다. C#에서는 모든 변수와 함수가 클래스 안에 있어야 하므로 함수라는 용어보다 메소드라는 용어를 사용합니다. 메소드는 보통 대문자로 시작하는 것이 관례입니다.

```csharp
class Date
{
  public int year, month, day;

  public bool IsLeapYear(int year)
  {
    return year % 4 == 0 && (year % 100 != 0 || year % 400 == 0);
  }
}
```

IsLeapYear() 메소드는 bool 값을 리턴하고 클래스 외부에서도 접근할 수 있게 public으로 정의되었습니다.

이제 어떤 날이 1월 1일부터 며칠째 되는 날인지를 리턴하는 DayOfYear() 메소드를 만들겠습니다. 이 역시 Date 클래스 안의 메소드로 정의합니다.

```csharp
static int[] days = {0, 31, 69, 90, 120, 151, 181, 212, 243, 273, 304, 334 };
public int DayOfYear()
{
  return days[month - 1] + day + (month > 2 && IsLeapYear(year) ? 1 : 0);
}
```

days[] 배열은 전월의 마지막 날까지의 날짜수입니다. 예를 들어 2월 10일이 며칠째 되는 날인가를 알고 싶다면 1월까지의 날짜 31일(days[1])에 2월의 날짜 10일을 더한 41일이 구하는 답입니다. days[] 배열과 같이 한번 설정되면 바뀌지 않는 값은 static으로 정의하는 것이 좋습니다.

필드와 마찬가지로 메소드도 static 키워드를 사용할 수 있습니다. static 키워드를 갖는 메소드를 스태틱 메소드 혹은 클래스 메소드라고 합니다. static이 아닌 메소드를 인스턴스 메소드라고 합니다. 예를 들어 다음과 같이 메소드를 static으로 정의할 수 있습니다. 스태틱 메소드는 객체를 만들지 않고 클래스명.메소드()의 형태로 사용할 수 있습니다. static 키워드가 없는 인스턴스 메소드라면 인스턴스를 만들고 인스턴스의 멤버 메소드로 호출해야 합니다.

```csharp
public static bool IsLeapYear(int year)
{
  return year % 4 == 0 && (year % 100 != 0 || year % 400 == 0);
}


Date.IsLeapYear(2018);      // 스태택 메소드(클래스 메소드)
```

다음 예제에서 class Date를 struct Date로 바꾸어도 똑같이 동작합니다.

📁 File: A067_InstanceMethod/Program.cs

```csharp
1 using System;
2
3 namespace A067_InstanceMethod
4 {
5   class Date
6   {
7     public int year, month, day;
8
9     public static bool IsLeapYear(int year)
10    {
11      return year % 4 == 0 && (year % 100 != 0 || year % 400 == 0);
12    }
```

```
13
14       static int[] days = { 0, 31, 69, 90, 120, 151,
15                              181, 212, 243, 273, 304, 334 };
16
17       public int DayOfYear()
18       {
19         return days[month - 1] + day +
20           (month > 2 && IsLeapYear(year) ? 1 : 0);
21       }
22    }
23
24    class InstanceMethod
25    {
26      static void Main()
27      {
28        Date xmas = new Date();
29
30        xmas.year = 2018;
31        xmas.month = 12;
32        xmas.day = 25;
33
34        Console.WriteLine("xmas : {0}/{1}/{2}는 {3}일째 되는 날입니다",
35          xmas.year, xmas.month, xmas.day, xmas.DayOfYear());
36
37        if(Date.IsLeapYear(2018) == true)
38          Console.WriteLine("2018년은 윤년입니다");
39        else
40          Console.WriteLine("2018년은 평년입니다");
41      }
42    }
43 }
```

5~22 ◆ Date 클래스에 대한 정의입니다. year, month, day 멤버변수(필드)를 갖습니다.

9~12 ◆ static 메소드 IsLeapYear(int year)입니다. 4로 나누어지고 100으로 나누어지거나 400으로 나누어
지지 않는 해가 윤년입니다. static 메소드이므로 Date.IsLeapYear(연도) 형태로 사용됩니다.

정수 배열 days를 static으로 정의했습니다. 배열도 필드입니다. static이므로 Date 객체마다 생성   ◆ 14~15
되지 않고 클래스에 한번만 생성됩니다.

DayOfYear() 메소드입니다. days[] 배열을 이용하여 1월 1일부터 해당 날짜까지의 날짜수를 리   ◆ 17~21
턴합니다.

Date 객체 xmas를 생성하고 xmas의 필드인 year, month, day를 설정합니다.   ◆ 28~32

xmas의 연월일과 며칠째 되는 날인지를 xmas.DayOfYear() 메소드로 계산하여 출력합니다.   ◆ 34~35

스태틱 메소드인 Date.IsLeapYear(2018)를 사용하여 2018년이 윤년인지 평년인지를 계산하여 출   ◆ 37~40
력합니다.

결과

```
xmas: 2018/12/25는 359일째 되는 날입니다
2018년은 평년입니다
```

생성자 메소드

- **학습 내용 :** 클래스와 구조체 안에 생성자 메소드를 정의하는 방법을 학습합니다.
- **힌트 내용 :** 생성자 메소드는 객체가 생성될 때 자동으로 실행됩니다.

앞에서 Date 클래스를 만들어 사용했습니다. Date 객체를 하나 만들어서 어떤 날짜로 초기화하고 싶다면 다음과 같이 프로그램해야 했습니다.

```
Date christmas = new Date();
christmas.year = 2018;
christmas.month = 12;
christmas.day = 25;
```

조금 더 간단하게 처리할 수 없을까요? 생성자 함수를 사용하면 한 줄로 표현할 수 있습니다.

```
Date christmas = new Date(2018, 12, 25);
```

객체가 만들어지면서 수행해야 하는 작업을 생성자라고 하는 특별한 메소드에 코딩합니다. 생성자는 말 그대로 객체가 생성될 때 처리되는 메소드라는 뜻입니다. 생성자 메소드의 이름은 클래스의 이름과 같고 리턴 값이 없으며 중복해서 정의할 수 있습니다.

구조체도 생성자를 가질 수 있습니다. 다만 구조체에서는 매개변수가 없는 생성자는 사용할 수 없습니다. 구조체에서는 자동으로 필드의 값을 0 또는 null로 만들어 주기 때문에 매개변수 없는 명시적 생성자를 포함할 수 없습니다.

따라서 다음의 코드에서 class Date를 struct Date로 바꾼다면 매개변수 없는 생성자를 삭제해야 합니다. 나머지는 똑같이 동작합니다. 사실 class를 struct로 바꾸어서 얻는 이점을 없습니다. 문법적으로 구조체를 써도 가능하다는 뜻입니다.

```
1  using System;
2
3  namespace A068_Constructor
4  {
5    class Date
6    {
7      private int year, month, day;
8
9      public Date()
10     {
11       year = 1;
12       month = 1;
13       day = 1;
14     }
15
16     public Date(int y, int m, int d)
17     {
18       year = y;
19       month = m;
20       day = d;
21     }
22
23     public void PrintDate()
24     {
25       Console.WriteLine("{0}/{1}/{2}", year, month, day);
26     }
27   }
28
29   class Program
30   {
31     static void Main(string[] args)
32     {
33       Date birthday = new Date(2000, 11, 22);
34       Date christmas = new Date(2018, 12, 25);
35       Date firstDay = new Date();
```

```
36
37        birthday.PrintDate();
38        christmas.PrintDate();
39        firstDay.PrintDate();
40    }
41  }
42 }
```

7 ◆ 클래스의 필드는 캡슐화를 위해 private로 선언합니다.

14 ◆ 매개변수 없는 Date() 생성자입니다. year, month, day 모두 1로 설정합니다.

16~21 ◆ 매개변수 있는 Date(int, int, int) 생성자입니다. year, month, day 필드를 매개변수의 값으로 설정합니다.

23~26 ◆ 인스턴스 메소드 PrintDate()입니다. 객체의 연월일 값을 출력합니다.

33~34 ◆ birthday와 christmas 객체를 생성하고 매개변수 있는 생성자에 의해 2000년 11월 22일과 2018년 12월 25일로 초기화 합니다.

35 ◆ firstDay 객체를 생성하고 매개변수 없는 생성자에 의해 1년 1월 1일로 초기화 합니다.

37~39 ◆ 인스턴스 메소드인 PrintDate()를 사용하여 birthday, christmas, firstDay를 출력합니다.

결과

```
2000/11/22
2018/12/25
1/1/1
```

속성(Property)

- **학습 내용:** 클래스의 멤버 중 속성(Property)의 사용법을 익힙니다.
- **힌트 내용:** 겟터(getter)와 셋터(setter)를 이해합니다.

필드를 public으로 선언하면 원치 않게 클래스 외부에서 값을 바꿀 수 있기 때문에 캡슐화 원칙에 위배됩니다. 따라서 일반적으로 private로 선언하는데, 이러면 외부에서 접근할 수 없으므로 public 메소드를 사용해서 값을 가져오거나 바꿀 수 있게 합니다.

다음의 예제에서 Rectangle 클래스의 필드 width와 height는 private이므로 외부에서 접근할 수 없습니다. 따라서 다음과 같이 값을 바꾸려고 하면 에러가 발생합니다.

```
class Rectangle
{
    private double width;
    private double height;
}
Rectangle x = new Rectangle();
x.width = 10;    // 에러
```

public 메소드를 만들어 값을 가져오거나 설정해야 합니다. 일반적으로 값을 가져오는 메소드를 겟터(getter), 설정하는 메소드를 셋터(setter)라고 하고 GetWidth(), SetWidth()와 같은 메소드명을 갖습니다. width와 height는 사각형의 너비와 높이이므로 0보다 커야 합니다. 셋터는 이렇게 값이 정당할 때만 설정하게 할 수 있어서 유용합니다. 예제 코드의 5~31번째 줄의 Rectangle 클래스를 참조하세요. 문제는 필드마다 겟터와 셋터를 사용하게 되면 코드가 너무 길어진다는 것입니다.

속성(Property)은 겟터와 셋터를 손쉽게 만들 수 있는 방법입니다. 다음의 예제에서 속성으로 만든 클래스는 39~55번째 줄의 RectWithPropFull입니다. 여기에서 get, set, value라는 키워드가 사용됩니다. get 속성 접근자는 속성 값을 반환하는 데 사용되고 set 속성 접근자는 새 값을 할당하는 데 사용됩니다. value 키워드는 할당되는 값을 의미합니다.

속성을 쉽게 작성하기 위해 자동 구현 기능을 사용하는 것이 편리합니다. 비주얼스튜디오에서 prop 또는 propfull을 입력하고 `Tab`을 두 번 누르면 자동으로 코드가 입력됩니다.

[그림 69-1] 속성의 자동 생성 기능(prop)

비주얼스튜디오의 에디터에서 [그림 69-1]과 같이 prop를 입력하고 `Tab`을 두 번 누르면 다음의 코드 조각이 삽입됩니다.

```
public int MyProperty { get; set; }
```

이것을 다음과 같이 수정합니다.

```
public double Width { get; set; }
```

[그림 69-2] 속성의 자동 생성 기능(propfull)

[그림 69-2]와 같이 propfull를 입력하고 `Tab`을 두 번 누르면 다음과 같은 코드 조각이 삽입됩니다.

```
private int myVar;

public int MyProperty
{
  get { return myVar; }
  set { myVar = value; }
}
```

여기서 int를 double로 바꾸고 myVar를 width로 바꾸면 MyProperty는 Width로, get, set 안의 myVar는 width로 자동 변환됩니다.

C# 7.0부터 사용되는 식 본문 정의(expression body definition)를 사용해도 됩니다.

```
private double width;
public double Width
{
  get => width;
  set => width = value;
}
```

속성은 다음과 같이 사용합니다.

```
[인스턴스 이름].[속성 이름]          // 겟터
[인스턴스 이름].[속성 이름] = [값]  // 셋터
```

다음의 예제를 보면 속성을 사용하지 않는 Rectangle 클래스는 겟터, 셋터를 선언하는 것이 매우 길어서 클래스의 정의에만 총 24라인이 소요됩니다. 이에 반해 속성을 사용하는 RectWithProp 클래스는 5라인, 셋터에서 값이 0보다 클 때에만 값을 바꿀 수 있게 하는 RectWithPropFull 클래스는 16라인이 소요됩니다. 속성을 사용하는 것이 훨씬 간편하다는 것을 알 수 있습니다.

📁 File: A069_Property/PropertyTest.cs

```
1 using System;
2
3 namespace A069_Property
4 {
5   class Rectangle
6   {
7     private double width;
8     private double height;
9
10    public double GetWidth()              // Getter
11    {
```

```csharp
12        return width;
13      }
14
15      public double GetHeight()
16      {
17        return height;
18      }
19
20      public void SetWidth(double width)     // Setter
21      {
22        if(width > 0)
23          this.width = width;
24      }
25
26      public void SetHeight(double height)
27      {
28        if(height > 0)
29          this.height = height;
30      }
31    }
32
33    class RectWithProp
34    {
35      public double Width { get; set; } // Width 속성
36      public double Height { get; set; } // Height 속성
37    }
38
39    class RectWithPropFull
40    {
41      private double width;
42
43      public double Width
44      {
45        get { return width; }
46        set { if(value > 0 ) width = value; }
47      }
```

```
48
49     private double height;
50     public double Height
51     {
52       get { return height; }
53       set { if (value >= 0) height = value; }
54     }
55   }
56
57   class PropertyTest
58   {
59     static void Main(string[] args)
60     {
61       Rectangle r = new Rectangle();
62       r.SetWidth(10.0);
63       r.SetHeight(10.0);
64       Console.WriteLine("r의 면적은 {0}", r.GetWidth() * r.GetHeight());
65
66       RectWithProp r1 = new RectWithProp();
67       r1.Width = 10.0;
68       r1.Height = 10.0;
69       Console.WriteLine("r1의 면적은 {0}", r1.Width * r1.Height);
70
71       RectWithPropFull r2 = new RectWithPropFull();
72       r2.Width = 10.0;
73       r2.Height = 10.0;
74       Console.WriteLine("r2의 면적은 {0}", r2.Width * r2.Height);
75
76       RectWithPropFull r3 = new RectWithPropFull();
77       r3.Width = 10.0;
78       r3.Height = -10.0;
79       Console.WriteLine("r3의 면적은 {0}", r3.Width * r3.Height);
80     }
81   }
82 }
```

5~30 ◆ 속성을 사용하지 않은 Rectangle 클래스의 정의입니다. width 필드에 대해 GetWidth(), SetWidth(double)의 겟터, 셋터 메소드가 필요하며, height 필드에 대해 GetHeight(), SetHeight(double)의 겟터, 셋터 메소드가 필요합니다.

20~24 ◆ 매개변수의 이름이 필드의 이름과 같은 경우에는 this.width = width;와 같이 매개변수와 필드를 구분해 주기 위해 this 키워드를 사용합니다. this는 이 클래스를 의미합니다.

33~37 ◆ 속성을 사용한 RectWithProp 클래스의 정의입니다. 비주얼스튜디오에서 prop을 치고 Tab 을 두 번 누르면 나타나는 코드 조각을 바꾸어 만듭니다.

39~55 ◆ 속성을 사용한 RectWirhPropFull 클래스의 정의입니다. 비주얼스튜디오에서 propfull을 치고 Tab 을 두 번 누르면 나타나는 코드 조각을 바꾸어 만듭니다. RectWithProp 클래스에 비해 길어 지지만 셋터에서 0보다 작은 값으로 바꾸어주지 않는 if 문을 포함할 수 있습니다. 여기서 value 키워드는 r2.Width = 10;과 같이 셋터에 사용되는 값을 의미합니다.

61~64 ◆ Rectangle 클래스의 객체 r을 만들고 셋터인 SetWidth(10.0), SetHeight(10.0)으로 width와 height의 값을 10.0으로 바꿉니다. GetWidth()와 GetHeight() 겟터로 width와 height 값을 가져 와서 면적을 계산하여 출력합니다.

66~69 ◆ RectWithProp 클래스의 객체 r1을 만듭니다. 속성 Width와 Height를 사용했으므로 r1.Width = 10.0, r1.Width*r1.Height와 같이 속성을 사용합니다.

71~74 ◆ RectWithPropFull 클래스의 객체 r2을 만듭니다. 속성 Width와 Height를 사용했으므로 r2.Width = 10.0, r2.Width*r2.Height와 같이 속성을 사용합니다.

76~79 ◆ RectWithPropFull 클래스의 객체 r3을 만듭니다. 속성의 정의에 0보다 적은 값은 바꾸지 않게 하였으므로 r3.Height = -10.0;은 값을 바꾸지 않고 Height는 그대로 0으로 남았습니다. 따라서 출력되는 면적도 10.0*0 = 0이 됩니다.

결과

```
r의 면적은 100
r1의 면적은 100
r2의 면적은 100
r3의 면적은 0
```

세 개의 숫자 중 가장 큰 수를 찾는 정적 메소드

- **학습 내용**: 클래스 멤버 중 메소드 사용법을 익힙니다.
- **힌트 내용**: 인스턴스 메소드와 클래스 메소드의 차이점을 이해합니다.

클래스, 구조체에 포함되어 있는 "함수"를 메소드라고 부릅니다. C#은 클래스 바깥에 선언되는 함수를 허용하지 않기 때문에 모든 함수는 메소드가 됩니다.

메소드는 클래스 또는 구조체에서 public 또는 private등의 액세스 수준, 자료형, 메소드 이름 및 메소드 매개변수를 지정하여 선언합니다. 메소드 선언에서 매개변수가 한개 이상 있을 때는 괄호 안에 매개변수를 쉼표로 구분하여 표시합니다. 빈 괄호는 메소드에 매개변수가 필요하지 않음을 나타냅니다. 일반적으로 C#에서 메소드는 대문자로 시작합니다.

```
[접근제한자] 자료형 메소드_이름 (매개변수 리스트) { }
```

메소드는 호출한 곳에 값을 반환할 수 있습니다. 메소드 이름 앞에 나열된 자료형이 void가 아니면 메소드는 return 키워드를 사용하여 값을 반환할 수 있습니다. void란 return 값이 없는 메소드라는 뜻입니다.

객체의 메소드 호출은 필드와 같이 객체 이름 뒤에 마침표, 메소드 이름 및 괄호를 추가합니다. 매개변수는 괄호 안에 나열되고 쉼표로 구분합니다.

메소드를 호출할 때 객체를 만들지 않으려면 static으로 만들어야 합니다. static 키워드를 갖는 메소드를 정적 메소드 또는 클래스 메소드라고 하며 객체 이름이 아닌 클래스 이름으로 참조할 수 있습니다. 지금까지 작성한 모든 프로그램에는 static void Main(string[] args)라는 메소드가 반드시 하나 있었습니다. Main()은 특수한 메소드로써 모든 C# 응용프로그램의 진입점이므로 반드시 있어야 하며 유일해야 하고 static으로 선언되어야 합니다.

다음의 예제를 통해 메소드 사용 방법을 익혀보겠습니다. 2개의 수를 비교해서 큰 수를 리턴하는 메소드, int Larger(int, int)를 만들고 이를 호출하여 3개의 숫자 중에서 가장 큰 값을 출력하는 프로그램을 작성합니다.

```
1 using System;
2
3 namespace A070_StaticMethods
4 {
5   class Methods
6   {
7     static void Main(string[] args)
8     {
9       int a = 10, b = 30, c = 20;
10      Methods x = new Methods();
11      Console.WriteLine("가장 큰 수는{0}", x.Larger(x.Larger(a, b), c));
12    }
13
14    private int Larger(int a, int b)  // static이 아닙니다.
15    {
16      return (a >= b) ? a : b;
17    }
18  }
19 }
```

5 ◆ Main() 메소드를 포함하는 Methods 클래스의 시작입니다.

7 ◆ static void Main() 메소드의 시작입니다. 프로그램의 시작점입니다.

9 ◆ 정수 a, b, c를 선언하고 초기화합니다.

10 ◆ Methods 클래스의 객체 x를 생성합니다.

11 ◆ x.Larger() 메소드를 호출합니다. 메소드의 호출은 필드와 같이 [객체].[메소드명]으로 호출합니다. x.Larger(a,b)는 a, b 중 큰 수를 리턴하고, 다시 x.Larger(x.Larger(a,b), c)는 리턴된 수와 c 중 더 큰 수를 리턴합니다.

사실 위의 프로그램에서 Mathods 클래스는 필드없이 메소드만을 사용하기 때문에 10번째 줄에 x 객체를 만들 필요가 없습니다. 대신 Larger() 메소드를 static으로 만들어 주면 됩니다. static으로 선언된 메소드는 정적 메소드 또는 클래스 메소드라고 하며 객체를 만들지 않고 사용할 수 있습니다. 정적 메소드를 사용하는 코드는 다음과 같습니다.

📁 File: A070_StaticMethods/Program.cs

```
1    static void Main(string[] args)
2    {
3      int a = 10, b = 30, c = 20;
4      Console.WriteLine("가장 큰 수는{0}", Larger(Larger(a, b), c));
5    }
6
7    private static int Larger(int a, int b)
8    {
9      return (a >= b) ? a : b;
10   }
```

필드와 마찬가지로 메소드를 private로 만들면 이 클래스 안에서만 호출할 수 있습니다.

결과

```
정수 a를 입력하세요: 50
정수 b를 입력하세요: 60
정수 c를 입력하세요: 40
세 개의 숫자 중 가장 큰 수는 60
```

소수인지를 알아내는 정적 메소드

- **학습 내용:** 메소드를 정의하고 호출하는 방법을 학습합니다.
- **힌트 내용:** 비주얼스튜디오의 자동 완성 기능을 사용합니다.

메소드는 자동 완성 기능으로 만들 수 있습니다. 메소드를 호출하는 곳에서 마우스 오른쪽 버튼을 누르면 "메소드 생성" 메뉴가 보이고 이를 선택하면 자동으로 메소드의 틀을 만들어 줍니다.

```
class Program
{
    참조 0개
    static void Main(string[] args)
    {
        // 2~100까지의 소수를 찾는 프로그램
        int count = 0;
        for (int i = 2; i <= 100; i++)
            if (IsPrime(i))
            {
                Program.IsPrime' 메서드 생성        ▶    ⓧ CS0103 IsPrime 이름이 현재 컨텍스트에 없습니다.
                IsPrime'를(을) 'A071_IsPrime'(으)로 변경합니다.       private static bool IsPrime(int i)
                                                                {
                Console.WriteLine("\n2~100까지 소수               throw new NotImplementedException();
            }                                                   }
    }                                                           }
```

[그림 71-1] 메소드 자동 생성 기능

정수 n이 소수인지를 알아내는 메소드, bool Prime(int n)을 만들고, 이를 이용해서 1~100까지의 소수를 찾아서 출력하고 모두 몇 개가 있는지 출력하는 프로그램을 작성해 봅니다.

📁 **File: A071_IsPrime/Program.cs**

```
1 using System;
2
3 namespace A071_IsPrime
4 {
5   class Program
6   {
7     static void Main(string[] args)
8     {
9       // 1~100까지의 소수를 찾는 프로그램
10      int count = 0;
```

```
11        for (int i = 2; i <= 100; i++)
12          if (IsPrime(i))
13          {
14              Console.Write("{0} ", i);
15              count++;
16          }
17        Console.WriteLine("\n2~100까지 소수는 모두 {0}개 있습니다.", count);
18      }
19
20      private static bool IsPrime(int x)
21      {
22        for (int i = 2; i < x; i++)
23        {
24          if (x % i == 0)
25            return false;
26        }
27        return true;
28      }
29    }
30 }
```

소수의 개수를 카운트하기 위한 정수 변수 count입니다. ◆ 10

2부터 100까지 반복하면서 IsPrime(i) 메소드를 호출하여 참이면 콘솔에 출력하고 count를 하나 ◆ 11~18
증가시킵니다. 반복이 다 끝나면 count를 출력합니다.

매개변수 x에 대해 2부터 x보다 작은 동안 반복하면서 만약 x가 어떤 숫자로라도 나누어지면 ◆ 20~29
false를 리턴합니다. 끝까지 반복이 되면 어떤 숫자로도 나누어지지 않은 것이므로 true를 리턴합
니다.

결과

2 3 5 7 11 13 17 19 23 29 31 37 41 43 47 53 59 61 67 71 73 79 83 89 97
2~100까지 소수는 모두 25개 있습니다.

윤년인지 알아내는 정적 메소드

- **학습 내용:** 메소드를 정의하고 호출하는 방법을 학습합니다.
- **힌트 내용:** 어떤 년도가 4로 나누어지고 100으로 나누어지지 않거나 400으로 나누어지면 윤년입니다.

연도 n이 윤년인지를 알아내는 메소드, bool IsLeapYear(int n)을 만들고, 이를 이용해서 2001~2100년 사이의 윤년을 찾는 프로그램을 작성합니다.

📁 File: A072_IsLeapYear/Program.cs

```
1  using System;
2
3  namespace A072_IsLeapYear
4  {
5    class Program
6    {
7      static void Main(string[] args)
8      {
9        // 2001~2100년 사이의 윤년을 찾는 프로그램
10       for (int year = 2001; year <= 2100; year++)
11         if (IsLeapYear(year))
12           Console.Write("{0} ", year);
13       Console.WriteLine();
14     }
15
16     private static bool IsLeapYear(int year)
17     {
18       return year % 4 == 0 && (year % 100 != 0 || year % 400 == 0);
19     }
20   }
21 }
```

year를 2000에서 2100까지 반복하면서 IsLeapYear(year) 메소드를 호출하여 리턴값이 참이면 콘 ◆ **10~12**
솔에 출력합니다.

year가 4로 나누어지고 100으로 나누어지지 않거나 400으로 나누어지면 윤년입니다. 이 결과를 ◆ **16~19**
리턴합니다.

결과

2004 2008 2012 2016 2020 2024 2028 2032 2036 2040 2044 2048 2052 2056 2060
2064 2068 2072 2076 2080 2084 2088 2092 2096

생애계산기

- **학습 내용:** 생일부터 오늘까지의 날짜 수를 계산하는 생애계산기를 만듭니다.
- **힌트 내용:** 날짜 수를 계산하기 위해 윤년인지를 알아야 합니다.

생일을 입력하면 오늘까지 살아 온 날짜수를 계산하는 생애계산기를 프로그램합니다.

날짜 수를 계산하는 방법은 다음과 같습니다. 모든 경우에 평년과 윤년에 따라 값이 달라질 수 있기 때문에 윤년을 판단하는 메소드가 필요합니다.

(1) 올해는 1월 1일부터 오늘까지의 날짜 수를 계산합니다.

(2) 태어난 해는 생일부터 마지막 날인 12월 31일까지의 날짜 수를 계산합니다.

(3) 태어난 해와 올해 사이의 년도에는 1년의 날짜수를 더해주면 됩니다.

📁 **File: A073_AgeCalculator/Program.cs**

```csharp
1  using System;
2
3  namespace A073_AgeCalculator
4  {
5    class AgeCalculator
6    {
7      static void Main(string[] args)
8      {
9        Console.Write("생일을 입력하세요(yyyy/mm/dd) : ");
10       string birth = Console.ReadLine();
11       string[] bArr = birth.Split('/');
12
13       int bYear = int.Parse(bArr[0]);
14       int bMonth = int.Parse(bArr[1]);
15       int bDay = int.Parse(bArr[2]);
16
17       int tYear = DateTime.Today.Year;
```

```
18        int tMonth = DateTime.Today.Month;
19        int tDay = DateTime.Today.Day;
20
21        int totalDays = 0;
22
23        // 올해의 1월 1일부터 오늘까지의 날짜 수
24        totalDays += DayOfYear(tYear, tMonth, tDay);
25
26        // 태어난 해의 생일부터 마지막 날까지의 날짜 수
27        int yearDays = IsLeapYear(bYear) ? 366 : 365;
28        totalDays += yearDays - DayOfYear(bYear, bMonth, bDay);
29
30        for (int year = bYear + 1; year < tYear; year++)
31        {
32          if (IsLeapYear(year))
33            totalDays += 366;
34          else
35            totalDays += 365;
36        }
37        Console.WriteLine("total days from birth day : {0}일", totalDays);
38      }
39
40      // 평년을 기준으로 각 월의 누적 날짜 수
41      static int[] days
42        = { 0, 31, 69, 90, 120, 151, 181, 212, 243, 273, 304, 334 };
43
44      public static int DayOfYear(int year, int month, int day)
45      {
46        return days[month - 1] + day +
47          (month > 2 && IsLeapYear(year) ? 1 : 0);
48      }
49
50      private static bool IsLeapYear(int year)
51      {
52        return year % 4 == 0 && (year % 100 != 0 || year % 400 == 0);
53      }
54    }
55  }
```

225

9~11 ◆ 생년월일을 yyyy/MM/dd 형태로 입력받아 birth 문자열에 할당하고 '/'로 구분하여 string 배열 bArr[]에 저장합니다.

13~15 ◆ 배열에 저장된 문자열을 정수로 바꾸어 Year, bMonth, bDay에 할당합니다.

17~19 ◆ DateTime.Today는 오늘의 날짜를 가져옵니다. DateTime.Today의 Year, Month, Day 속성을 tYear, tMonth, tDay에 할당합니다.

21 ◆ 태어난 날부터 오늘까지의 날짜 수를 저장할 변수 totalDays를 0으로 초기화합니다.

24 ◆ DayOfYear() 메소드를 호출하여 올해 1월 1일부터 오늘까지의 날짜 수를 totalDays에 더해줍니다.

27 ◆ 변수 yearDays는 태어난 해가 평년이면 365, 윤년이면 366이 됩니다.

28 ◆ 태어난 해의 생일부터 마지막 날까지의 날짜 수는 그 해의 날짜 수인 yearDays에서 1월 1일부터 생일까지의 날짜 수를 빼준 값이 됩니다. 이 값을 더합니다.

30~37 ◆ 태어난 해와 올해 사이의 1년 날짜를 totalDays에 더해서 출력합니다.

41~42 ◆ int 배열 days는 평년 기준으로 해당 월까지의 누적 날짜 수를 의미합니다.

44~48 ◆ DayOfYear() 메소드는 매개변수인 연월일의 그해 1월 1일부터의 날짜수를 리턴합니다. days[] 배열이 평년 기준이므로 3월 이후이고 윤년이라면 하루를 더합니다.

50~52 ◆ 윤년이면 true, 평년이면 false를 리턴하는 IsLeapYear() 메소드입니다.

결과

```
생일을 입력하세요(yyyy/mm/dd) : 2002/6/10
total days from birth day : 6163일
```

피라미드 메소드

- **학습 내용 :** 피라미드 그리기를 메소드로 작성합니다.
- **힌트 내용 :** 메소드를 이용하여 중복된 코드를 줄일 수 있습니다.

메소드는 중복된 코드를 줄이기 위해 필수적입니다. 메소드를 사용하면 같은 코드를 중복해서 사용하지 않아도 됩니다. 또한 프로그램의 구조를 쉽게 알아볼 수 있습니다. 그래서 메소드를 잘 사용하는 것이 프로그램을 잘 하는 방법이라고 할 수 있습니다.

56장에서 공부한 피라미드 출력하기 코드를 다시 한번 살펴보겠습니다. 이 코드는 이중 반복문을 사용하여 다음과 같이 피라미드 모양을 화면에 출력합니다. 5층 피라미드를 그리려면 바깥 루프를 5번 반복하고, 안쪽 루프에서는 각 줄을 출력하는데 n번째 줄은 5−n개의 빈칸과 2n−1개의 '*'를 출력합니다.

```
for (int i = 1; i <= 5; i++)
{
  for (int j = i; j < 5; j++)
    Console.Write(" ");
  for (int k = 1; k <= 2 * i - 1; k++)
    Console.Write("*");
  Console.WriteLine();
}
```

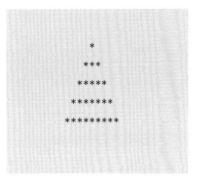

5층 피라미드뿐 아니라 7층 피라미드와 3층 피라미드도 출력하고 싶으면 어떻게 해야 할까요? 메소드를 쓰지 않는다면 위의 코드에서 for 문에 있는 숫자 5를 7과 3으로 바꾸어 똑같은 코드를 세 번 반복해야 합니다.

위의 코드를 층수를 매개변수로 하는 메소드로 만들면 매개변수만 바꾸어서 메소드를 세 번 호출하는 것으로 프로그램을 완성할 수 있습니다. 중복을 줄일 수 있는 것입니다.

```
1 using System;
2
3 namespace A074_PyramidMethod
4 {
5   class Program
6   {
7     static void Main(string[] args)
8     {
9       DrawPyramid(3);
10      DrawPyramid(5);
11      DrawPyramid(7);
12    }
13
14    static void DrawPyramid(int n)
15    {
16      for (int i = 1; i <= n; i++)
17      {
18        for (int j = i; j < n; j++)
19          Console.Write(" ");
20        for (int k = 1; k <= 2 * i - 1; k++)
21          Console.Write("*");
22        Console.WriteLine();
23      }
24    }
25  }
26 }
```

7 ◆ static void Main() 메소드의 시작으로 프로그램의 시작점입니다.

9~11 ◆ DrawPyramid() 메소드를 인수를 바꾸어 세 번 호출합니다. 리턴값이 없으므로 void형이 됩니다.

14~23 ◆ DrawPyramid() 메소드의 정의입니다. 매개변수로 몇 층짜리 피라미드인지를 표현하는 정수 n을 갖습니다.

결과

```
      *                          *                             *
     * * *                      * * *                         * * *
    * * * * *                  * * * * *                     * * * * *
                              * * * * * * *                 * * * * * * *
                            * * * * * * * * *             * * * * * * * * *
                                                       * * * * * * * * * * *
                                                     * * * * * * * * * * * * *
```

팩토리얼을 계산하는 메소드

- **학습 내용 :** 팩토리얼을 계산하는 프로그램을 메소드로 작성합니다.
- **힌트 내용 :** int Factorial(int n)을 만들어 사용합니다.

프로그램을 잘 하기 위해서는 메소드를 잘 쓸 수 있어야 합니다. 다양한 예제를 통해 메소드를 익혀보겠습니다. 참고로 C#에서 메소드 이름은 대문자로 시작하는 것이 관례입니다.

n!을 구하는 함수, int Factorial(int n)을 만들고, 이를 이용해서 1!~10!의 합을 계산하는 프로그램을 작성합니다.

📁 File: A075_Factorial/Program.cs

```
1 using System;
2
3 namespace A075_Factorial
4 {
5   class Program
6   {
7     static void Main(string[] args)
8     {
9       int sum = 0;
10      for (int i = 1; i <= 10; i++)
11      {
12        sum += Factorial(i);
13        Console.WriteLine("{0,2}! : {1,10:N0}", i, Factorial(i));
14      }
15      Console.WriteLine("1!~10!의 합= {0,8:N0}", sum);
16    }
17
18    private static int Factorial(int n)
19    {
20      int fact = 1;
```

```
21        for (int i = 1; i <= n; i++)
22          fact *= i;
23        return fact;
24      }
25    }
26 }
```

1!~10!의 합을 계산하기 위해 sum 변수를 0으로 초기화합니다. ◆ 9

1에서 10까지 반복하면서 Factorial(i) 메소드로 팩토리얼 값을 계산하여 출력하고 그 값을 sum에 ◆ 10~14
더합니다. 숫자는 10자리로 소수점 없이 3자리마다 콤마를 표시하도록 N0 포맷으로 출력했습
니다.

sum 값을 출력합니다. ◆ 15

n!을 계산하여 리턴하는 int Factorial(int n) 메소드입니다. fact 변수를 1로 초기화하고 반복문에 ◆ 18~25
서 fact에 i 값을 곱해 나갑니다.

결과

```
 1! :           1
 2! :           2
 3! :           6
 4! :          24
 5! :         120
 6! :         720
 7! :       5,040
 8! :      40,320
 9! :     362,880
10! :   3,628,800
1!~10!의 합 = 4,037,913
```

두 숫자 사이의 모든 정수 값을 더하는 메소드

- **학습 내용:** 여러 가지 문제를 메소드로 작성합니다.
- **힌트 내용:** int Add(int n, int m)을 만들고 호출하여 두 숫자 사이의 값을 더합니다.

n부터 m까지 정수의 합을 구하는 메소드 int Add(int n, int m)을 만들고 이를 이용하여 1부터 100까지의 합과 101부터 200까지의 합을 구하는 프로그램을 작성합니다.

📁 **File: A076_Add/Program.cs**

```
1  using System;
2
3  namespace A076_Add
4  {
5    class Program
6    {
7      static void Main(string[] args)
8      {
9        Console.WriteLine("  1~100까지의 합: {0,8}", Add(1, 100));
10       Console.WriteLine("101~200까지의 합: {0,8}", Add(101, 200));
11     }
12
13     private static int Add(int v1, int v2)
14     {
15       int sum = 0;
16       for (int i = v1; i <= v2; i++)
17         sum += i;
18       return sum;
19     }
20   }
21 }
```

1에서 100까지 더하는 메소드 Add(1, 100)을 호출하고 리턴값을 8자리로 출력합니다.　　♦ 9

101에서 200까지 더하는 메소드 Add(101, 200)을 호출하고 리턴값을 8자리로 출력합니다.　♦ 10

v1에서 v2까지의 합을 리턴하는 메소드입니다. sum 변수를 0으로 초기화하고 반복문에서 sum에　♦ 13~19
i 값을 더해 나갑니다.

결과

1~100까지의 합:	5050
101~200까지의 합:	15050

n의 m승을 계산하는 메소드

• **학습 내용 :** 여러 가지 문제를 메소드로 작성합니다.

• **힌트 내용 :** int Power(int n, int m)을 만들고 호출하여 n의 m승을 계산합니다.

n의 m승을 구하는 메소드 int Power(int n, int m)을 만들고, 이를 이용하여 2의 0승부터 2의 20승까지를 출력하는 프로그램을 작성합니다.

📁 **File: A077_Power/Program.cs**

```
1 using System;
2
3 namespace A077_Power
4 {
5   class Program
6   {
7     static void Main(string[] args)
8     {
9       for (int i = 0; i <= 20; i++)
10        Console.WriteLine("2 ^ {0,2} = {1, 7}", i, Power(2, i));
11    }
12
13    private static int Power(int n, int m)
14    {
15      int p = 1;
16      for (int i = 1; i <= m; i++)
17        p *= n;
18      return p;
19    }
20  }
21 }
```

2의 0승부터 2의 20승까지의 값을 Power() 메소드를 사용하여 출력합니다.

◆ 9~10

n의 m승을 리턴하는 메소드 Power(int n, int m)입니다. p 변수를 1로 초기화하고 m번 반복하는 동안 n을 곱하여 리턴합니다.

◆ 13~19

결과

```
2 ^  0 =        1
2 ^  1 =        2
2 ^  2 =        4
2 ^  3 =        8
2 ^  4 =       16
2 ^  5 =       32
...
2 ^ 19 =   524288
2 ^ 20 =  1048576
```

원의 면적을 계산하는 메소드

- **학습 내용 :** 여러 가지 문제를 메소드로 작성합니다.
- **힌트 내용 :** double Area(double r)을 만들고 호출하여 원의 면적을 계산합니다.

원의 면적은 πr^2입니다. 반지름을 받아서 원의 면적을 계산하여 리턴하는 메소드, double Area(double r)을 만들고 원의 반지름이 1~10cm까지 변할 때 원의 면적을 출력하는 프로그램을 작성합니다.

📁 File: A078_AreaOfCircle/Program.cs

```csharp
1 using System;
2
3 namespace A078_AreaOfCircle
4 {
5   class Program
6   {
7     static void Main(string[] args)
8     {
9       for (double r = 1; r <= 10; r++)
10        Console.WriteLine("Area of circle with radius {0,2} = {1,7:F2}",
11          r, AreaOfCircle(r));
12    }
13
14    private static double AreaOfCircle(double r)
15    {
16      return Math.PI * r * r;
17    }
18  }
19 }
```

반지름이 1에서 10으로 변할 때 Area() 메소드를 호출하여 원의 면적을 출력합니다. 출력할 때 ◆ 9~11
포맷은 {0,2} {1,7:F2}로 첫 번째 값은 두 자릿수로, 두 번째 값은 7자리 소수점 2자릿수로 표시
합니다.

원의 면적을 리턴하는 메소드입니다. 원주율 PI는 Math 클래스에 static으로 정의되어 있으므로 ◆ 14~17
Math.PI로 사용합니다.

결과

```
Area of circle with radius  1 =    3.14
Area of circle with radius  2 =   12.57
...
Area of circle with radius  9 =  254.47
Area of circle with radius 10 =  314.16
```

재귀메소드 Power(x, y)

- **학습 내용:** Power(x, y) 메소드를 재귀메소드로 구현합니다.
- **힌트 내용:** 자기 자신을 호출하는 메소드를 재귀메소드라고 합니다.

메소드 안에서 자기 자신을 호출하는 메소드를 재귀메소드(recursive method)라고 합니다. 재귀메소드는 이진탐색, 이진트리와 같이 문제 자체가 재귀적일 때 많이 사용합니다. 이런 문제를 재귀메소드를 사용하지 않고 해결하기는 매우 어렵습니다. 그래서 꼭 알아두어야 할 것이 문제가 재귀적이면 프로그램도 재귀메소드를 사용한다는 것입니다.

1부터 n까지를 더하는 문제를 살펴보겠습니다. 결과를 Sum(n)이라고 하면, 다음과 같이 쓸 수 있습니다.

```
Sum(n) = 1 + 2 + 3 + ... + (n-1) + n
       = Sum(n-1) + n
```

첫 번째 줄의 계산 방법은 반복문을 사용하여 계산할 수 있습니다. 두 번째 줄의 계산 방법은 Sum(n)을 구하기 위해 Sum(n-1)이 필요합니다. 이 방법은 재귀적인 방법입니다.

재귀메소드를 사용할 때 주의할 점이 있습니다. 재귀메소드를 빠져나올 수 있는 조건이 필요합니다. 즉, 위의 예제에서 Sum(n)을 구하기 위해 Sum(n-1)이 필요하고 그걸 계산하기 위해 Sum(n-2)가 필요하고, ... 이렇게 하다보면 프로그램이 끝이 안나는 것입니다. 따라서 우리가 알고 있는 값에 도달하면 재귀메소드를 호출하지 않고 값을 리턴하여 끝내야 합니다.

위의 문제에서는 Sum(1)은 1이라는 것을 재귀를 끝내는 조건으로 사용합니다. 재귀적인 Sum(n) 메소드는 다음과 같습니다.

```
int Sum(int n)
{
  if ( n == 1 )    // 재귀를 끝내는 조건
    return 1;
  else
    return sum(n-1) + n;
}
```

x의 y승을 구하는 Power(x, y)도 다음과 같이 재귀메소드로 만들 수 있습니다.

```
y가 0이면,  x⁰ = 1
그렇지 않으면,  xʸ = x * x⁽ʸ⁻¹⁾
```

사실 이런 문제들은 재귀메소드를 사용하지 않고 반복문을 사용해서 풀 수도 있습니다. 재귀적으로도 풀 수 있고 반복적으로 풀 수도 있다면 어떤 것을 사용하는 것이 좋을까요? 재귀메소드가 매력적이고 간단해 보이기는 하지만, 반복문을 사용하는 것이 재귀메소드를 사용하는 것보다 훨씬 빠르게 실행됩니다. 따라서 반복문으로 풀 수 있는 문제를 일부러 재귀적으로 프로그램할 필요는 없습니다.

반복문과 재귀메소드를 사용했을 때의 실행 시간을 비교해보기 위해 84장에서 실행 시간 측정방법과 피보나치 수열의 계산 프로그램을 소개했으니 참고하십시오.

📁 File: A079_RecursivePower/Program.cs

```
1 using System;
2
3 namespace A079_RecursivePower
4 {
5   class Program
6   {
7     static void Main(string[] args)
8     {
9       Console.WriteLine("Power(x,y)를 계산합니다.");
10      Console.Write(" x를 입력하세요: ");
11      double x = double.Parse(Console.ReadLine());
```

```
12          Console.Write(" y를 입력하세요: ");
13          double y = double.Parse(Console.ReadLine());
14          Console.WriteLine(" {0}^{1} = {2}", x, y, Power(x, y));
15      }
16
17      private static double Power(double x, double y)
18      {
19        if (y == 0)
20          return 1;
21        else
22          return x * Power(x, y - 1);
23      }
24    }
25  }
```

9~13 ◆ Power(x,y)를 계산하기 위해 x와 y를 입력받아 double로 변환합니다.

14 ◆ Power(x,y) 메소드를 호출하여 계산한 후 x, y와 리턴받은 결과값을 출력합니다.

17~24 ◆ 재귀메소드인 Power(x, y)를 정의합니다. 재귀를 끝내는 조건으로 y가 0일 때 1을 리턴합니다. 그렇지 않으면 x * Power(x, y−1)을 리턴합니다.

결과

```
Power(x,y)를 계산합니다.
 x를 입력하세요: 5
 y를 입력하세요: 5
 5^5 = 3125
```

재귀메소드로 팩토리얼 계산

- **학습 내용:** 팩토리얼을 계산하는 Fact(n) 메소드를 재귀메소드로 구현합니다.
- **힌트 내용:** 자기 자신을 호출하는 메소드를 재귀메소드라고 합니다.

n!을 구하는 Fact(n)를 재귀메소드로 구현하고, 입력 n을 받아들여 계산 결과를 출력합니다. 팩토리얼의 알고리즘은 다음과 같습니다.

```
n이 1이면, 1! = 1
그렇지 않으면, n! = n*(n-1)!
```

📁 File: A080_RecursiveFactorial/Program.cs

```
1  using System;
2
3  namespace A080_RecursiveFactorial
4  {
5    class Program
6    {
7      static void Main(string[] args)
8      {
9        Console.Write("m!을 계산합니다. m를 입력하세요: ");
10       double m = double.Parse(Console.ReadLine());
11       Console.WriteLine("{0}! = {1}", m, Fact(m));
12     }
13
14     private static double Fact(double x)
15     {
16       // 1! = 1, n! = n*(n-1)!
17       if (x == 1)
18         return 1;
19       else
20         return x * Fact(x - 1);
```

```
21        }
22    }
23 }
```

9 ◆ 콘솔에서 팩토리얼을 계산하고 싶은 값을 입력받습니다.

10 ◆ 입력받은 값을 double로 변환합니다.

11 ◆ Fact(m) 메소드를 호출하여 계산한 후 m과 리턴받은 결과값을 출력합니다.

14~21 ◆ 재귀메소드인 Fact(x)를 정의합니다. 재귀를 끝내는 조건으로 x가 1일 때 1을 리턴합니다. 그렇지 않으면 x * Fact(x−1)을 리턴합니다.

결과

---

m!을 계산합니다. m를 입력하세요: 10
10! = 3628800

재귀메소드로 역수의 합 계산

- **학습 내용:** 역수의 합을 계산하는 SumOfReci(n)를 재귀메소드로 구현합니다.
- **힌트 내용:** 자기 자신을 호출하는 메소드를 재귀메소드라고 합니다.

1부터 n까지 역수의 합(SumOfReci = 1 + 1/2 + 1/3 + ... + 1/n)도 반복문이 아닌 재귀메소드로 구현할 수 있습니다. SumOfReci(n)를 재귀메소드로 구현해 보십시오. 역수의 합은 재귀적으로 다음과 같이 정의됩니다.

```
n이 1이면, 1
그렇지 않으면 SumOfReci(n) = 1/n + SumOfReci(n-1)
```

📁 **File: A081_RecursiveSumOfReciprocal/Program.cs**

```csharp
1  using System;
2
3  namespace A081_RecursiveSumOfReciprocal
4  {
5    class Program
6    {
7      static void Main(string[] args)
8      {
9        Console.Write("1~n까지의 역수의 합을 구합니다. n을 입력하세요: ");
10       int n = int.Parse(Console.ReadLine());
11       Console.WriteLine("1~{0}까지의 역수의 합: {1}", n, SumOfReci(n));
12     }
13
14     private static double SumOfReci(int n)
15     {
16       if (n == 1)
17         return 1;
18       else
19         return 1.0 / n + SumOfReci(n - 1);
```

```
20      }
21    }
22 }
```

9~10 1부터 n까지의 역수의 합을 계산하기 위해 콘솔에서 n을 입력받습니다.

11 SumOfReci(n) 메소드를 호출하여 계산한 후, n과 리턴받은 결과값을 출력합니다.

14~20 재귀메소드인 SumOfReci(n)를 정의합니다. 재귀를 끝내는 조건으로 n이 1일 때 1을 리턴합니다. 그렇지 않으면 1/n + SumOfReci(n-1)을 리턴합니다.

결과

1~n까지의 역수의 합을 구합니다. n을 입력하세요: 10
1~10까지의 역수의 합: 2.92896825396825

하노이의 탑과 메르센 수

- **학습 내용 :** 재귀함수를 이용하여 하노이 탑 문제를 해결합니다.
- **힌트 내용 :** 주어진 문제에서 재귀 호출을 생각하는 훈련이 필요합니다.

하노이의 탑(Tower of Hanoi)은 퍼즐의 일종입니다. 세 개의 기둥과 이 기둥에 꽂을 수 있는 크기가 다양한 원판이 있습니다. 퍼즐을 시작하기 전에는 한 기둥에 원판들이 작은 것이 위에 있도록 순서대로 쌓여 있습니다. 다음의 그림은 4개의 원판이 있는 하노이의 탑입니다.

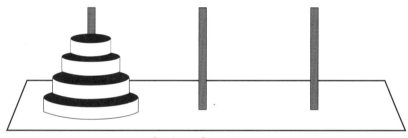

[그림 82-1] 하노이의 탑

게임의 목적은 다음 두 가지 조건을 만족시키면서, 한 기둥에 꽂힌 원판들을 다른 기둥으로 옮겨서 다시 쌓는 것입니다.

(1) 한 번에 하나의 원판만 옮길 수 있다.
(2) 큰 원판이 작은 원판 위에 있어서는 안 된다.

하노이의 탑 문제는 재귀 호출을 이용하여 풀 수 있는 가장 유명한 예제 중의 하나입니다. 따라서 프로그래밍 수업에서 알고리즘 예제로 많이 사용합니다. 하노이의 탑 알고리즘은 다음과 같이 표현할 수 있습니다.

A에 있는 n개의 원반을 (B를 이용해) C로 이동하려면,

- n−1개의 원반을 A에서 (C를 이용해) B로 이동하고
- A의 맨 밑에 있는 원반을 C로 이동한 후
- B에 있는 n−1개의 원반을 B에서 C로 이동합니다.

이 알고리즘은 n개의 원반을 이동하는 풀이 과정에서 (n−1)개의 원반을 이동하는 과정을 사용하기 때문에 재귀적으로 프로그램할 수 있습니다.

하노이의 탑 문제는 원판의 개수가 n개 일 때, 최소 $2^n - 1$번의 이동으로 원판을 모두 옮길 수 있습니다. $2^n - 1$을 메르센 수(Mersenne number)라고 부릅니다. n이 커지면 메르센 수는 기하급수적으로 증가합니다. 원반 하나를 이동하는데 소요되는 시간을 1초라고 할 때, 7개의 하노이 탑 문제는 $2^7 - 1 = 127$초가 걸리지만, 원반의 개수가 늘어나면 원반의 이동횟수가 기하급수적으로 증가하여 25개를 옮기는 데는 1년 이상, 그리고 50개의 원반을 옮기는 데는 3500만년 이상의 시간이 걸립니다.

(1) 메르센 수를 계산하고 원판을 하나 이동하는데 1초가 걸린다면 n개의 원판을 모두 이동하는데 얼마나 시간이 걸리는지 계산해봅니다.
(2) 재귀메소드, Hanoi(int n, char from, char to, char by)를 작성합니다. Hanoi(3, 'A', 'C', 'B')는 'A' 기둥에 있는 3개의 원판을 'B' 기둥을 이용하여 'C' 기둥으로 이동하라는 뜻입니다.

📁 File: A082_HanoiTower/Program.cs

```
1  using System;
2
3  namespace A082_HanoiTower
4  {
5    class Program
6    {
7      static void Main(string[] args)
8      {
9        // 메르센 수 2^n - 1
10       for (int i = 1; i <= 50; i++)
11       {
12         double m = Mersenne(i);
13         Console.WriteLine("메르센수({0}) = {1:N0} = {2:N1}일= {3:N1}년",
14               i, m, m / 3600 / 24, m / 3600 / 24 / 365);
15       }
16
17       // 하노이탑 문제
```

```
18      Console.WriteLine("\nHanoi Tower: {0}, {1}->{2}->{3}",
19                          4, 'A', 'B', 'C');
20      Hanoi(4, 'A', 'C', 'B'); // 4개의 원반을 A에서 C를 이용해 B로 이동
21    }
22
23    private static double Mersenne(int n)
24    {
25      return Math.Pow(2, n) - 1;
26    }
27
28    // n개의 원반을 from에서 by를 이용하여 to로 이동하는 알고리즘
29    private static void Hanoi(int n, char from, char to, char by)
30    {
31      if (n == 1)
32        Console.WriteLine("Move : {0} -> {1}", from, to);
33      else
34      {
35        Hanoi(n - 1, from, by, to);
36        Console.WriteLine("Move : {0} -> {1}", from, to);
37        Hanoi(n - 1, by, to, from);
38      }
39    }
40  }
41 }
```

메르센 수를 1에서 50까지 계산합니다.　　　　　　　　　　　　　　　　　　　◆ 10

메소드 Mersenne(i)를 호출하여 메르센 수를 계산하고 그 값을 m에 할당합니다.　　◆ 12

메르센 수는 하노이 탑의 원반을 이동하는 최소의 횟수입니다. 메르센 수를 출력하고 원반 하나　◆ 13~14
를 이동하는데 소요되는 시간을 1초라고 할 때 며칠, 몇년이 걸리는지를 출력합니다.

Hanoi(4, 'A', 'C', 'B') 메소드를 호출합니다. 4개의 원반을 'A'에서 'C'로 'B'를 이용하여 이동한　◆ 18~19
다는 뜻입니다.

Mersenne() 메소드입니다. Math 클래스의 Pow() 메소드를 이용하여 $2^n - 1$을 계산하여 리턴합　◆ 23~26
니다.

재귀메소드인 Hanoi(n, from, to, by)입니다. n개의 원반을 from에서 by를 이용하여 to로 이동하는 메소드입니다.

결과

```
메르센 수(1) = 1 = 0.0일 = 0.0년
메르센 수(2) = 3 = 0.0일 = 0.0년
메르센 수(3) = 7 = 0.0일 = 0.0년
...
메르센 수(23) = 8,388,607 = 97.1일 = 0.3년
메르센 수(24) = 16,777,215 = 194.2일 = 0.5년
메르센 수(25) = 33,554,431 = 388.4일 = 1.1년
...
메르센 수(48) = 281,474,976,710,655 = 3,257,812,230.4일 = 8,925,513.0년
메르센 수(49) = 562,949,953,421,311 = 6,515,624,460.9일 = 17,851,025.9년
메르센 수(50) = 1,125,899,906,842,620 = 13,031,248,921.8일 = 35,702,051.8년


Hanoi Tower: 4, A->B->C
Move : A -> B
Move : A -> C
Move : B -> C
Move : A -> B
Move : C -> A
Move : C -> B
Move : A -> B
Move : A -> C
Move : B -> C
Move : B -> A
Move : C -> A
Move : B -> C
Move : A -> B
Move : A -> C
Move : B -> C
```

재귀 이진탐색

초급

083

- **학습 내용 :** 재귀메소드로 만드는 이진탐색을 학습합니다.
- **힌트 내용 :** 이진탐색은 값이 배열에 정렬되어 있어야 합니다.

63장에서 선형탐색과 이진탐색을 공부했습니다. 자료가 정렬되어 있을 때, 이진탐색은 선형탐색에 비해 훨씬 효율적인 알고리즘이라는 것을 설명했었습니다.

이진탐색은 반복문으로도 만들 수 있고 재귀적으로도 만들 수 있습니다. 이번 장에서는 재귀 이진탐색을 구현합니다. 1~1000까지의 랜덤 정수 30개를 배열에 저장하고 이진탐색을 하는 프로그램을 작성합니다.

📁 File: A083_RecursiveBinarySearch/Program.cs

```
1  using System;
2
3  namespace A083_RecursiveBinarySearch
4  {
5    class Program
6    {
7      static void Main(string[] args)
8      {
9        Random r = new Random();
10       int[] v = new int[30];
11
12       for (int i = 0; i < 30; i++)
13         v[i] = r.Next(1000);
14       PrintArray("정렬 전", v);
15
16       Array.Sort(v);   // 정렬, 이진탐색은 배열이 정렬되어야 합니다.
17       PrintArray("정렬 후", v);
18
19       Console.Write("=> 검색할 숫자를 입력하세요: ");
```

```
20        int key = int.Parse(Console.ReadLine());
21
22        int index = RecBinarySearch(v, 0, v.Length - 1, key);
23        if (index == -1)
24          Console.WriteLine("찾는 값이 배열에 없습니다.");
25        else
26          Console.WriteLine("v[{0}] = {1}", index, key);
27      }
28
29      private static int RecBinarySearch(int[] v, int low, int high, int key)
30      {
31        if (low <= high)
32        {
33          int mid = (low + high) / 2;
34          if (key == v[mid])
35            return mid;
36          else if (key > v[mid])
37            return RecBinarySearch(v, mid + 1, high, key);
38          else
39            return RecBinarySearch(v, low, mid - 1, key);
40        }
41        return -1;
42      }
43
44      private static void PrintArray(string s, int[] v)
45      {
46        Console.WriteLine(s);
47        for (int i = 0; i < v.Length; i++)
48          Console.Write("{0,5}{1}", v[i], (i % 10 == 9) ? "\n" : "");
49      }
50    }
51 }
```

9~10 ◆ Random 객체 r을 생성하고 30개의 정수를 저장하기 위해 int 배열 v[]를 선언합니다.

12~14 ◆ 30번 반복하면서 v[i]에 0~999 사이의 랜덤값을 저장하고 PrintArray(v) 메소드로 배열의 요소를 출력합니다.

이진탐색은 데이터가 정렬되어야 하므로 Array.Sort() 메소드로 정렬하고 출력합니다.　◆ 16~17

찾고자 하는 숫자를 입력받아 정수로 변환한 후 key 변수에 할당합니다.　◆ 19~20

RecBinarySearch(v, 0, v.Length − 1, key)를 호출하고 리턴값을 index 변수에 저장합니다. 이 메　◆ 22
소드의 리턴 값은 key가 들어 있는 위치의 인덱스입니다.

index가 −1이라면 찾는 값이 배열 안에 없다는 뜻입니다. 만일 −1이 아닌 값이라면 그 위치에　◆ 23~26
key가 저장되어 있다는 뜻입니다. 인덱스와 key값을 출력합니다.

재귀선형탐색 메소드의 정의입니다. 매개변수로 배열, low, high, key값을 사용합니다. low는 탐　◆ 29
색할 배열의 하한이고 high는 탐색할 배열의 상한을 나타내는 인덱스값입니다. key는 찾고자하
는 값입니다. 초기에 low=0, high=v.Length−1입니다.

low가 high보다 작을 때만 동작합니다. low가 high보다 크면 찾고자하는 값이 없다는 뜻이므로 if　◆ 31
문을 빠져나와 41번째 줄에서 −1을 리턴합니다.

mid 변수는 low와 high의 중간 인덱스를 가리킵니다.　◆ 33

v[mid] 값이 key값이라면 탐색이 완료된 것이고 이때 인덱스 mid를 리턴합니다.　◆ 34~35

v[mid] 값이 key값보다 작으면 찾고자 하는 값은 mid 위쪽에 있으므로 low를 mid+1로 바꾸어　◆ 36~37
주고 다시 RecBinarySearch(v, mid + 1, high, key)를 재귀 호출합니다.

그렇지 않다면 v[mid] 값이 key값보다 크다는 뜻이고, 찾고자 하는 값은 mid 아래쪽에 있으므로　◆ 38~39
high를 mid−1로 바꾸어 RecBinarySearch(v, low, mid − 1, key)를 재귀 호출합니다.

PrintArray(s, v)는 1차원 배열의 요소를 출력하는 메소드입니다. 매개변수 s는 "정렬 전", "정렬　◆ 44~49
후"와 같이 안내 문장을 출력하기 위함입니다. v 배열은 10개씩 나누어 출력하기 위해 (i % 10
== 9) ? "\n" : ""를 사용합니다.

결과

정렬 전

838	486	635	584	236	79	595	671	555	561
283	825	493	615	43	539	892	699	247	532
77	693	926	489	722	242	147	127	236	519

정렬 후

43	77	79	127	147	236	236	242	247	283
486	489	493	519	532	539	555	561	584	595
615	635	671	693	699	722	825	838	892	926

=> 검색할 숫자를 입력하세요: 722

v[25] = 722

Stopwatch로 피보나치 수열의 실행 시간 측정

- **학습 내용:** 반복문과 재귀메소드를 사용한 프로그램의 실행 시간을 비교합니다.
- **힌트 내용:** System.Diagnostics.Stopwatch 클래스를 사용하여 실행 시간을 측정할 수 있습니다.

79장에서 어떤 문제가 반복적으로 풀 수도 있고 재귀적으로도 풀 수 있다면 반복적인 방법이 재귀메소드를 사용하는 것보다 훨씬 빠르게 실행된다고 했습니다. 예제를 통해 반복적인 방법과 재귀적인 방법의 실행 속도가 얼마나 차이가 나는지 알아보겠습니다.

실행 속도는 Stopwatch 클래스를 사용하여 측정합니다. 이 클래스는 System.Diagnostics 네임스페이스에 정의되어 있으며 경과 시간을 측정하기 위한 메소드와 속성을 제공합니다. Start() 메소드를 호출하고 난 후 Stop() 메소드를 호출하면 Elapsed 속성으로 그 사이의 경과 시간을 구할 수 있습니다.

```
var watch = System.Diagnostics.Stopwatch.StartNew();
// 여기에 수행 속도를 측정하고 싶은 코드를 넣습니다.
watch.Stop();
var elapsedMs = watch.ElapsedMilliseconds;
```

예제로 피보나치 수열을 사용하여 반복문과 재귀메소드를 사용하는 경우의 실행 시간을 측정해 보겠습니다. 피보나치 수열은 첫째와 둘째 항이 1이며 그 뒤의 모든 항은 바로 앞 두 항의 합인 수열입니다. 즉 1, 1, 2, 3, 5, 8, 13, 21, ...과 같이 증가되는 수열입니다.

피보나치 수열을 계산하는 제일 쉬운 방법은 배열을 사용하는 것입니다. int 배열 f[]를 만들어 f[1] = f[2] = 1로 하고, n이 2보다 클 때에는 f[n] = f[n−1] + f[n−2]로 계산합니다. 한 번 계산된 피보나치 수열의 원소가 배열에 저장되어 있기 때문에 반복문 한 번으로 피보나치 수열을 구할 수 있습니다. 알고리즘으로 표현하면 다음과 같습니다.

```
Fibo(1) = 1;
Fibo(2) = 1;
Fibo(n) = Fibo(n-1) + Fibo(n-2);   // n이 2보다 클 때
```

재귀적 방법의 경우에는 Fibo(n)을 구할 때 Fibo(n−1)과 Fibo(n−2)를 계산해야 하는데 Fibo(n−1)을 구하기 위해서는 다시 Fibo(n−2), Fibo(n−3)을 구해야 하는 식의 과정이 재귀적으로 반복되어 엄청난 시간이 필요하게 됩니다.

피보나치 수열의 45항까지를 구하고 실행 시간이 얼마인지 측정하는 프로그램을 작성합니다. 실행 결과를 보면 반복적인 방법이 3ms인데 반해 재귀적인 방법은 41067ms, 즉 41초 이상이 소요됩니다. 반복적인 방법이 재귀적인 방법보다 훨씬 실행 속도가 빠르다는 것을 알 수 있습니다. 항수를 늘리면 기하급수적으로 더 많은 시간이 소요됩니다.

📁 File: A084_ExecutionTime/Program.cs

```
1 using System;
2
3 namespace A084_ExecutionTime
4 {
5   class Program
6   {
7     static int[] f = new int[50];
8
9     static void Main(string[] args)
10    {
11      Console.WriteLine("피보나치 수열의 n항까지를 출력합니다.");
12      Console.Write("n을 입력하세요: ");
13
14      int n = int.Parse(Console.ReadLine());
15
16      var watch = System.Diagnostics.Stopwatch.StartNew();
17
18      f[1] = f[2] = 1;
19      for (int i = 3; i <= n; i++)
20        f[i] = f[i - 1] + f[i - 2];
21
22      for (int i = 1; i <= n; i++)
23        Console.Write("{0} ", f[i]);
24      Console.WriteLine();
25
```

```
26        watch.Stop();
27        var elapsedMs = watch.ElapsedMilliseconds;
28        Console.WriteLine("실행 시간은 {0}ms\n", elapsedMs);
29
30        watch = System.Diagnostics.Stopwatch.StartNew();
31
32        for (int i = 1; i <= n; i++)
33          Console.Write("{0} ", FiboRecursive(i));
34      Console.WriteLine();
35
36        watch.Stop();
37        elapsedMs = watch.ElapsedMilliseconds;
38        Console.WriteLine("실행 시간은{0}ms", elapsedMs);
39      }
40
41    private static int FiboRecursive(int n)
42    {
43      if (n == 1 || n == 2)
44        return 1;
45      else
46        return FiboRecursive(n - 1) + FiboRecursive(n - 2);
47    }
48  }
49 }
```

반복적인 방법에서 사용할 수 있도록 int 배열 f[]를 정의합니다.　　　　　　　　◆ 7

입력을 안내하고 콘솔에서 n값을 입력합니다.　　　　　　　　　　　　　　　　◆ 11~14

실행 시간을 측정하기 위해 System.Diagnostics.Stopwatch 클래스의 인스턴스 watch를 생성합니　◆ 16
다. StartNew() 메소드를 호출하여 경과 시간을 0으로 만듭니다. 실행 시간 측정의 시작점입니다.

반복문을 사용하여 피보나치 수열을 계산하고 피보나치 수열의 값을 저장하고 있는 f[] 배열의　◆ 18~24
값을 출력합니다.

watch.Stop() 메소드로 시간 측정을 중지하고 watch.ElapsedMilliseconds 속성을 elapsedMs 변수　◆ 26~28
에 저장한 후, 실행 시간 elapsedMs를 출력합니다.

30 ◆ StartNew() 스태틱 메소드를 호출하여 경과 시간을 0으로 만듭니다. 두 번째 실행 시간 측정의 시작점입니다.

33~34 ◆ 재귀메소드 FiboRecursive(n)을 호출하여 1부터 n항까지의 피보나치 수열을 계산합니다.

36~38 ◆ watch.Stop() 메소드로 시간 측정을 중지하고 watch.ElapsedMilliseconds 속성을 elapsedMs 변수에 저장한 후, 실행 시간 elapsedMs를 출력합니다.

41~47 ◆ 재귀메소드 FiboRecursive(n)의 정의입니다.

결과

```
피보나치 수열의 n항까지를 구합니다.
n을 입력하세요: 45 Enter↵
1 1 2 3 5 8 13 21 34 55 89 144 233 377 610 987 1597 2584 4181 6765 10946
17711 28657 46368 75025 121393 196418 317811 514229 832040 1346269 2178309
3524578 5702887 9227465 14930352 24157817 39088169 63245986 102334155
165580141 267914296 433494437 701408733 1134903170
실행 시간은 3ms

1 1 2 3 5 8 13 21 34 55 89 144 233 377 610 987 1597 2584 4181 6765 10946
17711 28657 46368 75025 121393 196418 317811 514229 832040 1346269 2178309
3524578 5702887 9227465 14930352 24157817 39088169 63245986 102334155
165580141 267914296 433494437 701408733 1134903170
실행 시간은 41067ms
```

DateTime 구조체

- **학습 내용:** DateTime 구조체의 사용 방법을 학습합니다.
- **힌트 내용:** 날짜나 시간과 관계된 프로그램을 할 때 DateTime 구조체를 사용합니다.

프로그램에서 날짜와 시간을 사용하는 경우가 많습니다. 이때 C#에서는 DateTime 구조체를 사용합니다. DateTime형은 서기 1년 1월 1일 00:00:00부터 서기 9999년 12월 31일 11:59:59까지를 표시할 수 있습니다. 시간 값은 "틱(Tick)"이라는 단위로 측정됩니다. 틱은 100나노초, 즉 0.1밀리초를 의미하며 날짜와 시간은 서기 1년 1월 1일 자정부터 틱 수로 계산됩니다. 예를 들어 31241376000000000L는 서기 100년 1월 1일 자정을 의미합니다.

(1) DateTime 인스턴스 생성

DateTime은 생성자를 이용하거나 Today, Now와 같은 속성을 이용하여 만들 수 있습니다.

```
DateTime d1 = new DateTime(2019, 1, 1, 7, 30, 30); // 년월일시분초
DateTime d2 = DateTime.Now;
DateTime d3 = DateTime.Today;
```

(2) DateTime 구조체의 덧셈과 뺄셈

DateTime 구조체는 Add와 Subtract 메소드를 제공합니다. Add 메소드는 TimeSpan을 매개변수로 갖습니다. 년, 월, 일, 시, 분, 초, 밀리초, 틱을 더해주는 별도의 메소드들도 제공합니다. 각각 AddYears(), AddMonths(), AddDays(), AddHours(), AddMinutes(), AddSeconds(), AddMilliseconds(), AddTicks()를 사용합니다. 각 메소드들의 매개변수는 양수이거나 음수일 수 있습니다. 계산 결과는 새로운 DateTime 구조체입니다.

```
public DateTime Add (TimeSpan value);
public DateTime AddYears (int value);
public DateTime AddMonths (int months);
public DateTime AddDays (double value);
public DateTime AddHours (double value);
```

```
public DateTime AddMinutes (double value);
public DateTime AddSeconds (double value);
public DateTime AddMilliseconds (double value);
public DateTime AddTicks (long value);
```

Subtract 메소드는 인스턴스에서 지정된 시간이나 기간을 뺍니다.

```
public TimeSpan Subtract (DateTime value);
public DateTime Subtract (TimeSpan value);
```

(3) 타임 존 간의 전환

DateTime 값은 특정 시점을 그리니치 표준시(GMT)라고도 하는 UCT(Coordinated Universal Time)나 컴퓨터의 시간인 로컬 타임으로 기록할 수 있습니다. 이들 간의 변환을 위해 다음과 같은 메소드를 제공합니다.

```
public DateTime ToLocalTime ();
public DateTime ToUniversalTime ();
```

(4) DateTime 값과 String 사이의 변환

DateTime 값을 string으로 변환할 수 있고 string을 받아서 DateTime 인스턴스를 만들 수 있습니다. 이때 사용하는 메소드는 다음과 같습니다.

```
public static DateTime Parse (string s);
public override string ToString ();
public string ToString (string format);
```

(5) DateTime과 TimeSpan

DateTime은 어느 순간을 표현하는데 반해 TimeSpan은 시간 간격을 나타냅니다. DateTime 인스턴스 두 개를 빼면 TimeSpan 개체를 얻을 수 있습니다. DateTime에 TimeSpan을 더하거나 뺄 수도 있는데 그 결과는 DateTime 개체입니다.

(6) DateTime 구조체의 속성

속성	단위	설명
Date	DateTime	인스턴스와 동일한 날짜를 갖고 시간 값이 12:00:00 자정(00:00:00)으로 설정된 새 DateTime 개체
Day	int	인스턴스가 나타내는 월의 일 수
DayOfWeek	DayOfWeek	인스턴스가 나타내는 주의 요일을 나타내는 열거형 값
DayOfYear	int	인스턴스가 나타내는 연도의 일 수
Hour	int	인스턴스가 나타내는 날짜의 시간
Kind	DateTimeKind	인스턴스에 표시된 시간이 현지 시간 또는 UTC를 기준으로 하는지 아니면 둘 중 어느 것도 기준으로 하지 않는지를 나타내는 열거형 값
Millisecond	int	인스턴스가 나타내는 날짜의 밀리초
Minute	int	인스턴스가 나타내는 날짜의 분
Month	int	인스턴스가 나타내는 날짜의 월
Now	DateTime	이 컴퓨터의 현재 날짜와 시간으로 설정되고 현지 시간으로 표시되는 DateTime 개체
Second	int	인스턴스가 나타내는 날짜의 초
Ticks	long	인스턴스의 날짜와 시간을 나타내는 틱 수
TimeOfDay	TimeSpan	인스턴스에 대한 하루 중 시간
Today	DateTime	시간이 00:00:00인 현재 날짜
UtcNow	DateTime	이 컴퓨터의 현재 날짜와 시간으로 설정되고 UTC(협정 세계시)로 표시되는 DateTime 개체
Year	int	인스턴스가 나타내는 날짜의 연도

(7) DateTime 구조체의 메소드

두 DateTime을 비교할 때는 Compare()나 CompareTo() 메소드를 사용합니다. Compare() 메소드는 스태틱 메소드입니다. 결과값은 정수인데, 0보다 작으면 t1이 t2보다 이전이고, 0이면 같으며, 0보다 크면 t1이 t2보다 나중입니다.

```
public static int Compare (DateTime t1, DateTime t2);
public int CompareTo (DateTime value);
```

이와 비슷하게 부울값을 리턴하는 Equals() 메소드가 있습니다. 같으면 true, 다르면 false를 리턴합니다.

```
public static bool Equals (DateTime t1, DateTime t2);
public bool Equals (DateTime value);
```

DaysInMonth() 메소드는 해당 년도의 해당 월이 며칠인지 리턴합니다. 2월의 경우 윤년이면 29, 평년이면 28을 리턴합니다.

```
public static int DaysInMonth (int year, int month);
```

지정한 연도가 윤년인지 평년인지를 나타내는 메소드도 있습니다.

```
public static bool IsLeapYear (int year);
```

DateTime 구조체를 사용하는 예제 프로그램을 만들어 보겠습니다.

📁 File: A085_DateTime/Program.cs

```
 1 using System;
 2
 3 namespace A085_DateTime
 4 {
 5   class Program
 6   {
 7     static void Main(string[] args)
 8     {
 9       DateTime date1 = new DateTime(1992, 7, 4, 8, 44, 0);
10       DateTime date2 = new DateTime(1990, 1, 27, 12, 6, 0);
11
12       Console.WriteLine(date1);
13       Console.WriteLine(date2);
14
15       Console.WriteLine("{0}과 {1}의 차이는 {2}일입니다",
16         date1.ToString("yyyy년 M월 d일"),
17         date2.ToString("yyyy년 M월 d일"),
18         date1.Subtract(date2).Days);
19
```

```
20      Console.WriteLine("\n오늘: {0}", DateTime.Today);
21
22      DateTime y = DateTime.Today.AddDays(-1);   // 어제
23      Console.WriteLine("어제: {0}", y.ToShortDateString());
24
25      DateTime t  = DateTime.Today.AddDays(1);   // 내일
26      Console.WriteLine("내일: {0}", t.ToShortDateString());
27
28      Console.WriteLine("\n2020년은 {0}입니다",
29                        DateTime.IsLeapYear(2020) ? "윤년" : "평년");
30      Console.WriteLine("2020년 2월은 {0}일입니다.\n",
31                        DateTime.DaysInMonth(2020, 2));
32
33      // Parse and TryParse
34      string date = "1990-1-27 12:6";
35      DateTime aDay = DateTime.Parse(date);
36      Console.WriteLine(aDay);
37
38      string input = "1992/7/4 8:44";
39      DateTime bDay;
40      if (DateTime.TryParse(input, out bDay))
41      {
42        Console.WriteLine(bDay);
43      }
44      Console.WriteLine();
45
46      DateTime d1 = DateTime.Now;
47      DateTime d2 = DateTime.UtcNow;
48
49      Console.WriteLine(d1);
50      Console.WriteLine(d2);
51    }
52  }
53 }
```

9 ◆	1992년 7월 4일 8시 44분을 나타내는 date1을 생성합니다.
10 ◆	1990년 1월 27일 12시 6분을 나타내는 date2을 생성합니다.
12~13 ◆	date1과 date2를 출력합니다.
15~18 ◆	date1과 date2의 날짜 차이를 출력합니다 date1.Subtract(date2)는 두 날짜 사이의 TimeSpan인데 TimeSpan 구조체의 Days 속성은 날짜 수를 리턴합니다.
20 ◆	DateTime.Today 속성은 시간이 00:00인 오늘 날짜입니다.
22 ◆	AddDays(-1)은 하루를 빼주므로 어제의 날짜가 됩니다.
23 ◆	ToShortDateString()은 날짜를 간단하게 표시해줍니다.
25 ◆	AddDays(1)은 하루를 더해주므로 내일의 날짜가 됩니다.
26 ◆	ToShortDateString()은 날짜를 간단하게 표시해줍니다.
28 ◆	IsLeapYear()는 윤년이면 true를, 평년이면 false를 리턴합니다. 조건연산자 ? :를 사용하여 "윤년", "평년"을 출력합니다.
30 ◆	DaysInMonth() 메소드를 이용하여 2020년 2월의 날짜 수를 출력합니다.
34 ◆	string 변수 date를 "1990-1-27 12:6"이라는 값으로 초기화합니다.
35 ◆	Parse() 메소드를 이용하여 date 변수의 값을 DateTime 객체 aDay로 만듭니다.
36 ◆	aDay를 출력합니다.
38 ◆	string 변수 input을 "1992-7-4 8:44"라는 값으로 초기화합니다.
39 ◆	DateTime형의 bDay 변수를 선언합니다.
40~43 ◆	TryParse() 메소드를 이용하여 input을 해석하여 정당한 DateTime형으로 해석이 되면 out 키워드를 이용하여 bDay에 할당하고 콘솔에 출력합니다.
46~47 ◆	DateTime.Now 속성을 이용하여 d1과 d2를 설정합니다. Now 속성은 로컬타임을 의미하고 UtcNow 속성은 그리니치표준시를 의미합니다.

d1과 d2를 출력합니다. UTC는 로컬타임보다 9시간 느립니다.

◆ 49~50

결과

```
1992-07-04 오전 8:44:00
1990-01-27 오후 12:06:00
1992년 7월 4일과 1990년 1월 27일의 차이는 888일입니다

오늘: 2019-02-06 오전 12:00:00
어제: 2019-02-05
내일: 2019-02-07

2020년은 윤년입니다
2020년 2월은 29일입니다.

1990-01-27 오후 12:06:00
1992-07-04 오전 8:44:00

2019-02-06 오후 7:33:21
2019-02-06 오전 10:33:21
```

TimeSpan 구조체의 사용 방법

- **학습 내용:** TimeSpan 구조체의 사용 방법을 학습합니다.
- **힌트 내용:** TimeSpan은 두 시간 사이의 간격을 나타냅니다.

TimeSpan은 두 시간의 간격을 나타냅니다. TimeSpan 객체는 양수 또는 음수로 측정되는 시간 간격을 일, 시간, 분, 초 및 초의 소수부로 나타냅니다. TimeSpan 구조체의 가장 큰 단위는 일입니다. TimeSpan 개체의 값은 틱 수입니다. 1틱은 100 나노초, 즉 0.1 밀리초입니다.

TimeSpan은 암시적 또는 명시적 생성자를 사용하여 만듭니다.

```
TimeSpan interval = new TimeSpan();
TimeSpan interval = new TimeSpan(2, 14, 18);      // 2시간 14분 18초
```

두 개의 DateTime 인스턴스를 빼면 TimeSpan 값이 됩니다.

```
DateTime departure = new DateTime(2010, 6, 12, 18, 32, 0);
DateTime arrival = new DateTime(2010, 6, 13, 22, 47, 0);
TimeSpan travelTime = arrival - departure;
```

TimeSpan 구조체에는 Days, Hours, Minutes, Seconds, Milliseconds, Ticks와 같은 속성이 있습니다. 각 속성은 TimeSpan 개체의 일, 시, 분, 초, 밀리초, 틱 요소를 의미합니다.
TimeSpan 구조체의 TotalDays, TotalHours, TotalMinutes, TotalSeconds, TotalMilliseconds 속성들은 TimeSpan 개체의 값을 일, 시, 분, 초, 밀리초, 틱 단위로 변환한 값을 의미합니다.

📁 File: A086_TimeSpan/Program.cs

```
1 using System;
2
3 namespace A086_TimeSpan
4 {
```

```
5   class Program
6   {
7     static void Main(string[] args)
8     {
9       DateTime christmas = new DateTime(2018, 12, 25);
10      DateTime newYearsDay = new DateTime(2019, 1, 1);
11
12      TimeSpan span = newYearsDay - christmas;
13      // TimeSpan span = newYearsDay.Subtract(christmas);
14      Console.WriteLine("크리스마스와 1월 1일의 시간 간격");
15      Console.WriteLine("{0,14}", span);
16      Console.WriteLine("{0,14} days", span.Days);
17      Console.WriteLine("{0,14} hours", span.Hours);
18      Console.WriteLine("{0,14} minutes", span.Minutes);
19      Console.WriteLine("{0,14} seconds", span.Seconds);
20      Console.WriteLine("{0,14} milliseconds", span.Milliseconds);
21
22      Console.WriteLine("또는");
23      Console.WriteLine("{0,14}", span);
24      Console.WriteLine("{0,14} days", span.TotalDays);
25      Console.WriteLine("{0,14} hours", span.TotalHours);
26      Console.WriteLine("{0,14} minutes", span.TotalMinutes);
27      Console.WriteLine("{0,14} seconds", span.TotalSeconds);
28      Console.WriteLine("{0,14} milliseconds", span.TotalMilliseconds);
29      Console.WriteLine("{0,14} ticks", span.Ticks);
30    }
31   }
32 }
```

DateTime 개체 christmas는 2018년 12월 25일로, newYearsDay는 2019년 1월 1일로 초기화하여 생성합니다. ◆ 9~10

TimeSpan 개체 span은 newYearsDay에서 christmas를 뺀 값입니다. 뺄셈 부호 '–'를 쓰는 대신 13번째 줄과 같이 Subtract() 메소드를 사용해도 됩니다. ◆ 12

콘솔에 안내문을 출력합니다. ◆ 14

15 ◆ 두 날짜 사이의 시간 간격 span을 출력합니다. 7일이라는 뜻으로 7.00.00.00이 출력됩니다.

16~20 ◆ 두 날짜 사이의 간격이므로 7일 0시간 0분 0초 0밀리초 차이가 납니다. 각각을 출력합니다.

24~29 ◆ 두 날짜 사이의 간격을 일, 시, 분, 초, 밀리초, 틱 단위로 표시합니다.

결과

```
크리스마스와 1월 1일의  시간  간격
      7.00:00:00
                 7 days
                 0 hours
                 0 minutes
                 0 seconds
                 0 milliseconds
   또는
      7.00:00:00
                 7 days
               168 hours
             10080 minutes
            604800 seconds
         604800000 milliseconds
      6048000000000 ticks
```

TimeSpan을 이용한 생애계산기

- **학습 내용:** TimeSpan을 이용하여 살아온 시간을 계산하는 생애계산기를 만듭니다.
- **힌트 내용:** TimeSpan은 두 시간 사이의 간격을 나타냅니다.

73장에서 날짜를 세어서 생애계산기를 만들었습니다. 이번에는 TimeSpan을 사용하여 생일부터 현재까지의 시간을 계산해주는 생애계산기를 만듭니다.

📁 File: A087_LifeTimeCalc/Program.cs

```
 1 using System;
 2
 3 namespace A087_LifeTimeCalc
 4 {
 5   class Program
 6   {
 7     static void Main(string[] args)
 8     {
 9       Console.Write("생년월일 시분초를 입력하세요: ");
10       DateTime date1 = DateTime.Parse(Console.ReadLine());
11       DateTime date2 = DateTime.Now;
12
13       TimeSpan interval = date2 - date1;
14       Console.WriteLine("탄생 시간: {0}", date1);
15       Console.WriteLine("현재 시간: {0}", date2);
16       Console.WriteLine("생존 시간: {0}", interval.ToString());
17       Console.WriteLine("당신은 지금 이 순간까지 {0}일 {1}시간"
18         + " {2}분 {3}초를 살았습니다.",
19         interval.Days, interval.Hours,
20         interval.Minutes, interval.Seconds);
21     }
22   }
23 }
```

9~11 ◆ 생년월일시를 입력받아 DateTime으로 해석하여 date1에 할당하고 date2는 DateTime.Now로 현재 날짜와 시간을 할당합니다.

13 ◆ TimeSpan 객체 interval은 date2에서 date1을 빼줍니다.

14~15 ◆ date1과 date2를 출력합니다.

16 ◆ interval을 출력합니다.

17~20 ◆ interval의 Days, Hours, Minutes, Seconds 속성을 출력합니다.

결과

생년월일 시분을 입력하세요: 1990-1-27 12:6 Enter↵
탄생 시간: 1990-01-27 오후 12:06:00
현재 시간: 2019-02-06 오후 10:05:05
생존 시간: 10602.09:59:05.9118168
당신은 지금 이 순간까지 10602일 9시간 59분 5초를 살았습니다.

DateTime Format

- **학습 내용:** 날짜와 시간의 표현 방법을 지정하기 위한 형식을 학습합니다.
- **힌트 내용:** 사용자 지정 형식, 표준 형식 등 다양한 형식지정자가 있습니다.

DateTime형의 날짜와 시간 출력 양식을 지정하기 위해 형식문자열을 사용합니다. 각 국가마다 다른 날짜, 시간을 형식을 사용하고 사용자 컴퓨터의 Locale(제어판의 국가 및 언어 설정)에 따라 다르게 출력될 수 있습니다.

(1) 사용자 지정 형식

사용자가 원하는 형식으로 출력을 지정할 수 있습니다. 출력할 때는 DateTime의 ToString() 메소드를 쓸 수도 있고 String.Format() 메소드에 포맷을 지정하여 쓸 수도 있습니다.

```
DateTime date1 = DateTime.Today;
Console.WriteLine(date1.ToString("yyyy년 MM월 dd일"));
Console.WriteLine(string.Format("{0:yyyy년 MM월 dd일}", today));

[출력]
2019년 02월 07일
```

CultureInfo 클래스를 사용하여 특정 문화권의 양식을 지정할 수 있습니다. CultureInfo 클래스는 언어, 국가/지역, 달력 및 특정 문화권 관련 정보를 제공합니다. 다음의 예제는 날짜를 영어-미국(en-US) 형식과 불어-프랑스(fr-FR) 형식으로 출력합니다.

```
Console.WriteLine(date1.ToString("MMMM dd, yyyy ddd",
    CultureInfo.CreateSpecificCulture("en-US")));
Console.WriteLine(date1.ToString("MMMM dd, yyyy ddd",
    new CultureInfo("fr-FR")));

[출력]
February 07, 2019 Thu      // 미국식 영어 표현
fevrier 07, 2019 jeu.      // 프랑스어 표현
```

사용자 지정 형식에 사용되는 기호들과 그 의미는 다음과 같습니다.

단위	기호 및 의미
월	M : 월을 나타내는 숫자. 10 이하는 한자리(예: 2) MM : 월을 나타내는 숫자. 10 이하는 앞에 0 포함(예: 02) MMM : 축약형 월 이름(예: Feb, 2) MMMM : 줄이지 않은 월 이름(예: February, 2월)
일	d : 일. 10 이하는 한자리 dd : 2자리 일자
요일	ddd : 축약형 요일 이름(예: Thu, 목) dddd : 줄이지 않은 요일 이름(예: Thursday, 목요일)
년도	yy : 2자리 연도 yyyy : 4자리 연도
시	h : 시간 (12시간 단위, 10 이하 한자리) hh : 2자리 시간 (12시간) H : 시간 (24시간 단위, 10 이하 한자리) HH : 2자리 시간 (24시간)
분	m : 분(10 이하 한자리) mm : 2자리 분
초	s : 초(10 이하 한자리) ss : 2자리 초
오전/오후	tt : AM / PM(오전/ 오후)

(2) 표준 형식

자주 사용되는 날짜 형식은 표준 형식지정자를 이용하여 표현할 수 있습니다. 사용되는 기호는 d, D, t, T, g, G, f, F, s, o, u 등입니다. 다음의 표는 표준 형식지정자를 사용했을 때 어떻게 날짜 및 시간이 다르게 표현되는지 보여줍니다. 표에서 예는 한국과 영어-미국(en-US) 형식의 두 가지로 나타냈습니다.

지정자	의미	예
d	축약된 날짜 형식	2019-02-07 2/7/2019
D	긴 날짜 형식	2019년 2월 7일 목요일 Thursday, February 7, 2019
t	축약된 시간	오후 1:44 1:44 PM
T	긴 시간 형식	오후 1:44:36 1:44:36 PM

지정자	의미	예
g	일반 날짜 및 시간(초 생략)	2019-02-07 오후 1:45 2/7/2019 1:45 PM
G	일반 날짜 및 시간	2019-02-07 오후 1:45:53 2/7/2019 1:45:53 PM
f	자세한 날짜 및 시간(초 생략)	2019년 2월 7일 목요일 오후 1:47 Thursday, February 7, 2019 1:47 PM
F	자세한 날짜 및 시간	2019년 2월 7일 목요일 오후 1:47:13 Thursday, February 7, 2019 1:47:13 PM
s	정렬 가능한 서식(ISO 8601)	2019-02-07T13:58:50
o/O	ISO 8601 표준	2019-02-07T13:58:50,7884998+09:00
r/R	라운드 트립	Thu, 07 Feb 2019 13:58:50 GMT
u	로컬시간을 UTC로 변환	2019-02-07 13:58:50Z

(3) ToOOOString() 사용

DateTime 구조체의 메소드 중에는 ToString() 외에도 다음과 같이 형식지정자를 사용하는 것과 같은 효과를 줄 수 있는 메소드들이 있습니다.

형식지정자	형식지정자와 같은 메소드
D	ToLongDateString()
d	ToShortDateString();
T	ToLongTimeString()
T	ToShortTimeString()

📁 File: A088_DateTimeFormat/Program.cs

```
1 using System;
2 using System.Globalization;
3
4 namespace A088_DateTimeFormat
5 {
6   class Program
7   {
```

```
8      static void Main(string[] args)
9      {
10       DateTime today = DateTime.Now;
11
12       Console.WriteLine(today.ToString("yyyy년 MM월 dd일"));
13       Console.WriteLine(string.Format("{0:yyyy년 MM월 dd일}", today));
14       Console.WriteLine(today.ToString("MMMM dd, yyyy ddd",
15            CultureInfo.CreateSpecificCulture("en-US")));
16
17       // d : 축약된 날짜 형식
18       Console.WriteLine("d : " + today.ToString("d"));
19       // D : 긴 날짜 형식
20       Console.WriteLine("D : " + string.Format("{0:D}", today));
21       // t : 축약된 시간
22       Console.WriteLine("t : " + string.Format("{0:t}", today));
23       // T : 긴 시간 형식
24       Console.WriteLine("T : " + string.Format("{0:T}", today));
25       // g : 일반 날짜 및 시간(초생략)
26       Console.WriteLine("g : " + string.Format("{0:g}", today));
27       // G : 일반 날짜 및 시간
28       Console.WriteLine("G : " + string.Format("{0:G}", today));
29       // f : Full 날짜 및 시간(초생략)
30       Console.WriteLine("f : " + string.Format("{0:f}", today));
31       // F : Full 날짜 및 시간
32       Console.WriteLine("F : " + string.Format("{0:F}", today));
33       // s : ISO 8601 표준(밀리초 생략)
34       Console.WriteLine("s : " + string.Format("{0:s}", today));
35       // o : ISO 8601 표준
36       Console.WriteLine("o : " + string.Format("{0:o}", today));
37       // r : UTC로 표시
38       Console.WriteLine("r : " + string.Format("{0:r}", today));
39       // u : UTC로 출력
40       Console.WriteLine("u : " + string.Format("{0:u}", today));
41     }
42   }
43 }
```

CultureInfo 클래스를 사용하기 위해서 System.Globalization 네임스페이스를 using 문으로 추가 ◆ 2
합니다.

DateTime 개체 today를 지금 시간으로 초기화합니다. ◆ 10

ToString() 메소드를 이용하여 today의 값을 출력합니다. ◆ 12

string.Format()으로 today를 출력합니다. 12번째 줄과 같은 형식으로 출력됩니다. ◆ 13

영어-미국 문화권으로 사용자 지정 형식지정자로 출력합니다. ◆ 14

표준 형식지정자를 사용하여 today를 출력합니다. ◆ 18~40

결과

```
2019년 02월 07일
2019년 02월 07일
February 07, 2019 Thu
d : 2019-02-07
D : 2019년 2월 7일 목요일
t : 오후 3:59
T : 오후 3:59:20
g : 2019-02-07 오후 3:59
G : 2019-02-07 오후 3:59:20
f : 2019년 2월 7일 목요일 오후 3:59
F : 2019년 2월 7일 목요일 오후 3:59:20
s : 2019-02-07T15:59:20
o : 2019-02-07T15:59:20.6257285+09:00
r : Thu, 07 Feb 2019 15:59:20 GMT
u : 2019-02-07 15:59:20Z
```

메소드에 인수를 전달하는 세 가지 방법

- **학습 내용 :** 메소드에 인수를 전달하는 세 가지 방법을 학습합니다.
- **힌트 내용 :** 값에 의한 호출, 참조에 의한 호출, out 키워드의 사용법을 익힙니다.

메소드를 호출할 때 메소드에 인수(argument)를 전달하는 방법은 세 가지가 있습니다. 값에 의한 호출, 참조에 의한 호출, 그리고 out에 의한 호출입니다.

첫 번째 값에 의한 호출 방법은 인수의 값을 메소드의 매개변수에 복사합니다. 이 경우에는 메소드 안에서 매개변수의 값이 바뀌더라도 호출한 곳의 인수에 영향을 미치지 않습니다. 값에 의한 호출 방법이 C#에서의 디폴트입니다.

두 번째 인수전달 방법은 참조를 전달하는 것입니다. ref 키워드로 인수를 메소드로 전달하면 실제로는 변수의 참조, 즉 주소를 전달하기 때문에 호출된 메소드에서 그 주소에 있는 변수의 값을 바꿀 수 있습니다.

세 번째 인수전달 방법은 out 키워드를 사용하는 것입니다. 메소드에서 out 키워드를 사용한 변수는 호출한 곳으로 값을 내보내줄 때만 사용됩니다. out 키워드를 사용한 인수의 값은 메소드 내에서 사용되지 않습니다. 따라서 호출하는 곳에서 그 변수를 어떤 값으로 초기화할 필요가 없습니다. 메소드가 최대 하나의 리턴 값만을 보내줄 수 있기 때문에 out 키워드를 사용하면 메소드에서 여러 개의 값을 리턴하는 효과가 있습니다.

메소드로 인수를 전달하는 세 가지 방법을 예제를 통해 살펴보겠습니다.

📁 **File: A089_MethodArguments/Program.cs**

```
1 using System;
2
3 namespace A089_MethodArguments
4 {
5   class Program
6   {
7     static void Main(string[] args)
```

```
8    {
9        int a = 3;
10       Sqr(a);
11       Console.WriteLine("Value: {0}", a); // 3이 출력됩니다.
12
13       int b = 3;
14       Sqr(ref b);
15       Console.WriteLine("ref: {0}", b); // 9가 출력됩니다.
16
17       string name;
18       int id;
19       GetName(out name, out id);
20       Console.WriteLine("out: {0} {1}", name, id);
21   }
22
23   static void Sqr(int x)
24   {
25       x = x * x;
26   }
27
28   static void Sqr(ref int x)
29   {
30       x = x * x;
31   }
32
33   static void GetName(out string name, out int id)
34   {
35       Console.Write("Enter Name: ");
36       name = Console.ReadLine();
37       Console.Write("Enter Id: ");
38       id = int.Parse(Console.ReadLine());
39   }
40  }
41 }
```

C#의 기본형인 값에 의한 호출입니다. Sqr(a)로 메소드에 a의 값 3을 넘겨줍니다. Sqr(int x) 메소드에서는 매개변수 x가 전달받은 3을 저장하고 제곱을 계산하여 x는 9가 되지만 Main()의 인수 a는 변화하지 않습니다.

참조에 의한 호출입니다. 인수로 ref b를 넘겨주면 Sqr(ref int x) 메소드의 매개변수 x는 b의 참조를 전달받아 x값이 바뀌면 Main()의 b도 값이 변합니다.

out에 의한 호출입니다. out 키워드로 name과 id 변수를 인수로 넘겨줍니다. GetName() 메소드에서 여기에 값을 할당하면 Main()에서 이 값을 사용할 수 있습니다. 메소드가 여러 개의 값을 반환해주는 효과가 있습니다.

결과

```
Value: 3
ref: 9
Enter Name: Steve Enter↵
Enter Id: 100100 Enter↵
out: Steve 100100
```

가변길이 매개변수 params의 사용 방법

• **학습 내용:** 가변길이 매개변수 params 키워드 사용 방법을 학습합니다.
• **힌트 내용:** params를 사용하면 매개변수의 숫자가 다른 여러 개의 메소드를 하나로 처리할 수 있습니다.

프로그램을 하다보면 매개변수의 개수만 다른 메소드를 여러 개 만들어야 하는 경우가 생깁니다. 3개 숫자의 평균을 계산하는 메소드를 만들었는데, 5개 평균을 계산할 필요가 생겼다면, 같은 일을 하는 또 다른 메소드를 만들어야 합니다. 이런 경우 params 키워드를 사용하면 가변길이 매개변수를 사용하는 메소드를 만들 수 있습니다. 이때 매개변수의 개수가 0일 수도 있습니다.

```
double average = Average(10, 20, 30);
double average = Average(10, 20, 30, 40, 50);

double Average(params int[] args)
{
    int sum = 0;
    for(int i=0; i<args.Length; i++)
        sum += args[i];
    return sum/args.Length;
}
```

단, 메소드 선언에서 params 키워드 뒤에는 추가 매개변수가 허용되지 않으며, params 키워드 하나만 메소드 선언에 사용할 수 있습니다. params 매개변수의 형식은 1차원 배열이어야 합니다. params 매개변수를 갖는 메소드를 호출할 때 1차원 배열을 매개변수로 전달할 수도 있습니다. 이때 배열의 타입이 params 타입과 같아야 합니다.

📁 File: A090_params/Program.cs

```
1 using System;
2
3 namespace A090_params
4 {
```

```
5   class Program
6   {
7     public static void PrintIntParams(params int[] arr)
8     {
9       for (int i = 0; i < arr.Length; i++)
10      {
11        Console.Write(arr[i] + " ");
12      }
13      Console.WriteLine();
14    }
15
16    public static void PrintObjectParams(params object[] arr)
17    {
18      for (int i = 0; i < arr.Length; i++)
19      {
20        Console.Write(arr[i] + " ");
21      }
22      Console.WriteLine();
23    }
24
25    static void Main(string[] args)
26    {
27      PrintIntParams(1, 2, 3, 4);
28      PrintObjectParams(1, 1.234, 'a', "test");
29      PrintObjectParams();
30
31      int[] myIntArray = { 5, 6, 7, 8, 9 };
32      PrintIntParams(myIntArray);
33
34      object[] myObjArray = { 2, 2.345, 'b', "test", "again" };
35      PrintObjectParams(myObjArray);
36
37      PrintObjectParams(myIntArray);
39    }
39  }
40 }
```

int 배열을 params 매개변수로 하는 PrintIntParams() 메소드의 정의입니다. params 매개변수 arr 배열의 요소를 출력합니다. ◆ 7~13

object 배열을 params 매개변수로 하는 PrintObjectParams() 메소드의 정의입니다. params 매개변수 arr 배열의 요소를 출력합니다. ◆ 16~23

PrintIntParams() 메소드를 4개의 정수값으로 호출합니다. ◆ 27

PrintObjectParams() 메소드를 4개의 object로 호출합니다. object는 모든 형식의 부모이므로 int, double, char, string의 값을 가질 수 있습니다. ◆ 28

매개변수 없이 PrintObjectParams() 메소드를 호출합니다. params를 매개변수로 하는 메소드는 매개변수 없이 호출할 수 있습니다. 매개변수가 없으므로 빈 줄이 출력됩니다. ◆ 29

int 배열 myIntArray를 선언하고 PrintIntParams() 메소드를 호출하여 출력합니다. ◆ 31~32

ojbect 배열 myObjArray를 선언하고 PrintObjectParams() 메소드로 출력합니다. ◆ 34~35

PrintObjectParams() 메소드는 object를 매개변수로 받기 때문에 myIntArray를 매개변수로 호출될 수 있습니다. 다만 myIntArray의 타입이 int이기 때문에 배열의 내용을 출력할 수는 없고 myIntArray를 object 타입의 매개변수 하나로 간주하여 System.Int32[]를 출력합니다. ◆ 37

결과

```
1 2 3 4
1 1.234 a test

5 6 7 8 9
2 2.345 b test again
System.Int32[]
```

선택적 인수와 명명된 인수

- **학습 내용:** 선택적 인수와 명명된 인수의 사용법을 학습합니다.
- **힌트 내용:** 매개변수 지정의 다양한 방법을 익힙니다.

C# 4에서부터 메소드에 사용되는 인수를 지정할 때 선택적 인수(optional argument)와 명명된 인수(named argument)라는 특별한 방법을 제공합니다. 두 기법 모두 메소드, 인덱서, 생성자 및 대리자에 사용할 수 있습니다.

선택적 인수를 사용하면 메소드를 호출할 때 일부 매개변수에 대한 인수를 생략할 수 있습니다. 예를 들어 지수승을 계산하는 MyPower()라는 메소드를 다음과 같이 만들 수 있습니다. 두 번째 매개변수 int y = 2라고 디폴트 값을 주었습니다.

```
static int MyPower(int x, int y = 2) { ... }
```

MyPower(x, y) 메소드는 호출할 때 두 개의 인수를 가질 수 있는데 두 번째 인수가 생략되면 y 매개변수가 디폴트 값인 2가 됩니다. 따라서 MyPower(3)과 MyPower(3,2)는 같은 결과를 리턴하게 됩니다.

명명된 인수를 사용하면 인수를 매개변수 목록 내의 매개변수 위치가 아니라 매개변수 이름과 연결하여 특정 매개변수에 대한 인수를 지정할 수 있습니다. 예를 들어 사각형의 면적을 리턴하는 Area() 메소드를 다음과 같이 만들고, Area() 메소드를 호출할 때 명명된 인수를 사용하면 두 매개변수의 순서를 기억할 필요가 없습니다. Area(w:5, h:6)과 같이 순서에 상관없이 매개변수의 이름으로 메소드를 호출할 수 있습니다.

```
static int Area(int h, int w)
{
    return h * w;
}
int area = Area(w:5, h:6);
```

📂 File: A091_OptionalNamedArguments/Program.cs

```csharp
1 using System;
2
3 namespace A091_OptionalNamedArguments
4 {
5   class Program
6   {
7     static int MyPower(int x, int y = 2)
8     {
9       int result = 1;
10      for (int i = 0; i < y; i++)
11        result *= x;
12      return result;
13    }
14
15    static int Area(int h, int w)
16    {
17      return h * w;
18    }
19
20    static void Main(string[] args)
21    {
22      Console.WriteLine(MyPower(4, 2));
23      Console.WriteLine(MyPower(4));
24      Console.WriteLine(MyPower(3, 4));
25
26      Console.WriteLine(Area(w: 5, h: 6));
27      Console.WriteLine(Area(h: 6, w: 5));
28    }
29  }
30 }
```

선택적 인수를 사용한 MyPower() 메소드의 정의입니다. 두 개의 매개변수 중 두 번째 매개변수는 y = 2라고 썼기 때문에 기본값으로 2를 갖습니다.   ◆ 7~13

사각형의 너비 w와 높이 h를 곱한 면적을 리턴하는 Area() 메소드입니다.   ◆ 15

22 ◆ MyPower(4, 2)를 호출하여 리턴받는 값을 출력합니다. 4의 제곱인 16을 리턴받아 출력합니다.

23 ◆ MyPower(4)는 인수가 하나이므로 두 번째 인수는 기본값 2가 됩니다. 따라서 4의 제곱인 16을 리턴받아 출력합니다.

24 ◆ MyPower(3, 4)를 호출하여 3의 4승은 81을 출력합니다.

26 ◆ Area(w:5, h:6)과 같이 w, h의 매개변수과 값을 콜론으로 보내어 이름으로 매개변수와 매칭합니다.

27 ◆ Area(h:6, w:5)와 같이 앞줄과 매개변수 순서는 다르지만 이름으로 호출하였으므로 값은 결과를 출력합니다.

결과
16
16
81
30
30

메소드 오버로딩

- **학습 내용 :** 메소드 오버로딩을 학습합니다.
- **힌트 내용 :** 같은 이름을 갖는 여러 메소드를 만들 때 메소드 오버로딩이라고 합니다.

여러 개의 메소드가 이름은 같고 매개변수만 다를 때 메소드 오버로딩이라고 합니다. 예를 들어 int 매개변수의 값을 출력하는 Print() 메소드를 만들었습니다.

```
static void Print(int x)
{
    Console.WriteLine(x);
}
```

이번에는 double 값을 출력하는 메소드가 필요합니다. 이럴 때 새로운 이름을 갖는 메소드를 만들지 않고 같은 이름으로 매개변수만 다른 메소드를 만들 수 있습니다.

```
static void Print(double x)
{
    Console.WriteLine(x);
}
```

매개변수의 타입뿐 아니라 개수도 다를 수 있습니다. 중요한 점은 같은 이름을 갖고 있는 여러 개의 중복된 메소드들이 호출될 때의 매개변수에 의해서 구분될 수 있는가 하는 점입니다. 다음과 같은 메소드도 같은 이름으로 중복될 수 있습니다.

```
static void Print(string s, double x)
{
    Console.WriteLine(s + x);
}
```

```csharp
1  using System;
2
3  namespace A092_MethodOverloading
4  {
5    class Program
6    {
7      static void Main(string[] args)
8      {
9        Print(10);
10       Print(0.123);
11       Print("Sum = ", 123.4);
12     }
13
14     private static void Print(double x)
15     {
16       Console.WriteLine(x);
17     }
18
19     private static void Print(string s, double x)
20     {
21       Console.WriteLine(s + x);
22     }
23
24     private static void Print(int x)
25     {
26       Console.WriteLine(x);
27     }
28   }
29 }
```

7~12 ◆ 세 가지 방법으로 Print() 메소드를 호출합니다. 메소드 이름은 Print로 다 같지만 매개변수가 다르기 때문에 서로 다른 메소드를 혼동하지 않고 호출할 수 있습니다.

14~27 ◆ 같은 이름을 갖고 매개변수만 다른 세 개의 print() 메소드입니다.

결과

```
10
0.123
Sum = 123.4
```

3

PART 중급

C# 실력 다지기

초보자를 위한

C#
200제

일반화 메소드(제네릭 메소드)

- **학습 내용:** 일반화 메소드를 학습합니다.
- **힌트 내용:** 일반화 메소드는 여러 가지 형의 매개변수를 하나의 메소드에서 처리합니다.

일반화 프로그램은 데이터 형식을 일반화하는 기법으로 Generic Programming이라고 합니다. C# 2.0부터 도입되었습니다. 예를 들어 int 배열의 요소들을 출력하는 PrintArray(int[] a) 메소드를 만들었습니다. 그런데 double 배열도 출력할 일이 생겼습니다. 이럴 땐 어떻게 해야 할까요? 메소드 중복을 배웠으므로 똑같은 메소드를 복사해서 매개변수만 바꾸어 PrintArray(double[] a) 메소드를 만들어서 사용하면 됩니다.

```
void PrintArray(int[] a) { ... }
void PrintArray(double[] a) { ... }
```

하지만 더 좋은 방법이 있습니다. 바로 일반화 프로그램입니다. 일반화 프로그램으로 만든 메소드를 일반화 메소드라고 합니다. 위에서 메소드 중복으로 만든 두 개의 PrintArray() 메소드는 다음과 같이 일반화 메소드로 만들면 하나로 처리가 가능합니다.

```
void PrintArray<T>(T[] a) { ... }          // 일반화 메소드 정의
```

여기서 사용된 T는 type이라는 뜻을 갖는 기호입니다. 보통 T를 쓰지만 T가 아니고 다른 문자를 써도 됩니다. 〈T〉와 같이 꺽쇠 괄호 안에 T를 쓰면 T는 형식 매개변수가 되어 int, double 등의 형식으로 대치됩니다.

📁 **File: A093_GenericMethod/Program.cs**

```
1 using System;
2
3 namespace A093_GenericMethod
4 {
5   class Program
```

```
6  {
7    static void Main(string[] args)
8    {
9      int[] a = { 1, 2, 3 };
10     double[] d = { 0.1, 0.2, 0.3 };
11     string[] s = { "tiger", "lion", "zebra" };
12
13     PrintArray<int>(a);
14     PrintArray<double>(d);
15     PrintArray<string>(s);
16   }
17
18   private static void PrintArray<T>(T[] a)
19   {
20     foreach (var item in a)
21       Console.Write("{0,8}", item);
22     Console.WriteLine();
23   }
24  }
25 }
```

int, double, string 배열을 만들고 초기화합니다. ◆ 9~11

일반화 메소드 PrintArray〈T〉를 호출합니다. 형식 매개변수로 int, double, string을 전달합 ◆ 13~15
니다.

일반화 메소드 PrintArray〈T〉(T[] a)의 정의입니다. 배열의 모든 요소를 8자리로 출력합니다. ◆ 18~23

결과

```
       1       2       3
     0.1     0.2     0.3
   tiger    lion   zebra
```

일반화 클래스(제네릭 클래스)

일반화(제네릭) 클래스는 멤버의 형을 〈T〉로 표시한 클래스입니다. 객체 생성 시에 그 멤버의
형이 결정됩니다. 일반화 클래스 하나를 정의해 보겠습니다.

```
class MyClass<T>
{
    public T x;
    public T DoSomething(T p) { ... }
}
```

클래스 이름 뒤의 〈T〉는 형식 매개변수라고 합니다. 객체가 생성될 때 〈 〉 안에 쓰는 형이 T
를 대체하게 됩니다. 다음의 코드에서 x는 〈int〉를 사용했으므로 클래스의 정의에서 T로 쓴 부
분이 int로 바뀌게 되어 다음과 같은 클래스가 정의된 것과 같이 동작합니다. 〈string〉을 쓴 두
번째 객체 s는 T가 string으로 바뀐 클래스를 사용하게 됩니다.

```
MyClass<int> x = new MyClass<int>();
MyClass<string> s = new MyClass<string>();

class MyClass
{
    public int x;
    public int DoSomething(int p) { ... }
}
```

일반화 클래스를 사용하면 같은 구조와 동작을 갖지만 형만 다른 클래스를 중복해서 작성하지
않아도 됩니다.

File: A094_GenericClass/Program.cs

```
1 using System;
2
3 namespace A094_GenericClass
4 {
5   class MyClass<T>
6   {
7     private T[] arr;
8     private int count = 0;
9
10    public MyClass(int length)
11    {
12      arr = new T[length];
13      count = length;
14    }
15
16    public void Insert(params T[] args)
17    {
18      for (int i = 0; i < args.Length; i++)
19        arr[i] = args[i];
20    }
21
22    public void Print()
23    {
24      foreach (T i in arr)
25        Console.Write(i + " ");
26      Console.WriteLine();
27    }
28
29    public T AddAll()
30    {
31      T sum = default(T);
32      foreach (T item in arr)
33        sum = sum + (dynamic)item;
34      return sum;
35    }
```

```
36     }
37
38   class Program
39   {
40     static void Main(string[] args)
41     {
42       MyClass<int> a = new MyClass<int>(10);
43       MyClass<string> s = new MyClass<string>(5);
44
45       a.Insert(1, 2, 3, 4, 5, 6, 7, 8, 9, 10);
46       s.Insert("Tiger", "Lion", "Zebra", "Monkey", "Cow");
47
48       a.Print();
49       s.Print();
50
51       Console.WriteLine("a.AddAll() : " + a.AddAll());
52       Console.WriteLine("s.AddAll() : " + s.AddAll());
53     }
54   }
55 }
```

5 ◆ 일반화 클래스 MyClass〈T〉를 정의합니다.

7~8 ◆ 클래스 멤버로 T형 배열 arr와 int count를 갖습니다.

10~14 ◆ MyClass의 생성자 메소드입니다. 매개변수로 배열의 크기를 정수로 받습니다. T형 배열을 length 크기로 생성하고 count를 length로 설정합니다.

16~20 ◆ Insert() 메소드입니다. params로 T형 배열을 인수로 받습니다. params는 같은 형이지만 숫자가 다른 매개변수를 전달받을 수 있습니다. Insert() 메소드는 매개변수로 받은 값들을 객체의 arr 배열에 저장합니다.

22~27 ◆ Print() 메소드입니다. 객체 arr 배열의 요소들을 출력합니다.

AddAll() 메소드입니다. sum은 default(T)로 초기화합니다. 숫자 0이 문자열이라면 Empty로 초 ◆ 29~35
기화됩니다. T가 어떤 형일지 모르기 때문에 제네릭에서는 덧셈이 불가능합니다. 따라서 item을
(dynamic)으로 바꾸어서 더합니다. dynamic 변수는 컴파일 시에 형을 체크하지 않기 때문에 컴
파일 시에 에러가 나지 않고, 실행할 때는 숫자나 문자를 '+' 연산자로 더해줄 수 있습니다. arr
배열의 각 요소들을 더해서 리턴합니다.

MyClass〈int〉 객체 a와 MyClass〈string〉 객체 s를 생성합니다. 생성자 메소드가 정수 하나를 ◆ 42~43
매개변수로 갖기 때문에 인수로 숫자 10과 5를 사용했습니다. a는 10개짜리 정수 배열을 만들고
s는 5개짜리 스트링 배열을 갖게 됩니다.

a.Insert() 메소드로 10개의 숫자를 a 객체의 arr[] 배열에 저장합니다. ◆ 45

s.Insert() 메소드로 5개의 문자열을 s 객체의 arr[] 배열에 저장합니다. ◆ 46

Print() 메소드로 a와 s 객체의 arr 배열 내용을 출력합니다. ◆ 48~49

AddAll() 메소드는 배열의 요소들을 다 더해준 값을 리턴받습니다. a는 정수배열의 요소를 합한 ◆ 51~52
값을 리턴하고, s는 문자열 배열의 요소를 다 연결한 문자열을 리턴합니다.

결과

```
1 2 3 4 5 6 7 8 9 10
Tiger Lion Zebra Monkey Cow
a.AddAll() : 55
s.AddAll() : TigerLionZebraMonkeyCow
```

dynamic형을 사용하는
일반화 프로그램

• **학습 내용 :** dynamic형에 대해 학습합니다.
• **힌트 내용 :** dynamic도 int, double과 같은 C#의 데이터 형식입니다.

앞장에서 코드를 설명하면서 dynamic형을 언급했는데 이번 장에서 조금 더 자세히 알아보겠습니다. C#은 강력한 형식 검사를 하는 언어입니다. 그래서 앞장에서 사용한 일반화 클래스에서 〈T〉로 정의된 값들은 더하거나 비교하는 부분에서 컴파일 시에 에러 메시지가 나옵니다. 왜냐하면 〈T〉는 사용자가 만든 클래스를 포함해서 어떠한 자료형도 올 수 있는데 이 자료들이 더하거나 비교할 수 있는 데이터인지 알 수 없기 때문입니다.

이 문제를 dynamic 키워드로 처리할 수 있습니다. dynamic형은 형식 검사를 컴파일 시에 하지 않고 실행할 때 합니다. 실행할 때는 〈T〉에 대치되는 int, double 등의 형식이 사용되고 이런 데이터들은 더하거나 비교할 수 있기 때문에 에러가 발생하지 않습니다.

저장하는 데이터의 형이 int, double, float, decimal 등 어떤 숫자형 배열이라도 적용할 수 있는 메소드를 dynamic과 일반화 프로그램으로 작성합니다. 만들어야 할 메소드는 배열에서 합계, 평균, 최대값을 찾는 메소드입니다.

📁 **File: A095_GenericMethodsUsingDynamic/Program.cs**

```
1 using System;
2
3 namespace A095_GenericMethodsUsingDynamic
4 {
5   class Program
6   {
7     static void Main(string[] args)
8     {
9       int[] a = { 10, 45, 32, 47, 85, 46, 93, 47, 50, 71 };
```

```
10      double[] d = { 0.1, 5.3, 6.7, 8.5, 4.9, 6.1 };
11      float[] f = { 1.2f, 5.3f, 7.8f, 6.1f, 3.4f, 8.8f };
12      decimal[] c = { 123, 783, 456, 234, 456, 748 };
13
14      PrintArray<int>("a[] :", a);
15      CalcArray<int>(a);
16      PrintArray<double>("d[] :", d);
17      CalcArray<double>(d);
18      PrintArray<float>("f[] :", f);
19      CalcArray<float>(f);
20      PrintArray<decimal>("c[] :", c);
21      CalcArray<decimal>(c);
22    }
23
24    private static void CalcArray<T>(T[] a) where T: struct
25    {
26      T sum = default(T);
27      T avg = default(T);
28      T max = default(T);
29
30      foreach(dynamic item in a)
31      {
32        if (max < item)
33          max = item;
34        sum += item;
35      }
36      avg = (dynamic)sum / a.Length;
37      Console.WriteLine("    Sum = {0}, Average = {1}, Max = {2}",
38          sum, avg, max);
39    }
40
41    private static void PrintArray<T>(string s, T[] a) where T: struct
42    {
43      Console.Write(s);
44      foreach(var item in a)
45      {
46        Console.Write(" {0}", item);
47      }
```

```
48          Console.WriteLine();
49      }
50   }
51 }
```

9~12 ◆ int, double, float, decimal 배열을 선언하고 초기화합니다.

14~21 ◆ 각 배열을 형식 매개변수에 데이터형을 표시하고 PrintArray(), CalcArray() 메소드를 호출합니다.

24~39 ◆ 일반화 메소드에서 where T: struct는 T에 값형만 올 수 있다는 뜻입니다. 숫자들은 모두 값형입니다. sum, avg, max를 default(T)로 초기화하고 반복문으로 배열의 최대값, 합계, 평균을 계산하여 출력합니다.

41~49 ◆ 콘솔에 배열의 요소를 한 줄로 출력합니다.

결과

```
a[] : 10 45 32 47 85 46 93 47 50 71
      Sum = 526, Average = 52, Max = 93
d[] : 0.1 5.3 6.7 8.5 4.9 6.1
      Sum = 31.6, Average = 5.26666666666667, Max = 8.5
f[] : 1.2 5.3 7.8 6.1 3.4 8.8
      Sum = 32.6, Average = 5.433333, Max = 8.8
c[] : 123 783 456 234 456 748
      Sum = 2800, Average = 466.666666666666666666666667, Max = 783
```

LinkedList의 구현

- **학습 내용:** LinkedList를 C#으로 프로그램합니다.
- **힌트 내용:** LinkedList는 컬렉션으로 제공되지만 실력 향상을 위해 직접 구현합니다.

List〈T〉나 LinkedList〈T〉 클래스는 C#에서 컬렉션으로 제공하고 있습니다. 하지만 우리가 이러한 자료구조를 직접 만드는 것이 프로그램 공부에 매우 도움이 됩니다. 이번에는 연결리스트 (LinkedList)를 직접 구현해 보겠습니다. LinkedList 클래스를 별도의 파일에 만들겠습니다. 이렇게 하는 이유는 LinkedList를 만들어 두고 다른 프로그램에서도 쓸 수 있기 때문입니다. 보통 클래스는 클래스 이름과 같은 cs 파일에 만듭니다.

클래스 파일을 별도로 만들 때는 솔루션 탐색기의 프로젝트 이름 위에서 마우스 오른쪽 버튼을 누르고 나타나는 팝업 메뉴에서 "추가" – "클래스"를 선택하고 클래스 이름을 입력하면 됩니다. 여기서는 클래스 이름과 같은 LinkedList.cs라는 파일을 추가합니다.

LinkedList.cs 파일에는 Node 클래스와 LinkedList 클래스의 두개의 클래스를 만듭니다. Node 클래스는 리스트의 각 노드를 표현하는 클래스이며 〈표 96-1〉과 같이 int data와 Node next의 두 필드와 생성자 메소드를 갖고 있습니다. LinkedList 클래스는 〈표 96-2〉와 같이 Node 타입의 head 필드와 7개의 메소드로 구성됩니다. 연결리스트에 대한 자세한 설명은 생략하겠습니다. 이번 장에서는 연결리스트를 클래스로 구현하고 다음 장에서 사용하겠습니다.

〈표 96-1〉 Node 클래스의 필드와 메소드

필드 또는 메소드	내용
int data	노드에 저장되는 값입니다.
Node next	리스트에서 다음에 연결되는 노드입니다.
Node(int data)	Node 클래스의 생성자입니다. data를 저장하는 Node를 생성합니다.

〈표 96-2〉 LinkedList 클래스의 필드와 메소드

필드 또는 메소드	내용
Node head	리스트의 첫 번째 노드입니다.
void InsertFront(int data)	리스트의 맨 앞에 data를 추가합니다.

필드 또는 메소드	내용
void InsertLast(int data)	리스트의 맨 뒤에 data를 추가합니다.
Node GetLastNode()	리스트의 맨 뒤 노드의 레퍼런스를 리턴합니다
void InsertAfter(int p, int d)	p가 저장된 노드 뒤에 d를 추가합니다
void DeleteNode(int key)	리스트에서 key가 저장된 노드를 삭제합니다.
void Reverse()	리스트의 노드 순서를 거꾸로 만듭니다.
void Print()	리스트의 노드들을 순서대로 출력합니다.

📁 File: A096_LinkedList/LinkedList.cs

```csharp
1 using System;
2
3 namespace A096_LinkedList
4 {
5   class Node
6   {
7     internal int data;
8     internal Node next;
9     public Node(int data) // 생성자
10    {
11      this.data = data;
12      next = null;
13    }
14  }
15
16  class LinkedList
17  {
18    Node head;
19
20    internal void InsertFront(int data)
21    {
22      Node node = new Node(data);
23      node.next = head;
24      head = node;
25    }
```

```
26
27    internal void InsertLast(int data)
28    {
29      Node node = new Node(data);
30      if (head == null)
31      {
32        head = node;
33        return;
34      }
35      Node lastNode = GetLastNode();
36      lastNode.next = node;
37    }
38
39    internal Node GetLastNode()
40    {
41      Node temp = head;
42      while (temp.next != null)
43      {
44        temp = temp.next;
45      }
46      return temp;
47    }
48
49    // prev 뒤에 data를 갖는 노드 삽입하기
50    internal void InsertAfter(int prev, int data)
51    {
52      Node prevNode = null;
53
54      // find prev
55      for (Node temp = head; temp != null; temp = temp.next)
56        if (temp.data == prev)
57          prevNode = temp;
58
59      if (prevNode == null)
60      {
61        Console.WriteLine("{0} data is not in the list");
62        return;
```

```
63      }
64      Node node = new Node(data);
65      node.next = prevNode.next;
66      prevNode.next = node;
67    }
68
69    // key값을 저장하고 있는 노드 삭제하기
70    internal void DeleteNode(int key)
71    {
72      Node temp = head;
73      Node prev = null;
74      if (temp != null && temp.data == key) // head가 찾는 값이면
75      {
76        head = temp.next;
77        return;
78      }
79      while (temp != null && temp.data != key)
80      {
81        prev = temp;
82        temp = temp.next;
83      }
84      if (temp == null) // 끝까지 찾는 값이 없으면
85      {
86        return;
87      }
88      prev.next = temp.next;
89    }
90
91    internal void Reverse()
92    {
93      Node prev = null;
94      Node current = head;
95      Node temp = null;
96      while (current != null)
97      {
98        temp = current.next;
99        current.next = prev;
```

```
100        prev = current;
101        current = temp;
102      }
103      head = prev;
104    }
105
106    internal void Print()
107    {
108      for (Node node = head; node != null; node = node.next)
109        Console.Write(node.data + " -> ");
110      Console.WriteLine();
111    }
112  }
113 }
```

Node 클래스의 선언입니다.　　　　　　　　　　　　　　　　　　　　　　　　◆ 5

Node 클래스의 필드인 int data입니다. internal은 같은 어셈블리 내부에서는 public, 외부에서는　　◆ 7~8
private와 같은 역할을 합니다. 어셈블리란 exe나 dll처럼 배포, 버전 관리 및 보안에 사용하기 위
해 부분적으로 컴파일 된 코드 라이브러리입니다. Node형 필드인 next는 리스트에서 다음 번 노
드의 레퍼런스입니다.

Node 클래스의 생성자 메소드입니다.　　　　　　　　　　　　　　　　　　　　◆ 9~13

LinkedList 클래스는 리스트의 첫 번째 노드를 가리키는 head라는 하나의 필드만을 갖습니다.　　◆ 18

InsertFront() 메소드입니다. 매개변수 data를 갖는 노드를 새로 만들어 리스트의 맨 앞에 추가합　◆ 20~25
니다.

InsertLast() 메소드입니다. 매개변수 data를 갖는 노드를 새로 만들어 리스트의 맨 뒤에 추가합니　◆ 27~37
다. 이를 위해 GetLastNode() 메소드를 호출합니다.

GetLastNode() 메소드는 리스트의 맨 뒤에 있는 노드의 레퍼런스를 리턴합니다.　　　　　　◆ 39~47

LinkedList 클래스를 활용한 프로그램

- **학습 내용:** 앞장에서 만든 LinkedList 클래스를 활용하여 프로그램을 작성합니다.
- **힌트 내용:** 리스트를 이용하여 데이터를 삽입, 삭제, 출력합니다.

앞에서 만든 LinkedList 클래스를 이용하여 삽입, 삭제, 출력하는 프로그램을 작성합니다. 솔루션 탐색기에 LinkedList.cs를 추가합니다.

📁 **File: A097_UsingLinkedList/Program.cs**

```
1  using System;
2
3  namespace A097_UsingLinkedList
4  {
5    class Program
6    {
7      static void Main(string[] args)
8      {
9        LinkedList list = new LinkedList();
10       Random r = new Random();
11
12       for (int i = 0; i < 5; i++)
13         list.InsertLast(r.Next(100));
14
15       Console.WriteLine("랜덤한 5개 값의 리스트입니다");
16       list.Print();
17
18       Console.Write("\n맨 앞에 10, 맨 뒤에 90 삽입. <Enter> 입력하세요");
19       Console.ReadLine();
20       list.InsertFront(10);
21       list.InsertLast(90);
22       list.Print();
23
```

```
24          Console.WriteLine("\nx 노드 뒤에 y값을 저장하려고 합니다.");
25          Console.Write(" x값을 입력하세요: ");
26          int x = int.Parse(Console.ReadLine());
27          Console.Write(" y값을 입력하세요: ");
28          int y = int.Parse(Console.ReadLine());
29
30          list.InsertAfter(x, y);
31          list.Print();
32
33          Console.Write("\n삭제할 노드의 값을 입력하세요: ");
34          int z = int.Parse(Console.ReadLine());
35          list.DeleteNode(z);
36          list.Print();
37
38          Console.WriteLine("\n리스트를 뒤집어 출력. <Enter> 입력하세요");
39          Console.ReadLine();
40          list.Reverse();
41          list.Print();
42      }
43   }
44 }
```

7 ◆ 프로그램의 진입점인 Main() 메소드입니다.

9 ◆ LinkedList 클래스의 인스턴스 list를 생성합니다.

10 ◆ 랜덤 숫자를 만들기 위해 Random 객체 r을 생성합니다.

12~13 ◆ 0~99 사이의 5개의 랜덤 숫자를 생성하여 순서대로 list 뒤에 추가합니다.

15~16 ◆ 안내와 함께 list의 내용을 출력합니다.

18~19 ◆ 맨 앞에 10, 맨 뒤에 90을 삽입한다는 안내와 함께 Console.ReadLine()으로 Enter가 입력되기를 기다립니다.

20~21 ◆ 리스트의 맨 앞에 10을, 맨 뒤에 90을 추가합니다.

22 ◆ 리스트의 내용을 출력합니다.

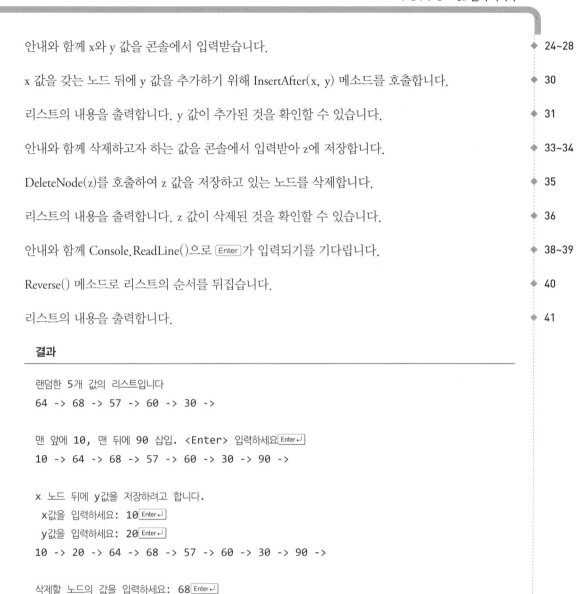

안내와 함께 x와 y 값을 콘솔에서 입력받습니다. ◆ 24~28

x 값을 갖는 노드 뒤에 y 값을 추가하기 위해 InsertAfter(x, y) 메소드를 호출합니다. ◆ 30

리스트의 내용을 출력합니다. y 값이 추가된 것을 확인할 수 있습니다. ◆ 31

안내와 함께 삭제하고자 하는 값을 콘솔에서 입력받아 z에 저장합니다. ◆ 33~34

DeleteNode(z)를 호출하여 z 값을 저장하고 있는 노드를 삭제합니다. ◆ 35

리스트의 내용을 출력합니다. z 값이 삭제된 것을 확인할 수 있습니다. ◆ 36

안내와 함께 Console.ReadLine()으로 Enter 가 입력되기를 기다립니다. ◆ 38~39

Reverse() 메소드로 리스트의 순서를 뒤집습니다. ◆ 40

리스트의 내용을 출력합니다. ◆ 41

결과

```
랜덤한 5개 값의 리스트입니다
64 -> 68 -> 57 -> 60 -> 30 ->

맨 앞에 10, 맨 뒤에 90 삽입. <Enter> 입력하세요 Enter↵
10 -> 64 -> 68 -> 57 -> 60 -> 30 -> 90 ->

x 노드 뒤에 y값을 저장하려고 합니다.
 x값을 입력하세요: 10 Enter↵
 y값을 입력하세요: 20 Enter↵
10 -> 20 -> 64 -> 68 -> 57 -> 60 -> 30 -> 90 ->

삭제할 노드의 값을 입력하세요: 68 Enter↵
10 -> 20 -> 64 -> 57 -> 60 -> 30 -> 90 ->

리스트를 뒤집어 출력. <Enter> 입력하세요 Enter↵
90 -> 30 -> 60 -> 57 -> 64 -> 20 -> 10 ->
```

Stack〈T〉의 구현

- **학습 내용 :** Stack〈T〉를 C#으로 프로그램합니다.
- **힌트 내용 :** 스택 자료구조를 클래스로 구현합니다.

후입선출(Last-in-first-out, LIFO) 형태의 자료를 다룰 때는 스택을 사용합니다. 제일 나중에 들어온 자료가 제일 먼저 나가는 자료구조입니다. C#의 컬렉션에는 Stack〈T〉가 있어서 스택이 필요하면 .NET의 컬렉션에서 제공되는 Stack〈T〉를 쓰면 됩니다.

하지만 이번에는 직접 스택을 만들어 보겠습니다. 컬렉션에서 제공하는 Stack〈T〉와 구분하기 위해 MyStack〈T〉를 만들겠습니다. 프로젝트는 Main()이 있는 Program 클래스가 있는 program.cs와 Stack〈T〉 클래스를 정의하는 stack.cs 파일 두 개로 구성합니다.

Stack.cs 파일에는 MyStack〈T〉 클래스를 정의합니다. 스택에 저장되는 값이 여러 가지 타입일 수 있으므로 제네릭으로 정의합니다. MyStack〈T〉 클래스에는 10개의 자료를 저장하는 arr[] 배열과 스택 포인터 top이 필드로 정의됩니다. 메소드는 생성자 메소드와 Push(), Pop() 메소드가 있습니다. 스택의 동작에 대한 자세한 설명은 생략하겠습니다.

〈표 98-1〉 MyStack〈T〉 클래스의 필드와 메소드

필드 또는 메소드	내용
T arr[]	스택을 구성하는 배열입니다.
int top	스택포인터입니다.
MyStack()	MyStack〈T〉 클래스의 생성자입니다. top을 0으로 만듭니다.
Push(T val)	MyStack에 val을 저장합니다.
T Pop()	MyStack에서 값을 하나 꺼냅니다.

이번 장에서는 스택 클래스만 만들고 다음 장에서 이를 이용한 프로그램을 작성합니다.

```
1  using System;
2
3  namespace A098_StackImplementation
4  {
5    class MyStack<T>
6    {
7      const int maxSize = 10;
8      private T[] arr = new T[maxSize];
9      private int top;
10
11     public MyStack()
12     {
13       top = 0;
14     }
15
16     public void Push(T val)
17     {
18       if (top < maxSize)
19       {
20         arr[top] = val;
21         ++top;
22       }
23       else
24       {
25         Console.WriteLine("Stack Full");
26         return;
27       }
28     }
29
30     public T Pop()
31     {
32       if (top > 0)
33       {
34         --top;
35         return arr[top];
```

```
36          }
37        else
38        {
39          Console.WriteLine("Stack Empty");
40          return default(T);
41        }
42     }
43   }
44 }
```

5 ◆ MyStack〈T〉 클래스의 선언입니다.

7 ◆ maxSize는 상수이며 10으로 지정했습니다.

8 ◆ arr은 스택을 구성하는 T형 배열이며 maxSize의 크기를 갖습니다.

9 ◆ 스택포인터를 나타내는 정수 top 필드입니다.

11~14 ◆ MyStack〈T〉 클래스의 생성자 메소드입니다. top을 0으로 세팅합니다.

16~28 ◆ Push() 메소드의 정의입니다. arr[] 배열이 10으로 지정되었으므로 10개의 값까지 저장할 수 있습니다. 배열의 top 인덱스 위치에 값을 저장하고 top을 하나 증가시킵니다. 배열이 꽉 찼다면 "Stack Full"을 출력하고 리턴합니다.

30~42 ◆ Pop() 메소드입니다. 스택의 가장 나중에 저장된 값을 리턴합니다. top을 하나 줄여주고 그곳의 arr 배열 값을 리턴합니다. 만일 top 인덱스가 0보다 작거나 같으면 스택에 저장된 값이 없다는 뜻입니다. 이때는 "Stack Empty"를 출력하고 리턴합니다. 이때의 리턴 값은 T형의 디폴트 값을 리턴하기 위해 default(T)를 사용합니다.

스택을 이용한 프로그램

- **학습 내용:** 앞장에서 만든 MyStack 클래스를 활용하여 스택의 동작을 프로그램합니다.
- **힌트 내용:** 스택에서의 동작은 Push와 Pop입니다.

10개의 랜덤 숫자를 스택에 넣고 다시 꺼내어 출력하는 프로그램을 작성합니다. 스택에 값을 저장할 때는 push(), 꺼낼 때는 pop()을 사용합니다.

📁 File: A098_StackImplementation/Program.cs

```
1  using System;
2
3  namespace A098_StackImplementation
4  {
5    class Program
6    {
7      static void Main(string[] args)
8      {
9        MyStack<int> stack = new MyStack<int>();
10       Random r = new Random();
11
12       for (int i = 0; i < 10; i++)
13       {
14         int val = r.Next(100);
15         stack.Push(val);
16         Console.Write("Push(" + val + ") ");
17       }
18       Console.WriteLine();
19
20       for (int i = 0; i < 10; i++)
21         Console.Write("Pop()=" + stack.Pop() + ",");
22     }
23   }
24 }
```

7 ◆ 프로그램의 진입점인 Main() 메소드입니다.

9 ◆ MyStack〈int〉 클래스의 인스턴스 stack을 생성합니다.

10 ◆ 랜덤 숫자를 만들기 위해 Random 객체 r을 생성합니다.

12~18 ◆ 0~99 사이의 10개의 랜덤 숫자를 생성하여 순서대로 stack에 Push합니다. Push할 때마다 어떤 값이 저장되었는지 출력합니다.

20~21 ◆ 10번을 Pop하면서 어떤 값이 나오는지 출력합니다. 출력 결과를 보면 Push된 순서의 반대로, 즉 LIFO 형태로 Pop이 되는 것을 알 수 있습니다.

결과

```
Push(32) Push(47) Push(45) Push(69) Push(86) Push(90) Push(15) Push(63)
Push(2) Push(50)

Pop()=50, Pop()=2, Pop()=63, Pop()=15, Pop()=90, Pop()=86, Pop()=69, Pop() =
45, Pop()=47, Pop()=32,
```

Queue〈T〉의 구현

선입선출(Fast-in-first-out, FIFO) 형태의 자료를 다룰 때는 큐를 사용합니다. 선착순으로 제일 먼저 들어온 자료가 제일 먼저 나가는 자료구조입니다. C#의 컬렉션에는 Queue〈T〉가 있어서 큐가 필요하면 .NET에서 제공되는 Queue〈T〉를 쓰면 됩니다.

하지만 이번 장에서는 직접 큐를 만들겠습니다. 컬렉션에서 제공하는 Queue〈T〉와 구분하기 위해서 MyQueue〈T〉를 만듭니다. 프로젝트는 Main()이 있는 Program 클래스가 있는 program. cs와 MyQueue〈T〉 클래스를 정의하는 myQueue.cs 파일 두 개로 구성합니다.

Queue.cs 파일에서 MyQueue〈T〉 클래스를 정의합니다. 큐에 저장되는 값이 여러 가지 타입일 수 있으므로 제네릭으로 정의합니다. MyQueue〈T〉 클래스에는 큐의 맨 앞과 맨 뒤를 가리키는 first와 last 필드를 갖습니다. 각각의 자료는 Node〈T〉로 저장되므로 Node〈T〉 클래스도 정의합니다. MyQueue〈T〉 클래스의 메소드는 값을 추가하는 EnQueue()와 값을 삭제하는 DeQueue()가 있습니다. 큐에 대한 자세한 설명은 생략하겠습니다.

〈표 100-1〉 MyQueue〈T〉 클래스의 필드와 메소드

필드 또는 메소드	내용
first	큐의 첫 번째 요소를 가리키는 참조입니다.
last	큐의 마지막 요소를 가리키는 참조입니다.
EnQueue()	큐에 값을 추가합니다.
DeQueue()	큐에서 값을 삭제합니다.
Print()	큐의 내용을 입력된 순서로 출력합니다.

다음의 예제는 큐를 연결리스트로 구현한 프로그램입니다. 배열로도 구현할 수 있습니다. 배열로 구현하는 것과 비교하면 코드는 조금 더 길지만 배열이 가득차서 EnQueue를 못하는 경우가 없다는 장점이 있습니다.

```csharp
1  using System;
2
3  namespace A100_QueueImplementation
4  {
5    class Node<T>
6    {
7      internal T value;
8      internal Node<T> next;
9
10     public Node (T value)
11     {
12       this.value = value;
13       this.next = null;
14     }
15   }
16
17   class MyQueue<T>
18   {
19     internal Node<T> first = null;
20     internal Node<T> last = null;
21
22     internal void EnQueue(Node<T> node)
23     {
24       if (last == null)
25         first = last = node;
26       else
27       {
28         last.next = node;
29         last = node;
30       }
31     }
32
33     internal T DeQueue()
34     {
35       if (first == null)
36       {
```

```
37          Console.WriteLine("Queue Empty");
38          return default(T);
39        }
40      else
41      {
42        T value = first.value;
43        first = first.next;
44        return value;
45      }
46    }
47
48    internal void Print()
49    {
50      for (Node<T> t = first; t != null; t = t.next)
51        Console.Write(t.value + " -> ");
52      Console.WriteLine();
53    }
54  }
55 }
```

Node〈T〉 클래스의 선언입니다. T형 변수 value와 다음 노드를 가리키는 레퍼런스 next를 갖습 ◆ 5~15
니다.

Node〈T〉 클래스의 생성자 메소드입니다. T형 매개변수 value를 value 필드에 할당하고 next 필 ◆ 10~14
드는 null로 할당합니다.

MyQueue〈T〉 클래스의 시작입니다. ◆ 17

LinkedList 클래스는 리스트의 첫 번째 노드를 가리키는 first라는 필드와 마지막 노드를 가리키는 ◆ 19~20
last 필드를 갖습니다.

EnQueue() 메소드입니다. 매개변수 node를 갖는 last 노드 뒤에 연결합니다. ◆ 22~31

DeQueue() 메소드입니다. first가 가리키는 노드의 값을 리턴하고 first는 그 다음 노드로 수정합 ◆ 33~46
니다. first가 null일 때 DeQueue()를 호출하면 "Queue Empty"라고 출력하고 리턴합니다.

Print() 메소드의 정의입니다. first 노드에서부터 null일 때까지 next를 찾아가면서 노드의 값을 ◆ 48~53
출력합니다.

큐를 이용한 프로그램

• **학습 내용**: 앞장에서 만든 MyQueue 클래스를 사용하여 큐의 동작을 프로그램합니다.
• **힌트 내용**: 큐에 5개의 숫자를 삽입하고 세 번 삭제하는 프로그램을 작성합니다.

5개의 랜덤 숫자를 큐에 저장하고, 세 개의 숫자를 꺼내어 출력하는 프로그램을 작성합니다. 큐에 값을 저장할 때는 EnQueue(), 꺼낼 때는 DeQueue()를 사용합니다.

📁 **File: A101_QueueImplementation/Program.cs**

```
1 using System;
2
3 namespace A101_QueueImplementation
4 {
5   class Program
6   {
7     static void Main(string[] args)
8     {
9       Random r = new Random();
10      MyQueue<float> que = new MyQueue<float>();
11
12      for (int i = 0; i < 5; i++)
13        que.EnQueue(new Node<float>(r.Next(100)/100.0F));
14      que.Print();
15
16      for (int i = 0; i < 3; i++)
17        Console.WriteLine("DeQueue: {0}", que.DeQueue());
18      que.Print();
19    }
20  }
21 }
```

7 ◆ 프로그램의 진입점인 Main() 메소드입니다.

랜덤 숫자를 만들기 위해 Random 객체 r을 생성합니다.　　　　　　　　　　　　　◆ 9

MyQueue〈float〉클래스의 인스턴스 que을 생성합니다.　　　　　　　　　　　　◆ 10

0~99 사이의 5개의 랜덤 숫자를 생성하여 100F로 나눈 후 그 값을 순서대로 que에 EnQueue합　◆ 12~13
니다.

que의 내용을 출력합니다.　　　　　　　　　　　　　　　　　　　　　　　　　◆ 14

세 번을 DeQueue합니다.　　　　　　　　　　　　　　　　　　　　　　　　　◆ 16~17

que의 내용을 출력합니다. 3번의 DeQueue로 앞에서부터 세 개의 값이 삭제되었으므로 뒤의 두　◆ 18
개의 값만을 출력합니다.

결과

```
0.24 -> 0.58 -> 0.48 -> 0.73 -> 0.72 ->
DeQueue: 0.24
DeQueue: 0.58
DeQueue: 0.48
0.73 -> 0.72 ->
```

컬렉션, ArrayList의 사용

● **학습 내용 :** 컬렉션의 종류 및 특징을 학습합니다.
● **힌트 내용 :** 컬렉션이란 배열, 리스트와 같이 데이터를 모아서 처리하는 자료구조입니다.

컬렉션이란 같은 형의 데이터를 모아서 처리하는 자료구조입니다. 배열도 컬렉션의 하나입니다. 컬렉션에는 "제네릭 컬렉션"과 "제네릭이 아닌 컬렉션"의 두 가지 유형이 있습니다. .NET Framework 2.0에서 추가된 제네릭 컬렉션은 컴파일 타임에 형식이 안전한(type-safe) 컬렉션을 제공합니다. 이로 인해 제네릭 컬렉션은 일반적으로 성능이 더 뛰어납니다.

(1) 컬렉션의 공통 기능
● 모든 컬렉션은 항목 추가, 제거 또는 찾기를 위한 방법을 제공합니다.
● **컬렉션을 열거하는 기능 :** 모든 컬렉션은 Enumerable 또는 IEnumerable〈T〉 인터페이스를 구현하므로 열거할 수 있고 foreach 문을 사용할 수 있습니다. IEnumerable〈T〉를 구현하는 모든 컬렉션은 LINQ를 사용하여 쿼리할 수 있습니다.
● **컬렉션의 내용을 배열에 복사하는 기능 :** CopyTo 메소드를 사용하면 컬렉션을 배열에 복사할 수 있습니다. 결과 배열은 항상 1차원이며 하한은 0입니다.

(2) 그 외의 기능
● **Capacity 및 Count 속성 :** 컬렉션의 Capacity는 컬렉션에 포함할 수 있는 요소의 수이고, 컬렉션의 Count는 컬렉션에 실제로 포함되어 있는 요소의 수입니다. 대부분의 컬렉션은 현재 용량에 도달하면 자동으로 용량을 확장합니다.
● **일관된 하한 :** 컬렉션의 하한은 첫 번째 요소의 인덱스입니다. System.Collections 네임스페이스의 모든 컬렉션은 하한이 0입니다. 즉 0부터 인덱싱됩니다.

〈표 102-1〉은 수행할 작업에 따라 어떤 컬렉션을 선택하는 것이 좋은지를 표시했습니다. 제네릭과 제네릭이 아닌 컬렉션 중에서는 제네릭을 선택하는 것이 좋습니다.

〈표 102-1〉 시나리오별 컬렉션 선택 기준

수행할 작업	Generic collection	Non-generic collection
키별로 빠르게 조회할 수 있도록 키/값 쌍으로 저장	Dictionary<TKey,TValue>	Hashtable
인덱스별로 항목 액세스	List<T>	Array ArrayList
FIFO(선입 선출) 방식으로 항목 사용	Queue<T>	Queue
LIFO(후입 선출) 방식으로 데이터 사용	Stack<T>	Stack
순서대로 항목 액세스	LinkedList<T>	-
컬렉션에 항목을 추가하거나 삭제할 때 알림 표시	ObservableCollection<T>	-
정렬된 컬렉션	SortedList<TKey,TValue>	SortedList
수학 함수용 집합	HashSet<T> SortedSet<T>	-

컬렉션의 예로 ArrayList를 사용해 보겠습니다. ArrayList는 이름에서 알 수 있듯이 배열과 유사한 컬렉션입니다. ArrayList의 가장 큰 장점은 배열과 달리 생성할 때 용량을 미리 지정할 필요 없이 필요에 따라 자동으로 그 용량이 늘어나거나 줄어든다는 점입니다.

ArrayList 클래스의 메소드는 20여개가 되지만 예제에서는 이중 많이 사용되는 Add(), RemoveAt(), Insert(), Sort()를 사용해 보겠습니다. Add()는 맨 뒤에 새 요소를 추가하고, RemoveAt()은 특정 인덱스에 있는 요소를 제거합니다. Insert()는 원하는 위치에 새 요소를 삽입하고 Sort()는 요소들을 정렬합니다.

ArrayList에는 어떠한 값을 저장할 수 있을까요? 모든 타입의 값이 저장될 수 있습니다. ArrayList 클래스의 메소드인 Add()를 보면 다음과 같이 정의되어 있습니다.

```
public virtual int Add (object value);
```

즉, 매개변수로 object 타입을 가지고 있는데 C#의 모든 형식은 object를 상속받기 때문에 어떠한 형식의 데이터도 저장이 가능하게 되는 것입니다. 이것은 박싱(Boxing)과 언박싱(Unboxing)을 통해서 이루어집니다. 그런데 박싱과 언박싱은 시간이 요구되는 작업이므로 ArrayList가 다루는 데이터가 많아지면 프로그램의 실행 속도가 늦어지게 됩니다.

참고로 MSDN에서는 새로 프로그램을 작성할 때 ArrayList보다 성능이 우수한 List〈T〉를 사용하라고 추천하고 있습니다. ArrayList를 사용하여 100까지의 랜덤 정수 10개를 저장하고 정렬한 후 출력하는 프로그램을 작성해 보겠습니다.

```
1  using System;
2  using System.Collections;
3
4  namespace A102_ArrayList
5  {
6    class Program
7    {
8      static void Main(string[] args)
9      {
10       ArrayList a = new ArrayList();
11       Random r = new Random();
12
13       PrintValues(a);
14
15       for (int i = 0; i < 10; i++)
16         a.Add(r.Next(100));
17
18       PrintValues(a);
19       a.Sort();
20       PrintValues(a);
21
22       a.RemoveAt(3);
23       PrintValues(a);
24     }
25
26     private static void PrintValues(ArrayList a)
27     {
28       Console.WriteLine("Print Values in ArrayList");
29       Console.WriteLine("  Count = {0}", a.Count);
30       Console.WriteLine("  Capacity = {0}", a.Capacity);
31       foreach (var i in a)
32         Console.Write("  {0}", i);
33       Console.WriteLine();
34     }
35   }
36 }
```

컬렉션을 사용하기 위해서는 System.Collections 네임스페이스를 using합니다.　　　◆ 2

ArrayList 객체 a와 Random 객체 r을 생성합니다.　　　◆ 10~11

PrintValue() 메소드를 호출하여 a에 저장된 값을 출력합니다. 아직 값을 넣지 않았으므로 Count　　　◆ 13
와 Capacity 속성의 값은 0으로 출력됩니다.

10번 반복하여 a에 0~100까지의 랜덤 숫자를 저장합니다.　　　◆ 15~16

정렬하기 전, PrintValue() 메소드를 호출하여 a에 저장된 값을 출력합니다. Count 속성은 10,　　　◆ 18
Capacity 속성은 16으로 출력됩니다.

a의 값을 정렬하고 PrintValue() 메소드를 호출하여 a에 저장된 값을 출력합니다.　　　◆ 19~20

3번 인덱스의 값을 제거하고 a에 저장된 값을 출력합니다. Count=9가 되고 3번 인덱스의 값이　　　◆ 22~23
제거된 것을 확인할 수 있습니다. Capacity는 변화가 없습니다.

ArrayList a의 Count와 Capacity 속성을 출력하고 foreach 문을 이용하여 a의 각 요소를 출력합니　　　◆ 26~34
다.

결과

```
Print Values in ArrayList
  Count = 0
  Capacity = 0

Print Values in ArrayList
  Count = 10
  Capacity = 16
  92  44  94  1  70  96  76  83  81  92
Print Values in ArrayList
  Count = 10
  Capacity = 16
  1  44  70  76  81  83  92  92  94  96
Print Values in ArrayList
  Count = 9
  Capacity = 16
  1  44  70  81  83  92  92  94  96
```

List〈T〉 컬렉션

List〈T〉 클래스는 C# 프로그래밍에서 동적으로 생성되고 삭제되는 자료를 저장할 때 가장 빈번하게 사용됩니다. 배열과 달리 크기가 가변이고, 제네릭 컬렉션이기 때문에 T에 어떠한 자료형도 넣을 수 있는 리스트입니다. 예를 들어 int의 리스트는 다음과 같이 생성합니다.

```
List<int> list = new List<int>();
```

List〈T〉는 제네릭 컬렉션이므로 System.Collections.Generic을 using 문으로 포함시켜서 사용합니다. 일반적으로 제네릭 컬렉션이 성능이 좋기 때문에 ArrayList를 쓸 경우가 있을 때에는 대신 List〈T〉를 사용하는 것이 권장됩니다. 참고로 제네릭 컬렉션에는 LinkedList〈T〉도 있습니다. 이름뿐 아니라 사용법도 비슷해서 List〈T〉와 혼동되는데, LinkedList〈T〉는 이중 연결 리스트입니다. 앞장의 예제를 List〈T〉로 바꾸어서 프로그램합니다.

📁 **File: A103_List/Program.cs**

```
1  using System;
2  using System.Collections.Generic;
3
4  namespace A103_List
5  {
6    class Program
7    {
8      static void Main(string[] args)
9      {
10       List<int> a = new List<int>();
11       Random r = new Random();
12
13       PrintValues(a);
```

```
14
15      for (int i = 0; i < 10; i++)
16        a.Add(r.Next(100));
17
18      PrintValues(a);
19      a.Sort();
20      PrintValues(a);
21
22      a.RemoveAt(3);
23      PrintValues(a);
24    }
25
26    private static void PrintValues(List<int> a)
27    {
28      Console.WriteLine("Print Values in List<int>");
29      Console.WriteLine("  Count = {0}", a.Count);
30      Console.WriteLine("  Capacity = {0}", a.Capacity);
31      foreach (var i in a)
32        Console.Write("  {0}", i);
33      Console.WriteLine();
34    }
35  }
36 }
```

컬렉션을 사용하려면 System.Collections.Generic 네임스페이스를 using합니다. ◆ 2

List〈int〉객체 a와 Random 객체 r을 생성합니다. ◆ 10~11

PrintValue() 메소드를 호출하여 a에 저장된 값을 출력합니다. 아직 값을 넣지 않았으므로 Count ◆ 13
와 Capacity 속성의 값은 0으로 출력됩니다.

10번 반복하여 a에 0~100까지의 랜덤 숫자를 저장합니다. ◆ 15~16

정렬하기 전, PrintValue() 메소드를 호출하여 a에 저장된 값을 출력합니다. Count 속성은 10, ◆ 18
Capacity 속성은 16으로 출력됩니다.

a의 값을 정렬하고 PrintValue() 메소드로 a에 저장된 값을 출력합니다. ◆ 19~20

3번 인덱스의 값을 제거하고 PrintValue() 메소드를 호출하여 a에 저장된 값을 출력합니다. Count=9가 되고 3번 인덱스의 값이 제거된 것을 확인할 수 있습니다. Capacity는 변화가 없습니다.

List〈int〉의 요소들을 출력하는 메소드입니다. Count와 Capacity 속성을 출력하고 foreach 문을 이용하여 a의 각 요소를 출력합니다.

결과

```
Print Values in List<int>
  Count = 0
  Capacity = 0

Print Values in List<int>
  Count = 10
  Capacity = 16
  84  93  75  59  43  21  60  92  6  99
Print Values in List<int>
  Count = 10
  Capacity = 16
  6  21  43  59  60  75  84  92  93  99
Print Values in List<int>
  Count = 9
  Capacity = 16
  6  21  43  60  75  84  92  93  99
```

List〈T〉와 배열의 정렬

- **학습 내용:** List〈T〉와 배열의 정렬 방법을 학습합니다.
- **힌트 내용:** Array 클래스의 Sort() 메소드는 정적 메소드입니다.

리스트와 배열은 만드는 방법과 사용하는 방법이 서로 다릅니다. 우선 List〈T〉와 Array는 객체 생성 방법이 다릅니다.

```
List<string> lstNames = new List<string>();
Array<string> arrNames = new Array<string>();    // 에러
Array arrNames = new Array();                     // 에러
```

List〈T〉는 위와 같이 new 키워드와 클래스 이름을 사용하여 만들지만 배열은 다음과 같이 만들어야 합니다.

```
string[] arrName = new string[100];
```

정렬하는 메소드 Sort()는 List〈T〉 클래스에도 있고 Array 클래스에도 있습니다. 하지만 이 역시 사용 방법이 다릅니다.

```
lstNames.Sort();
arrNames.Sort();    // 에러
```

배열 이름 뒤에는 Sort() 메소드를 사용할 수 없습니다. Array 클래스의 Sort 메소드는 static으로 정의되어 있기 때문에 클래스의 이름과 함께 Array.Sort(배열 이름) 형태로 사용합니다.

```
Array.Sort(arrName);
```

리스트와 배열은 자료를 저장하는 가장 기본적인 자료구조입니다. 하지만 둘의 사용법이 다르다는 것을 기억해야 합니다.

```csharp
1  using System;
2  using System.Collections.Generic;
3
4  namespace A104_AlphabeticalSort
5  {
6    class Program
7    {
8      static void Main(string[] args)
9      {
10       List<string> lstNames = new List<string>();
11       lstNames.Add("dog");
12       lstNames.Add("cow");
13       lstNames.Add("rabbit");
14       lstNames.Add("goat");
15       lstNames.Add("sheep");
16       lstNames.Sort();
17       foreach (string s in lstNames)
18         Console.Write(s + " ");
19       Console.WriteLine();
20
21       string[] arrNames = new string[100];
22       arrNames[0] = "dog";
23       arrNames[1] = "cow";
24       arrNames[2] = "rabbit";
25       arrNames[3] = "goat";
26       arrNames[4] = "sheep";
27       Array.Sort(arrNames);
28       foreach (string s in lstNames)
29         Console.Write(s + " ");
30       Console.WriteLine();
31     }
32   }
33 }
```

List〈T〉를 사용하기 위해 System.Collections.Generic을 using 문으로 넣어 줍니다.   ◆ 2

List〈string〉 클래스의 인스턴스 lstNames를 생성합니다.   ◆ 10

Add() 메소드로 5개의 값을 리스트에 저장합니다.   ◆ 11~15

lstNames.Sort() 메소드로 정렬합니다.   ◆ 16

정렬된 리스트의 내용을 출력합니다.   ◆ 17~19

string 배열 arrNames를 정의합니다.   ◆ 21

인덱스를 사용하여 5개의 값을 배열에 저장합니다.   ◆ 22~26

Array.Sort(arrNames) 메소드를 사용하여 배열을 정렬합니다.   ◆ 27

정렬된 배열의 내용을 출력합니다.   ◆ 28~30

결과

```
cow dog goat rabbit sheep
cow dog goat rabbit sheep
```

배열을 내림차순으로 정렬하는 방법

- **학습 내용:** 배열의 원소들을 내림차순으로 정렬하는 방법을 학습합니다.
- **힌트 내용:** IComparer 인터페이스를 구현합니다.

배열을 정렬할 때는 Array.Sort() 메소드를 사용합니다. Sort() 메소드는 디폴트로 오름차순으로 정렬합니다. 그렇다면 내림차순으로 정렬할 때는 어떻게 할까요?

첫 번째 방법은 오름차순으로 정렬한 후, 배열의 내용을 뒤집어주면 됩니다. 즉 Array 클래스의 Sort() 메소드를 사용하여 정렬된 배열을 만든 후에, Reverse() 메소드를 사용합니다.

```
int[] arr = {12, 32, 43, 24, 8};
Array.Sort(arr);        // 오름차순으로 정렬
Array.Reverse(arr);     // 배열의 내용을 뒤집어 줌
```

두 번째 방법은 Sort() 메소드의 IComparer 인터페이스를 구현해 주는 것입니다. Array 클래스의 Sort() 메소드는 다양한 방법으로 중복되어 있습니다. 대표적으로 다음과 같은 세 가지 Sort() 메소드를 살펴보겠습니다.

```
public static void Sort(Array);                // (1) 오름차순 정렬
public static void Sort(Array, Int32, Int32);  // (2) 인덱스와 개수에 의한 정렬
public static void Sort(Array, IComparer);     // (3) IComparer에 의한 정렬
```

(1)번 방법은 가장 기본적인 오름차순 정렬 방법입니다. (2)번 방법은 정렬할 인덱스와 개수를 지정하는 방법입니다. 예를 들어 Array.Sort(arr, 2, 3)이라고 하면 배열의 2번 인덱스부터 3개의 요소만을 정렬해줍니다. (3)번 방법이 지금 사용할 수 있는 방법입니다. 즉, IComparer 인터페이스를 구현하여 이 규칙에 따라 정렬하는 것입니다. IComparer 인터페이스는 다음과 같이 public int Compare() 메소드를 만들게 되어 있습니다.

```
public class MyComparer : IComparer
{
  public int Compare(object x, object y)
  {
    // 여기에 비교 방법을 구현
  }
}
```

다음의 예제는 동물의 배열을 다양한 방법으로 정렬하는 프로그램입니다.

📁 File: A105_IComparer/Program.cs

```
1  using System;
2  using System.Collections;
3
4  namespace A105_IComparer
5  {
6    // 내림차순 정렬
7    public class ReverseComparer : IComparer
8    {
9      public int Compare(object x, object y)
10     {
11       string s1 = (string)x;
12       string s2 = (string)y;
13       return string.Compare(s2, s1);
14     }
15   }
16
17   class Program
18   {
19     static void Main(string[] args)
20     {
21       string[] animalsEn = { "dog", "cow", "rabbit", "goat", "sheep",
22         "mouse", "horse", "deer" };
23       string[] animalsKo = { "개", "소", "토끼", "염소", "양", "쥐",
24         "말", "사슴" };
```

```
25
26          Display("초기 배열", animalsEn);
27          Array.Sort(animalsEn);
28          Array.Reverse(animalsEn);
29          Display("Sort()후 Reverse()", animalsEn);
30
31          Display("초기 배열", animalsKo);
32          Array.Sort(animalsKo, 2, 3);
33          Display("[2]에서 3개 정렬 후", animalsKo);
34
35          IComparer revComparer = new ReverseComparer();
36
37          Array.Sort(animalsKo, revComparer);
38          Display("내림차순 정렬", animalsKo);
39      }
40
41      private static void Display(string comment, string[] arr)
42      {
43          Console.WriteLine(comment);
44          for (int i = arr.GetLowerBound(0); i <= arr.GetUpperBound(0); i++)
45          {
46              Console.Write("  {0}", arr[i]);
47          }
48          Console.WriteLine();
49      }
50  }
51 }
```

2 ◆ IComparer 인터페이스를 사용하기 위해 System.Collections을 using 문으로 넣어 줍니다.

7~13 ◆ IComparer 인터페이스로 ReverseComparer를 정의합니다. IComparer는 public int Compare() 를 구현합니다. Compare() 메소드의 매개변수는 object입니다. object를 string으로 언박싱한 후 string.Compare() 메소드를 사용합니다. 이때 내림차순으로 하기 위해서 인수의 순서를 바꾸어 줍니다.

21~24 ◆ string 배열 animalEn와 animalKo를 선언하고 초기화 합니다.

animalEn 배열을 출력합니다.　◆ 26

animalEn 배열을 오름차순 정렬하고 animalEn 배열을 뒤집어 주고 출력합니다. 오름차순 정렬　◆ 27~29
후 뒤집어 주면 내림차순 정렬한 것이 됩니다.

animalKo 배열의 내용을 출력합니다.　◆ 31

animalKo 배열의 2번 인덱스부터 3개의 원소를 정렬하고 출력합니다. 토끼, 염소, 양이 정렬됩　◆ 32~33
니다.

IComparer 인터페이스의 인스턴스 revComparer를 만듭니다.　◆ 35

revComparer를 사용하여 animalKo 배열을 정렬합니다. 즉, 내림차순 정렬합니다. 정렬된　◆ 37~38
animalKo 배열의 내용을 출력합니다.

comment 문자열을 출력하고 배열의 하한에서 상한까지를 출력합니다. GetLowerBound와　◆ 41~49
GetUpperBound()는 Array 클래스의 메소드이며 인수는 배열의 차원입니다. 즉 1차원 배열이므
로 0를 씁니다.

결과

```
초기 배열
  dog  cow  rabbit  goat  sheep  mouse  horse  deer
Sort()후 Reverse()
  sheep  rabbit  mouse  horse  goat  dog  deer  cow
초기 배열
  개  소  토끼  염소  양  쥐  말  사슴
[2]에서 3개 정렬 후
  개  소  양  염소  토끼  쥐  말  사슴
내림차순 정렬
  토끼  쥐  염소  양  소  사슴  말  개
```

두 개의 배열을 쌍으로 정렬

- **학습 내용:** 두 개의 배열을 쌍으로 정렬하는 방법을 학습합니다.
- **힌트 내용:** IIComparer 인터페이스를 사용합니다.

Array 클래스의 Sort() 메소드는 다양한 방법으로 중복되어 있습니다. 이중 두 개의 배열을 쌍으로 정렬할 때 사용할 수 있는 메소드는 다음과 같습니다. 모두 public static void 타입의 정적 메소드이고 매개변수에 배열이 두 개 들어 있습니다.

```
Sort(Array, Array);                        // (1)
Sort(Array, Array, IComparer);             // (2)
Sort(Array, Array, Int32, Int32);          // (3)
Sort(Array, Array, Int32, Int32, IComparer); // (4)
```

(1)번 방법은 앞에 있는 배열을 기준으로 두 개의 배열을 오름차순 정렬합니다. 정렬 기준은 첫 번째 배열의 값이고 두 번째 배열은 첫 번째 배열의 정렬 순서에 따라 정렬됩니다. (2)번 방법은 (1)번 방식과 같이 정렬하는데 IComparer에 의해 순서가 결정됩니다. (3)번과 (4)번 메소드는 배열의 전체가 아니고 일부를 정렬할 때 사용합니다. IComparer 인터페이스는 public int Compare() 메소드를 만들게 되어 있습니다. 2개의 배열을 쌍으로 정렬할 때에도 비교할 값은 배열 하나일 때와 같기 때문에 하나의 배열을 정렬할 때와 똑같이 만들면 됩니다.

📁 **File: A106_SortArrayPair/Program.cs**

```
1 using System;
2 using System.Collections;
3
4 namespace A106_SortArrayPair
5 {
6   // 내림차순 정렬
7   public class ReverseComparer : IComparer
8   {
9     public int Compare(object x, object y)
```

```
10    {
11      string s1 = (string)x;
12      string s2 = (string)y;
13      return string.Compare(s2, s1);
14    }
15  }
16
17  class Program
18  {
19    static void Main(string[] args)
20    {
21      string[] animalsEn = { "dog", "cow", "rabbit", "goat", "sheep", "mouse"};
22      string[] animalsKo = { "개", "소", "토끼", "염소", "양", "쥐" };
23      Display("Before Sort", animalsEn, animalsKo);
24
25      Array.Sort(animalsEn, animalsKo);
26      Display("After Sort", animalsEn, animalsKo);
27
28      Array.Sort(animalsKo, animalsEn);
29      Display("After Sort by Korean", animalsEn, animalsKo);
30
31      IComparer revCom = new ReverseComparer();
32      Array.Sort(animalsEn, animalsKo, revCom);
33      Display("After Descending Sort", animalsEn, animalsKo);
34    }
35
36    private static void Display(string cmt, string[] a1, string[] a2)
37    {
38      Console.WriteLine(cmt);
39      for (int i = 0; i<a1.Length ; i++)
40      {
41        Console.WriteLine("  [{0}]: {1,-8} {2,-8}", i, a1[i], a2[i]);
42      }
43      Console.WriteLine();
44    }
45  }
46 }
```

2 ◆ IComparer 인터페이스를 사용하기 위해 System.Collections을 using 문으로 넣어 줍니다.

7~13 ◆ IComparer 인터페이스로 ReverseComparer를 정의합니다. IComparer는 public int Compare()를 구현합니다. Compare() 메소드의 매개변수는 object입니다. object를 string으로 언박싱한 후 string.Compare() 메소드를 사용합니다. 내림차순으로 하기 위해 인수의 순서를 바꾸어 줍니다.

21~23 ◆ string 배열 animalEn과 animalKo를 초기화하고 출력합니다.

25~26 ◆ animalEn의 요소에 따라 두 개 배열을 오름차순 정렬하고 출력합니다.

28~29 ◆ animalKo의 요소에 따라 두 개 배열을 오름차순 정렬하고 출력합니다.

31 ◆ IComparer 인터페이스의 인스턴스 revCom를 만듭니다. revCom은 내림차순으로 정렬합니다.

32~33 ◆ revCom을 사용하여 animalEn의 값에 따라 두 배열을 정렬하고 출력합니다.

36~44 ◆ 두 배열의 내용을 인덱스와 함께 나란히 출력합니다.

결과

```
Before Sort                    After Sort by Korean
  [0] : dog      개              [0] : dog      개
  [1] : cow      소              [1] : cow      소
  [2] : rabbit   토끼            [2] : sheep    양
  [3] : goat     염소            [3] : goat     염소
  [4] : sheep    양              [4] : mouse    쥐
  [5] : mouse    쥐              [5] : rabbit   토끼

After Sort                     After Descending Sort
  [0] : cow      소              [0] : sheep    양
  [1] : dog      개              [1] : rabbit   토끼
  [2] : goat     염소            [2] : mouse    쥐
  [3] : mouse    쥐              [3] : goat     염소
  [4] : rabbit   토끼            [4] : dog      개
  [5] : sheep    양              [5] : cow      소
```

IComparable 인터페이스를 이용한 객체의 정렬

- **학습 내용:** IComparable 인터페이스를 이용하여 객체를 정렬하는 방법을 학습합니다.
- **힌트 내용:** IComparable 인터페이스는 CompareTo 메소드를 구현해야 합니다.

C#의 컬렉션은 대부분 Sort 메소드를 제공하는데 다음과 같이 IComparable 인터페이스를 구현해야 정상적으로 동작합니다. ICompable 인터페이스에는 자신과 비교할 매개변수를 비교하여 결과를 반환하는 CompareTo 메소드를 만들도록 약속하고 있습니다. 매개변수 형식이 object 형식으로 되어 있으므로 프로그램 목적에 맞게 캐스팅하여 처리해야 합니다.

```
interface IComparable
{
    int CompareTo(object obj);
}
```

C#의 System에 정의되어 있는 int, double, string 등의 기본 형식들은 ICompable 인터페이스를 기반으로 정의되어 있어서 이들 기본 형식을 보관한 컬렉션은 Sort 메소드를 이용하여 정렬할 수 있습니다. 사용자가 정의한 클래스나 구조체는 여러 필드나 속성을 포함할 수 있으므로 어떤 기준으로 정렬할 지를 사용자가 지정해야 합니다. 사용자가 클래스를 정의할 때 IComparable 인터페이스 기반으로 정의하고 CompareTo 메소드를 정의하면 객체의 컬렉션에서 Sort 메소드를 사용할 수 있습니다.

다음의 예제는 미술가들을 태어난 년도를 기준으로 정렬하는 방법을 보여줍니다.

📁 File: A107_IComparable/Program.cs

```
1 using System;
2 using System.Collections;
3
4 namespace A107_IComparable
5 {
6    class Program
```

```
7    {
8      static void Main(string[] args)
9      {
10       Artists[] famousArtists =
11       {
12         new Artists("레오나르도 다빈치", "이탈리아", 1452, 1519),
13         new Artists("빈센트 반 고흐", "네덜란드", 1853, 1890),
14         new Artists("클로드 모네", "프랑스", 1840, 1926),
15         new Artists("파블로 피카소", "스페인", 1881, 1973),
16         new Artists("베르메르", "네덜란드", 1632, 1675),
17         new Artists("르노아르", "프랑스", 1841, 1919)
18       };
19
20       List<Artists> artists19C = new List<Artists>();
21       foreach (var artist in famousArtists)
22       {
23         if (artist.Birth > 1800 && artist.Birth <= 1900)
24           artists19C.Add(artist);
25       }
26
27       // IComparable를 사용하여 정렬
28       artists19C.Sort();
29       Console.WriteLine("19세기 미술가를 탄생 순 정렬: IComparable");
30       foreach (var a in artists19C)
31         Console.WriteLine(a.ToString());
32     }
33   }
34
35   class Artists : IComparable
36   {
37     public string Name { get; set; }
38     public string Country { get; set; }
39     public int Birth { get; set; }
40     public int Die { get; set; }
41
42     public Artists(string name, string country, int birth, int die)
43     {
```

```
44        Name = name;
45        Country = country;
46        Birth = birth;
47        Die = die;
48      }
49
50      public int CompareTo(object obj)
51      {
52        Artists a = (Artists)obj;
53        return this.Birth.CompareTo(a.Birth);
54      }
55
56      public override string ToString()
57      {
58        return string.Format(" {0}, {1}, {2}, {3}",
59            Name, Country, Birth, Die);
60      }
61    }
62 }
```

Artists 객체의 배열 famousArtists를 생성합니다. 생성자 메소드를 사용하여 배열 요소인 객체들을 생성합니다.　　　　　　　　　　　　　　　　　　　　　　　　　　　　　◆ 10~18

Artists 객체의 리스트 artists19C를 생성합니다.　　　　　　　　　　　　　　　　　　　◆ 20

famousArtists 배열에서 Birth가 1800보다 크고 1900 이하인 객체를 artists19C에 추가합니다.　◆ 21~25

Sort 메소드를 사용하여 리스트를 정렬하고 정렬된 리스트의 각 객체를 재정의된 ToString 메소드로 출력합니다.　　　　　　　　　　　　　　　　　　　　　　　　　　　　　◆ 28~31

IComparable 인터페이스를 기반으로 Artists 클래스를 정의합니다. IComparable 인터페이스는 int CompareTo() 메소드를 구현하여야 합니다.　　　　　　　　　　　　　　　　　◆ 35

Artists 클래스는 4개의 속성과 생성자 메소드를 갖습니다.　　　　　　　　　　　　　　◆ 37~48

CompareTo() 메소드의 구현입니다. obj를 Artists로 캐스팅하고 Birth를 비교하여 리턴합니다.　◆ 50~54

ToString() 메소드의 재정의입니다.　　　　　　　　　　　　　　　　　　　　　　◆ 56~60

결과

19세기 미술가를 탄생 순 정렬: IComparable
클로드 모네, 프랑스, 1840, 1926
르노아르, 프랑스, 1841, 1919
빈센트 반 고흐, 네덜란드, 1853, 1890
파블로 피카소, 스페인, 1881, 1973

Queue⟨T⟩ 컬렉션의 사용 방법

- **학습 내용 :** Queue⟨T⟩에 대해 학습합니다.
- **힌트 내용 :** 선입선출(FIFO) 형태의 데이터를 처리할 때 사용됩니다.

극장이나 음식점에서 순서를 기다리면서 줄을 서면 먼저 온 사람이 먼저 들어갑니다. 이와 같이 큐(Queue)는 자료가 저장된 순서대로 선착순 처리할 때 유용한 자료구조입니다. 먼저 들어온 자료가 먼저 처리되므로 선입선출(FIFO, First-In First-Out)이라고도 합니다.

배열이나 리스트가 인덱스로 특정 위치의 자료에 자유롭게 접근하는 반면에, Queue는 입력은 오직 뒤에서, 출력은 앞에서만 이루어집니다. Queue에 자료를 넣는 것을 Enqueue, 꺼내는 것을 Dequeue라고 합니다.

.NET 컬렉션은 제네릭 Queue⟨T⟩와 제네릭이 아닌 Queue를 제공합니다. 둘 중 Queue⟨T⟩의 사용을 권장합니다. Queue⟨T⟩의 사용 방법을 예제 프로그램으로 설명합니다.

📁 **File: A108_Queue/Program.cs**

```
1 using System;
2 using System.Collections.Generic;
3
4 namespace A108_Queue
5 {
6   class Program
7   {
8     static void Main(string[] args)
9     {
10      Queue<string> que = new Queue<string>();
11      que.Enqueue("Tiger");
12      que.Enqueue("Lion");
13      que.Enqueue("Zebra");
14      que.Enqueue("Cow");
15      que.Enqueue("Rabbit");
```

```
16          PrintQueue("que: ", que);
17
18          Console.WriteLine(" Dequeuing '{0}'", que.Dequeue());
19          Console.WriteLine(" Peek: '{0}'", que.Peek());
20
21          Queue<string> que2 = new Queue<string>(que.ToArray());
22          PrintQueue("que2:", que2);
23
24          string[] array = new string[que.Count];
25          que.CopyTo(array, 0);
26          Queue<string> que3 = new Queue<string>(array);
27          PrintQueue("que3:", que3);
28
29          Console.WriteLine("que.Contains(Lion) = {0}", que.Contains("Lion"));
30          que3.Clear();
31          Console.WriteLine("Count = {0}, {1}, {2}",
32              que.Count, que2.Count, que3.Count);
33      }
34
35      private static void PrintQueue(string s, Queue<string> q)
36      {
37          Console.Write("{0,-8}", s);
38          foreach(var item in q)
39            Console.Write("{0,-8}", item);
40          Console.WriteLine();
41      }
42    }
43 }
```

2 ◆ Queue〈T〉를 사용할 때 System.Collections.Generic 네임스페이스가 필요합니다.

10 ◆ Queue〈string〉 객체 que를 생성합니다.

11~16 ◆ que에 Enqueue() 메소드를 사용하여 5개의 값을 저장하고 출력합니다.

18 ◆ que.Dequeue() 메소드를 사용하여 값을 하나 가져와서 출력합니다. 값을 가져올 때는 맨 앞의 값, "Tiger"가 리턴되고 que에서는 없어집니다.

que.Peek() 메소드를 사용하여 맨 앞의 값, "Lion"을 출력합니다. Peek() 메소드는 맨 앞의 값을
리턴하지만 그 값이 que에서 없어지지 않습니다.

◆ 19

que2를 만들고 que.ToArray()로 que를 que2에 복사하고 que2를 출력합니다.

◆ 21~22

que의 크기로 array 배열를 만들고 que.CopyTo(array, 0) 메소드로 que의 값을 array에 복사한 후,
이 배열을 이용하여 que3를 만들고 출력합니다.

◆ 24~27

que.Contains() 메소드를 사용하여 que가 "Lion" 요소를 가지고 있는지 출력합니다. 포함하고 있
기 때문에 true 값이 출력됩니다.

◆ 29

que3.Clear() 메소드로 que3의 내용을 초기화합니다. 이제 que3는 아무런 요소도 가지지 않게 됩
니다.

◆ 30

que, que2, que3의 Count 속성을 출력합니다. 4, 4, 0으로 출력됩니다.

◆ 31~32

결과

```
que:     Tiger    Lion     Zebra    Cow      Rabbit
 Dequeuing 'Tiger'
 Peek: 'Lion'
que2:    Lion     Zebra    Cow      Rabbit
que3:    Lion     Zebra    Cow      Rabbit
que.Contains(Lion) = True
Count = 4, 4, 0
```

Stack〈T〉와 Polish 계산기

• **학습 내용 :** Stack〈T〉을 이용하여 Polish 계산기 프로그램을 작성합니다.
• **힌트 내용 :** 스택은 후입선출(LIFO) 형태의 데이터를 처리할 때 사용됩니다.

큐와 반대로 스택은 나중에 저장된 자료가 먼저 처리될 때 사용하는 자료구조입니다. 나중에 들어온 자료가 먼저 처리되므로 후입선출(LIFO, Last-In First-Out)이라고도 합니다. 스택은 입력과 출력이 한 방향에서만 이루어집니다. 스택에 자료를 넣는 것을 Push, 꺼내는 것을 Pop이라고 합니다. 큐와 마찬가지로 .NET 컬렉션은 Stack과 Stack〈T〉를 제공합니다. Stack 클래스는 제네릭이 아니고(non-Generic), Stack〈T〉는 제네릭입니다.

예제 프로그램으로 Polish 표기법을 사용하는 4칙 계산기를 만들어 보겠습니다. Polish 표기법은 피연산자 뒤에 연산자를 쓰게 됩니다. 1 + 2를 1 2 +로 표시합니다. 이렇게 되면 수식에 괄호가 없어도 우선순위를 처리할 수 있게 됩니다. 예를 들어 (10 − 20) * 3이라는 수식을 Polish 표기법으로 표현하면 10 20 − 3 *가 됩니다.

Polish 표기법으로 표현된 수식을 계산할 때 Stack을 사용합니다. 숫자가 나오면 Stack에 넣고 연산자가 나오면 Stack에서 두 개의 값을 꺼내어 계산하고 결과를 Stack에 넣습니다. 계산이 끝나면 Stack의 맨 밑에 결과값이 저장되어 있습니다.

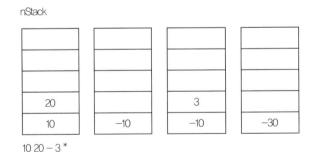

[그림 109-1] 10 20 − 3 *을 계산할 때 Stack의 변화

📁 File: A109_Stack/Program.cs

```
1  using System;
2  using System.Collections.Generic;
3
4  namespace A109_Stack
5  {
6    class Program
7    {
8      static void Main(string[] args)
9      {
10       Console.Write("계산할 수식을 Polish 표기법으로 입력하세요: ");
11       string[] token = Console.ReadLine().Split();
12
13       foreach (var i in token)
14         Console.Write(" {0}", i);
15       Console.Write(" = ");
16
17       Stack<double> nStack = new Stack<double>();
18       foreach(var s in token)
19       {
20         if(isOperator(s))
21         {
22           switch (s)
23           {
24             case "+":
25               nStack.Push(nStack.Pop() + nStack.Pop()); break;
26             case "-":
27               nStack.Push(-(nStack.Pop() - nStack.Pop())); break;
28             case "*":
29               nStack.Push(nStack.Pop() * nStack.Pop()); break;
30             case "/":
31               nStack.Push(1.0/(nStack.Pop() / nStack.Pop())); break;
32           }
33         }
34         else
35         {
```

```
36              nStack.Push(double.Parse(s));
37         }
38      }
39      Console.WriteLine(nStack.Pop());
40   }
41
42   private static bool isOperator(string s)
43   {
44     if (s == "+" || s == "-" || s == "*" || s == "/")
45       return true;
46     else
47       return false;
48   }
49 }
50 }
```

11~15 ◆ 수식을 입력받아 Split() 메소드로 빈칸으로 나누어 token 배열에 저장하고 출력합니다.

17 ◆ 제네릭 Stack〈double〉 객체 nStack을 만듭니다.

18~20 ◆ token 배열의 내용을 하나씩 읽어와서 연산자(+, −, *, /)인지 체크합니다. 연산자이면 if 문이 실행되고, 연산자가 아니면(숫자이면) 34번째 줄의 else 문에 의해 nStack에 값을 double로 바꾸어 Push()합니다.

22 ◆ 연산자인 경우에는 어떤 연산자인지를 switch 문에서 체크하여 해당하는 연산을 수행합니다.

24~31 ◆ 두 번을 pop하여 숫자 두 개를 가져와서 연산자에 따라 계산하고 결과를 push합니다. 뺄셈과 나눗셈은 피연산자의 순서를 고려하여 결과값에 −를 붙이거나 역수를 저장합니다.

39 ◆ 모든 토큰이 처리되고 나면, nStack의 맨 아래에 수식의 결과값이 저장되어 있습니다. 이것을 Pop하여 출력합니다.

42~48 ◆ 매개변수가 연산자인지 체크하여 연산자이면 true를 아니면 false를 리턴하는 메소드입니다.

결과

```
계산할 수식을 Polish 표기법으로 입력하세요: 10.1 20.2 + 3 *
 10.1 20.2 + 3 * = 90.9
```

Hashtable과 Dictionary〈TKey, TValue〉

- **학습 내용:** Hashtable과 Dictionary〈TKey, TValue〉를 학습합니다.
- **힌트 내용:** Hashtable과 Dictionary는 사전식으로 자료를 저장하는 자료구조입니다.

Hashtable나 Dictionary〈TKey, TValue〉 객체는 사전과 같이 "키"와 "값" 쌍으로 데이터를 저장합니다. 0, 1, 2, …와 같은 인덱스가 아니고 키에 의해 값을 찾아줍니다. Hashtable이나 Dictionary에서는 모든 값이 키가 될 수 있습니다. Hashtable은 non-generic 컬렉션이고 Dictionary〈TKey, TValue〉는 제네릭 컬렉션입니다. 사용법은 거의 같습니다. 여기서 TKey는 키의 타입, TValue는 값의 타입을 나타냅니다.

Hashtable과 Dictionary는 키를 인덱스로 값을 찾아주기 때문에 탐색 속도가 O(1)입니다. 이 작업을 해싱(Hashing)이라고 합니다. Hashtable이라는 이름은 Hashing에서 유래한 것입니다.

사용 시 주의해야 할 점이 있습니다.

(1) 키는 중복될 수 없습니다. 중복된 키로 저장하면 ArgumentException이 발생합니다.

(2) 없는 키로 Hashtable에 접근하면 KeyNotFoundException이 발생합니다.

(3) 배열에서와 같은 순차적인 숫자 인덱스를 사용할 수 없습니다.

📁 **File: A110_Dictionary/Program.cs**

```
1 using System;
2 using System.Collections.Generic;
3
4 namespace A110_Dictionary
5 {
6   class Program
7   {
8     static void Main(string[] args)
9     {
```

```csharp
10        Dictionary<string, string> colorTable =
11                            new Dictionary<string, string>();
12
13        colorTable.Add("Red",   "빨간색");
14        colorTable.Add("Green", "초록색");
15        colorTable.Add("Blue",  "파란색");
16
17        foreach(var v in colorTable)
18          Console.WriteLine("colorTable[{0}] = {1}", v.Key, v.Value);
19
20        try
21        {
22          colorTable.Add("Red", "빨강");
23        }
24        catch(ArgumentException e)
25        {
26          Console.WriteLine(e.Message);
27        }
28
29        try
30        {
31          Console.WriteLine("Yellow => {0}", colorTable["Yellow"]);
32        }
33        catch(KeyNotFoundException e)
34        {
35          Console.WriteLine(e.Message);
36        }
37
38        Console.WriteLine("\n"+colorTable["Red"]);
39        Console.WriteLine(colorTable["Green"]);
40        Console.WriteLine(colorTable["Blue"]);
41    }
42  }
43 }
```

제네릭 Dictionary〈string, string〉 객체 colorTable을 만듭니다. ◆ 10

colorTable에 3개의 키, 값 쌍을 저장합니다. ◆ 13~15

foreach 문으로 colorTable의 모든 자료를 출력합니다. ◆ 17~18

try~catch 문 안에서 colorTable.Add("Red", "빨강") 로 새로운 값을 저장하면 이미 "Red" 키값이 ◆ 21~27
저장되어 있으므로 ArgumentException이 발생합니다.

try~catch 문 안에서 colorTable["Yellow"]를 출력하려고 하면, "Yellow"라는 키값으로 저장된 데 ◆ 29~36
이터가 없으므로 KeyNotFoundException이 발생합니다.

colorTable["Red"]를 출력합니다. 값 "빨간색"이 출력됩니다. ◆ 38

colorTable["Green"]을 출력합니다. 값 "초록색"이 출력됩니다. ◆ 39

colorTable["Blue"]를 출력합니다. 값 "파란색"이 출력됩니다. ◆ 40

결과

```
colorTable[Red] = 빨간색
colorTable[Green] = 초록색
colorTable[Blue] = 파란색
동일한 키를 사용하는 항목이 이미 추가되었습니다.
지정한 키가 사전에 없습니다.
빨간색
초록색
파란색
```

SortedList와 SortedList⟨TKey, TValue⟩

- **학습 내용:** SortedList를 학습합니다.
- **힌트 내용:** SortedList 컬렉션은 키의 오름차순으로 키-값 쌍을 저장합니다.

SortedList 컬렉션은 키의 오름차순으로 키-값 쌍을 저장합니다. 내부적으로 SortedList는 키와 값을 저장하는 두 개의 object[] 배열을 유지합니다. 새로운 값이 들어오면 키를 이진탐색하여 적절한 인덱스를 찾고 그 곳에 키-값 쌍을 저장합니다.

C#은 제네릭이 아닌 SortedList와 제네릭 SortedList⟨TKey,TValue⟩의 두 가지 SortedList를 제공합니다. 제네릭 SortedList⟨TKey,TValue⟩에서 TKey는 키의 타입이고 TValue는 값의 타입입니다. 제네릭이 아닌 SortedList에서는 키와 값의 타입을 지정하지 않습니다.

SortedList는 다음과 같이 사용합니다. 키는 int 타입이고 값은 string 타입입니다.

```
SortedList<int, string> mySortedList = new SortedList<int,string>();
```

📁 **File: A111_SortedList/Program.cs**

```
1 using System;
2 using System.Collections.Generic;
3
4 namespace A111_SortedList
5 {
6   class Program
7   {
8     static void Main(string[] args)
9     {
10       SortedList<int, string> s1 = new SortedList<int, string>();
11       s1.Add(3, "Three");
12       s1.Add(4, "Four");
13       s1.Add(1, "One");
14       s1.Add(2, "Two");
```

```
15
16      for (int i = 0; i < s1.Count; i++)
17        Console.Write("k: {0}, v: {1} / ", s1.Keys[i], s1.Values[i]);
18      Console.WriteLine();
19
20      foreach(var kvp in s1)
21        Console.Write("{0, -10} ", kvp);
22      Console.WriteLine();
23
24      SortedList<string, int> s2 = new SortedList<string, int>();
25      s2.Add("one", 1);
26      s2.Add("two", 2);
27      s2.Add("three", 3);
28      s2.Add("four", 4);
29
30      Console.WriteLine(s2["two"]);
31
32      foreach (var kvp in s2)
33        Console.Write("{0, -10} ", kvp);
34      Console.WriteLine();
35
36      int val;
37      if (s2.TryGetValue("ten", out val))
38        Console.WriteLine("key: ten, value: {0}", val);
39      else
40        Console.WriteLine("[ten] : Key is not valid.");
41
42      if (s2.TryGetValue("one", out val))
43        Console.WriteLine("key: one, value: {0}", val);
44
45      Console.WriteLine(s2.ContainsKey("one"));  // returns true
46      Console.WriteLine(s2.ContainsKey("ten"));  // returns false
47      Console.WriteLine(s2.ContainsValue(2)); // returns true
48      Console.WriteLine(s2.ContainsValue(6)); // returns false
49
50      s2.Remove("one"); // 키가 'one'인 요소 삭제
51      s2.RemoveAt(0);    // 첫 번째 요소 삭제
```

```
52
53        foreach (KeyValuePair<string, int> kvp in s2)
54          Console.Write("{0, -10} ", kvp);
55        Console.WriteLine();
56    }
57  }
58 }
```

10~14 ◆ 제네릭 SortedList〈int, string〉 인스턴스 s1을 만들고 4개의 키-값 쌍을 저장합니다. 키는 int, 값은 string 타입의 키-값 쌍으로 저장됩니다.

16~18 ◆ 4개의 요소가 저장되었으므로 s1.Count는 4입니다. 각 요소의 Keys[i], Values[i]를 출력합니다. 저장할 때의 순서와 달리 키에 의해 정렬되어 있습니다.

20~22 ◆ foreach 문으로 s1의 모든 요소를 출력합니다. [키, 값] 형식으로 출력됩니다.

24~28 ◆ SortedList〈string, int〉 인스턴스 s2를 만들고 4개의 키-값 쌍을 저장합니다. s1과 달리 s2는 키가 string이고 값이 int입니다.

30 ◆ s2["two"]와 같은 방법으로 키에 해당하는 값을 출력할 수 있습니다.

32 ◆ s2의 각 요소를 출력합니다. 키가 string 타입이므로 사전식으로 정렬되어 four, one, three, two 순으로 출력됩니다.

36 ◆ int 변수 val을 정의합니다.

37~40 ◆ s2.TryGetValue("ten", out val) 메소드는 s2에서 "ten"을 키로 하는 값이 있으면 변수 val에 값을 저장하고 true를 리턴합니다. s2에 "ten"을 키로 하는 값이 없으므로 false를 리턴하여 else 문을 실행하게 됩니다.

42~43 ◆ "one"을 키로 하여 값을 val에 저장합니다. val은 1이 되고 출력됩니다.

45~48 ◆ ContainsKey()는 매개변수를 키로 하는 요소가 있으면 true를, 아니면 false를 리턴합니다. ContainsValue()는 매개변수를 값으로 하는 요소가 있으면 true를, 아니면 false를 리턴합니다.

Remove() 메소드는 키를 매개변수 값으로 하는 요소를 삭제합니다. "one" 요소가 삭제됩니다. ◆ **50~51**
RemoveAt() 메소드는 매개변수를 인덱스로 하는 요소를 삭제합니다. 0번째 요소인 four가 삭제
됩니다.

s2의 각 요소를 foreach 문으로 출력합니다. 앞에서 두 개의 요소가 삭제되었으므로 [three, 3]와 ◆ **53~55**
[two, 2]가 출력됩니다.

결과

```
k: 1, v: One / k: 2, v: Two / k: 3, v: Three / k: 4, v: Four /
[1, One]    [2, Two]    [3, Three] [4, Four]
2
[four, 4]   [one, 1]    [three, 3] [two, 2]
[ten] : Key is not valid.
key: one, value: 1
True
False
True
False
[three, 3] [two, 2]
```

인덱서

- **학습 내용:** 인덱서를 학습합니다.
- **힌트 내용:** 인덱서를 만들면 클래스나 구조체의 객체를 배열 표현([])으로 접근할 수 있습니다.

인덱서(Indexer)는 인스턴스 내의 데이터에 접근하는 방법입니다. 용도는 속성(Property)과 똑같은데 다른 점은 배열과 같이 인덱스를 사용할 수 있다는 점입니다. 인덱서는 클래스나 구조체의 인스턴스를 배열처럼 인덱싱할 수 있게 합니다. 인덱서는 this[]를 사용하며 겟터와 셋터를 만듭니다. 겟터와 셋터에서 클래스의 어떤 값을 가져오고, 어떤 값을 세팅하는지 정해주면 됩니다. 예제를 통해 인덱서의 사용법을 살펴보겠습니다.

📁 **File: A112_Indexer/Program.cs**

```csharp
1  using System;
2
3  namespace A112_Indexer
4  {
5    class MyCollection<T>
6    {
7      private T[] array = new T[100];
8
9      public T this[int i]  // 인덱서 정의
10     {
11       get { return array[i]; }
12       set { array[i] = value; }
13     }
14   }
15
16   class Program
17   {
18     static void Main(string[] args)
19     {
20       var myString = new MyCollection<string>();
```

```
21        myString[0] = "Hello, World!";
22        myString[1] = "Hello, C#";
23        myString[1] = "Hello, Indexer!";
24
25        for (int i = 0; i < 3; i++)
26          Console.WriteLine(myString[i]);
27      }
28    }
29 }
```

제네릭 클래스인 MyCollection〈T〉를 정의합니다.   ◆ 5

이 클래스의 필드로 T형 자료를 100개 저장할 수 있는 배열 array입니다.   ◆ 7

인덱서를 만듭니다. this 키워드를 사용해서 정수 인덱스를 사용할 수 있게 합니다. get에서는   ◆ 9~13
array[i]를 리턴하게 하고 set에서는 value 키워드를 사용하여 array[i]를 설정하게 합니다.

MyCollection〈T〉 클래스의 인스턴스 myString을 정의합니다.   ◆ 20

myString[0]에 "Hello, World!"를 넣습니다. MyCollection〈T〉 클래스에 인덱서를 만들었기 때   ◆ 21
문에 배열과 같이 [] 연산자를 사용할 수 있습니다.

마찬가지로 myString[1], myString[2]에 값을 할당합니다.   ◆ 22~23

인덱스 i를 0~2까지 변화하면서 myString[i]를 출력합니다.   ◆ 25

결과

```
Hello, World!
Hello, C#
Hello, Indexer!
```

Delegate의 기본,
배열에서 홀수와 짝수 찾기

- **학습 내용:** 델리게이트를 학습합니다.
- **힌트 내용:** 델리게이트는 메소드의 참조입니다.

정수 배열에서 홀수와 짝수의 개수를 출력하는 프로그램이 있습니다.

```
int[] arr = new int[] { 3, 5, 4, 2, 6, 4, 6, 8, 54, 23, 4, 6, 4 };
Console.WriteLine("짝수의 개수: " + EvenCount(arr));
Console.WriteLine("홀수의 개수: " + OddCount(arr));
```

홀수의 개수를 리턴하는 EvenCount() 메소드와 짝수의 개수를 리턴하는 OddCount() 메소드를
나란히 써보았습니다.

```
static int EvenCount(int[] a)          static int OddCount(int[] a)
{                                      {
  int cnt = 0;                           int cnt = 0;
  foreach (var n in a)                   foreach (var n in a)
  {                                      {
    if (n % 2 == 0)                        if (n % 2 == 1)
      cnt++;                                 cnt++;
  }                                      }
  return cnt;                            return cnt;
}                                      }
```

두 메소드를 보면 n%2가 0인지 1인지를 판단하는 if 문만 다르고 완전히 똑같은 코드입니다. 이
것을 하나로 만들 수는 없을까요? 이럴 때 사용하는 것이 델리게이트입니다. 델리게이트는 대리
자라는 뜻으로 메소드의 참조, 즉 C언어의 함수 포인터와 같은 개념입니다. 델리게이트는 다음
과 같이 선언합니다. delegate 키워드를 제외하면 메소드의 선언과 똑같습니다.

```
delegate 리턴형식 이름(매개변수 목록);
```

델리게이트를 사용하여 Count 메소드를 하나로 만들었습니다. 정수를 매개변수로 하고 부울값을 리턴하는 델리게이트 MemberTest를 선언합니다. Count 메소드에서 홀수일 때 true를 리턴하는 IsOdd()와 짝수일 때 true를 리턴하는 IsEven()을 매개변수 델리게이트 testMethod로 전달받아 사용합니다.

File: A113_DelegateExample/Program.cs

```csharp
1  using System;
2
3  namespace A113_DelegateExample
4  {
5    class Program
6    {
7      delegate bool MemberTest(int a);
8
9      static void Main(string[] args)
10     {
11       int[] arr = new int[] { 3, 5, 4, 2, 6, 4, 6, 8, 54, 23, 4, 6, 4 };
12
13       Console.WriteLine("짝수의 개수: " + Count(arr, IsEven));
14       Console.WriteLine("홀수의 개수: " + Count(arr, IsOdd));
15     }
16
17     static int Count(int[] a, MemberTest testMethod)
18     {
19       int cnt = 0;
20       foreach (var n in a)
21       {
22         if (testMethod(n) == true)
23           cnt++;
24       }
25       return cnt;
26     }
27
28     static public bool IsOdd(int n) { return n % 2 != 0; }
29     static public bool IsEven(int n) { return n % 2 == 0; }
```

```
30    }
31 }
```

7 ◆ 델리게이트를 선언합니다. 매개변수로 정수 하나를 사용하고 리턴 값이 bool인 메소드를 사용할 수 있습니다.

13~14 ◆ Count() 메소드는 배열과 델리게이트 메소드를 매개변수로 합니다.

17~26 ◆ Count() 메소드의 정의입니다. 배열의 각 요소에 대해 인수로 전달받은 MemberTest 델리게이트 testMethod 메소드를 호출하여 리턴 값이 true이면 cnt를 하나씩 증가시켜 리턴합니다. Main()에서는 이 리턴 값을 출력합니다.

28~29 ◆ 델리게이트 메소드 IsOdd()와 IsEven()입니다. 정수를 매개변수로 해서 bool 값을 리턴합니다.

결과

짝수의 개수: 10
홀수의 개수: 3

이름 없는 델리게이트
(Anonymous Delegate)

중급
114

- **학습 내용:** 무명 델리게이트를 학습합니다.
- **힌트 내용:** 델리게이트 메소드를 별도로 작성하지 않고 인라인으로 정의할 수 있습니다.

앞장에서 배열에서 짝수와 홀수의 개수를 출력하는 프로그램을 델리게이트를 사용하여 작성했습니다. IsOdd()와 IsEven() 메소드는 MemberTest의 델리게이트 메소드로 사용되었습니다. 그런데 이 메소드들은 한번씩만 사용되었기 때문에 굳이 이름을 갖는 메소드로 정의하지 않고 이름없이 인라인 함수로 만들 수 있습니다. 이것을 무명 또는 익명 델리게이트라고 합니다.

📁 File: A114_AnonymousDelegate/Program.cs

```
1  using System;
2
3  namespace A114_AnonymousDelegate
4  {
5    class Program
6    {
7      delegate bool MemberTest(int x);
8
9      static void Main(string[] args)
10     {
11       var arr = new[] { 3, 34, 6, 34, 7, 8, 24, 3, 675, 8, 23 };
12
13       int n = Count(arr, delegate (int x) { return x % 2 == 0; });
14       Console.WriteLine("짝수의 개수: " + n);
15
16       n = Count(arr, delegate (int x) { return x % 2 != 0; });
17       Console.WriteLine("홀수의 개수: " + n);
18     }
19
20     private static int Count(int[] arr, MemberTest testMethod)
21     {
```

```
22        int cnt = 0;
23        foreach (var n in arr)
24        {
25          if (testMethod(n))
26            cnt++;
27        }
28        return cnt;
29      }
30    }
31 }
```

7 ◆ 델리게이트를 선언합니다. 매개변수로 정수 하나를 사용하고 리턴 값이 bool인 메소드를 사용할
수 있습니다.

13, 16 ◆ Count() 메소드는 배열과 델리게이트 메소드를 매개변수로 합니다. 이때 델리게이트 메소드를
이름없이 인라인으로 직접 정의할 수 있습니다. 이를 무명 델리게이트라고 합니다. 이렇게 함으
로써 IsEven(), IsOdd() 메소드를 따로 정의할 필요가 없게 됩니다.

20~29 ◆ Count() 메소드의 정의입니다. 배열의 각 요소에 대해 인수로 전달받은 testMethod() 메소드를
호출하여 리턴 값이 true이면 cnt를 하나씩 증가시켜 리턴합니다. Main()에서는 이 리턴 값을 출
력합니다.

결과

짝수의 개수 : 6
홀수의 개수 : 5

Func와 Action으로 델리게이트를 더 간단히 만들기

- **학습 내용:** Func와 Action에 대해 학습합니다.
- **힌트 내용:** Func와 Action은 .NET에서 미리 선언해 둔 델리게이트입니다.

앞장에서 배열에서 짝수와 홀수의 개수를 출력하는 프로그램을 무명 델리게이트를 사용하여 작성했습니다. 델리게이트를 사용하려면 우선 delegate를 선언해야 하는데 이것도 사실은 번거로운 일입니다. .NET에서는 Func와 Action 델리게이트를 미리 만들어서 제공합니다. 이를 사용하면 delegate를 선언할 필요가 없습니다. Func 델리게이트는 결과를 반환하는 메소드를 참조하기 위해서, Action 델리게이트는 반환 값이 없는 메소드를 참조합니다.

Func와 Action은 제네릭 매개변수를 사용합니다. 20번째 줄의 Func⟨int, bool⟩은 매개변수로 int 하나를 갖고 리턴 값이 bool인 델리게이트입니다. 매개변수 리스트 중에서 가장 뒤에 있는 것이 리턴 값이고 그 앞에 있는 매개변수들은 델리게이트 메소드의 매개변수 타입입니다. 매개변수가 없는 것부터 16개가 있는 것까지를 제공하므로 거의 모든 델리게이트를 Func와 Action으로 쓸 수 있습니다.

📁 File: A115_FuncAndAction/Program.cs

```
1  using System;
2
3  namespace A115_FuncAndAction
4  {
5    class Program
6    {
7      // delegate bool MemberTest(int x); // Func를 사용하므로 필요 없음
8
9      static void Main(string[] args)
10     {
11       var arr = new[] { 3, 34, 6, 34, 7, 8, 24, 3, 675, 8, 23 };
12
13       int n = Count(arr, delegate (int x) { return x % 2 == 0; });
```

```
14        Console.WriteLine("짝수의 개수: " + n);
15
16        n = Count(arr, delegate (int x) { return x % 2 != 0; });
17        Console.WriteLine("홀수의 개수: " + n);
18    }
19
20    private static int Count(int[] arr, Func<int, bool> testMethod)
21    {
22      int cnt = 0;
23      foreach (var n in arr)
24      {
25        if (testMethod(n))
26          cnt++;
27      }
28      return cnt;
29    }
30  }
31 }
```

7 ◆ Func를 사용하므로 델리게이트를 선언할 필요가 없습니다.

13, 16 ◆ Count() 메소드는 배열과 델리게이트 메소드를 매개변수로 합니다. 델리게이트 메소드는 이름 없이 무명 델리게이트로 정의합니다.

20~29 ◆ Count() 메소드의 정의입니다. delegate 대신에 Func〈int, bool〉을 사용했습니다. 매개변수로 int 하나를 갖고 리턴 값이 bool인 메소드를 가리킵니다.

결과

짝수의 개수 : 6
홀수의 개수 : 5

람다식(Lambda Expression)

- **학습 내용**: 람다식에 대해 학습합니다.
- **힌트 내용**: 람다식은 메소드의 다른 표현이며 델리게이트 대신 사용할 수 있습니다.

람다식은 익명 메소드를 간단하게 표현할 수 있는 방법입니다. 람다식은 개체로 처리되는 코드 블록(식 또는 문 블록)이며 메소드와 같이 매개변수와 리턴 값을 갖습니다. 람다식은 인수를 메소드에 전달할 수 있으며 값을 반환할 수 있습니다.

람다식은 델리게이트로 표현될 수 있는 코드입니다. 람다식의 델리게이트형은 리턴 값이나 파라미터 개수에 따라 정해집니다. 리턴 값이 없는 람다식은 Action 델리게이트에 해당하고 리턴 값이 있는 람다식은 Func 델리게이트에 해당합니다. 두 개의 파라미터를 갖고 리턴 값이 없는 람다식은 Action〈T1, T2〉 델리게이트에 해당합니다. 한 개의 파라미터와 리턴 값을 갖는 람다식은 Func〈T, TResult〉 델리게이트에 해당합니다. 람다식은 람다 연산자 "=〉"로 표현됩니다. =〉 연산자 왼쪽은 매개변수, 오른쪽은 식, 또는 문장이 위치하는데 이것이 리턴 값이 됩니다. 예를 들어 x =〉 x * x는 매개변수 x에 대해 x의 제곱을 리턴하는 람다식입니다. 익명 메소드는 delegate로 만들고 메소드 이름이 없이 사용됩니다. C#3.0부터 람다식이 도입되면서 익명 메소드를 쓸 일이 없어졌습니다. 람다식이 훨씬 간단하기 때문입니다. 앞장에서 사용했던 익명 메소드 부분입니다.

```
int n = Count(arr, delegate (int x) { return x % 2 == 0; });
```

이를 람다식으로 표현하면 다음과 같이 쓸 수 있습니다.

```
int n = Count(arr, x => x % 2 == 0);
```

 File: A116_LambdaExpression/Program.cs

```
1 using System;
2
3 namespace A116_LambdaExpression
```

```
 4 {
 5   class Program
 6   {
 7     static void Main(string[] args)
 8     {
 9       var arr = new[] { 3, 34, 6, 34, 7, 8, 24, 3, 675, 8, 23 };
10
11       int n = Count(arr, x => x % 2 == 0);
12       Console.WriteLine("짝수의 개수: " + n);
13
14       n = Count(arr, x => x % 2 == 1);
15       Console.WriteLine("홀수의 개수: " + n);
16     }
17
18     private static int Count(int[] arr, Func<int, bool> testMethod)
19     {
20       int cnt = 0;
21       foreach (var n in arr)
22       {
23         if (testMethod(n))
24           cnt++;
25       }
26       return cnt;
27     }
28   }
29 }
```

11, 14 ◆ Count() 메소드는 배열과 람다식을 매개변수로 합니다.

18~27 ◆ Count() 메소드의 정의입니다. 매개변수로 전달된 람다식을 Func〈int, bool〉로 받습니다. 매개변수로 int 하나를 갖고 리턴 값이 bool인 메소드를 가리킵니다.

결과

짝수의 개수 : 6
홀수의 개수 : 5

람다식의 사용

• **학습 내용 :** 람다식의 사용법을 학습합니다.
• **힌트 내용 :** 람다식은 식 람다와 문 람다가 있습니다.

람다식은 익명 메소드를 간단하게 표현할 수 있는 방법입니다. delegate, Func, Action으로 정의된 메소드를 만들 수 있으며 "=>" 람다 연산자의 오른쪽에 식이 올 수도 있고 문장이 올 수도 있습니다.

(1) 식 람다(Expression Lambda)

연산자의 오른쪽에 식이 있는 것을 식 람다라고 합니다. 식 람다는 식의 결과를 반환하며 기본 형식은 다음과 같습니다.

```
(input-parameters) => expression
```

괄호는 람다 식에 입력 매개변수가 하나뿐인 경우에만 생략할 수 있고 그렇지 않으면 생략할 수 없습니다. 아래 예제에서 (1) 입력 매개변수가 0개이면 빈 괄호를 지정합니다. (2) 둘 이상의 입력 매개변수는 괄호로 묶고 쉼표로 구분해야 합니다. (3) 컴파일러에서 입력 형식을 유추할 수 없는 경우에는 형식을 명시적으로 지정할 수 있습니다.

```
Action line = () => Console.WriteLine();                // (1)
Func<int, int, bool> testForEquality = (x, y) => x == y;   // (2)
Func<int, string, bool> isTooLong
    = (int x, string s) => s.Length > x;                // (3)
```

(2) 문 람다(Statement Lambda)

문 람다는 다음과 같이 중괄호 안에 문장을 지정한다는 점을 제외하면 식 람다와 비슷합니다. 문 람다의 본문에 지정할 수 있는 문장의 개수에는 제한이 없지만 일반적으로 2~3개 정도만 지정합니다.

```
(input-parameters) => { statement; }
```

예를 들어 다음의 소스 코드는 리턴 값이 없고 매개변수가 하나인 메소드를 문 람다로 작성했습니다. greet("World");라고 호출하면 "Hello World"라고 출력합니다.

```
Action<string> greet = name =>
{
    string greeting = $"Hello {name}!";
    Console.WriteLine(greeting);
};
```

📁 File: A117_LambdaExamples/Program.cs

```
1  using System;
2  using System.Linq;
3
4  namespace A117_LambdaExamples
5  {
6    class Program
7    {
8      delegate double CalcMethod(double a, double b);
9      delegate bool IsTeenAger(Student student);
10     delegate bool IsAdult(Student student);
11
12     static void Main(string[] args)
13     {
14       Func<int, int> square = x => x * x;
15       Console.WriteLine(square(5));
16
17       int[] numbers = { 2, 3, 4, 5 };
18       var squaredNumbers = numbers.Select(x => x * x);
19       Console.WriteLine(string.Join(" ", squaredNumbers));
20
21       Action line = () => Console.WriteLine();
22       line();
```

```
23
24      CalcMethod add = (a, b) => a + b;
25      CalcMethod subtract = (a, b) => a - b;
26
27      Console.WriteLine(add(10, 20));
28      Console.WriteLine(subtract(10.5, 20));
29
30      IsTeenAger isTeen
31          = delegate (Student s) { return s.Age > 12 && s.Age < 20; };
32
33      Student s1= new Student() { Name = "John", Age = 18 };
34      Console.WriteLine("{0}은 {1}.",
35        s1.Name, isTeen(s1) ? "청소년입니다" : "청소년이 아닙니다");
36
37      IsAdult isAdult = (s) => {
38        int adultAge = 18;
39        return s.Age >= adultAge;
40      };
41
42      Student s2 = new Student() { Name = "Robin", Age = 20 };
43      Console.WriteLine("{0}은 {1}.",
44        s2.Name, isAdult(s2)? "성인입니다" : "성인이 아닙니다");
45    }
46
47  public class Student
48  {
49    public string Name { get; set; }
50    public int Age { get; set; }
51  }
52  }
53 }
```

세 개의 델리게이트를 정의합니다.　　　　　　　　　　　　　　　　　　　　　◆ 8~10

square는 하나의 정수를 매개변수로 하고 리턴 값이 정수인 Func 델리게이트입니다. square(5)는 　◆ 14~15
5의 제곱을 리턴합니다.

17~19 ◆	정수배열의 각 요소를 제곱하여 squareNumbers에 할당하고 String.Join() 메소드로 빈칸을 사용하여 합쳐서 출력합니다.
21~22 ◆	line은 Action 델리게이트로 매개변수는 없고 Console.WriteLine()을 리턴합니다. 따라서 line(); 이라고 하면 빈 줄을 하나 출력합니다.
24~28 ◆	add와 subtract는 CalcMethod 델리게이트입니다. 두 개의 더블 값을 매개변수로 하여 두 수를 더하거나 빼서 출력해줍니다.
30 ◆	isTeen은 IsTeenAger 델리게이트입니다. Student 객체를 매개변수로 하여 나이가 12보다 크고 20보다 작으면 true를 리턴합니다.
33~35 ◆	Student 객체 s1을 생성하고 isTeen(s1)의 리턴 값에 따라 출력합니다.
37~40 ◆	isAdult 델리게이트는 문 람다로 정의했습니다. 18세 이상이면 true를 리턴합니다.
42~43 ◆	Student 객체 s2를 생성하고 isAdult(s2)의 리턴 값에 따라 출력합니다.
47~53 ◆	Student 클래스의 정의입니다. Name과 Age 속성을 갖습니다.

결과

```
25
4 9 16 25

30
-9.5
John는 청소년입니다.
Robin는 성인입니다.
```

Predicate⟨T⟩ 델리게이트

- **학습 내용:** Predicate⟨T⟩ 델리게이트에 대해 학습합니다.
- **힌트 내용:** Predicate는 매개변수가 하나이고 리턴 값이 bool인 델리게이트입니다.

Predicate⟨T⟩는 Func나 Action과 같은 미리 정의된 델리게이트 형식입니다. Predicate 델리게이트 메소드는 하나의 매개변수를 갖고 리턴 값이 bool인 델리게이트입니다. 다음의 소스코드를 보면서 Predicate를 알아보겠습니다.

```
Predicate<int> isEven = IsEven;

static bool IsEven(int n)
{
    return n % 2 == 0;
}
```

Predicate⟨int⟩ isEven은 매개변수가 정수 하나이고 리턴 값이 bool인 IsEven 메소드의 이름을 지정합니다. 여기서 Predicate isEven은 소문자로 시작하고 메소드 IsEven은 대문자로 시작하는 것을 주의합니다. 따라서 이 Predicate로 다음과 같이 IsEven() 메소드를 호출할 수 있습니다.

```
Console.WriteLine(isEven(6));    // 결과: true
```

여기서 Predicate 대신 Func⟨int, bool⟩ isEven = IsEven;를 써도 Predicate는 리턴 값이 bool로 정해져 있으므로 같은 결과가 나옵니다. IsEven(int n) 메소드를 람다식으로 변형하면 다음과 같이 한 줄로 쓸 수 있습니다.

```
static bool IsEven(int n) => n % 2 == 0;
```

또 IsEven() 메소드를 익명 델리게이트로 쓴다면 함수를 정의하지 않고, Predicate 선언 부분에 직접 쓸 수 있습니다.

```
Predicate<int> isEven = n => n % 2 == 0;
```

코드를 보면 정말 간단합니다.

📁 **File: A118_Predicate/Program.cs**

```
 1 using System;
 2
 3 namespace A118_Predicate
 4 {
 5   class Program
 6   {
 7     static void Main(string[] args)
 8     {
 9       Predicate<int> isEven = n => n % 2 == 0;
10       Console.WriteLine(isEven(6));
11
12       Predicate<string> isLowerCase = s => s.Equals(s.ToLower());
13       Console.WriteLine(isLowerCase("This is test"));
14     }
15   }
16 }
```

9 ◆ Predicate〈int〉 isEven을 람다식으로 정의했습니다. 정수 하나를 매개변수로 보내서 bool 값을 리턴하므로 Predicate로 지정할 수 있습니다.

10 ◆ isEven(6) Predicate를 통해 6이 정수인지를 출력합니다. true라고 출력됩니다.

12 ◆ isLowerCase는 string s를 매개변수로 보내고 s를 소문자로 바꾼 결과와 같은지를 리턴 값으로 보내줍니다. 맨 앞글자가 대문자 T이므로 false가 출력됩니다.

결과

```
true
false
```

List⟨T⟩에서 Predicate⟨T⟩ 델리게이트 사용

Predicate⟨T⟩ 델리게이트는 리턴 값이 반드시 bool이고 입력 파라미터가 하나인 델리게이트입니다. Predicate⟨T⟩는 Array나 List 클래스의 메소드들에서 자주 사용됩니다. 예를 들어 List⟨T⟩ 클래스에서 Predicate⟨T⟩를 사용하는 메소드들은 다음과 같습니다.

리턴 타입	원형	설명
bool	List<T>.Exists(Predicate<T>)	조건에 맞는 요소가 있는지
T	List<T>.Find(Predicate<T>)	조건에 맞는 첫 번째 요소 리턴
List<T>	List<T>.FindAll(Predicate<T>)	조건에 맞는 모든 요소 리턴
T	List<T>.FindLast(Predicate<T>)	조건에 맞는 마지막 요소 리턴
int	List<T>.RemoveAll(Predicate<T>)	조건에 맞는 요소를 모두 제거
bool	List<T>.TrueForAll(Predicate<T>)	모든 요소가 조건에 맞는지

여기서 Predicate⟨T⟩는 보통 람다식으로 표현됩니다. 예제를 통해 알아보겠습니다.

📁 File: A119_ListAndLambda/Program.cs

```
1 using System;
2 using System.Collections.Generic;
3
4 namespace A119_ListAndLambda
5 {
6   class Program
7   {
8     static void Main(string[] args)
9     {
10      List<String> myList = new List<String> {
11        "mouse", "cow", "tiger", "rabbit", "dragon", "snake"
```

```
12          };
13
14          bool n = myList.Exists(s => s.Contains("x"));
15          Console.WriteLine("이름에 'x'를 포함하는 동물이 있나요: " + n);
16
17          Console.Write("이름이 3글자인 첫 번째 동물: ");
18          string name = myList.Find(s => s.Length == 3);
19          Console.WriteLine(name);
20
21          Console.Write("이름이 6글자 이상의 동물들: ");
22          List<string> longName = myList.FindAll(s => s.Length > 5);
23          foreach (var item in longName)
24          {
25            Console.Write(item + " ");
26          }
27          Console.WriteLine();
28
29          Console.Write("대문자로 변환: ");
30          List<string> capList = myList.ConvertAll(s => s.ToUpper());
31          foreach(var item in capList)
32            Console.Write(item + " ");
33          Console.WriteLine();
34        }
35    }
36 }
```

10~12 ◆ 6개의 동물을 포함하는 myList를 정의합니다.

14 ◆ 리스트 안에 "x"를 포함하는 요소가 있는지를 체크합니다.

17 ◆ isLowerCase는 string s를 매개변수로 보내고 s를 소문자로 바꾼 결과와 같은지를 리턴 값으로 보내줍니다. 맨 앞글자가 T이므로 false가 출력됩니다. s => s.Contains("x")가 Predicate입니다.

18~19 ◆ 이름이 세 글자인 첫 번째 동물을 찾습니다. 람다식 s => s.Length == 3이 Predicate입니다.

21~27 ◆ 이름이 여섯 글자 이상인 동물의 리스트를 만듭니다. 람다식 s => s.Length > 5가 Predicate입니다.

리스트의 내용을 대문자로 바꾸어 capList에 담습니다. 람다식 s => s.ToUpper()는 참, 거짓을 판단할 수 있는 식이 아니므로 Predicate가 아닙니다. 리스트 클래스의 ConvertAll() 메소드는 Converter⟨T,TOutput⟩ 대리자입니다.

29~33

결과

이름에 'x'를 포함하는 동물이 있나요 : False

이름이 3글자인 첫 번째 동물 : cow

6글자 이상의 동물들: rabbit dragon

대문자로 변환: MOUSE COW TIGER RABBIT DRAGON SNAKE

LINQ의 기초

- **학습 내용:** LINQ의 사용법을 학습합니다.
- **힌트 내용:** from, where, orderby, select 등의 LINQ 연산자를 사용합니다.

LINQ는 Language-INtegrated Query의 약자로 C#에 통합된 데이터 질의 기능입니다. SQL과 같은 Query 언어는 데이터베이스에서 사용되던 언어인데, 이를 C#에 도입한 것입니다. LINQ를 사용하면 컬렉션에서 데이터를 다루는 방법이 훨씬 간단해집니다. LINQ는 람다와 함께 C# 3.0에 도입된 기능입니다.

```
var sortedEven = from item in data
        where item % 2 == 0
        orderby item
        select item;
```

위의 문장을 보면 from, where, orderby, select 등의 LINQ 연산자가 사용되었습니다. "data 컬렉션에 있는 데이터 item으로부터 item이 짝수이면 item 값으로 정렬하여 선택한다"라는 뜻입니다. LINQ를 사용하려면 원본 데이터가 IEnumerable이나 IEnumerable〈T〉 인터페이스를 상속하는 형식이어야 합니다. 배열과 리스트 등의 컬렉션들은 모두 여기에 해당됩니다.

다음의 예제는 List에서 짝수 데이터만을 꺼내어 정렬하여 출력하는 프로그램을 기존 방법과 LINQ를 사용하는 두 가지 방법으로 작성했습니다.

📁 **File: A120_LinqBasic/Program.cs**

```
1 using System;
2 using System.Collections.Generic;
3 using System.Linq;
4
5 namespace A120_LinqBasic
6 {
7   class Program
```

```
 8  {
 9    static void Main(string[] args)
10    {
11      List<int> data = new List<int> { 123, 45, 12, 89, 456, 1, 4, 74, 46 };
12      List<int> lstSortedEven = new List<int>();
13
14      foreach (var item in data)
15      {
16        if (item % 2 == 0)
17          lstSortedEven.Add(item);
18      }
19      lstSortedEven.Sort();
20
21      Console.WriteLine("Using foreach: ");
22      foreach (var item in lstSortedEven)
23        Console.Write(item + " ");
24      Console.WriteLine();
25
26      var sortedEven = from item in data
27                       where item % 2 == 0
28                       orderby item
29                       select item;
30
31      Console.WriteLine("\nUsing Linq: ");
32      foreach (var item in sortedEven)
33        Console.Write(item + " ");
34      Console.WriteLine();
35    }
36  }
37 }
```

Linq를 사용하려면 using System.Linq를 추가해야 합니다.   ◆ 3

정수의 리스트 data를 정의하고 초기화합니다.   ◆ 11

정렬된 짝수의 리스트 lstSortedEven을 정의합니다.   ◆ 12

14~18	◆	data 리스트의 각 요소가 짝수이면 lstSortedEven에 추가합니다.
19	◆	lstSortedEven을 Sort 메소드를 사용하여 정렬합니다.
21~24	◆	lstSortedEven을 출력합니다.
26~29	◆	LINQ로 data에서 짝수를 찾아 정렬하여 sortedEven에 추가합니다. 이때 sortedEven은 IEnumerable〈int〉형이 됩니다. var 대신 IEnumerable〈int〉로 명시해도 됩니다.
31~34	◆	sortedEven을 출력합니다. 결과값이 같은 것을 확인할 수 있습니다.

결과

```
Using foreach:
4 12 46 74 456

Using Linq:
4 12 46 74 456
```

LINQ를 이용한 조건 검색과 정렬

- **학습 내용:** LINQ의 사용법을 학습합니다.
- **힌트 내용:** LINQ의 결과는 IEnumerable⟨T⟩입니다.

LINQ 사용법을 조금 더 공부해 보겠습니다. 컬렉션에서 원하는 값을 찾는 과정이 마치 데이터 베이스에서 질의하는 것과 같습니다. 이번엔 다음과 같은 문제를 풀어 보겠습니다.

(1) data 리스트에서 20보다 큰 짝수를 내림차순으로 정렬하여 저장
(2) 이 값을 2씩 곱하여 오름차순으로 정렬하여 저장

📁 **File: A121_LinqBasic2/Program.cs**

```
1 using System;
2 using System.Collections.Generic;
3 using System.Linq;
4
5 namespace A121_LinqBasic2
6 {
7   class Program
8   {
9     static void Main(string[] args)
10     {
11       List<int> data = new List<int> { 123, 45, 12, 89, 456, 1, 4, 74, 46 };
12
13       Print("data : ", data);
14
15       var lstEven = from item in data
16                     where (item > 20 && item % 2 == 0)
17                     orderby item descending
18                     select item;
19
20       Print("20보다 큰 짝수 검색결과: ", lstEven);
21
```

```
22        var lstSorted = from item in lstEven
23                        orderby item ascending
24                        select item * 2;
25
26        Print("2를 곱해서 오름차순 정렬: ", lstSorted);
27    }
28
29    private static void Print(string s, IEnumerable<int> data)
30    {
31      Console.WriteLine(s);
32      foreach (var i in data)
33        Console.Write(" " + i);
34      Console.WriteLine();
35    }
36  }
37 }
```

11~13 ◆ 정수의 리스트 data를 정의하고 초기화하고 Print 메소드를 이용해서 data 리스트의 내용을 출력
합니다.

15~20 ◆ data 리스트의 각 요소가 20보다 크고 짝수이면 lstEven에 추가하고 Print 메소드를 이용해서
lstEven의 내용을 출력합니다.

22~26 ◆ lstEven의 각 요소를 2를 곱하고 오름차순으로 정렬하여 lstSorted에 추가하고 Print 메소드를 이
용해서 lstSorted의 내용을 출력합니다.

29~35 ◆ Print 메소드의 정의입니다. 매개변수로 string과 IEnumerable⟨int⟩를 갖습니다. 문자열을 출력
하고 data의 내용을 출력합니다.

결과

```
data :
 123 45 12 89 456 1 4 74 46
20보다 큰 짝수 검색 결과 :
 456 74 46
2를 곱해서 오름차순 정렬 :
 92 148 912
```

LINQ의 결과를 리스트나 배열로 반환

- **학습 내용 :** LINQ의 결과를 컬렉션으로 보내는 방법을 학습합니다.
- **힌트 내용 :** 리스트로 보낼 때는 ToList(T)(), 배열로 보낼 때는 ToArray(T)() 메소드를 사용합니다.

LINQ의 결과는 IEnumerable⟨T⟩가 된다고 했습니다. LINQ의 결과를 리스트로 받고 싶으면 ToList⟨T⟩() 메소드를 사용합니다. 이와 비슷하게 LINQ의 결과를 배열로 받고 싶으면 ToArray⟨T⟩() 메소드를 사용하면 됩니다.

다음의 프로그램은 리스트의 값 중에서 홀수를 찾아 정렬하여 리스트로 반환하고 짝수를 찾아 정렬하여 배열로 반환합니다.

📁 File: A122_LinqToList/Program.cs

```
1 using System;
2 using System.Collections.Generic;
3 using System.Linq;
4
5 namespace A122_LinqToList
6 {
7   class Program
8   {
9     static void Main(string[] args)
10    {
11      List<int> lstData = new List<int> { 123, 456, 132, 96, 13, 465, 321};
12      Print("Data: ", lstData);
13
14      List<int> lstOdd = new List<int>();
15      lstOdd = SelectOddAndSort(lstData);
16      Print("Ordered Odd: ", lstOdd);
17
18      int[] arrEven;
19      arrEven = SelectEvenAndSort(lstData);
```

```
20          Print("Ordered Even: ", arrEven);
21      }
22
23      private static List<int> SelectOddAndSort(List<int> lstData)
24      {
25        return (from item in lstData
26                where item % 2 == 1
27                orderby item
28                select item).ToList<int>();
29      }
30
31      private static int[] SelectEvenAndSort(List<int> lstData)
32      {
33        return (from item in lstData
34                where item % 2 == 0
35                orderby item
36                select item).ToArray<int>();
37      }
38
39      private static void Print(string s, IEnumerable<int> data)
40      {
41        Console.WriteLine(s);
42        foreach (var i in data)
43          Console.Write(" " + i);
44        Console.WriteLine();
45      }
46    }
47 }
```

11 ◆ 정수의 리스트 lstData를 정의하고 초기화합니다.

12 ◆ Print 메소드를 이용해서 lstData 리스트의 내용을 출력합니다.

14 ◆ 정수의 리스트 lstOdd를 정의합니다.

15 ◆ SelectOddAndSort() 메소드를 호출하여 그 결과값을 lstOdd에 할당합니다.

Print 메소드를 이용해서 lstOdd 리스트의 내용을 출력합니다. ◆ 16

정수의 배열 arrEven을 정의합니다. ◆ 18

SelectEvenAndSort() 메소드를 호출하여 그 결과값을 arrEven에 할당합니다. ◆ 19

Print 메소드를 이용해서 arrEven 배열의 내용을 출력합니다. ◆ 20

SelectOddAndSort() 메소드의 정의입니다. List〈int〉를 매개변수로 받아서 홀수인 자료를 정렬 ◆ 23~29
한 후 ToList〈int〉() 메소드를 통해 리스트로 반환합니다.

SelectEvenAndSort() 메소드의 정의입니다. List〈int〉를 매개변수로 받아서 홀수인 자료를 정렬 ◆ 31~37
한 후 ToArray〈int〉() 메소드를 통해 배열로 반환합니다.

Print 메소드의 정의입니다. 매개변수로 string과 IEnumerable〈int〉를 갖습니다. List와 배열을 ◆ 39~45
동시에 처리하기 위해 IEnumerable〈T〉로 data 매개변수를 받습니다. 문자열과 data의 내용을
출력합니다.

결과

```
Data:
 123 456 132 96 13 465 321
Ordered Odd:
 13 123 321 465
Ordered Even:
 96 132 456
```

중급

123

쿼리의 결과를 새로운 객체
컬렉션으로 저장하는 방법

• **학습 내용 :** LINQ에서 쿼리의 결과를 새로운 객체의 컬렉션으로 만드는 방법을 학습합니다.
• **힌트 내용 :** select 문에서 new 키워드를 사용하여 새로운 객체를 만듭니다.

LINQ 쿼리식의 결과에서 새로운 객체를 만들어 컬렉션으로 저장할 수 있습니다. 다음의 프로그램은 이름, 학번, 성적이 포함된 Student 클래스를 사용하여 시험 점수와 평균, 그리고 각 시험에서 커트라인 이상의 점수를 받은 학생들을 출력합니다.

📁 File: A123_LinqToCollection/Program.cs

```
1  using System;
2  using System.Collections.Generic;
3  using System.Linq;
4
5  namespace A123_LinqToCollection
6  {
7    class Student
8    {
9      public string Name { get; set; }
10     public int Id { get; set; }
11     public List<int> Scores { get; set; }
12   }
13
14   class Program
15   {
16     static List<Student> students;
17
18     static void Main(string[] args)
19     {
20       students = new List<Student>
21       {
22         new Student {Name="PjKim", Id=19001001,
```

```
23                          Scores = new List<int>{86,90,76}},
24        new Student {Name="BsKim", Id=19001002,
25                          Scores = new List<int>{56,92,93}},
26        new Student {Name="YsCho", Id=19001003,
27                          Scores = new List<int>{69,85,75}},
28        new Student {Name="BiKang", Id=19001004,
29                          Scores = new List<int>{88,80,57}} };
30
31      Print(students);
32      HighScore(0, 85); // 첫 번째 시험에서 85점 이상인 학생 출력
33      HighScore(1, 90); // 두 번째 시험에서 90점 이상인 학생 출력
34    }
35
36    private static void HighScore(int exam, int cut)
37    {
38      var highScores = from student in students
39            where student.Scores[exam] >= cut
40            select new { Name = student.Name, Score = student.Scores[exam] };
41
42      Console.WriteLine($"{exam + 1}번째 시험에서 {cut} 이상의 점수를 받은 학생");
43      foreach (var item in highScores)
44        Console.WriteLine($"\t{item.Name, -10}{item.Score}");
45    }
46
47    private static void Print(List<Student> students)
48    {
49      foreach(var item in students)
50      {
51        Console.Write($"{item.Id, -10}{item.Name, -10}");
52        foreach (var score in item.Scores)
53          Console.Write($"{score,-5}");
54        Console.WriteLine(item.Scores.Average().ToString("F2"));
55      }
56    }
57  }
58 }
```

7~12 ◆ Student 클래스의 정의입니다. Name, Id와 Scores 리스트를 갖습니다.

16 ◆ Student 객체의 리스트 students를 정의합니다.

20~29 ◆ students 리스트를 초기화합니다. Scores는 3개의 값을 갖는 리스트입니다.

31 ◆ Print 메소드를 이용해서 students 리스트의 내용을 출력합니다.

32~33 ◆ HighScore 메소드를 호출하여 첫 번째와 두 번째 시험에서 일정 점수 이상의 학생을 출력합니다.

36~45 ◆ HighScore 메소드의 정의입니다. LINQ를 사용하여 students 리스트에서 Scores[exam]의 결과가 cut보다 큰 학생을 찾아서 이름과 그 점수로 새로운 객체를 만들어 highScores 컬렉션에 저장합니다.

47~56 ◆ Print 메소드의 정의입니다. students 리스트 각 요소의 Id, Name 속성을 출력하고 Scores 리스트의 데이터를 출력합니다. 맨 뒤에는 이 리스트의 평균을 Average 메소드로 계산하여 소수점 둘째 자리까지 출력합니다.

결과

```
19001001   PjKim       86    90    76    84.00
19001002   BsKim       56    92    93    80.33
19001003   YsCho       69    85    75    76.33
19001004   BiKang      88    80    57    75.00
1번째 시험에서 85 이상의 점수를 받은 학생
        PjKim       86
        BiKang      88
2번째 시험에서 90 이상의 점수를 받은 학생
        PjKim       90
        BsKim       92
```

Linq, Group By로 데이터를 분류

LINQ에서 Group by는 특정 조건으로 데이터를 분류하는 기능입니다. 예를 들어 학생들의 평균 점수가 80점 이상인 그룹과 80점 미만인 그룹으로 나누어 각각의 평균, 최대, 최소값 등을 구할 수 있습니다. Group by 문은 다음과 같이 사용됩니다.

```
group a by b into g
```

a는 from 문에서 사용한 변수이고, b는 분류 기준이며, c는 그룹 변수입니다. 즉, a에서 b 분류기준으로 그룹을 나눈 것이 g가 됩니다.

다음의 프로그램은 앞장에서 사용한 이름, 학번, 성적이 포함된 Student 클래스를 사용하여 평균 점수가 80점 이상인 학생들과 80점 미만인 학생들로 그룹을 나누고 각 그룹별로 학생 수, 평균 점수, 최고 점수를 출력합니다.

📁 **File: A124_LinqGroupBy/Program.cs**

```
1 using System;
2 using System.Collections.Generic;
3 using System.Linq;
4
5 namespace CSharp200
6 {
7   class Student ...
8
9   class Program
10   {
11     static List<Student> students;
12
```

```
13    static void Main(string[] args)
14    {
15      students = new List<Student> ...
16
17      var result = from student in students
18           group student by student.Scores.Average() >= 80 into g
19           select new
20           {
21               key = g.Key == true ? "80점 이상" : "80점 미만",
22               count = g.Count(),
23               avr = g.Average(student => student.Scores.Average()),
24               max = g.Max(student => student.Scores.Average())
25           };
26
27      foreach (var item in result)
28      {
29        Console.WriteLine("{0} : 학생 수 = {1}", item.key, item.count);
30        Console.WriteLine("{0} : 평균 점수 = {1:F2}", item.key, item.avr);
31        Console.WriteLine("{0} : 최고 점수 = {1:F2}", item.key, item.max);
32        Console.WriteLine();
33      }
34    }
35  }
36 }
```

7 ◆ 앞장에서 만든 Student 클래스의 정의입니다. Name, Id와 Scores 리스트를 갖습니다.

11 ◆ Student 객체의 리스트 students를 정의합니다.

15 ◆ students 리스트를 초기화합니다. 앞장의 내용과 같습니다.

17~25 ◆ students 리스트의 각 student에 대해 student.Scores.Average() 값을 80으로 구분하여 그룹변수 g에 할당합니다. 이 값이 80 이상이면 g.Key가 true이고 이때 key를 "80점 이상"으로 할당합니다. 80 미만이면 g.Key가 false가 되고 이때 key는 "80점 미만"으로 할당합니다. count는 g.Count()로 각 그룹별 원소수가 되고 avr은 Scores 리스트의 평균의 평균이 됩니다. max는 Scores 리스트의 평균 중 최대값이 됩니다.

LINQ의 결과인 result는 두 개의 그룹으로 구성되며 각각에 대해 키값과 학생 수, 평균 점수, 최 ◆ 27~33
고 점수를 출력합니다.

결과

```
80점 이상 : 학생 수 = 2
80점 이상 : 평균 점수 = 82.17
80점 이상 : 최고 점수 = 84.00

80점 미만 : 학생 수 = 2
80점 미만 : 평균 점수 = 75.67
80점 미만 : 최고 점수 = 76.33
```

4 PART

PART

활용

C# 비주얼
프로그래밍

초보자를 위한

C#

200제

WinForm 프로젝트의 생성

활용
125

- **학습 내용:** 윈폼 프로젝트를 생성하고 내용을 살펴봅니다.
- **힌트 내용:** 비주얼스튜디오에서 "Windows Forms 앱"으로 프로젝트를 만듭니다.

비주얼스튜디오에서 새로운 프로젝트를 만들 때는 다양한 템플릿을 제공합니다. C#으로 만드는 윈도우 애플리케이션 프로그램은 크게 콘솔 앱(Console Application)과 Windows Forms 앱, WPF 앱의 세 가지 템플릿을 사용하여 만듭니다. Windows Forms 앱은 WinForm(윈폼)이라고도 하며 윈도우즈 운영체제에서 사용하는 메모장이나 계산기 프로그램과 같이 그래픽 사용자 인터페이스(GUI, Graphical User Interface)를 사용하고 마우스나 키보드 입력에 따라 반응하는 응용 프로그램입니다. WPF에 대해서는 156장부터 설명하겠습니다.

이번에는 Visual Studio에서 윈폼 프로젝트 생성 방법을 알아봅니다. 또한 윈폼 애플리케이션에서 가장 중심이 되는 폼 클래스와 컨트롤 클래스에 관한 내용을 알아보겠습니다.

(1) 윈폼 프로젝트 만들기

새 프로젝트 만들기 창에서 언어를 C#으로, 프로젝트 형식을 데스크톱으로 선택합니다. 이 중에서 Windows Form 앱(.NET Framework)를 선택하고 다음 버튼을 클릭합니다.

[그림 125-1] Windows Form 앱(.NET Framework) 선택

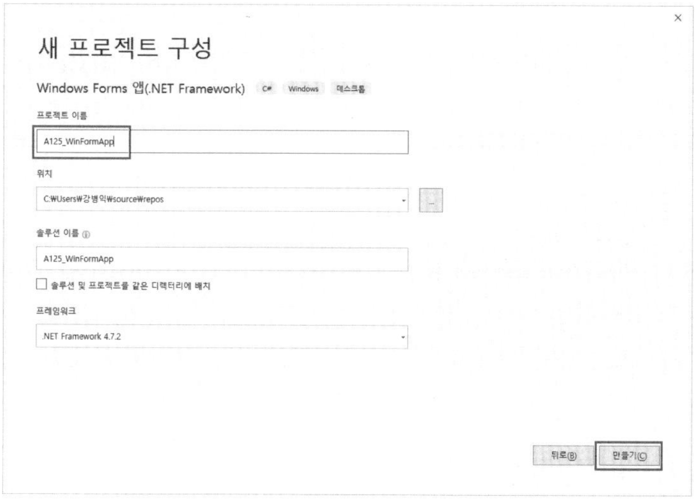

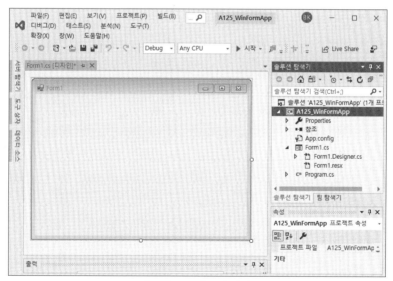

[그림 125-2] 프로젝트 이름 입력

프로젝트의 이름을 입력한 후 만들기 버튼을 누르면 [그림 125-3]과 같은 창이 나타납니다. 중앙에 Form1.cs[디자인] 화면이, 오른쪽에는 솔루션 탐색기가 보입니다.

[그림 125-3] 초기 화면

Windows Forms 앱으로 새로운 프로젝트를 하나 시작했을 뿐인데 화면 오른쪽의 솔루션 탐색기를 보면 여러 개의 파일들이 자동으로 만들어져 있습니다. 즉 비주얼스튜디오가 필요한 파일들을 자동으로 생성한 것입니다. 이 파일들이 어떤 기능을 하는지 살펴보겠습니다.

- Properties 폴더 : 프로젝트의 설정에 관련된 여러 파일 포함
- App.config : .NET 프레임워크의 버전 등 프로젝트 구성을 설정하는 XML 파일
- Form1.cs : 윈폼 응용 프로그램의 C# 소스파일
- Form1.Designer.cs : 폼 디자인 정의를 포함하는 C# 소스파일
- program.cs : 윈폼 응용 프로그램의 시작점을 포함하는 C# 소스파일

Program.cs의 static class Program에는 응용 프로그램의 시작점인 Main() 메소드가 정의되어 있습니다. Main() 메소드는 Application 클래스의 정적 메소드인 Run()을 호출하여 new Form1()을 실행함으로써 응용 프로그램을 실행시킵니다. 여기서 Form1은 작성하는 애플리케이션을 의미하는 클래스입니다.

📁 File: A125_WinFormApp/Program.cs

```
1  using System;
2  ...
3  using System.Windows.Forms;
4
5  namespace A125_WinFormApp
6  {
7    static class Program
8    {
9      /// <summary>
10     /// 해당 응용 프로그램의 주 진입점입니다.
11     /// </summary>
12     [STAThread]
13     static void Main()
14     {
15       Application.EnableVisualStyles();
16       Application.SetCompatibleTextRenderingDefault(false);
17       Application.Run(new Form1());
18     }
19   }
20 }
```

소스코드의 핵심이 되는 Form1 클래스는 Form1.cs와 Form1.Designer.cs에 부분 클래스(partial class)로 나누어 정의되어 있습니다. Form1 클래스는 Form 클래스를 상속하며 객체가 생성될 때

실행되는 생성자 메소드가 정의되어 있습니다. 생성자는 InitializeComponent() 메소드를 호출하여 폼에서 사용하는 각종 컴포넌트와 클래스의 멤버를 위한 초기화 작업을 수행합니다.

📁 File: A125_WinFormApp/Form1.cs

```
1  using System;
2  ...
3  using System.Windows.Forms;
4
5  namespace A125_WinFormApp
6  {
7    public partial class Form1 : Form
8    {
9      public Form1()
10     {
11       InitializeComponent();
12
13       // 여기에 프로그램이 시작될 때 실행할 코드 작성
14     }
15   }
16 }
```

다음 소스코드는 Form1.Designer.cs의 일부분입니다. 12번째 줄에 Form1.cs에서 호출하는 InitailizeComponent() 메소드가 정의되어 있습니다.

📁 File: A125_WinFormApp/Form1.Designer.cs

```
1  namespace A125_WinFormApp
2  {
3    partial class Form1
4    {
5      ...
6
7      #region Windows Form 디자이너에서 생성한 코드
8      /// <summary>
9      /// 디자이너 지원에 필요한 메소드입니다.
```

```
10      /// 이 메소드의 내용을 코드편집기로 수정하지 마세요.
11      /// </summary>
12      private void InitializeComponent()
13      {
14        this.SuspendLayout();
15
16        // Form1
17        this.AutoScaleDimensions = new System.Drawing.SizeF(7F, 12F);
18        this.AutoScaleMode = System.Windows.Forms.AutoScaleMode.Font;
19        this.ClientSize = new System.Drawing.Size(747, 408);
20        this.Name = "Form1";
21        this.Text = "Form1";
22        this.ResumeLayout(false);
23      }
24      #endregion
25    }
26 }
```

Form1.Designer.cs의 파일 내용은 현재 편집 중인 폼에 새로운 컴포넌트를 추가하거나 삭제할 때, 그리고 컴포넌트의 프로퍼티나 이벤트의 값을 변경하면 자동으로 변경됩니다. 그러므로 이 파일의 내용을 프로그래머가 직접 수정하지 않는 것이 바람직합니다.

(2) 윈폼 애플리케이션 실행하기

만들어진 프로젝트에 어떠한 디자인이나 코딩을 추가하지 않은 상태에서도 애플리케이션은 실행됩니다. 실행은 디버깅 모드로 실행하는 F5를 누르거나 디버깅하지 않고 실행하는 Ctrl+F5를 누릅니다. 실행 화면은 [그림 125-4]와 같이 폼 하나가 화면에 나타납니다.

[그림 125-4] 프로젝트의 실행

원폼 템플릿 없이 원폼 프로그램을 만드는 방법

- **학습 내용 :** 원폼 템플릿을 사용하지 않고도 원폼 프로그램을 만들 수 있습니다.
- **힌트 내용 :** 콘솔 애플리케이션을 사용합니다.

템플릿을 사용하지 않고도 원폼 프로그램을 만들 수 있을까요? 네, 당연히 만들 수 있습니다. 콘솔 애플리케이션으로 원폼 프로그램을 만들어보면 원폼 프로그램의 구조를 알 수 있습니다. 예제로 콘솔 애플리케이션으로 두 개의 버튼이 있는 원폼 프로그램을 작성합니다.

콘솔 애플리케이션에서 폼을 사용하려면 프로젝트의 참조에 System.Windows.Forms와 System.Drawing을 추가해야 합니다. 솔루션 탐색기의 프로젝트 아래의 참조에서 마우스 오른쪽 버튼을 누르고 참조 추가를 클릭하여 [그림 126-1]과 같이 참조 관리자를 띄운 후, 두 개의 어셈블리를 추가합니다.

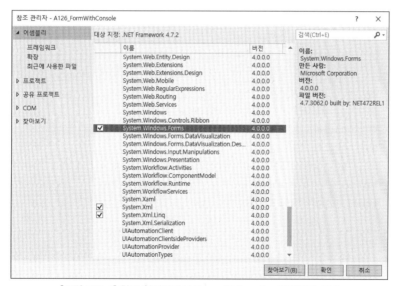

[그림 126-1] 참조 관리자에서 Forms와 Drawing 어셈블리 추가

```
1  using System;
2  using System.Drawing;
3  using System.Windows.Forms;
4
5  namespace A126_FormWithConsole
6  {
7    class Program
8    {
9      static void Main(string[] args)
10     {
11       CreateMyForm();
12     }
13
14     private static void CreateMyForm()
15     {
16       Form form1 = new Form();
17
18       Button button1 = new Button();
19       Button button2 = new Button();
20
21       button1.Text = "OK";
22       button1.Location = new Point(10, 10);
23       button2.Text = "Cancel";
24       button2.Location
25          = new Point(button1.Left, button1.Height + button1.Top + 10);
26
27       form1.Text = "My Dialog Box";
28
29       button1.Click += Button1_Click;
30
31       form1.FormBorderStyle = FormBorderStyle.FixedDialog;
32       form1.StartPosition = FormStartPosition.CenterScreen;
33
34       // Add buttons to the form.
35       form1.Controls.Add(button1);
```

```
36        form1.Controls.Add(button2);
37
38        // Display the form as a modal dialog box.
39        form1.ShowDialog();
40    }
41
42    private static void Button1_Click(object sender, EventArgs e)
43    {
44        MessageBox.Show("OK Button Clicked!");
45    }
46  }
47 }
```

using 문으로 System.Drawing과 System.Windows.Forms를 추가합니다. ◆ 2~3

프로그램의 진입점인 Main() 메소드에서 CreateMyForm() 메소드를 호출합니다. ◆ 9~12

새로운 폼 객체를 만들고 이름을 form1으로 합니다. ◆ 16

2개의 버튼 객체를 만들고 button1과 button2로 이름을 줍니다. ◆ 18~19

button1의 Text 속성을 "OK"로 합니다. 버튼 위에 "OK"라는 글자가 나타납니다. ◆ 21

button1의 위치를 정해주기 위해 Location 속성을 new Point(10,10)으로 설정합니다. 버튼의 좌 ◆ 22
상단 좌표가 (10, 10) 위치가 됩니다.

button2의 Text 속성을 "Cancel"로 합니다. 버튼 위에 "Cancel"라는 글자가 나타납니다. ◆ 23~24
button2의 위치를 button1의 아래 10만큼 떨어진 곳으로 설정합니다.

form1의 Text 속성을 "My Dialog Box"로 설정합니다. 폼의 타이틀바에 "My Dialog Box"가 표시 ◆ 27
됩니다.

button1의 Click 이벤트 처리 메소드를 정의합니다. ◆ 29

FormBorderStyle 속성을 FormBorderStyle.FixedDialog로, StartPosition 속성을 FormStartPosition. ◆ 31~32
CenterScreen으로 설정합니다. FormBorderStyle과 FormStartPosition은 .NET에서 제공하는
enum입니다.

form1에 button1과 button2를 추가합니다.

form1을 띄워줍니다. 이제 form1과 그 안에 있는 버튼을 볼 수 있게 됩니다.

button1을 클릭했을 때 수행되는 이벤트 처리 메소드입니다. 메시지박스에 "OK Button Clicked!"라는 메시지 창이 나타납니다.

프로그램을 실행시키면 [그림 126-2]와 같이 콘솔창이 나오고 My Dialog Box 폼이 생깁니다. [OK] 버튼을 클릭하면 메시지박스가 나타납니다. 이와 같이 윈폼 템플릿을 사용하지 않고도 윈폼 프로그램을 만들 수 있습니다. 하지만 윈폼 템플릿을 사용하는 것이 더 편하므로 앞으로는 윈폼 템플릿을 사용하기로 합니다.

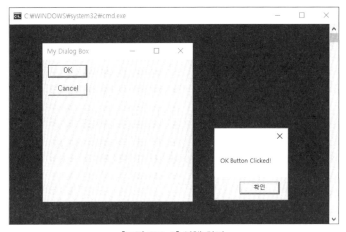

[그림 126-2] 실행 화면

WinForm으로 Hello World 프로그램 만들기

- **학습 내용 :** 윈폼으로 Hello! Windows Forms Application! 프로그램을 만듭니다.
- **힌트 내용 :** 비주얼스튜디오에서 디자인과 코딩을 나누어 합니다.

윈폼 애플리케이션은 .NET 프레임워크에서 제공하는 클래스 라이브러리만 있으면 작동하므로 .NET 프레임워크와 텍스트 편집기만 있어도 개발할 수 있지만 Visual Studio 없이 윈폼 애플리케이션을 작성하는 것은 너무 어렵습니다. 비주얼스튜디오는 자동 완성 기능 등 다양한 인텔리센스, 도움말 기능을 제공하기 때문에 윈폼 프로그램을 작성할 때는 필수적인 도구입니다.

윈폼 애플리케이션을 작성하는 순서는 다음과 같습니다.

① Windows Forms 앱 템플릿으로 프로젝트 생성
② 디자인 창에서 컨트롤들을 배치
③ 속성창에서 컨트롤들의 속성을 수정
④ 이벤트를 등록하고 이벤트 처리 메소드 작성

첫 번째 윈폼 애플리케이션으로 버튼을 클릭하면 "Hello! Windows Forms Application!"이라고 출력하는 프로그램을 만들어 보겠습니다.

(1) 디자인

[그림 127-1]은 디자인할 때의 비주얼스튜디오 화면입니다. 왼쪽에 도구상자, 중앙에 디자인 또는 코딩을 위한 창이 있고 오른쪽에는 솔루션 탐색기와 속성창이 있습니다. 비주얼스튜디오는 이와 같이 여러 개의 창으로 구성되어 있고 사용자가 원하는 대로 새로운 창을 보이게 하거나 창의 위치를 옮길 수 있습니다.

도구상자에서 Button과 Label을 드래그 앤 드롭하여 [그림 127-1]과 같이 디자인 창에 배치합니다. 그 다음은 컨트롤들의 속성을 바꾸어 줍니다.

디자인 창에서 마우스로 폼을 선택하면 속성창의 내용이 Form1에 대한 속성으로 바뀝니다. 속성창 맨 윗 줄에 Form1 System.Windows.Forms.Form이라고 나오는데 이것은 지금 선택된 컨트롤이 Form 클래스의 객체인 Form1이라는 뜻입니다.

그 아래 여러 가지 속성들이 나오는데 그 중 Text 속성을 보면 "Form1"으로 되어 있습니다. 즉 Form1 객체의 Text 속성이 "Form1"이라는 뜻이고 실제로 디자인 창에서 Form1의 타이틀바에 "Form1"이라고 보입니다. 이 값을 "Hello"라고 바꾸어 줍니다. 같은 방법으로 버튼의 Text 속성은 "Click"으로, 레이블의 Text 속성은 빈칸으로 해줍니다.

[그림 127-1] 디자인 화면

(2) 코딩

C# 코드를 작성합니다. 버튼을 클릭하면 레이블에 "Hello! Windows Forms Application!"이라고 출력하게 합니다. 이를 위해서 "버튼이 클릭되면…"이라는 이벤트를 정의해야 합니다.

이벤트도 디자인 창의 속성에서 정의할 수 있습니다. 버튼의 대표 이벤트가 Click이므로 디자인 창에서 버튼을 더블클릭하면 소스창이 열리고 Button1_Click() 메소드의 틀이 자동으로 만들어 집니다. 이 안에 label1.Text = "Hello! Windows Forms Application!"이라고 입력합니다. label1의 Text 속성을 바꾸어 주는 것입니다. 디자인 창에서 소스 창으로 이동할 때는 F7을 누릅니다.

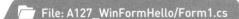

📁 **File: A127_WinFormHello/Form1.cs**

```
1 using System;
2 using System.Windows.Forms;
```

```
 3
 4  namespace A127_WinFormHello
 5  {
 6    public partial class Form1 : Form
 7    {
 8      public Form1()
 9      {
10        InitializeComponent();
11        label1.Text = "";
12      }
13
14      private void Button1_Click(object sender, EventArgs e)
15      {
16        label1.Text = "Hello! Windows Forms Application!";
17      }
18    }
19  }
```

Form1()은 Form1이 만들어질 때 실행되는 생성자 메소드입니다. label1의 글자를 빈 문자열로 ◆ 11
지정하여 보이지 않게 합니다.

버튼의 클릭 이벤트를 처리하는 메소드입니다. 디자인 창에서 버튼을 더블클릭하면 자동으 ◆ 14~17
로 메소드의 틀이 만들어 집니다. 이 이벤트에서 해야 할 작업은 label1의 Text 속성을 "Hello!
Windows Forms Application!"으로 바꾸는 것입니다.

버튼을 클릭하면 "Hello! Windows Forms Application!"이 출력됩니다.

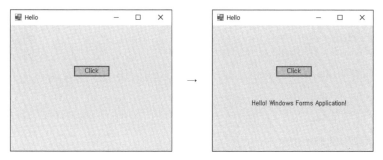

[그림 127-2] 실행 화면

- **학습 내용:** 윈폼으로 만든 프로젝트는 어디에 저장되는지 알아봅니다.
- **힌트 내용:** 솔루션 폴더 아래에 프로젝트별로 폴더가 만들어집니다.

비주얼스튜디오에서 만든 윈폼 프로젝트는 만들 때 지정한 폴더에 저장됩니다. 프로젝트는 저장될 때 솔루션으로 포장되어 저장됩니다. 솔루션 탐색기에서 솔루션 이름에 마우스 오른쪽 버튼을 누른 후, "파일탐색기에서 폴더 열기"를 선택하면 솔루션 폴더를 볼 수 있습니다. [그림 128-1]을 보면 솔루션 이름의 폴더 안에 확장자가 sln(solution)인 파일과 프로젝트 이름의 폴더가 있습니다. 솔루션에 프로젝트를 추가하면 프로젝트 별로 폴더가 생기게 됩니다.

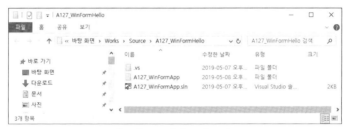

[그림 128-1] 솔루션 폴더

마찬가지로 솔루션 탐색기의 프로젝트 이름에서 마우스 오른쪽 버튼을 누르고 "파일탐색기에서 폴더 열기"를 선택하면 프로젝트의 폴더 내용을 볼 수 있습니다. 참고로 누군가에게 소스를 보내고 싶다면 프로젝트 폴더 아래의 bin과 obj 폴더를 삭제하고 솔루션 폴더를 압축하여 보내면 됩니다. bin과 obj 폴더는 비주얼스튜디오에서 프로젝트를 빌드하면 자동으로 생깁니다.

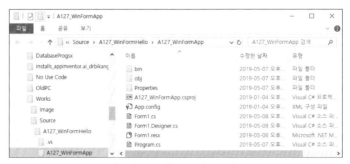

[그림 128-2] 프로젝트 폴더

Form 클래스와 두 개의 폼 띄우기

- **학습 내용 :** Form 클래스의 속성과 메소드에 대해 학습합니다.
- **힌트 내용 :** 하나의 폼 위에 또 하나의 폼을 띄우는 프로그램을 합니다.

폼은 응용프로그램의 사용자 인터페이스를 구성하는 대화상자입니다. 폼 클래스에는 매우 많은 속성, 메소드, 이벤트가 정의되어 있습니다. 속성은 폼의 모양을 지정하며, 메소드는 동작을 정의합니다. 이벤트는 사용자와의 상호작용을 처리합니다. 폼 클래스는 윈도우 폼에서 사용되는 모든 클래스의 베이스 클래스입니다. Form 클래스는 Object 클래스, MarshalByRefObject 클래스, Component 클래스, Control 클래스, ScrollableControl 클래스, ContainerControl 클래스에서 파생된 클래스입니다.

이중 Component 클래스는 윈폼 애플리케이션에서 화면을 구성하는 여러 요소들뿐 아니라 화면에 표시되지 않는 요소들도 컴포넌트 단위로 사용할 수 있게 해줍니다. 또 중요한 클래스가 Control 클래스입니다. 컨트롤이란 사용자가 애플리케이션과 상호작용을 할 수 있게 하는 눈에 보이는 요소입니다. Control 클래스는 윈폼 애플리케이션에서 화면에 표시되는 Button, Label 등의 컨트롤들의 베이스 클래스입니다.

Form 클래스에는 폼에 있는 여러 가지 컴포넌트들을 초기화하는 InitailizeComponent() 메소드가 있습니다. 윈폼 애플리케이션 개발 시에 디자이너에서 컨트롤을 추가하거나 속성을 바꾸면 비주얼스튜디오는 InitializeComponent() 메소드를 자동으로 수정해 줍니다.
윈폼 애플리케이션은 System.Windows.Forms.Form을 상속하는 새로운 클래스 Form1을 정의하여 만듭니다. 따라서 윈폼 애플리케이션의 Form1.cs 파일에는 Form1 클래스가 디폴트로 만들어집니다.

```
using System.Windows.Forms;

namespace A129_FormClass  // 네임스페이스는 프로젝트 명으로 생성됨
{
  public partial class Form1 : Form  // Form을 상속받는 Form1 클래스
  {
    public Form1() // Form1 클래스의 생성자
```

```
    {
        InitializeComponent();
    }
  }
}
```

폼 클래스는 중요한 클래스인 만큼 매우 많은 수의 속성, 메소드, 이벤트들이 정의되어 있습니다. 이들 중 몇 개를 예를 들어 설명하겠습니다.

(1) 폼 클래스의 속성(프로퍼티)

폼 클래스뿐 아니라 대부분의 컴포넌트에는 수많은 속성이 있습니다. 속성 중 중요한 몇 가지만 살펴보고 속성을 설정하는 방법을 설명하겠습니다. 특정 컴포넌트에서 설정할 수 있는 속성들은 디자이너 창에서 해당 컴포넌트를 선택한 후에 속성창을 보면 알 수 있습니다.

속성명	자료형	설명
ClientSize	Size	폼의 경계와 타이틀바를 제외한 영역의 크기
Text	String	타이틀바에 표시되는 글자
FormBorderStyle	FormBorderStyle	폼의 테두리 모양
StartPosition	FormStartPosition	폼이 처음 나타나는 위치

속성은 디자이너의 속성창에서 설정하거나 다음과 같이 코드에서 설정할 수 있습니다.

```
this.ClientSize = new Size(500,500);
this.Text = "폼 클래스";
this.FormBorderStyle = FormBorderStyle.Fixed3D;
this.StartPosition = FormStartPosition.CenterParent;
```

(2) 폼 클래스의 메소드

자주 사용되는 메소드들을 표로 정리했습니다. MSDN에서 폼 클래스의 메소드를 찾아보면 이외에도 수십 개의 메소드들이 있습니다. 폼의 메소드 중 OnLoad()와 같이 On으로 시작하는 메소드들은 이벤트를 발생시키는 메소드들입니다. OnLoad()라는 메소드는 Load 이벤트를 발생시킵니다. 이벤트가 발생하면 대리자를 통해 이벤트 처리기가 호출됩니다.

메소드 명	설명
Close()	폼을 닫습니다
Activate()	폼을 활성화하고 포커스를 줍니다.
AddOwnedForm()	다른 폼을 현재 폼에 포함합니다.
CenterToParent()	부모 폼의 중앙에 현재 폼을 위치시킵니다.
CenterToScreen()	스크린의 중앙에 현재 폼을 위치시킵니다.
SetClientSizeCore(int, int)	폼의 클라이언트 크기를 설정합니다.
Show()	폼을 보여줍니다.
ShowDialog()	폼을 모달 다이얼로그 박스로 보여줍니다.
OnLoad()	Load 이벤트를 발생시킵니다.

ClientSize가 500×500 크기인 폼의 중앙에 ClientSize가 300x200 크기의 폼을 띄워주는 프로그램을 만들어 보겠습니다.

- Form1의 디자인 : 디자인 창에서 새로운 컨트롤을 추가할 필요는 없습니다. Form1의 속성창에서 StartPosition을 CenterScreen으로, Text를 "폼 클래스"로 바꾸어 줍니다.
- Form2의 디자인 : 프로젝트에서 두 번째 창인 Form2를 추가합니다. 솔루션 탐색기의 프로젝트 이름 위에서 마우스 오른쪽 버튼을 클릭하여 [추가] – [Windows Form]을 선택합니다. [그림 129–1]과 같은 창이 나오면 Form의 이름을 정해주고 저장합니다. 여기서는 기본으로 주어지는 Form2라는 이름을 수정 없이 사용합니다.

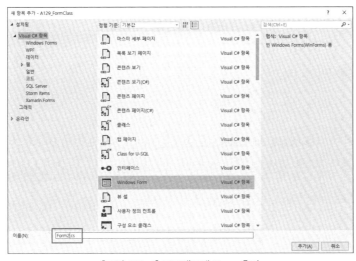

[그림 129–1] 프로젝트에 Form 추가

Form2의 속성창에서 StartPosition을 CenterParent로, Text를 "두 번째 폼"으로 바꿉니다. 이제 이 프로젝트에는 Form1과 Form2의 두 개의 폼이 포함되었습니다.

File: A129_FormClass/Form1.cs

```
1 using System.Drawing;
2 using System.Windows.Forms;
3
4 namespace A129_FormClass
5 {
6   public partial class Form1 : Form
7   {
8     public Form1()
9     {
10       InitializeComponent();
11
12       this.ClientSize = new Size(500, 500);
13
14       Form f2 = new Form2();
15       this.AddOwnedForm(f2);
16
17       f2.Show();
18     }
19   }
20 }
```

6 ◆ Form1 클래스의 시작입니다.

8 ◆ Form1 클래스의 생성자 메소드 Form1()입니다.

12 ◆ Form1 클래스의 객체가 생성될 때 ClientSize 속성을 500 × 500으로 바꿉니다.

14~15 ◆ Form2 클래스의 객체 f2를 생성하고 생성된 f2 폼을 this.AddOwnedForm(f2)를 사용하여 추가합니다. 여기서 this는 이 클래스, 즉 Form1을 의미합니다.

17 ◆ f2를 보여줍니다.

📁 File: A129_FormClass/Form2.cs

```
1 using System;
2 using System.Drawing;
3 using System.Windows.Forms;
4
5 namespace A129_FormClass
6 {
7   public partial class Form2 : Form
8   {
9     public Form2()
10     {
11       InitializeComponent();
12       this.ClientSize = new Size(300, 200);
13     }
14
15     private void Form2_Load(object sender, EventArgs e)
16     {
17       CenterToParent();
18     }
19   }
20 }
```

Form2 클래스의 시작입니다. ◆ 7

Form2 클래스의 생성자 메소드 Form2()입니다. ◆ 9

Form2의 객체가 생성되면서 ClientSize를 300 × 200으로 바꿉니다. ◆ 12

Form2_Load()는 Form2가 화면에 로드될 때 실행하는 이벤트 메소드입니다. CenterToParent() ◆ 15~18
메소드를 실행하여 Form2의 위치를 부모의 중앙에 위치시킵니다.

[그림 129-2]는 이 프로그램의 실행 화면입니다. 500 × 500의 ClientSize를 갖는 Form1의 중앙
에 300 × 200의 ClientSize를 갖는 Form2가 있습니다.

[그림 129-2] 실행 화면

메시지박스

- **학습 내용:** 윈폼과 WPF 응용 프로그램에서 메시지박스를 사용하는 방법을 학습합니다.
- **힌트 내용:** 다양한 형태의 메시지박스를 만들 수 있습니다.

메시지박스는 사용자에게 경고, 안내 등을 보여주거나 사용자의 선택을 입력받기 위한 대화상자 창입니다. 메시지박스는 사용자가 이 창을 닫을 때까지 애플리케이션의 다른 동작을 차단하는 모달(modal) 창입니다. 메시지박스는 WPF에서도 똑같이 사용됩니다.

메시지박스에 표시되는 버튼의 종류는 OK, OKCancel, YesNo, YesNoCancel 등이 정의된 MessageBoxButtons enum을 선택하여 지정할 수 있습니다. 메시지박스에 아이콘을 표시할 때는 MessageBoxIcon 타입을 지정해 줍니다. MessageBoxIcon은 enum 타입으로 Asterisk, Error, Exclamation, Question, Warning과 같은 값을 사용할 수 있습니다. 메시지박스를 띄울 때는 MessageBox.Show() 메소드를 사용합니다.

다음의 예제에서는 윈폼 프로젝트의 디자인 창에서 폼을 더블클릭하고 Form1_Load() 메소드에 7가지 메시지박스를 만듭니다.

📁 **File: A130_MessageBox/Form1.cs**

```
1  using System;
2  using System.Windows.Forms;
3
4  namespace A130_MessageBox
5  {
6    public partial class Form1 : Form
7    {
8      public Form1() ...
9
10     private void Form1_Load(object sender, EventArgs e)
11     {
12       // (1) The simplest overload of MessageBox.Show.
13       MessageBox.Show("가장 간단한 메시지박스입니다.");
```

```
14
15        // (2) Dialog box with text and a title.
16        MessageBox.Show("타이틀을 갖는 메시지박스입니다.", "Title Message");
17
18        // (3) Dialog box with exclamation icon.
19        MessageBox.Show("느낌표와 알람 메시지박스입니다.",
20            "느낌표와 알람소리",
21            MessageBoxButtons.OK, MessageBoxIcon.Exclamation);
22
23        // (4) Dialog box with two buttons: yes and no.
24        DialogResult result1 = MessageBox.Show(
25            "두개의 버튼을 갖는 메시지박스입니다.",
26            "Question", MessageBoxButtons.YesNo);
27
28        // (5) Dialog box with question icon.
29        DialogResult result2 = MessageBox.Show(
30            "세 개의 버튼과 물음표 아이콘을 보여주는 메시지박스입니다.",
31            "Question",
32            MessageBoxButtons.YesNoCancel, MessageBoxIcon.Question);
33
34        // (6) Dialog box with question icon and default button.
35        DialogResult result3 = MessageBox.Show(
36            "디폴트 버튼을 두 번째 버튼으로\n지정한 메시지박스입니다.",
37            "Question",
38            MessageBoxButtons.YesNoCancel, MessageBoxIcon.Question,
39            MessageBoxDefaultButton.Button2);
40
41        string msg = string.Format("당신의 선택 : {0} {1} {2}",
42          result1.ToString(), result2.ToString(), result3.ToString());
43        // (7) 선택결과를 보여주는 메시지박스입니다.
44        MessageBox.Show(msg, "Your Selections");
45    }
46 }
```

10 ◆ Form1_Load() 이벤트 처리 메소드입니다. 폼이 화면에 뜰 때 실행됩니다.

13 ◆ 하나의 인수를 갖는 가장 간단한 MessageBox를 보여줍니다.

타이틀을 갖는 MessageBox를 보여줍니다. ◆ 16

느낌표 아이콘과 알람소리가 있는 MessageBox를 보여줍니다. ◆ 19~21

두 개의 버튼 Yes, No를 갖는 MessageBox를 보여줍니다. ◆ 24~26

세 개의 버튼과 물음표 아이콘을 보여주는 MessageBox를 보여줍니다. ◆ 29~32

디폴트 버튼을 Button2로 지정한 MessageBox를 보여줍니다. ◆ 35~39

(4), (5), (6)번 메시지박스에서 입력받은 DialogResult들을 string msg로 만들어 메시지박스에 출 ◆ 41~44
력합니다.

이 프로그램은 7개의 메시지박스를 순서대로 띄웁니다.

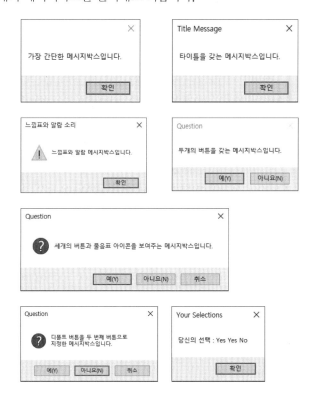

[그림 130-1] 프로그램에서 사용된 다양한 메시지박스

텍스트박스, 레이블, 버튼 컨트롤

- **학습 내용:** 텍스트박스, 레이블, 버튼 컨트롤의 사용법을 배웁니다.
- **힌트 내용:** 세 가지 컨트롤은 가장 빈번히 사용되는 기본 컨트롤입니다.

텍스트박스는 사용자로부터 문자열을 입력받을 때 사용되는 컨트롤입니다. 레이블은 문자열을 출력하는 가장 기본적인 컨트롤이고 버튼은 사용자와의 상호작용을 구현하는 가장 기본적인 인터페이스를 제공합니다. 따라서 윈도우 폼 프로그램에서 이 세 개의 컨트롤이 가장 많이 사용됩니다.

텍스트박스에 이름을 쓰고 버튼을 누르면 이름과 함께 인사말이 출력되는 프로그램을 만들겠습니다. 디자이너에서 텍스트박스, 버튼, 레이블을 배치합니다. 버튼의 Text 속성을 "Click"으로 바꾸고, 텍스트박스의 TextAlignment 속성을 Center로 바꿉니다. 레이블을 두 개 사용했는데 label1의 Text 속성은 "이름 :"으로 바꾸고 label2의 Text 속성은 지워서 화면에 보이지 않게 합니다.

[그림 131-1] 디자인 화면

📁 File: A131_BasicControls/Form1.cs

```
1 using System;
2 using System.Windows.Forms;
3
4 namespace A131_BasicControls
5 {
6    public partial class Form1 : Form
```

```
 7   {
 8     public Form1()
 9     {
10       InitializeComponent();
11     }
12
13     private void button1_Click(object sender, EventArgs e)
14     {
15       if (textBox1.Text == "")
16         MessageBox.Show("이름을 입력하세요", "Warning");
17       else
18         label2.Text = textBox1.Text + "님! 안녕하세요!"
19     }
20   }
21 }
```

버튼을 클릭할 때 실행되는 메소드입니다. ◆ 13

만일 텍스트박스에 입력이 된 것이 없다면 메시지박스에 "이름을 입력하세요"라고 출력합니다. ◆ 15~16

텍스트박스의 이름을 가져와서 뒤에 "님! 안녕하세요!"라고 붙여서 메시지박스에 출력합니다. ◆ 18

실행 결과는 [그림 131-2]와 같습니다. 첫 번째 그림은 최초 실행 화면이고 이 상태에서 클릭 버튼을 누르면 텍스트박스에 입력된 값이 없으므로 두 번째 그림과 같이 메시지박스가 나타납니다. 이름을 입력하고 버튼을 클릭하면 이름과 인사말이 나타납니다.

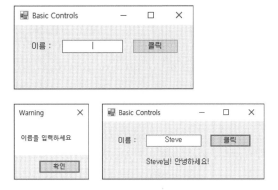

[그림 131-2] 실행 화면

레이블에서 여러 줄의 문자열 표시

• **학습 내용 :** 레이블에서 여러 줄에 달하는 긴 문자열을 표시하는 방법을 학습합니다.
• **힌트 내용 :** AutoSize 속성을 false로 바꿉니다.

레이블은 문자열을 출력할 때 사용됩니다. 디폴트로 AutoSize 속성이 true로 설정되어 있어 표시되는 문자열이 짧거나 길면 레이블도 그에 따라 크기가 변하게 됩니다. 그런데 AutoSize 속성이 true인 생태에서 긴 문자열을 쓰게 되면 폼의 경계를 넘어서서 글씨가 잘리게 됩니다. 이를 해결하려면 AutoSize 속성을 false로 설정하고 레이블의 크기를 직접 지정하면 됩니다.

[그림 132-1]과 같이 버튼 하나와 레이블 두 개를 배치합니다. label1은 속성을 바꾸

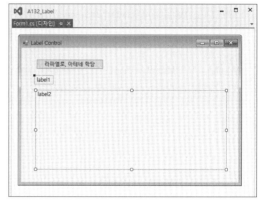

[그림 132-1] 디자인 화면

지 않고 label2는 AutoSize 속성을 false로 바꾸고 그림처럼 레이블이 표시될 영역의 크기를 조정합니다.

📁 File: A132_Label/Form1.cs

```
1 using System;
2 using System.Windows.Forms;
3
4 namespace A132_Label
5 {
6   public partial class Form1 : Form
7   {
8     public Form1() ...
9
10    private void Form1_Load(object sender, EventArgs e)
```

```
11      {
12        label1.Text = "";
13        label2.Text = "";
14      }
15
16      private void button1_Click(object sender, EventArgs e)
17      {
18        string raffaello = "라파엘로 산치오, 이탈리아, 르테상스 3대 거장, 1483~1520";
19        string schoolOfAthens = "라파엘로(Raphael, Raffaello Sanzio da Urbino)는 "+
20          "동시대의 대가인 미켈란젤로, 레오나르도 다빈치와 함께 르네상스 3대 거장으로 "+
21          "알려져 있습니다. 가장 유명한 작품은 <아테네학당(The School of Athens)>으로 "+
22          "바티칸궁(Apostolic Palace)에 있는 프레스코 벽화 입니다.\n";
23
24        label1.Text = raffaello;
25        label2.Text = schoolOfAthens;
26      }
27    }
28 }
```

폼이 로드되면서 실행되는 메소드입니다. label1과 label2에 표시되는 글씨를 없앱니다. ◆ 10~14

버튼을 클릭했을 때 실행되는 메소드입니다. raffaello와 schoolOfAthens에 문자열을 할당하고 각 ◆ 16~26
각 label1과 label2에 표시합니다.

실행 결과는 [그림 132-2]와 같습니다. 버튼을 클릭하면 label1과 label2에 글씨가 표시됩니다.

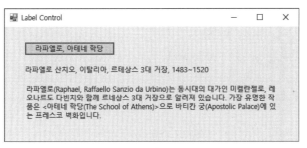

[그림 132-2] 실행 화면

flag를 이용한 이벤트 처리

버튼을 클릭하면 Click 이벤트가 발생하고 이를 처리하는 이벤트 처리 메소드가 실행됩니다. 그런데 똑같은 버튼을 클릭할 때 실행할 내용이 다르다면 어떻게 해야 할까요? 예를 들어 버튼을 한번 클릭하면 "Hello World!"라고 출력하고 또 한번 누르면 글이 없어지게 하고 싶다면, 어떻게 하는 것이 좋을까요? 이럴 때 flag 필드를 사용하면 됩니다. bool형 변수 flag를 Form1 클래스에 필드로 선언하고 flag 값이 true일 때와 false일 때 동작을 다르게 처리합니다. flag 필드는 한번 사용 후에는 반대값으로 바꾸어 줍니다.

[그림 133-1] 디자인 화면

📁 File: A133_Flag/Form1.cs

```
1 using System;
2 using System.Windows.Forms;
3
4 namespace A133_Flag
5 {
6   public partial class Form1 : Form
7   {
8     private bool flag;  // 디폴트는 false
9
10    public Form1() ...
11
12    private void button1_Click(object sender, EventArgs e)
13    {
14      if(flag == false)
15      {
```

```
16          label1.Text = "Hello World!";
17          flag = true;
18      }
19      else
20      {
21          label1.Text = "";
22          flag = false;
23      }
24   }
25 }
26 }
```

플래그 필드 bool flag를 선언합니다. 필드는 디폴트 값이 할당됩니다.　　　　　　　　　◆ 8

버튼을 클릭할 때 실행되는 메소드입니다. flag가 false이면 레이블에 "Hello World!"라고 출력하　◆ 12~25
고 flag를 true로 바꾸어줍니다. 다시 버튼이 클릭되면 flag가 true로 바뀌어 있으므로 레이블의 글
씨를 없애고 flag를 false로 바꾸어 둡니다.

[그림 133-2] 실행 화면

체크박스

- **학습 내용:** 체크박스의 사용법을 학습합니다.
- **힌트 내용:** Checked 속성과 CheckedChanged 이벤트를 사용합니다.

설문조사와 같이 항목을 표시하고 체크할 때 사용하는 컨트롤이 체크박스입니다. 이때 여러 개의 항목을 선택할 수도 있고 한 개만 선택하게 할 수 있습니다. 여러 개의 항목을 선택할 때 체크박스를 사용하고, 한 개의 항목을 선택할 때 라디오버튼을 사용합니다. 체크박스와 라디오버튼모두 Checked 속성을 가지고 있으며, 선택되면 CheckedChanged 이벤트가 발생합니다.

📁 **File: A134_CheckBox/Form1.cs**

```csharp
1 using System;
2 using System.Windows.Forms;
3
4 namespace A134_CheckBox
5 {
6   public partial class Form1 : Form
7   {
8     public Form1() ...
9
10    private void button1_Click(object sender, EventArgs e)
11    {
12      string checkStates = "";
13      CheckBox[] cBox
14          = { checkBox1, checkBox2, checkBox3, checkBox4, checkBox5 };
15
16      foreach(var item in cBox)
17      {
18        checkStates += string.Format("{0} : {1}\n",
19            item.Text, item.Checked);
20      }
21      MessageBox.Show(checkStates, "checkStates");
```

```
22
23          string summary = string.Format("좋아하는 과일은: ");
24          foreach(var item in cBox)
25          {
26            if (item.Checked == true)
27              summary += item.Text + " ";
28          }
29          MessageBox.Show(summary, "summary");
30        }
31      }
32    }
```

버튼을 클릭할 때 실행되는 메소드입니다.   ◆ 10

메시지박스에 표시할 문자열 checkStates를 선언합니다.   ◆ 12

체크박스 배열 cBox를 선언하고 프로그램에서 사용된 5개의 체크박스로 초기화합니다.   ◆ 13~14

cBox의 각 요소에 대해 Text 속성과 Checked 속성을 문자열에 추가하고 5개 체크박스의   ◆ 16~21
Checked 상태를 출력합니다.

좋아하는 과일만을 표시하기 위해 summary 문자열을 선언하고 초기화합니다.   ◆ 23

cBox 배열의 각 요소의 Checked 속성을 검사하여 true인 것만 summary에 추가하고 메시지박스   ◆ 24~29
에 summary 문자열을 출력합니다.

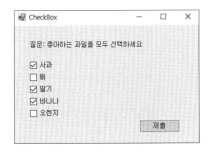

[그림 134-1] 실행 화면에서 체크박스 선택

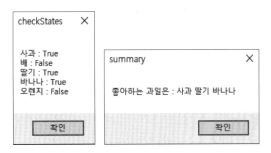

[그림 134-2] 메시지박스에 표시되는 내용

라디오버튼과 그룹박스

- **학습 내용:** 라디오버튼과 그룹박스의 사용법을 학습합니다.
- **힌트 내용:** 그룹박스를 먼저 위치시키고 그 안에 라디오버튼을 배치합니다.

성별, 국적처럼 여러 개의 항목 중에서 한 개의 항목만을 선택하게 할 때 라디오버튼을 사용합니다. 라디오버튼은 일반적으로 그룹박스와 함께 사용되며 그룹박스 안의 라디오버튼은 하나만 체크될 수 있습니다. 체크박스와 마찬가지로 Checked 속성이 있으며 체크되면 CheckedChanged 이벤트를 발생합니다.

디자인 창에서 국적을 표시하는 4개의 라디오버튼 이름을 각각 rbKorea, rbChina, rbJapan, rbOthers로 바꾸고 성별 그룹의 라디오버튼은 rbMale, 여성은 rbFemale로 이름을 바꿉니다.

📁 **File: A135_RadioButton/Form1.cs**

```
1  using System;
2  using System.Windows.Forms;
3
4  namespace A135_RadioButton
5  {
6    public partial class Form1 : Form
7    {
8      private RadioButton checkedRB;
9
10     public Form1()
11     {
12       InitializeComponent();
13     }
14
15     private void button1_Click(object sender, EventArgs e)
16     {
17       string result = "";
18       if (rbKorea.Checked)
```

```
19          result += "국적: 대한민국\n";
20      else if (rbChina.Checked)
21          result += "국적: 중국\n";
22      else if (rbJapan.Checked)
23          result += "국적: 일본\n";
24      else if (rbOthers.Checked)
25          result += "국적: 그 외의 국가\n";
26
27      if (checkedRB == rbMale)
28          result += "성별: 남성";
29      else if (checkedRB == rbFemale)
30          result += "성별: 여성";
31
32      MessageBox.Show(result, "Result");
33  }
34
35  private void rbMale_CheckedChanged(object sender, EventArgs e)
36  {
37      checkedRB = rbMale;
38  }
39
40  private void rbFemale_CheckedChanged(object sender, EventArgs e)
41  {
42      checkedRB = rbFemale;
43  }
44  }
45 }
```

라디오버튼 인스턴스 checkRB를 선언합니다. 성별을 구분하기 위해 사용됩니다. ◆ 8

버튼이 클릭될 때 실행되는 메소드입니다. ◆ 15

메시지박스에 표시할 문자열을 선언하고 빈 문자열을 초기화합니다. ◆ 17

국적 그룹박스에 있는 4개의 라디오버튼의 Checked 상태를 점검하여 체크된 국적을 문자열에 추가합니다. ◆ 18~25

27~30 성별 그룹박스에 있는 2개의 라디오버튼 중 checkedRB로 설정된 것의 성별을 문자열에 추가합니다.

32 메시지박스에 문자열을 표시합니다.

35~38 성별 중 '남'을 클릭하면 실행되는 메소드입니다. checkRB를 rbMale로 설정합니다.

40~43 성별 중 '여'를 클릭하면 실행되는 메소드입니다. checkRB를 rbFemale로 설정합니다.

[그림 135-1] 실행 화면

로그인 창 만들기

아이디와 패스워드를 입력하여 저장된 값과 같으면 로그인 성공이라고 출력하고 아니면 실패라고 출력하는 로그인창을 만들겠습니다.

아이디와 패스워드는 데이터베이스를 사용하는 것이 일반적이지만 여기서는 텍스트박스의 사용법을 공부하는 예제로, 입력된 아이디와 패스워드가 등록된 값과 맞는지를 체크하겠습니다. 패스워드는 입력 문자가 보이지 않도록 속성창에서 PasswordChar 속성을 ●로 설정합니다.

📁 File: A136_Login/Form1.cs

```
1 using System;
2 using System.Windows.Forms;
3
4 namespace A136_Login
5 {
6   public partial class Form1 : Form
7   {
8     public Form1() ...
9
10     private void btnLogin_Click(object sender, EventArgs e)
11     {
12       if (txtId.Text == "abcd" && txtPassword.Text == "1234")
13         txtResult.Text = "로그인 성공";
14       else
15         txtResult.Text = "로그인 실패";
16     }
17   }
18 }
```

버튼이 클릭될 때 실행되는 메소드입니다. 아이디가 "abcd"이고 패스워드가 "1234"이면 "로그인 성공"이라고 출력하고 아니면 "로그인 실패"라고 출력합니다.

[그림 136-1] 실행 화면

성적계산기

- **학습 내용 :** 세 과목의 성적을 입력하면 합계와 평균을 계산하는 성적계산기를 만듭니다.
- **힌트 내용 :** 텍스트박스의 속성 중 ReadOnly를 사용합니다.

국어, 수학, 영어의 점수를 입력하면 합계와 평균을 계산하는 성적계산기를 만들겠습니다. 점수를 입력하는 컨트롤과 계산 결과를 출력하는 컨트롤을 모두 텍스트박스로 만드는데 출력에 사용되는 텍스트박스는 내용이 수정될 수 없도록 ReadOnly 속성을 true로 설정합니다. 숫자가 텍스트박스 중앙에 표시되도록 TextAlignment 속성을 모두 Center로 설정합니다. 입력과 출력은 그룹박스로 묶어서 보기 좋게 디자인했습니다.

📁 File: A137_ScoreCalc/Form1.cs

```
1  using System;
2  using System.Windows.Forms;
3
4  namespace A137_ScoreCalc
5  {
6    public partial class Form1 : Form
7    {
8      public Form1()
9      {
10       InitializeComponent();
11     }
12
13     private void btnCalc_Click(object sender, EventArgs e)
14     {
15       double sum = Convert.ToDouble(txtKor.Text)
16           + Convert.ToDouble(txtMath.Text)
17           + Convert.ToDouble(txtEng.Text);
18
19       double avg = sum / 3;
20
```

421

```
21          txtSum.Text = sum.ToString();
22          txtAvg.Text = avg.ToString("0.0");
23      }
24  }
25 }
```

13 ◆ "계산" 버튼을 클릭할 때 실행되는 메소드입니다.

15~17 ◆ 국어, 수학, 영어 텍스트박스의 값을 double로 변환하여 합을 구하고 sum에 저장합니다.

19 ◆ 평균을 저장하는 avg 변수는 sum을 3으로 나눈 값입니다.

21 ◆ 총점을 표시하는 txtSum은 sum을 문자열로 변환하여 표시합니다.

22 ◆ 평균을 표시하는 txtAvg는 avg를 문자열로 변환하여 표시합니다. 이때 소수점 한자리까지 표시하기 위해 포맷 문자열 "0.0"을 사용합니다.

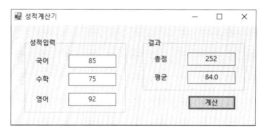

[그림 137-1] 실행 화면

MaskedTextBox

- **학습 내용:** MaskedTextBox의 사용법을 학습합니다.
- **힌트 내용:** MaskedTextBox는 Mask 속성으로 입력 형식을 제한하는 텍스트박스입니다.

MaskedTextBox 컨트롤은 TextBox에 입력되는 형식을 제한할 수 있습니다. 예를 들어 우편번호는 5자리 숫자로 입력해야 하므로, 문자나 6자리 이상의 숫자는 입력할 수 없게 만들 수 있습니다. 비주얼스튜디오에서 MaskedTextBox의 속성창에서 Mask의 … 버튼을 누르면 몇 가지 정해진 마스크의 샘플을 보여줍니다. 위에서 숫자(5자리) 마스크를 보면 아래에 마스크는 99999로 표시되어 있고, 미리보기는 _____으로 표시되어 있습니다.

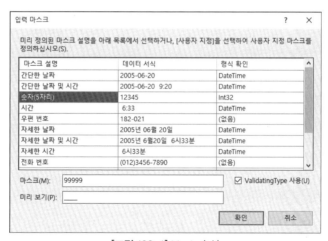

[그림 138-1] Mask 속성

〈표 138-1〉 마스크에 사용되는 기호와 의미

기호	의미	기호	의미
0	숫자	9	숫자 혹은 공백
L	문자	?	문자 혹은 공백
A	영문자	a	영문자 혹은 공백
.	소수점	,	천자리 자리 표시자
:	시간 구분자	/	날짜 구분자

Mask 속성은 〈표 138-1〉과 같은 몇 가지 기호로 만듭니다. 여기서 9는 숫자 혹은 공백이므로 우편번호를 입력하는 텍스트박스로 사용할 수 있습니다. 우편번호를 반드시 입력해야 한다면 마스크를 00000으로 쓰면 됩니다. 미리 정의되지 않은 마스크를 사용자 지정으로 만들 수도 있습니다.

[그림 138-2]의 실행 화면에서 입사일 옆의 박스는 "간단한 날짜", 우편번호는 "숫자(5자리)", 휴대폰 번호는 "휴대폰 번호", 주민등록번호는 "주민등록번호" 마스크를 지정한 MaskedTextBox입니다. 주소와 이메일은 일반 TextBox입니다.

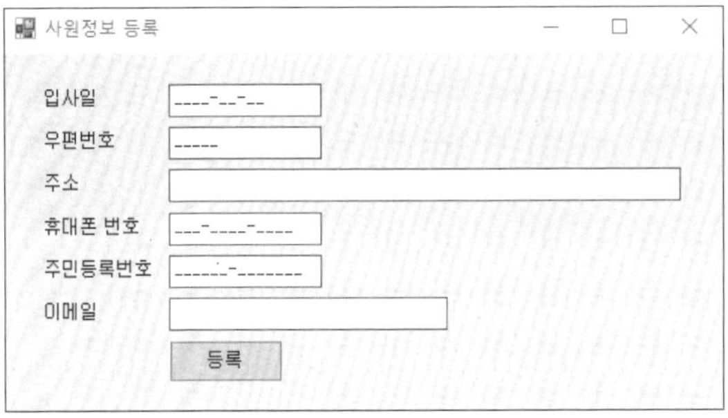

[그림 138-2] 초기 실행 화면

📂 File: A138_MaskedTextBox/Form1.cs

```
1  using System;
2  using System.Windows.Forms;
3
4  namespace A138_MaskedTextBox
5  {
6    public partial class Form1 : Form
7    {
8      public Form1() ...
9
10     private void button1_Click(object sender, EventArgs e)
11     {
12       string str;
13
14       str = "입사일: " + txtDate.Text +"\n";
15       str += "우편번호: " + txtDate.Text + "\n";
```

```
16        str += "주소: " + txtAddr.Text + "\n";
17        str += "휴대폰번호: " + txtPhone.Text + "\n";
18        str += "주민등록번호: " + txtId.Text + "\n";
19        str += "휴대폰번호: " + txtPhone.Text + "\n";
20        str += "이메일: " + txtEmail.Text;
21
22        MessageBox.Show(str, "개인정보");
23    }
24  }
25 }
```

"등록" 버튼을 클릭하면 실행되는 메소드입니다. ◆ 10

문자열 str에 각 텍스트박스에 입력된 값들을 추가합니다. ◆ 12~20

메시지박스에 str의 내용을 출력합니다. ◆ 22

[그림 138-3] 실행 화면

스크롤바(ScrollBar)로 RGB 컬러 조정

- **학습 내용 :** 스크롤바 컨트롤을 사용하는 방법을 학습합니다.
- **힌트 내용 :** 스크롤바의 Value 속성과 RGB 컬러 사용법을 알아봅니다.

윈폼에는 스크롤바 컨트롤이 있어서 화면이 넘어가는 내용을 보여주거나 어떤 범위에서 값이 변하게 할 때 사용할 수 있습니다. [그림 139-1]과 같이 Red, Green, Blue 값을 0~255까지 표시하는 스크롤바를 3개 사용해서 위에 있는 패널의 배경색을 바꾸는 프로그램을 만들어 보겠습니다.

윈도우 프로그램에서 색깔은 두 가지 방법으로 표시할 수 있는데 하나는 Color 구조체의 이름을 사용하는 방법이고, 또 다른 하나는 Alpha(투명도)와 Red, Green, Blue의 빛의 삼원색을 조합해서 나타내는 방법입니다. Alpha와 R, G, B는 각각 0~255까지의 값을 갖습니다. 예를 들어 빨간색은 Color.Red로 쓰거나 Color.FromArgb(0,255,0,0) 또는 Alpha값을 생략하고 Color.FromArgb(255,0,0)으로 씁니다.

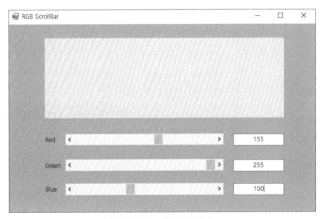

[그림 139-1] 실행 화면

위쪽에 Panel이 있고, 왼쪽에 3개의 Label과 중앙에 3개의 수평 스크롤바(HScrollBar)를 위치시키고 오른쪽에는 3개의 텍스트박스를 배치합니다. 도구상자를 보면 ScrollBar는 없고 HScrollBar(수평)와 VScrollBar(수직)로 구분되어 사용할 수 있습니다. 세 개의 스크롤바 이름은 srcR, scrG, srcB로, 세 개의 TextBox 이름은 txtR, txtG, txtB로 하였습니다.

속성 창에서 스크롤바의 Scroll 이벤트는 모두 scr_Scroll로, 텍스트박스의 TextChanged 이벤트는
모두 txt_TextChanged로 설정합니다.

File: A139_RgbScrollBar/Form1.cs

```
1  using System;
2  using System.Drawing;
3  using System.Windows.Forms;
4
5  namespace A139_RgbScrollBar
6  {
7    public partial class Form1 : Form
8    {
9      public Form1()
10     {
11       InitializeComponent();
12
13       this.BackColor = Color.LightSteelBlue;
14       panel1.BackColor = Color.FromArgb(0, 0, 0);
15       txtR.Text = 0.ToString();
16       txtG.Text = 0.ToString();
17       txtB.Text = 0.ToString();
18       scrR.Maximum = 255 + 9;
19       scrG.Maximum = 255 + 9;
20       scrB.Maximum = 255 + 9;
21     }
22
23     private void scr_Scroll(object sender, ScrollEventArgs e)
24     {
25       txtR.Text = scrR.Value.ToString();
26       txtG.Text = scrG.Value.ToString();
27       txtB.Text = scrB.Value.ToString();
28       panel1.BackColor = Color.FromArgb(scrR.Value, scrG.Value, scrB.Value);
29     }
30
31     private void txt_TextChanged(object sender, EventArgs e)
32     {
```

```
33          if (txtR.Text != "" && txtG.Text != "" && txtB.Text != "")
34          {
35            scrR.Value = int.Parse(txtR.Text);
36            scrG.Value = int.Parse(txtG.Text);
37            scrB.Value = int.Parse(txtB.Text);
38            panel1.BackColor = Color.FromArgb(scrR.Value, scrG.Value, scrB.Value);
39          }
40        }
41    }
42 }
```

9~20 ◆ Form1의 생성자 메소드입니다. 폼의 배경색을 설정하고 panel1의 배경색을 검은색으로 초기화합니다. 텍스트박스는 0으로, 스크롤바의 Maximum 속성을 255+9로 설정합니다. 스크롤바의 수치는 최소값이 0, 최대값이 255인데, 스크롤바의 Maximum을 255로 했을 때 실제 스크롤바의 값(Value)을 출력해보면 255가 아니고 9만큼 적은 246까지 밖에 안 나옵니다. 최대 255까지를 사용하려면 Maximum을 255+9, 즉 264로 세팅해야 합니다.

23~29 ◆ 세 개의 스크롤바 thumb 위치가 바뀌면 실행되는 메소드입니다. 스크롤바의 값을 텍스트박스에 표시해주고, 바뀐 R, G, B 값으로 panel1의 배경색을 바꿉니다.

31~40 ◆ 세 개의 텍스트박스 값이 바뀌면 새로운 값으로 스크롤바의 Value 속성이 바뀌고 thumb의 위치도 변하게 됩니다. panel1의 배경색도 이에 따라 바꾸어줍니다.

리스트박스에 항목을 표시하는 세 가지 방법

- **학습 내용 :** 리스트박스의 사용법을 학습합니다.
- **힌트 내용 :** SelectedIndex와 SelectedItem을 사용합니다.

리스트박스는 목록을 출력하거나 사용자가 항목을 선택하게 할 때 사용됩니다. 리스트박스에 표시되는 목록은 Items 속성에 저장되는데 다음의 세 가지 방법으로 지정할 수 있습니다. (1) 속성창의 Items 항목에서 (컬렉션)을 직접 입력하는 방법 (2) C# 소스코드에서 Items.Add() 메소드를 사용하는 방법 (3) List〈T〉의 객체를 바인딩하는 방법입니다.

(1)번 방법은 디자인 창에서 리스트박스를 선택하면 [그림 140-1]과 같이 속성창에 Items 항목이 있는데 여기서 (컬렉션)을 클릭하면 [그림 140-2]의 컬렉션 편집기 창이 뜹니다. 이곳에 리스트 항목을 직접 입력합니다. 항목의 개수가 많아지면 리스트박스에 스크롤바가 생깁니다. (2)번, (3)번 방법은 소스코드에서 설명하겠습니다.

[그림 140-1] Items 속성의 컬렉션

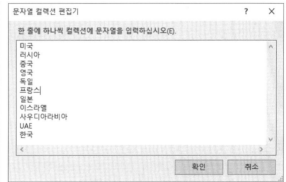

[그림 140-2] 컬렉션 편집기

디자인 화면은 [그림 140-3]과 같습니다. GDP 순위, 살기좋은 도시, 행복한 나라 리스트를 표시할 3개의 리스트박스를 배치하고 그 아래에 SelectedIndex와 SelectedItem을 표시하는 텍스트박스를 각각 배치합니다. 텍스트박스의 이름은 txtSIndex1, txtSItem1, txtSIndex2, txtSItem2, txtSIndex3, txtSItem3로 부여했습니다. 첫 번째 리스트박스에는 속성창의 컬렉션에서 10개 국가의 이름을 입력하였기 때문에 10개 국가의 이름이 보입니다.

[그림 140-3] 디자인 창

📁 File: A140_ListBox/Form1.cs

```
1 using System;
2 using System.Collections.Generic;
3 using System.Windows.Forms;
4
5 namespace A140_ListBox
6 {
7   public partial class Form1 : Form
8   {
9     public Form1() ...
10
11     private void Form1_Load(object sender, EventArgs e)
12     {
13       listBox2.Items.Add("오스트리아, 빈");
14       ...
15       listBox2.Items.Add("호주, 애들레이드");
16
17       List<String> lstGDP = new List<String> {"미국", "러시아", "중국",
18         "영국", "독일", "프랑스", "일본", "이스라엘", "사우디아라비아", "UAE"};
19       listBox3.DataSource = lstGDP;
20     }
21
22     private void listBox1_SelectedIndexChanged(object sender, EventArgs e)
23     {
24       ListBox lst = sender as ListBox;
```

```
25        txtSIndex1.Text = lst.SelectedIndex.ToString();
26        txtSItem1.Text = lst.SelectedItem.ToString();
27    }
28
29    private void listBox2_SelectedIndexChanged(object sender, EventArgs e)
30    {
31        ListBox lst = sender as ListBox;
32        txtSIndex2.Text = lst.SelectedIndex.ToString();
33        txtSItem2.Text = lst.SelectedItem.ToString();
34    }
35
36    private void listBox3_SelectedIndexChanged(object sender, EventArgs e)
37    {
38        ListBox lst = sender as ListBox;
39        txtSIndex3.Text = lst.SelectedIndex.ToString();
40        txtSItem3.Text = lst.SelectedItem.ToString();
41    }
42  }
43 }
```

프로그램이 처음 시작되어 폼이 로드될 때 실행되는 메소드입니다. ◆ 11

listBox2에 10개의 도시 이름을 추가합니다. ◆ 13~15

List〈String〉 lstGDP를 생성하고 10개 국가 이름으로 초기화합니다. 이 리스트를 listBox3의 ◆ 17~19
DataSource로 지정하면 리스트의 내용이 Items에 추가됩니다.

listBox1의 항목을 클릭하면 SelectedIndexChanged 이벤트가 발생하고 이 메소드가 실행됩니 ◆ 22~41
다. SelectedIndex 속성을 txtSIndex1에 표시하고 SelectedItem 속성을 txtItem1에 표시합니다.
listBox2와 listBox3도 같습니다.

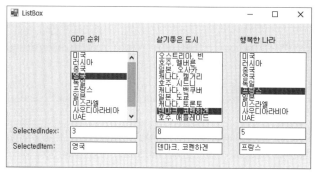

[그림 140-4] 실행 화면

콤보박스를 이용한 식당 리스트의 추가, 삭제

- **학습 내용:** 콤보박스의 사용법을 학습합니다.
- **힌트 내용:** SelectedIndex와 SelectedItem 속성을 사용합니다.

콤보박스는 사용자가 항목을 선택하거나 직접 입력할 수 있는 컨트롤입니다. 사용 방법이 리스트박스와 매우 유사합니다. [그림 141-1]과 같이 좋아하는 식당 리스트를 콤보박스에 표시하고 선택하면 "이번 주 모임장소는 : " 레이블(lblRestaurant) 뒤에 식당 이름을 표시하는 프로그램을 만들겠습니다. 디자인 화면에서 콤보박스를 배치하고 추가(btnAdd)와 삭제(btnDelete) 두 개의 버튼을 배치합니다.

[그림 141-1] 콤보박스를 사용하는 예제 프로그램

콤보박스에 표시되는 식당의 리스트는 140장의 리스트박스와 같이 세 가지 방법으로 만들 수 있는데 여기서는 속성창의 Items 항목에서 (컬렉션)을 클릭하여 다음과 같이 만듭니다.

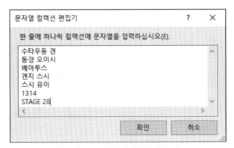

[그림 141-2] 컬렉션 편집기

```
1  using System;
2  using System.Windows.Forms;
3
4  namespace A141_ComboBox
5  {
6    public partial class Form1 : Form
7    {
8      public Form1() ...
9
10     private void comboBox1_SelectedIndexChanged(object sender, EventArgs e)
11     {
12       ComboBox cb = sender as ComboBox;
13       lblRestaurant.Text = "이번 주 모임장소는: " + cb.SelectedItem.ToString();
14     }
15
16     private void btnAdd_Click(object sender, EventArgs e)
17     {
18       if (comboBox1.Text != "")
19       {
20         comboBox1.Items.Add(comboBox1.Text);
21         lblRestaurant.Text = comboBox1.Text + " Added!";
22       }
23     }
24
25     private void btnDelete_Click(object sender, EventArgs e)
26     {
27       if (comboBox1.SelectedIndex >= 0)
28       {
29         lblRestaurant.Text = comboBox1.SelectedItem.ToString() + " Deleted!";
30         comboBox1.Items.Remove(comboBox1.SelectedItem);
31       }
32     }
33   }
34 }
```

콤보박스에서 항목을 선택할 때 실행되는 메소드입니다. 콤보박스의 SelectedItem을 문자열로 바꾸어 lblRestaurant에 표시합니다. ◆ 10~14

콤보박스는 텍스트박스처럼 값을 입력받을 수 있습니다. 이때 콤보박스에 쓰여진 값을 comboBox1.Text로 가져옵니다. 식당 이름을 입력하고 추가 버튼을 클릭하면 Add() 메소드를 사용하여 항목을 추가하고 lblRestaurant에 추가되었다고 표시합니다. ◆ 16~23

콤보박스에 맨 처음 항목은 인덱스가 0입니다. SelectedIndex가 0보다 크거나 같다면 선택된 항목이 있다는 뜻입니다. 이럴 때는 lblRestaurant에 삭제되었다고 표시하고 Remove() 메소드를 사용하여 그 항목을 삭제합니다. ◆ 25~32

선택, 삭제, 추가 실행 화면은 다음과 같습니다. 주의할 점은 리스트가 추가, 삭제되더라도 다음 프로그램을 실행할 때는 수정되지 않고 원래대로 나옵니다. 만일 변경시킨 리스트를 다음번 실행 시에 반영하려면 데이터베이스나 파일에 저장하고 시작할 때 읽어 와야 합니다.

[그림 141-3] 실행 화면(선택, 삭제, 추가)

CheckedListBox를 이용한 희망 여행지 리스트

- **학습 내용:** CheckedListBox의 사용법을 학습합니다.
- **힌트 내용:** ListBox의 SelectionMode를 MuitiExtended로 바꿉니다.

CheckedListBox는 체크박스가 있는 리스트박스입니다. 리스트박스도 아이템들을 선택할 수 있지만 CheckedListBox는 아이템 옆에 체크박스가 있으므로 더 직관적입니다.

가장 살기 좋은 10개의 도시를 왼쪽의 CheckedListBox에 표시하고 이들 중 가고 싶은 도시를 선택해서 오른쪽 리스트박스에 표시하는 프로그램을 만들겠습니다. [그림 142-1]에서 CheckedListBox의 Name 속성은 cLstBox, 오른쪽 ListBox의 Name 속성은 lstBox입니다.

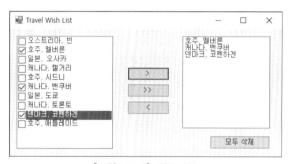

[그림 142-1] 실행 화면

📁 **File: A142_CheckedListBox/Form1.cs**

```
1 using System;
2 using System.Collections.Generic;
3 using System.Windows.Forms;
4
5 namespace A142_CheckedListBox
6 {
7   public partial class Form1 : Form
8   {
9     public Form1()...
10
```

```
11    private void Form1_Load(object sender, EventArgs e)
12    {
13      cLstBox.Items.Add("오스트리아, 빈");
14      ...
15      cLstBox.Items.Add("호주, 애들레이드");
16
17      lstBox.SelectionMode = SelectionMode.MultiExtended;
18    }
19
20    private void btnTo_Click(object sender, EventArgs e)
21    {
22      foreach (var city in cLstBox.CheckedItems)
23        lstBox.Items.Add(city);
24    }
25
26    private void btnAll_Click(object sender, EventArgs e)
27    {
28      foreach (var city in cLstBox.Items)
29        lstBox.Items.Add(city);
30    }
31
32    private void btnBack_Click(object sender, EventArgs e)
33    {
34      List<string> lstRemove = new List<string>();
35
36      foreach (string city in lstBox.SelectedItems)
37        lstRemove.Add(city);
38
39      foreach (string city in lstRemove)
40        lstBox.Items.Remove(city);
41    }
42
43    private void btnDelAll_Click(object sender, EventArgs e)
44    {
45      lstBox.Items.Clear();
46    }
```

```
47     }
48 }
```

11 ◆ 프로그램이 처음 시작되어 폼이 로드될 때 실행되는 메소드입니다.

13~15 ◆ cLstBox에 10개의 도시 이름을 추가합니다.

17 ◆ 오른쪽 리스트박스의 SelectionMode를 MutiExtended로 설정합니다. 이 모드에서는 여러 개의 아이템을 선택할 수 있습니다.

20~24 ◆ "〉" 버튼을 클릭하면 cLstBox의 체크된 아이템 각각을 lstBox에 추가합니다.

26~30 ◆ "〉〉" 버튼을 클릭하면 cLstBox의 모든 아이템을 lstBox에 추가합니다.

32~41 ◆ "〈" 버튼을 클릭하면 lstRemove 리스트를 만들고 여기에 lstBox의 선택된 아이템들을 추가합니다. 이 리스트의 각 요소를 lstBox에서 삭제합니다.

43~46 ◆ "모두 삭제" 버튼을 클릭하면 Clear() 메소드로 리스트박스의 모든 아이템을 삭제합니다.

콤보박스를 이용한 학점계산기

- **학습 내용:** 콤보박스의 기능을 이용하여 학점계산기를 만듭니다.
- **힌트 내용:** 콤보박스의 Items를 코드에서 입력합니다.

[그림 143-1]과 같은 학점계산기를 만들겠습니다. 과목명을 표시하는 7개의 TextBox와 학점수와 성적을 입력하는 각각 7개씩의 콤보박스로 구성됩니다. 콤보박스의 아이템을 디자인 창의 Items 속성에서 입력할 수도 있지만 여기에서는 C# 코드에서 넣는 방법을 사용합니다. 과목명이 표시되는 텍스트박스의 이름은 txt1, txt2, ... txt7으로, 학점이 기록되는 콤보박스의 이름은 crd1, crd2, ... crd7으로, 성적이 입력되는 콤보박스의 이름은 grd1, grd2, .. grd7으로 합니다.

[그림 143-1] 실행 화면

📁 File: A143_GradeCalc/Form1.cs

```
1 using System;
2 using System.Collections.Generic;
3 using System.Windows.Forms;
4
5 namespace A143_GradeCalc
6 {
7   public partial class Form1 : Form
```

```
8   {
9      TextBox[] titles;    // 교과목 TextBox 배열
10     ComboBox[] crds;     // 학점 ComboBox 배열
11     ComboBox[] grds;     // 성적 ComboBox 배열
12
13     public Form1() ...
14
15     private void Form1_Load(object sender, EventArgs e)
16     {
17       txt1.Text = "인체의구조와기능I";
18       txt2.Text = "일반수학I";
19       txt3.Text = "디지털공학및실험";
20       txt4.Text = "자료구조";
21       txt5.Text = "비주얼프로그래밍";
22       txt6.Text = "기업가정신";
23
24       crds = new ComboBox[] { crd1, crd2, crd3, crd4, crd5, crd6, crd7};
25       grds = new ComboBox[] { grd1, grd2, grd3, grd4, grd5, grd6, grd7};
26       titles = new TextBox[] { txt1, txt2, txt3, txt4, txt5, txt6, txt7 };
27       int[] arrCredit = { 1, 2, 3, 4, 5 };
28       List<String> lstGrade = new List<string>
29           { "A+", "A0", "B+", "B0", "C+", "C0", "D+", "D0", "F" };
30
31       foreach (var combo in crds)   // credits
32       {
33         foreach (var i in arrCredit)
34           combo.Items.Add(i);
35         combo.SelectedItem = 3;
36       }
37
38       foreach (var cb in grds)   // grades
39       {
40         foreach (var gr in lstGrade)
41           cb.Items.Add(gr);
42       }
43     }
```

```
44
45     private void button1_Click(object sender, EventArgs e)
46     {
47       double totalScore = 0;
48       int totalCredits = 0;
49
50       for (int i = 0; i < crds.Length; i++)
51       {
52         if (titles[i].Text != "")
53         {
54           int crd = int.Parse(crds[i].SelectedItem.ToString());
55           totalCredits += crd;
56           totalScore += crd * GetGrade(grds[i].SelectedItem.ToString());
57         }
58       }
59       txtGrade.Text = (totalScore / totalCredits).ToString("0.00");
60     }
61
62     private double GetGrade(string text)
63     {
64       double grade = 0;
65
66       if (text == "A+")  grade = 4.5;
67       else if (text == "A0")  grade = 4.0;
68       else if (text == "B+")  grade = 3.5;
69       else if (text == "B0")  grade = 3.0;
70       else if (text == "C+")  grade = 2.5;
71       else if (text == "C0")  grade = 2.0;
72       else if (text == "D+")  grade = 1.5;
73       else if (text == "D0")  grade = 1.0;
74       else grade = 0;
75       return grade;
76     }
77   }
78 }
```

리스트뷰를 이용한 상품 리스트 표시

- **학습 내용 :** 리스트뷰의 사용법을 학습합니다.
- **힌트 내용 :** 리스트뷰는 윈도우 파일탐색기의 오른쪽 부분입니다.

리스트뷰는 리스트박스의 기능을 확장한 컨트롤입니다. 우리가 사용하는 윈도우 파일탐색기 오른쪽 부분이 리스트뷰 컨트롤입니다. 파일탐색기의 보기 메뉴에 "아주 큰 아이콘, 큰 아이콘, 보통 아이콘, 작은 아이콘, 리스트(목록), 자세히" 등의 6가지 모드를 제공합니다. 리스트뷰의 아이템은 이미지를 포함할 수 있는데 이때 ImageList 컨트롤을 사용합니다. 이미지는 iconfinder.com에서 가져왔는데 솔루션 탐색기의 프로젝트 밑에 Image 폴더를 만들고 이곳에 복사해 둡니다.

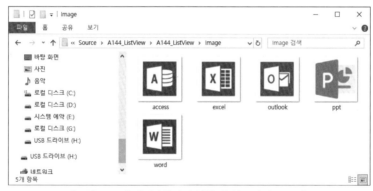

[그림 144-1] 파일탐색기의 실행 화면(큰 아이콘 모드)

기능이 다양한 만큼 사용법이 좀 복잡합니다. [그림 144-2]와 같이 리스트뷰 속성창의 열 편집 부분을 클릭하면 ColumnHeader 컬렉션 편집기 창이 뜨는데 이곳의 멤버 속성 중 Text를 "제품명", "단가", "수량", "가격"으로 하여 추가합니다. 편집기를 사용하지 않고 코드에서 직접 ListView.Columns.Add() 메소드로 추가할 수도 있습니다.

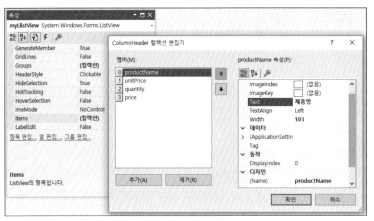

[그림 144-2] 속성창에서 열 편집

[그림 144-3]과 같이 실행되는 프로그램을 만들겠습니다. 윗 부분에는 4개의 라디오버튼을 배치하여 보기 모드를 선택하게 합니다. "제품명, 단가, 수량, 금액"을 표시하는 4개의 칼럼과 Access, Excel, PowerPoint, Word의 4개 아이템이 있는 리스트뷰입니다. 칼럼은 [그림 144-2]의 ColumnHeader 컬렉션 편집기를 사용하지 않고 소스코드에서 추가합니다. 리스트뷰의 이름은 myListView로 합니다.

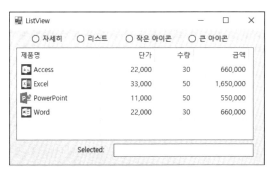

[그림 144-3] 실행 화면

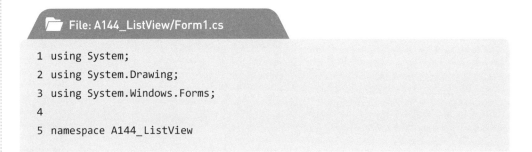

File: A144_ListView/Form1.cs

```
1 using System;
2 using System.Drawing;
3 using System.Windows.Forms;
4
5 namespace A144_ListView
```

```
 6 {
 7   public partial class Form1 : Form
 8   {
 9     public Form1() ...
10
11     private void Form1_Load(object sender, EventArgs e)
12     {
13       myListView.GridLines = true;
14       myListView.FullRowSelect = true;
15
16       myListView.Columns.Add("제품명", 150);
17       myListView.Columns.Add("단가", 100, HorizontalAlignment.Right);
18       myListView.Columns.Add("수량", 70, HorizontalAlignment.Right);
19       myListView.Columns.Add("금액", 100, HorizontalAlignment.Right);
20
21       ListViewItem item1 = new ListViewItem("Access", 0);
22       ListViewItem item2 = new ListViewItem("Excel", 1);
23       ListViewItem item3 = new ListViewItem("PowerPoint", 2);
24       ListViewItem item4 = new ListViewItem("Word", 3);
25
26       item1.SubItems.Add("22,000");
27       item1.SubItems.Add("30");
28       item1.SubItems.Add("660,000");
29       ...
30       myListView.Items.AddRange(new ListViewItem[]
31           { item1, item2, item3, item4 });
32
33       ImageList sImageList = new ImageList();
34       sImageList.ImageSize = new Size(24, 24);
35       ImageList lImageList = new ImageList();
36       lImageList.ImageSize = new Size(64, 64);
37
38       myListView.SmallImageList = sImageList;
39       myListView.LargeImageList = lImageList;
40
41       sImageList.Images.Add(Bitmap.FromFile(@"../../Image/access.png"));
```

```
42        sImageList.Images.Add(Bitmap.FromFile(@"../../Image/excel.png"));
43        sImageList.Images.Add(Bitmap.FromFile(@"../../Image/ppt.png"));
44        sImageList.Images.Add(Bitmap.FromFile(@"../../Image/word.png"));
45
46        lImageList.Images.Add(Bitmap.FromFile(@"../../Image/access.png"));
47        lImageList.Images.Add(Bitmap.FromFile(@"../../Image/excel.png"));
48        lImageList.Images.Add(Bitmap.FromFile(@"../../Image/ppt.png"));
49        lImageList.Images.Add(Bitmap.FromFile(@"../../Image/word.png"));
50      }
51    }
52 }
```

11 ◆ Form1_Load() 메소드입니다. 프로그램이 시작하면서 폼이 로드될 때 실행됩니다.

13 ◆ 리스트뷰에 그리드라인을 표시합니다.

14 ◆ 리스트 아이템을 선택할 때 한 줄이 다 선택되게 합니다.

16~19 ◆ [그림 144-3]과 같이 Column을 4개 만듭니다. "제품명"은 칼럼 헤드에 보이는 문자열이고, 숫자는 너비입니다. 너비를 −2로 하면 Auto입니다. 수평정렬을 지정할 수 있습니다.

21~24 ◆ ListViewItem은 리스트뷰에 표시되는 항목입니다. "Access"는 첫 번째 칼럼인 제품명에 해당하는 값이고 그 뒤의 숫자 0은 ImageList의 인덱스입니다.

26~29 ◆ ListViewItem item1~item4의 4개에 대해 SubItems를 추가합니다. item1만 표시했습니다.

30~31 ◆ myListView의 Items를 ListViewItem 배열을 이용하여 등록합니다.

33~39 ◆ 각 아이템에 해당하는 이미지는 ImageList로 지정합니다. 작은 아이콘과 큰 아이콘의 ImageSize를 지정할 수 있습니다.

41~49 ◆ 작은 아이콘 이미지리스트와 큰 아이콘 이미지리스트에 이미지 파일을 지정하여 추가합니다.

리스트뷰의 View 모드

- **학습 내용:** 리스트뷰의 4가지 뷰 모드 사용법을 학습합니다.
- **힌트 내용:** 리스트뷰의 View 속성은 열거형(enum)입니다.

앞에서 만든 리스트뷰 코드에 추가하여 View 모드를 선택할 수 있게 하고, 리스트 아이템을 선택하면 그 값을 텍스트박스에 표시하는 프로그램을 만들어 보겠습니다.

리스트뷰의 View 속성은 리스트 아이템을 보여주는 방식을 지정하는 열거형입니다. MSDN을 찾아보면 5개의 View 값이 있는데 그 중 Tile은 Windows XP와 Server2003에서만 제공하는 기능이므로 이를 제외한 Details, List, LargeIcon, SmallIcon의 네 가지를 선택할 수 있게 폼 위쪽에 라디오버튼을 배치했습니다. 4가지 View 모두 이미지를 표시할 수 있는데, LargeIcon 모드에서만 큰 이미지를 표시하고 나머지는 작은 이미지를 표시합니다. 이미지의 크기는 프로그래머가 지정할 수 있습니다. View를 지정하지 않으면 디폴트 값으로 [그림 145-1]과 같이 칼럼의 내용을 볼 수 있는 자세히 보기 모드로 실행됩니다.

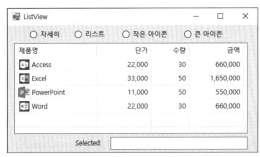

[**그림 145-1**] 자세히 보기 모드

📁 File: A144_ListView/Form1.cs

```
1  using System;
2  using System.Drawing;
3  using System.Windows.Forms;
4
5  namespace A144_ListView
```

```
 6  {
 7    public partial class Form1 : Form
 8    {
 9      public Form1() ...
10
11      private void Form1_Load(object sender, EventArgs e) ...
12
13      private void rbDetail_CheckedChanged(object sender, EventArgs e)
14      {
15        myListView.View = View.Details;
16      }
17
18      private void rbList_CheckedChanged(object sender, EventArgs e)
19      {
20        myListView.View = View.List;
21      }
22
23      private void rbSmall_CheckedChanged(object sender, EventArgs e)
24      {
25        myListView.View = View.SmallIcon;
26      }
27
28      private void rbLarge_CheckedChanged(object sender, EventArgs e)
29      {
30        myListView.View = View.LargeIcon;
31      }
32
33      private void myListView_SelectedIndexChanged(object sender, EventArgs e)
34      {
35        txtSelected.Text = "";
36        ListView.SelectedListViewItemCollection selected
37            = myListView.SelectedItems;
38
39        foreach(ListViewItem item in selected)
40        {
41          for (int i = 0; i < 4; i++)
```

```
42              txtSelected.Text += item.SubItems[i].Text + "\t";
43          }
44      }
45  }
46 }
```

디자이너에서 라디오버튼 4개는 왼쪽부터 rbDetail, rbList, rbSmall, rbLarge로 이름을 바꿉니다.

"자세히", "리스트", "작은 아이콘", "큰 아이콘" 라디오버튼을 클릭하면 View 속성을 해당하는 값 ◆ 13~31
으로 바꾸어 줍니다.

리스트뷰에서 아이템을 선택할 때 실행되는 메소드입니다. 선택된 리스트뷰 아이템을 selected로 ◆ 33~44
하고 SubItems 배열의 내용을 텍스트박스에 표시합니다.

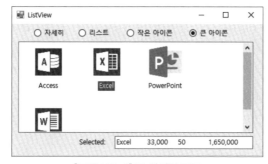

[그림 145-2] 큰 아이콘 모드

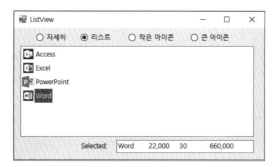

[그림 145-3] 리스트 모드

TreeView와 PictureBox를 이용한 역사공부 프로그램

- **학습 내용**: 트리뷰와 픽처박스의 사용법을 학습합니다.
- **힌트 내용**: 트리뷰는 계층적인 정보를 표현할 때 유용합니다.

윈도우 탐색기는 폴더의 구성을 계층적으로 표시해줍니다. TreeView 컨트롤을 사용하면 회사의 조직도나 컴퓨터의 디렉토리 구조과 같은 계층적인 정보를 표현하기 좋습니다.

TreeView와 PictureBox를 사용하여 영국의 역사를 공부할 수 있는 프로그램을 만들어 보겠습니다. 위키백과의 자료를 사용하겠습니다. 여러 군주들의 정보를 다 만들기에는 내용이 많기 때문에 예제에서는 샘플로 두 군주에 대한 정보만 만듭니다.

디자인 화면은 [그림 146-1]과 같이 왼쪽에 TreeView, 오른쪽 위에는 PictureBox, 오른쪽 아래는 TextBox를 배치합니다. TextBox의 속성창에서 이름을 txtMemo로, AcceptReturns와 MultiLine을 true로 바꿉니다. 솔루션 탐색기의 프로젝트명에서 마우스 오른쪽 버튼을 클릭하여 "추가 – 새 폴더"를 선택하고 Images로 폴더 이름을 바꿉니다. 군주들의 사진은 위키백과에서 다운받아 Images 폴더에 저장합니다.

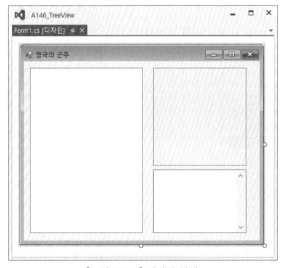

[그림 146-1] 디자인 화면

📁 File: A146_TreeView/Form1.cs

```
1  using System;
2  using System.Drawing;
3  using System.Windows.Forms;
4
5  namespace A146_TreeView
6  {
7    public partial class Form1 : Form
8    {
9      public Form1() ...
10
11     private void Form1_Load(object sender, EventArgs e)
12     {
13       pictureBox1.SizeMode = PictureBoxSizeMode.Zoom;
14       TreeNode root = new TreeNode("영국의 왕");
15
16       TreeNode stuart = new TreeNode("스튜어트 왕가");
17       TreeNode hanover = new TreeNode("하노버 왕가");
18       TreeNode sachsen = new TreeNode("작센코브르트고타 왕가");
19       TreeNode windsor = new TreeNode("윈저 왕가");
20
21       stuart.Nodes.Add("앤(1707~1714)");
22
23       hanover.Nodes.Add("조지 1세(1714~1727)");
24       hanover.Nodes.Add("조지 2세(1727~1760)");
25       hanover.Nodes.Add("조지 3세(1760~1820)");
26       hanover.Nodes.Add("조지 4세(1820~1830)");
27       hanover.Nodes.Add("윌리엄 4세(1830~1837)");
28       hanover.Nodes.Add("빅토리아(1837~1901)");
29
30       sachsen.Nodes.Add("에드워드 7세(1901~1910)");
31
32       windsor.Nodes.Add("조지 5세(1910~1936)");
33       windsor.Nodes.Add("에드워드 8세(1936~1936)");
34       windsor.Nodes.Add("조지 6세(1936~1952)");
35       windsor.Nodes.Add("엘리자베스 2세(1952~현재)");
```

```
36
37        root.Nodes.Add(stuart);
38        root.Nodes.Add(hanover);
39        root.Nodes.Add(sachsen);
40        root.Nodes.Add(windsor);
41
42      treeView1.Nodes.Add(root);
43      treeView1.ExpandAll();
44    }
45
46    private void treeView1_AfterSelect(object sender, TreeViewEventArgs e)
47    {
48      if (e.Node.Text == "앤(1707~1714)")
49      {
50        pictureBox1.Image = Bitmap.FromFile("../../Images/Anne.jpg");
51        txtMemo.Text = "앤 여왕은 1702년 3월 8일 잉글랜드와 스코틀랜드, ...";
52      }
53      else if (e.Node.Text == "조지 1세(1714~1727)")
54      {
55        pictureBox1.Image = Bitmap.FromFile("../../Images/King_George_I.jpg");
56        txtMemo.Text = "잉글랜드 의회에서 1701년 왕위결정법이 통과되면서, ..."
57      }
58    }
59  }
60 }
```

11 ◆ 폼이 로드될 때 실행되는 메소드입니다.

13 ◆ PictureBox의 SizeMode를 Zoom으로 설정합니다. 이미지가 좌우 비율을 유지한 채로 픽처박스에
가득차게 그려줍니다.

14 ◆ TreeNode 객체인 root를 만듭니다. 가장 상위 노드이고 "영국의 왕"이라고 표시됩니다.

16~19 ◆ 왕가의 이름을 TreeNode로 만들어줍니다. 37~40번째 줄에서 root의 자식으로 등록됩니다.

21~35 ◆ 왕가의 TreeNode에 왕의 이름으로 TreeNode들을 추가합니다.

왕가의 TreeNode를 root에 자식으로 추가합니다. ◆ 37~40

treeView1에 root 노드를 추가합니다. ◆ 42

treeView1이 표시될 때 모든 서브노드가 보이도록 확장시킵니다. ◆ 43

treeView1에서 클릭 이벤트가 발생할 때 실행되는 메소드입니다. e 매개변수가 클릭된 노드의 정 ◆ 46~58
보를 가지고 있습니다. 왕의 이름을 클릭할 때 e.Node.Text는 화면에 보이는 노드의 글자입니다.
해당하는 이미지 파일을 픽처박스에 표시하고 txtMemo에 설명을 표시합니다. 두 명의 왕에 대
해서만 처리했습니다.

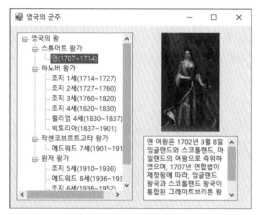

[그림 147-2] 실행 화면

Timer 컨트롤을 이용한 디지털 시계

- **학습 내용:** 타이머 컨트롤의 사용법을 학습합니다.
- **힌트 내용:** Tick 이벤트를 사용합니다.

타이머는 빈번히 사용되는 중요한 컨트롤입니다. 타이머를 이용하면 특정 시간 간격마다 이벤트를 발생시킬 수 있습니다. 타이머 컨트롤은 눈에 보이지 않고 백그라운드에서 동작합니다. 타이머가 동작하는 간격을 Interval 속성에서 지정할 수 있습니다. 이때 단위는 밀리초입니다. 디폴트로 Enable 속성이 false로 설정됩니다. 이를 true로 바꾸어야 타이머가 동작을 시작합니다. 또는 Start() 메소드로 타이머를 시작할 수도 있습니다.

타이머 컨트롤을 이용하여 디지털 시계를 만들어 보겠습니다. 디자인 창에서 [그림 147-1]과 같이 타이머 컨트롤을 드래그 앤 드롭하고 레이블을 하나 배치합니다.

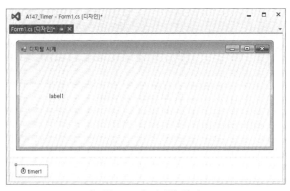

[그림 147-1] 디자인 화면

📁 **File: A147_Timer/Form1.cs**

```
1 using System;
2 using System.Drawing;
3 using System.Windows.Forms;
4
5 namespace A147_Timer
6 {
```

```
 7    public partial class Form1 : Form
 8    {
 9      public Form1() ...
10
11      private void Form1_Load(object sender, EventArgs e)
12      {
13        lblTime.Text = "";
14        timer1.Interval = 1000; // 1초
15        timer1.Tick += Timer1_Tick;
16        timer1.Start();   // timer1.Enabled = true;
17      }
18
19      private void Timer1_Tick(object sender, EventArgs e)
20      {
21        lblTime.Location = new Point(ClientSize.Width / 2 - lblTime.Width / 2,
22          ClientSize.Height / 2 - lblTime.Height / 2);
23        lblTime.Font = new Font("맑은 고딕", 30, FontStyle.Bold);
24        lblTime.Text = DateTime.Now.ToString();
25      }
26    }
27  }
```

시간을 표시하는 lblTime은 처음에 빈 문자열로 초기화합니다.   ◆ 13

timer1의 Interval을 1000밀리초, 즉 1초로 지정하고 Tick 이벤트 메소드를 Timer1_Tick으로 지   ◆ 14~15
정합니다. 1초에 한번씩 Timer1_Tick 메소드가 호출됩니다.

timer1을 시작합니다. timer1.Start() 메소드를 사용하거나 Enable 속성을 true로 바꿉니다.   ◆ 16

lblTime의 위치를 폼의 정중앙으로 정합니다. ClientSize는 폼의 타이틀바를 제외한 영역의 크기   ◆ 19~25
입니다. 폰트를 지정하고, 현재 시간을 표시합니다.

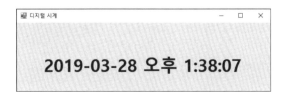

[그림 147-2] 실행 화면

TrackBar와 ProgressBar

- **학습 내용:** TrackBar와 ProgressBar의 사용법을 학습합니다.
- **힌트 내용:** 두 컨트롤 모두 Minimum, Maximum, Value 속성을 사용합니다.

트랙바와 프로그레스바는 비슷하게 사용되는 컨트롤입니다. 파일을 전송할 때나 프로그램을 설치할 때처럼 진행률을 표시하기 위해 사용됩니다. 둘 다 Minimum, Maximum, Value 속성을 사용하며, 각각 최소값, 최대값, 현재값을 표시합니다.

타이머를 사용해서 0.1초에 하나씩 값을 증가시키고 그 값이 트랙바와 프로그레스바에 표시되는 프로그램을 만들겠습니다. 트랙바와 프로그레스바를 배치하고 그 옆에 각각 레이블을 하나씩 배치합니다. 이 레이블에는 두 컨트롤의 현재 값(Value)이 출력되도록 합니다.

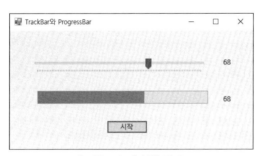

[그림 148-1] 실행 화면

📁 **File: A148_TrackBarNProgressBar/Form1.cs**

```
1 using System;
2 using System.Windows.Forms;
3
4 namespace A148_TrackBarNProgressBar
5 {
6   public partial class Form1 : Form
7   {
8     Timer timer1 = new Timer();
9
```

```
10    public Form1()
11    {
12      InitializeComponent();
13
14      timer1.Interval = 100;   // 0.1초
15      timer1.Tick += Timer1_Tick;
16
17      trackBar1.Minimum = 0;
18      trackBar1.Maximum = 100;
19      trackBar1.Value = 0;
20
21      progressBar1.Minimum = 0;
22      progressBar1.Maximum = 100;
23      progressBar1.Value = 0;
24    }
25
26    private void Timer1_Tick(object sender, EventArgs e)
27    {
28      if (trackBar1.Value < 100)
29      {
30        trackBar1.Value++;
31        progressBar1.Value++;
32        lblTrack.Text = trackBar1.Value.ToString();
33        lblProgress.Text = progressBar1.Value.ToString();
34      }
35      else
36      {
37        timer1.Stop();
38      }
39    }
40
41    private void button1_Click(object sender, EventArgs e)
42    {
43      timer1.Start();
44    }
45  }
46 }
```

8 ◆ Timer 객체 timer1을 생성합니다. 디자인 창에서 타이머를 드래그 앤 드롭 하지 않고 코드에서 직접 타이머 객체를 만들 수 있습니다.

10 ◆ 폼의 생성자 메소드입니다.

14~23 ◆ timer1의 Interval을 0.1초로 설정합니다. Interval의 단위는 밀리초입니다. timer1의 Tick 이벤트 메소드를 Timer1_Tick으로 설정합니다. trackBar1과 progressBar1의 Minimum, Maximum, Value 값을 지정합니다.

26~39 ◆ 0.1초마다 수행되는 Timer1_Tick 메소드입니다. Value가 Maximum인 100보다 작으면 하나씩 증가시키고, 레이블에 Value 값을 출력합니다. 100이 되면 타이머를 중지시킵니다.

41 ◆ 버튼이 클릭되면 타이머를 시작합니다.

DateTimePicker를 이용한 날짜 계산기

- **학습 내용 :** DateTimePicker 사용법을 학습합니다.
- **힌트 내용 :** 두 날짜간의 차이 계산은 TimeSpan 구조체를 사용합니다.

DateTimePicker는 사용자가 날짜와 시간을 선택하게 할 수 있는 컨트롤입니다. 디폴트로 오늘의 날짜를 표시하는데 오른쪽의 화살표가 표시된 버튼을 누르면 [그림 149-1]과 같이 날짜를 선택할 수 있게 달력이 표시됩니다.

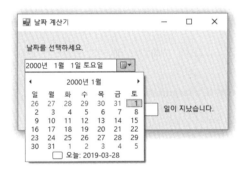

[그림 149-1] DateTimePicker 사용

DateTimePicker에서 날짜를 선택하면 선택한 날짜부터 오늘까지 며칠이 지났는지 계산하는 프로그램을 만듭니다.

📁 **File: A149_DateTimePicker/Form1.cs**

```csharp
1 using System;
2 using System.Windows.Forms;
3
4 namespace A149_DateTimePicker
5 {
6   public partial class Form1 : Form
7   {
8     public Form1()
```

```
9      {
10       InitializeComponent();
11     }
12
13     private void dateTimePicker1_ValueChanged(object sender, EventArgs e)
14     {
15       DateTime today = DateTime.Today;
16       DateTime selectedDay = dateTimePicker1.Value;
17
18       txtDates.Text = today.Subtract(selectedDay).TotalDays.ToString("0");
19     }
20   }
21 }
```

13 ◆ DateTimePicker에서 날짜를 선택할 때 실행되는 메소드입니다.

15 ◆ 오늘 날짜를 today에 할당합니다.

16 ◆ DateTimePicker에서 선택된 날짜를 selectedDay에 할당합니다.

18 ◆ 오늘의 날짜에서 selectedDay의 날짜를 뺀 결과를 날짜 단위로 변환해서 소수점 없이 txtDate에
표시합니다.

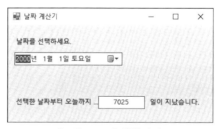

[그림 149-2] 실행 화면

TabControl을 사용한 디지털 알람시계

- **학습 내용 :** TabControl의 사용 방법을 학습합니다.
- **힌트 내용 :** DateTimePicker를 사용하여 알람이 울리는 날짜와 시간을 선택합니다.

TabControl은 강력하고 사용하기 쉬운 레이아웃 컨트롤입니다. 하나의 폼에서 여러 개의 페이지를 직관적으로 표시함으로써 통일된 인터페이스를 유지할 수 있는 방법입니다.

예제로 알람 기능이 있는 디지털 시계를 만듭니다. 두개의 탭 페이지를 사용하는데 하나는 알람을 설정하는 페이지이고 또 다른 하나는 디지털 시계를 표시합니다.
도구상자에서 TabControl을 드래그 앤 드롭하고 속성창에서 TabPages의 컬렉션을 클릭합니다. [그림 150-1]과 같이 컬렉션 편집기가 나타나는데 탭 컨트롤에 표시되는 탭 페이지들을 멤버 부분에 추가합니다. 이 예제에서는 두개의 TabPage를 추가하고 Text 속성을 각각 "알람 설정", "디지털 시계"로 수정합니다.

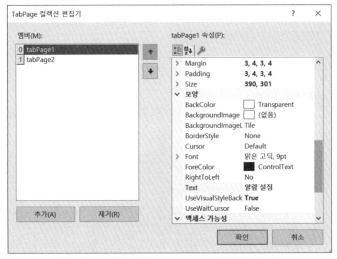

[그림 150-1] 속성창 – TabPages 컬렉션 편집기

디자인 창에서 탭 부분을 클릭하여 각 TabPage를 [그림 150-2]와 같이 디자인합니다. 첫 번째 tabPage1은 두 개의 DateTimePicker를 배치합니다. 위쪽은 날짜를 선택하는 용도이며 datePicker라고 Name 속성을 바꾸고 Format 속성은 요일까지 표시되도록 Long으로 합니다.

두 번째 DateTimePicker는 시간을 선택하는 용도로, Name은 timePicker로, Format은 Time으로 설정합니다. "설정"과 "해제"라고 표시되는 두개의 버튼을 추가하고 각각의 이름을 btnSet, btnReset으로 바꿉니다. 두 번째 탭 페이지인 tabPage2는 디지털 시계를 표시하는 탭 페이지입니다. 위에서부터 네 개의 레이블을 배치하는데 lblAlarmSet, lblAlarm, lblDate, lblTime으로 이름을 설정합니다.

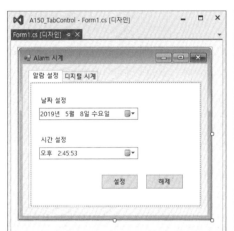 

[그림 150-2] 두개의 TabPage 디자인

📁 File: A150_TabControl/Form1.cs

```
1 using System;
2 using System.Drawing;
3 using System.Windows.Forms;
4
5 namespace A150_TabControl
6 {
7   public partial class Form1 : Form
8   {
9     private Timer myTimer = new Timer();
10    private DateTime dDay;
11    private DateTime tTime;
12    private bool setAlarm;
13
14    public Form1()
```

```
15    {
16      InitializeComponent();
17
18      lblAlarm.ForeColor = Color.Gray;
19      lblAlarmSet.ForeColor = Color.Gray;
20
21      timePicker.Format = DateTimePickerFormat.Custom;
22      timePicker.CustomFormat = "tt hh:mm";
23
24      myTimer.Interval = 1000;
25      myTimer.Tick += MyTimer_Tick;
26      myTimer.Start();
27
28      tabControl1.SelectedTab = tabPage2;
29    }
30
31    private void MyTimer_Tick(object sender, EventArgs e)
32    {
33      DateTime cTime = DateTime.Now;
34      lblDate.Text = cTime.ToShortDateString();
35      lblTime.Text = cTime.ToLongTimeString();
36
37      if(setAlarm == true)
38      {
39        if (dDay == DateTime.Today &&
40          cTime.Hour == tTime.Hour && cTime.Minute == tTime.Minute)
41        {
42          setAlarm = false;
43          MessageBox.Show("Alarm!!");
44        }
45      }
46    }
47
48    private void btnSet_Click(object sender, EventArgs e)
49    {
50      dDay = DateTime.Parse(datePicker.Text);
```

```
51        tTime = DateTime.Parse(timePicker.Text);
52
53        setAlarm = true;
54        lblAlarmSet.ForeColor = Color.Red;
55        lblAlarm.ForeColor = Color.Blue;
56        lblAlarm.Text = "Alarm : " + dDay.ToShortDateString() + " "
57          + tTime.ToLongTimeString();
58        tabControl1.SelectedTab = tabPage2;
59      }
60
61    private void btnReset_Click(object sender, EventArgs e)
62    {
63        setAlarm = false;
64        lblAlarmSet.ForeColor = Color.Gray;
65        lblAlarm.ForeColor = Color.Gray;
66        lblAlarm.Text = "Alarm : ";
67        tabControl1.SelectedTab = tabPage2;
68      }
69    }
70 }
```

9~12 ◆ 클래스에 4개의 필드를 생성합니다. dDay는 알람 날짜, tTime은 알람 시간을 저장합니다. 부울 변수 setAlarm은 알람이 설정되면 true가 됩니다.

14~29 ◆ Form1의 생성자 메소드입니다. 처음에 실행될 때는 알람이 설정되어 있지 않으므로 lblAlarm과 lblAlarmSet을 회색으로 표시합니다. timePicker는 알람 시간을 "오전 10:30"과 같은 포맷으로 표시하기 위해 Custom으로 "tt hh:mm" 포맷을 설정합니다. myTimer는 1초에 한번씩 MyTimer_Tick 메소드를 호출하도록 하고 타이머를 시작합니다. 처음 실행될 때 두 번째 탭 페이지(디지털 시계)가 표시되게 합니다.

31~46 ◆ MyTimer_Tick() 메소드입니다. cTime은 현재 시간을 갖습니다. 날짜부분인 lblDate는 cTime. ToShortDateString()으로, 시간부분은 cTIme.ToLongTimeString()으로 설정합니다. 알람이 설정되어 있다면 현재시간이 알람으로 설정된 dDay와 tTime과 비교하고 일치하면 메시지박스에 "Alarm!!"이라고 출력합니다. 메시지박스를 한번만 출력하도록 setAlarm은 false로 바꾸어 둡니다.

"설정" 버튼을 클릭하면 실행되는 메소드입니다. datePicker와 timerPicker의 Text를 dDay, tTime ◆ 48~59
으로 할당합니다. setAlarm을 true로 하고 알람 표시 레이블의 글자색을 바꾸고 알람 날짜와 시간
을 표시합니다. 설정이 되었으므로 탭페이지는 시계 표시 페이지로 바꿉니다.

"해제" 버튼을 클릭하면 실행되는 메소드입니다. 레이블에 표시되는 글자와 색깔을 초기상태로 ◆ 61~68
바꾸고 시계 표시 페이지를 보입니다.

[그림 150-3] 실행 화면

WindowsMediaPlayer를 이용한 소리나는 알람시계

- **학습 내용:** WindowsMediaPlayer의 사용 방법을 학습합니다.
- **힌트 내용:** 참조에 WMPLib를 추가해야 합니다.

앞에서 만든 디지털 알람시계는 메시지박스를 띄워서 알람시간이 되었음을 표시합니다. 알람 시간이 되면 소리가 나게 할 수도 있겠지요? 예를 들어 알람시간이 되면 내가 좋아하는 음악이 재생되게 하는 것입니다.

폼에서 MP3 파일을 재생하고자 할 때는 WindowsMediaPlayer 클래스를 사용합니다. 이 클래스를 사용하려면 솔루션 탐색기의 프로젝트 아래의 "참조"에서 마우스 오른쪽 버튼을 클릭하여 "참조 추가"를 선택합니다. [그림 151-1]과 같이 참조 관리자가 나타나는데 COM에서 Windows Media Player를 선택하고 "확인"을 클릭합니다.

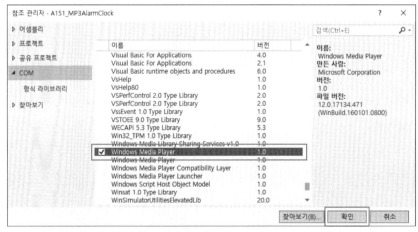

[그림 151-1] 참조 관리자에서 Windwos Media Player 추가

재생할 MP3 파일은 솔루션 탐색기의 프로젝트 아래에 [그림 151-2]와 같이 Music 폴더를 만들고 그 안에 복사해 둡니다. 소스코드에서는 150장의 소스에서 추가되거나 변경된 부분만을 표시했습니다.

```
1  ...
2  using WMPLib;   // WindowsMediaPlayer
3
4  namespace A151_MP3AlarmClock
5  {
6    public partial class Form1 : Form
7    {
8      ...
9      WindowsMediaPlayer myPlayer = new WindowsMediaPlayer();
10
11     public Form1()...
12
13     private void MyTimer_Tick(object sender, EventArgs e)
14     {
15       ...
16       if(setAlarm == true)
17       {
18         if (dDay == DateTime.Today &&
19           cTime.Hour == tTime.Hour && cTime.Minute == tTime.Minute)
20         {
21           setAlarm = false;
22           myPlayer.URL = @"filepath\preview.mp3"; // 속성창에서 복사
23           myPlayer.controls.play();
24         }
25       }
26     }
27
28     private void btnSet_Click(object sender, EventArgs e) ...
29     private void btnReset_Click(object sender, EventArgs e)...
30   }
31 }
```

WindowsMediaPlayer를 사용하기 위해 WMPLib를 추가합니다.　　◆ 2

WindowsMediaPlayer 객체 myPlayer를 생성합니다.　　◆ 9

467

22 ◆ 재생할 MP3 파일의 경로와 파일명을 URL에 설정합니다. "filepath\preview.mp3" 부분은 컴퓨터마다 폴더의 위치가 다르므로 [그림 151-2]와 같이 MP3 파일의 속성창에서 "전체 경로"를 복사해서 붙여넣기 합니다.

23 ◆ myPlayer.controls.Play()로 음악 파일을 재생합니다.

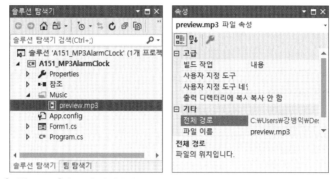

[**그림 151-2**] 솔루션 탐색기의 Music 폴더와 속성창 MP3 파일의 전체 경로

WMP 컨트롤을 이용한 동영상 플레이어

- **학습 내용 :** WindowsMediaPlayer 컨트롤의 사용 방법을 학습합니다.
- **힌트 내용 :** 도구상자에 WindowsMediaPlayer 컨트롤을 추가합니다.

이번에는 WindowsMediaPlayer 컨트롤을 사용해서 음악과 동영상을 재생할 수 있는 동영상 플레이어를 만들어 보겠습니다.

[그림 152-1] 동영상 재생 화면

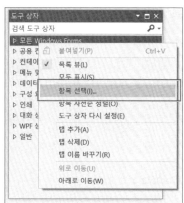

[그림 152-2] 도구상자에서 "항목 선택"

디자인부터 하겠습니다. 도구상자에는 WindowsMediaPlayer 컨트롤이 없습니다. 이 컨트롤을 도구상자에 추가해야 합니다. [그림 152-2]와 같이 도구상자 안에서 마우스 오른쪽 버튼을 누르고 "항목 선택"을 클릭합니다. [그림 152-3]과 같이 도구 상자 항목 선택 창이 나타나는데 "COM 구성요소" 탭에서 Windows Media Player를 선택하고 "확인"을 누릅니다.

이제 도구상자에서 Windows Media Player 컨트롤을 사용할 수 있습니다. 간단하게 WMP라고 하겠습니다. 디자이너 창에서 WMP를 드래그 앤 드롭하여 폼에 배치합니다. 이름은 axWindowsMediaPlayer1입니다. 재생할 파일을 선택할 수 있도록 "파일 선택" 버튼을 배치하고 이름을 btnFile로 바꿉니다.

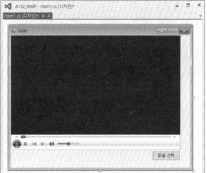

[그림 152-3] 도구 상자 항목 선택 창에서 Windows Media
Player 추가

[그림 152-4] 디자인 화면

📁 File: A152_WMP/Form1.cs

```
1  using System;
2  using System.Drawing;
3  using System.Windows.Forms;
4
5  namespace A152_WMP
6  {
7    public partial class Form1 : Form
8    {
9      public Form1()
10     {
11       InitializeComponent();
12
13       axWindowsMediaPlayer1.uiMode = "full";
14       axWindowsMediaPlayer1.stretchToFit = true;
15
16       btnFile.Location = new Point(
17         ClientSize.Width - btnFile.Size.Width - 5,
18         ClientSize.Height - btnFile.Size.Height - 5);
19     }
20
21     private void btnFile_Click(object sender, EventArgs e)
```

```
22      {
23        OpenFileDialog ofd = new OpenFileDialog();
24        if(ofd.ShowDialog() == DialogResult.OK)
25        {
26          axWindowsMediaPlayer1.URL = ofd.FileName;
27        }
28      }
29
30      private void Form1_Resize(object sender, EventArgs e)
31      {
32        axWindowsMediaPlayer1.Size = this.ClientSize;
33
34        btnFile.Location = new Point(
35          ClientSize.Width - btnFile.Size.Width - 5,
36          ClientSize.Height - btnFile.Size.Height - 5);
37      }
38    }
39  }
```

axWindowsMediaPlayer1의 uiMode 속성을 full로 stretchToFit는 true로 설정합니다. 폼에 가득차 ◆ 13~14
게 플레이어가 표시됩니다.

btnFile은 오른쪽 아래에 표시되도록 Location 속성을 설정합니다. ◆ 16~18

"파일 선택" 버튼을 클릭하면 실행되는 메소드입니다. OpenFileDialog를 띄워서 파일을 선택하 ◆ 21~28
게 하고 "확인"을 누르면 이 파일 이름을 axWindowsMediaPlayer1의 URL 속성으로 지정합니다.
axWindowsMediaPlayer1가 파일을 재생합니다.

폼의 크기가 변하면 axWindowsMediaPlayer1의 크기와 btnFile의 위치를 바꾸어줍니다. ◆ 30~37

OpenFileDialog을 이용해서 메모장에서 파일 열기

- **학습 내용:** OpenFileDialog의 사용 방법을 학습합니다.
- **힌트 내용:** 대화상자의 사용법과 다른 응용프로그램을 호출하는 방법을 알아야 합니다.

도구상자에는 ColorDialog, FontDialog, OpenFileDialog, SaveFileDialog 등 다양한 대화상자가 있습니다. OpenFileDialog를 사용하여 텍스트파일을 선택하고 이를 메모장(NotePad) 프로그램에서 열도록 하는 프로그램을 만들겠습니다. 프로그램의 실행 모습은 [그림 153-1]과 같습니다. 디자인 창에서 버튼(btnFile) 하나와 레이블 하나를 배치합니다.

[그림 153-1] 프로그램의 실행 화면

📁 File: A153_OpenFileDialog/Form1.cs

```csharp
1 using System;
2 using System.Diagnostics;
3 using System.IO;
4 using System.Security;
5 using System.Windows.Forms;
6
7 namespace A153_OpenFileDialog
8 {
9   public partial class Form1 : Form
10   {
11     private OpenFileDialog openFileDialog1;
12
13     public Form1()
14     {
```

472

```
15        InitializeComponent();
16
17        openFileDialog1 = new OpenFileDialog();
18        openFileDialog1.FileName = "Select a text file";
19        openFileDialog1.Filter = "Text files (*.txt)|*.txt";
20        openFileDialog1.Title = "Open text file";
21    }
22
23    private void btnFile_Click(object sender, EventArgs e)
24    {
25        if (openFileDialog1.ShowDialog() == DialogResult.OK)
26        {
27          try
28          {
29            var filePath = openFileDialog1.FileName;
30            using (FileStream fs = File.Open(filePath, FileMode.Open))
31            {
32              Process.Start("notepad.exe", filePath);
33            }
34          }
35          catch (SecurityException ex)
36          {
37            MessageBox.Show($"Security error.\n\nError message:
38             {ex.Message}\n\n" + $"Details:\n\n{ex.StackTrace}");
39          }
40        }
41      }
42    }
43 }
```

OpenFileDialog 객체 openFileDialog1을 선언합니다. ◆ 11

openFileDialog1을 생성하고 속성을 설정합니다. 이 과정은 디자인 창에서 OpenFileDialog를 폼 ◆ 17~20
에 드래그 앤 드롭하고 속성창에서 해당 속성을 바꾸어도 됩니다. FileName 속성은 파일이 선택
되기 전에 [그림 153-2]에서 파일 이름 부분에 표시되는 문자열입니다. Filter 속성을 설정하면
해당 확장자를 가진 파일만 보여줍니다. Title 속성은 다이얼로그의 타이틀바에 쓰여지는 문자열
입니다.

[그림 153-2] OpenFileDialog에서 파일 선택

23 ◆ btnFile이 클릭될 때 실행되는 메소드입니다.

25 ◆ ShowDialog() 메소드로 [그림 127-2]와 같은 대화상자를 띄우고 "열기" 버튼을 누르면 DialogResult.OK가 리턴됩니다.

29 ◆ 선택된 파일의 경로가 filePath에 할당됩니다.

27~40 ◆ File.Open() 메소드로 파일을 열고 Process.Start() 메소드로 notepad를 실행시켜 파일을 열도록 합니다. [그림 127-3]과 같이 메모장에서 파일이 열립니다. 파일을 열 때는 try ~ catch 문장으로 예상하지 못한 프로그램 종료가 생기지 않도록 합니다.

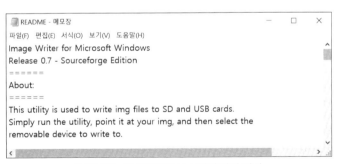

[그림 153-3] 메모장에서 선택된 파일 열기

메뉴와 대화상자(폰트, 컬러)

- **학습 내용:** 원폼에서 메뉴와 폰트, 컬러 대화상자 사용법을 학습합니다.
- **힌트 내용:** MenuStrip 컨트롤, FontDialog, ColorDialog를 사용합니다.

메뉴를 이용하여 폰트와 배경색을 바꿀 수 있는 디지털 시계를 만들겠습니다. 폼 상단에 메뉴가 있고, 중앙에 시간을 표시하는 레이블(lblTime)이 하나 있는 프로그램입니다.

도구상자에서 MenuStrip을 드래그 앤 드롭하면 폼의 상단에 메뉴를 입력할 수 있는 공간이 나타납니다. 이곳에 원하는 메뉴를 입력하면 됩니다. [그림 154-1]과 같이 메뉴를 만들겠습니다. 파일 항목에는 "끝내기" 메뉴를 넣습니다.

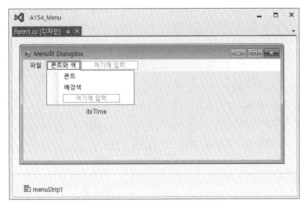

[그림 154-1] 메뉴의 작성

작성된 메뉴 아이템을 더블클릭하면 메뉴가 선택되었을 때 수행되는 이벤트처리 메소드가 자동으로 만들어집니다. 이곳에 해당 코드를 작성하면 됩니다.

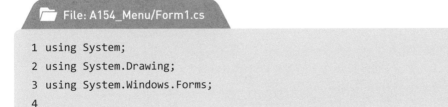

📁 **File: A154_Menu/Form1.cs**

```
1 using System;
2 using System.Drawing;
3 using System.Windows.Forms;
4
```

```csharp
5  namespace A154_Menu
6  {
7    public partial class Form1 : Form
8    {
9      Timer t = new Timer();
10
11     public Form1()
12     {
13       InitializeComponent();
14
15       lblTime.Text = "";
16       lblTime.Font = new Font("맑은 고딕", 20, FontStyle.Bold);
17       t.Interval = 1000;
18       t.Tick += T_Tick;
19       t.Start();
20     }
21
22     private void T_Tick(object sender, EventArgs e)
23     {
24       lblTime.Location = new Point(
25         ClientSize.Width / 2 - lblTime.Width / 2,
26         ClientSize.Height / 2 - lblTime.Height / 2);
27       lblTime.Text = DateTime.Now.ToString();
28     }
29
30     private void 폰트ToolStripMenuItem_Click(object sender, EventArgs e)
31     {
32       FontDialog fDlg = new FontDialog();
33
34       fDlg.ShowColor = true;
35       fDlg.ShowEffects = true;
36       fDlg.Font = lblTime.Font;
37       fDlg.Color = lblTime.ForeColor;
38
39       if(fDlg.ShowDialog() == DialogResult.OK)
40       {
```

```
41          lblTime.Font = fDlg.Font;
42          lblTime.ForeColor = fDlg.Color;
43        }
44     }
45
46     private void 색깔ToolStripMenuItem_Click(object sender, EventArgs e)
47     {
48       ColorDialog cDlg = new ColorDialog();
49       if(cDlg.ShowDialog() == DialogResult.OK )
50       {
51         this.BackColor = cDlg.Color;
52       }
53     }
54
55     private void 끝내기ToolStripMenuItem_Click(object sender, EventArgs e)
56     {
57       this.Close();
58     }
59   }
60 }
```

Timer 객체 t를 생성합니다. ◆ 7

프로그램이 시작할 때 lblTime의 Text는 빈 문자열로, 폰트는 "맑은 고딕", 20 포인트, 진하게로 ◆ 15~16
설정합니다.

타이머 t는 1초에 한번씩 T_Tick() 메소드를 호출하게 하고 시작합니다. ◆ 17~19

lblTime는 폼의 정중앙에 위치하고, 현재 시간을 표시합니다. ◆ 22~28

메뉴에서 "폰트" 항목을 클릭할 때 실행되는 메소드입니다. FontDialog fDlg를 생성하고 폰트의 ◆ 30~44
색깔과 효과를 선택 가능하게 합니다. 이 대화상자가 보일 때는 현재 lblTime의 폰트와 색깔이
선택되어 표시됩니다. 폰트를 설정하고 "확인"을 선택하면 lblTime의 폰트와 색깔을 바꾸어줍니
다.

메뉴에서 "배경색"을 선택할 때 실행되는 메소드입니다. 폼의 배경색을 대화상자에서 선택한 색 ◆ 46~53
으로 바꾸어줍니다.

메뉴에서 "끝내기" 항목을 선택하면 폼을 Close()하여 프로그램을 종료합니다.

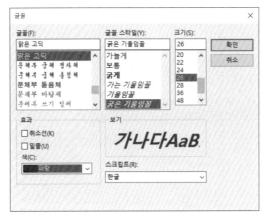

[그림 154-2] 폰트 메뉴를 선택할 때 나타나는 FontDialog

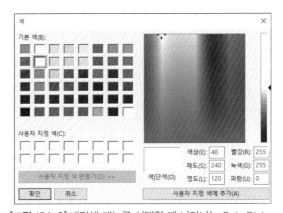

[그림 154-3] 배경색 메뉴를 선택할 때 나타나는 ColorDialog

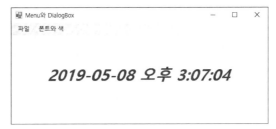

[그림 154-4] 폰트와 배경색을 설정한 후의 실행 화면

GDI+와 ToolStrip, StatusStrip을 사용한 그래픽 프로그램

- **학습 내용 :** GDI+를 학습합니다.
- **힌트 내용 :** Graphics 객체를 만들고 다양한 그래픽 메소드를 사용해봅니다.

윈폼에서 그래픽 프로그램을 할 때 GDI+를 사용합니다. GDI는 Graphcis Device Interface의 약자로 윈도우 시스템에서 디바이스에 독립적인 그래픽 프로그램을 할 수 있도록 해줍니다.

System.Drawing에 Pen, Brush, Graphics, Image, Font, Color, Size 등 그림을 그리기 위한 다양한 클래스와 구조체가 정의되어 있습니다. DrawLine(), DrawRectangle(), FillEllipse() 등의 그림 그리는 메소드들은 Graphics 클래스에 멤버로 정의되어 있습니다. 따라서 그림을 그릴 때는 Graphics 객체를 만들고 그 객체의 멤버인 그래픽 메소드들을 사용하게 됩니다.

폼에 그림을 그릴 때 Form 클래스의 OnPaint() 메소드를 오버라이드하여 사용합니다. OnPaint() 메소드는 Paint 이벤트가 발생할 때 수행되는 메소드입니다. Paint 이벤트는 폼이 처음 표시될 때, 크기를 조정했을 때, 최소화되었다가 다시 나타날 때, 그리고 코드에서 Invalidate() 메소드를 호출할 때 발생됩니다.

폼에 선, 사각형, 원, 곡선 등의 그래픽 도형을 그리는 프로그램을 만들겠습니다. 도형의 종류를 선택하기 위해 ToolStrip을, 선택된 도형의 종류를 표시하기 위해 StatusStrip을 사용합니다. [그림 155-1]에서 위쪽의 "선, 사각형, 원, 곡선, 색깔"이라고 표시된 부분이 ToolStrip입니다. ToolStrip의 오른쪽 삼각형을 누르고 Label과 Separator를 추가하고 항목을 입력합니다. 폼의 아래쪽 StatusStrip에서 오른쪽 삼각형을 누르고 StatusLabel을 추가합니다.

[그림 155-1] 디자인 창

```
1  using System;
2  using System.Drawing;
3  using System.Windows.Forms;
4
5  namespace A155_GraphicsProgram
6  {
7    enum DrawMode {LINE, RECTANGLE, CIRCLE, CURVED_LINE };
8
9    public partial class Form1 : Form
10   {
11     private DrawMode drawMode;
12     private Graphics g;
13     private Pen pen = new Pen(Color.Black, 2);
14     private Pen eraser;
15     Point startP; // 시작점
16     Point endP;   // 끝점
17     Point currP;  // 현재 위치
18     Point prevP;  // 이전 위치
19
20     public Form1()
21     {
22       InitializeComponent();
23
24       g = CreateGraphics();
25       toolStripStatusLabel1.Text = "Line Mode";
26       this.BackColor = Color.White;
27       this.eraser = new Pen(this.BackColor, 2);
28     }
29
30     private void toolStripLabel1_Click(object sender, EventArgs e) // 선
31     {
32       drawMode = DrawMode.LINE;
33       toolStripStatusLabel1.Text = "Line Mode";
34     }
35
```

```
36    private void toolStripLabel2_Click(object sender, EventArgs e) // 사각형
37    {
38      drawMode = DrawMode.RECTANGLE;
39      toolStripStatusLabel1.Text = "Rectangle Mode"
40    }
41
42    private void toolStripLabel3_Click(object sender, EventArgs e) // 원
43    {
44      drawMode = DrawMode.CIRCLE;
45      toolStripStatusLabel1.Text = "Circle Mode"
46  }
47
48    private void toolStripLabel4_Click(object sender, EventArgs e) // 곡선
49    {
50      drawMode = DrawMode.CURVED_LINE;
51      toolStripStatusLabel1.Text = "Curved_Line Mode"
52    }
53
54    private void toolStripLabel5_Click(object sender, EventArgs e) // 색깔
55    {
56      ColorDialog colorDialog = new ColorDialog();
57      if (colorDialog.ShowDialog() == DialogResult.OK)
58        pen.Color = colorDialog.Color;
59    }
60
61    private void Form1_MouseDown(object sender, MouseEventArgs e)
62    {
63      startP = new Point(e.X, e.Y);
64      prevP = startP;
65      currP = startP;
66    }
67
68    private void Form1_MouseMove(object sender, MouseEventArgs e)
69    {
70      if (e.Button != MouseButtons.Left)
71        return;
72
```

```
73      prevP = currP;
74      currP = new Point(e.X, e.Y);
75
76      switch (drawMode)
77      {
78        case DrawMode.LINE:
79          g.DrawLine(eraser, startP, prevP);
80          g.DrawLine(pen, startP, currP);
81          break;
82        case DrawMode.RECTANGLE:
83          g.DrawRectangle(eraser, new Rectangle(startP,
84              new Size(prevP.X - startP.X, prevP.Y - startP.Y)));
85          g.DrawRectangle(pen, new Rectangle(startP,
86              new Size(currP.X - startP.X, currP.Y - startP.Y)));
87          break;
88        case DrawMode.CIRCLE:
89          g.DrawEllipse(eraser, new Rectangle(startP,
90              new Size(prevP.X - startP.X, prevP.Y - startP.Y)));
91          g.DrawEllipse(pen, new Rectangle(startP,
92              new Size(currP.X - startP.X, currP.Y - startP.Y)));
93          break;
94        case DrawMode.CURVED_LINE:
95          g.DrawLine(pen, prevP, currP);
96          break;
97      }
98    }
99
100    private void Form1_MouseUp(object sender, MouseEventArgs e)
101    {
102      endP = new Point(e.X, e.Y);
103      switch (drawMode)
104      {
105        case DrawMode.LINE:
106          g.DrawLine(pen, startP, endP);
107          break;
108        case DrawMode.RECTANGLE:
109          g.DrawRectangle(pen, new Rectangle(startP,
```

```
110              new Size(endP.X-startP.X, endP.Y-startP.Y)));
111          break;
112        case DrawMode.CIRCLE:
113          g.DrawEllipse(pen, new Rectangle(startP,
114              new Size(endP.X - startP.X, endP.Y - startP.Y)));
115          break;
116        case DrawMode.CURVED_LINE:
117          break;
118      }
119    }
120  }
121}
```

DrawMode라는 enum을 정의합니다. 요소는 선, 사각형, 원, 곡선을 의미합니다.   ◆ 7

Form1 클래스의 필드를 정의합니다. drawMode는 현재 선택된 도형모드를 표시하며, 그래픽스   ◆ 11~18
객체 g, Pen 객체로 pen과 eraser, 4개의 Point를 선언합니다.

생성자 메소드에서 그래픽스 객체 g를 생성하고, 아래 StatusStrip에는 "Line Mode"라고 표시합   ◆ 24~27
니다. 폼의 배경색을 흰색으로 하고 이 색으로 eraser를 생성합니다. Pen 객체 eraser는 배경색으
로 설정하여 eraser로 그리면 지우는 효과를 줍니다.

폼 위의 ToolStrip에서 "선"을 선택할 때 실행되는 메소드입니다. drawMode를 LINE으로 설정하   ◆ 30~34
고 StatusStrip에 "Line Mode"라고 표시합니다.

ToolStrip에서 "사각형", "원", "곡선"을 선택할 때 실행되는 메소드들로 drawMode를 해당 enum   ◆ 36~52
으로 설정하고 statusStrip이 모드를 표시합니다.

"색깔"을 선택할 때 실행되는 메소드입니다. ColorDialog를 띄우고 선택한 색으로 pen의 Color   ◆ 54~59
속성을 바꿉니다.

마우스를 누를 때 실행되는 메소드입니다. 마우스 좌표를 startP, prevP, currP에 설정합니다.   ◆ 61~66

마우스 왼쪽 버튼을 누른 채로 움직일 때 실행되는 메소드입니다. 이 이벤트는 마우스를 움직   ◆ 68~98
이는 순간 발생하므로 마우스 좌표값이 계속 변합니다. prevP 값은 이전의 currP 값으로 바뀌고
새로운 currP 값은 새로운 마우스 좌표값으로 바뀝니다. eraser 펜으로 이전에 그린 것을 지우고
pen으로 새로 그려줍니다. 곡선은 지우지 않고 계속해서 그려나갑니다.

눌렀던 마우스 버튼에서 손을 떼었을 때 실행되는 메소드입니다. 이때의 마우스 좌표값을 endP 에 할당하고 각 도형을 그려줍니다.

그려진 도형들을 자료구조에 저장하지 않았기 때문에 다시 그리거나 선택적으로 지울 수는 없습니다. 또 eraser 펜을 사용하기 때문에 이미 그려진 도형들의 일부가 지워지기도 합니다.

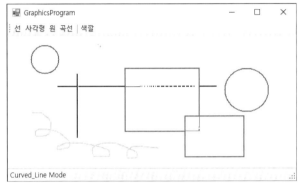

[그림 155-2] 실행 화면

WPF로 Hello World 프로그램 만들기

- **학습 내용 :** WPF로 Hello World 프로그램을 작성합니다.
- **힌트 내용 :** WinForm과의 차이점을 공부하고 XAML 사용법을 익힙니다.

윈폼 외에 윈도우 애플리케이션을 만드는 또 다른 방법은 WPF(Windows Presentation Foundation)입니다. 윈폼은 2001년 .NET과 함께 등장한 기술이고 WPF는 2006년 .NET 3.0부터 등장한 비교적 새로운 기술입니다. 윈폼이 좋은 점은 오래되었기 때문에 더 안정적이고 더 많은 레퍼런스와 문서가 있다는 점입니다. WPF는 더 새로운 기술이므로 윈폼에 없는 장점을 갖고 있습니다.

WPF의 가장 큰 장점은 디자인과 프로그램 로직이 분리되어 있다는 점입니다. 디자인은 XAML(eXtensible Application Markup Language)로, 로직은 C#을 사용합니다. 디자이너와 프로그래머가 서로 간섭하지 않고 자신의 작업을 할 수 있는 것입니다. 또 WPF는 편리한 동적 레이아웃을 제공합니다. 창의 크기가 변하면 그에 따라 배치된 컨트롤들의 크기나 위치가 바뀌게 할 수 있습니다. DirectX를 사용하여 그래픽을 처리하기 때문에 속도가 빠르며 더 멋진 디자인이 가능합니다. 또 다른 장점으로 강력한 데이터바인딩을 제공한다는 점과 컨트롤을 새로 만들 수 있다는 점도 있습니다. 사용자가 버튼 안에 이미지와 텍스트가 있는 새로운 버튼 컨트롤을 만들어서 사용할 수 있습니다.

WPF는 윈폼과 같이 도구상자에 있는 컨트롤들을 드래그 앤 드롭 방식으로 디자인할 수도 있고 XAML을 사용하여 디자인할 수 있습니다. XAML은 마이크로소프트에서 프로그램을 위해 변형한 XML입니다.

예제로 "Hello World!"라고 출력하는 WPF 프로그램을 작성합니다. WPF로 프로젝트를 만들면 MainWindows.xaml과 MainWindow.xaml.cs 파일이 생깁니다. 디자인은 xaml 파일로, 로직은 cs 파일로 작업합니다. 다음의 코드는 MainWindow.xaml 파일입니다. 윈도우 중앙에 30포인트 굵은 글씨로 "Hello World!"라고 표시하는 Label을 위치시킵니다.

File: A156_WPF_HelloWorld/MainWindow.xaml

```
 1  <Window x:Class="A156_WPF_HelloWorld.MainWindow"
 2   xmlns="http://schemas.microsoft.com/winfx/2006/xaml/presentation"
 3   xmlns:x="http://schemas.microsoft.com/winfx/2006/xaml"
 4   xmlns:d="http://schemas.microsoft.com/expression/blend/2008"
 5   xmlns:mc="http://schemas.openxmlformats.org/markup-compatibility/2006"
 6   xmlns:local="clr-namespace:A155_WPF_HelloWorld"
 7   mc:Ignorable="d"
 8   Title="MainWindow" Height="350" Width="450">
 9    <Grid>
10     <Label Name="label1"
11             HorizontalAlignment="Center"
12             VerticalAlignment="Center"
13             FontSize="30"
14             FontWeight="Bold"
15             Content="Hello World!"
16             MouseDown="label1_MouseDown"/>
17    </Grid>
18  </Window>
```

8 ◆ Window의 높이와 폭을 350, 450으로 수정합니다.

10~16 ◆ Label을 추가하고 속성들을 설정합니다. 이벤트는 MouseDown을 사용합니다. Label_
MouseDown 이벤트를 추가했습니다. Form과 달리 WPF에는 Label 컨트롤에 Click 이벤트가 없
습니다.

[그림 156-1]과 같이 속성창의 이벤트를 선택해서 MouseDown을 보면 XAML에서 써준 label1_
MouseDown이 추가되어 있습니다. 이곳을 더블클릭하면 코드창에 이벤트 처리 메소드의 틀이
만들어 집니다.

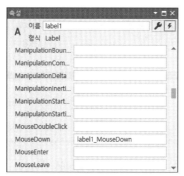

[그림 156-1] 속성창의 이벤트 설정 화면

프로그램은 lable1을 마우스 다운하면 윈도우의 배경색과 레이블의 글자색을 바꾸어 줍니다.

File: A156_WPF_HelloWorld/MainWindow.xaml.cs

```
1  using System.Windows;
2  using System.Windows.Input;
3  using System.Windows.Media;
4
5  namespace A156_WPF_HelloWorld
6  {
7    public partial class MainWindow : Window
8    {
9      public MainWindow()
10     {
11       InitializeComponent();
12     }
13
14     private void label1_MouseDown(object sender, MouseButtonEventArgs e)
15     {
16       if (label1.Foreground != Brushes.White)
17       {
18         label1.Foreground = Brushes.White;
19         this.Background = Brushes.Blue;
20       }
21       else
22       {
```

```
23          label1.Foreground = SystemColors.WindowTextBrush;
24          this.Background = SystemColors.WindowBrush;
25        }
26      }
27    }
28 }
```

14 ◆ label1의 마우스다운 이벤트 처리 메소드입니다. "Hello World!"가 표시된 label1에서 마우스 버튼을 클릭하면 이 메소드가 호출됩니다.

16 ◆ label1의 전경색을 이용하여 윈도우 배경과 레이블의 색깔을 바꾸어 줍니다. 처음 실행되면 label1의 전경색이 검은색이므로 if 문이 참이 되고, label1을 흰색으로, 윈도우 배경색은 파란색으로 바꿉니다.

21 ◆ 그렇지 않다면 지금 파란색 윈도우 상태이므로 label1의 색은 WindowTextBrush로 바꾸고 윈도우 배경화면은 WindowBrush로 바꿉니다.

프로그램을 실행하면 다음과 같이 MainWindow의 중앙에 "Hello Wolrd!"라는 글이 보입니다. "Hello World!"를 클릭할 때마다 윈도우의 배경색과 글자색이 바뀌게 됩니다.

[그림 156-2] WPF Hello World 프로그램 실행 화면

WPF의 레이아웃

- **학습 내용 :** WPF의 XAML에서 디자인할 때 사용되는 패널 컨트롤들을 학습합니다.
- **힌트 내용 :** 패널들은 다른 패널이나 컨트롤들을 포함하여 레이아웃을 만듭니다.

MainWindow.xaml 파일을 보면 Label은 Grid 안에 위치하고 있습니다. Grid의 역할은 Label 컨트롤을 포함하고 있는 레이아웃을 제공하는 컨트롤입니다. 이와 같이 레이아웃을 제공하는 컨트롤을 패널이라고 하며 다음과 같은 종류가 있습니다.

〈표 157-1〉 레이아웃 컨트롤

이름	기능
StackPanel	자식들을 수직이나 수평으로 쌓아서 배치합니다.
WrapPanel	StackPanel과 유사하나 자식들이 줄바꿈을 하여 배치됩니다.
DockPanel	자식들의 위치를 부모의 영역에 도킹하여 배치합니다.
Grid	가로, 세로로 그리드를 나누고 그 안에 자식들을 배치합니다.
UniformGrid	Grid와 비슷하나 포함되는 자식들의 높이와 너비가 똑같이 배치됩니다.
Canvas	자식들의 위치를 직접 지정합니다.

Canvas를 제외한 모든 패널들은 포함하고 있는 자식컨트롤들의 크기를 자동으로 할당합니다. 이렇게 함으로써 자동 레이아웃이 편리하게 구현됩니다. 디자인을 예쁘게 하기 위해서는 이러한 패널들과 수평정렬(HorizontalAlignment), 수직정렬(Vertical Alignment), 마진(Margin) 등의 속성을 조정하여 사용합니다.

예를 들어 다음과 같이 Grid 안에 Button을 하나 배치하면 Grid를 가득 채우는 버튼이 하나 배치됩니다. 마진 속성에 의해 주변에 10 만큼의 여백을 줄 수 있습니다. 즉 Grid는 내부에 배치되는 컨트롤의 크기를 그리드 크기에 맞추어 줍니다. 그리고 이 윈도우의 크기를 바꾸면 내부에 있는 그리드와 버튼의 크기도 그에 따라서 자동으로 바뀌게 됩니다.

```
<Grid Background="Orange">
  <Button Content="Click me!"  Margin="10"/>
</Grid>
```

Grid 안에 버튼 두 개를 배치하면 어떻게 될까요? 버튼1과 버튼2 모두 그리드를 가득 채우게 배치되므로 먼저 써진 Button1은 가려져서 안보이고 Button2만 보이게 됩니다.

```
<Grid Background="Orange">
  <Button Content="I am Button1!" Margin="10"/>
  <Button Content="I am Button2!" Margin="10"/>
</Grid>
```

UniformGrid는 자식들의 크기를 똑같이 유지합니다.

```
<UniformGrid Background="Orange">
  <Button Content="I am Button1!" Margin="10"/>
  <Button Content="I am Button2!" Margin="10"/>
  <Button Content="I am Button3!" Margin="10"/>
  <Button Content="I am Button4!" Margin="10"/>
</UniformGrid>
```

StackPanel은 버튼을 차례대로 쌓아서 배치합니다. 디폴트는 수직방향입니다.

```
<StackPanel Background="Orange">
  <Button Content="I am Button1!" Margin="10" Height="30" />
  <Button Content="I am Button2!" Margin="10" Height="30"/>
</StackPanel>
```

StackPanel의 Orientation 속성을 Horizontal로 바꾸면 옆으로 나란히 배치합니다.

```
<StackPanel Background="Orange" Orientation="Horizontal">
  <Button Content="I am Button1!" Margin="10" />
  <Button Content="I am Button2!" Margin="10" />
</StackPanel>
```

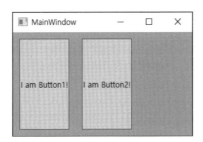

XAML에서 태그는 중복해서 사용할 수 있습니다. 예를 들어 Grid 안에 StackPanel이 있고 그 안에 다시 Grid가 있는 식의 레이아웃이 가능합니다. 이 방식에 익숙해지면 도구상자에서 컨트롤을 드래그 앤 드롭하여 디자인하는 것보다 XAML을 사용하는 것이 훨씬 편하다는 것을 알 수 있습니다. 또한 이렇게 패널 컨트롤을 이용하여 레이아웃을 하면 윈도우 크기가 바뀔 때에 자동으로 내부 컨트롤들의 크기가 조정되고 상대적인 위치가 유지됩니다.

활용
158

WPF BMI 계산기

- **학습 내용:** WPF로 BMI 계산기 프로그램을 작성합니다.
- **힌트 내용:** WPF는 디자인할 때 XAML 파일을 사용합니다.

BMI(체질량지수)는 비만도를 측정하는 간단한 지수로 많은 사람들이 체중관리를 하면서 관심을 갖는 수치입니다. BMI는 다음과 같은 공식으로 계산됩니다. 이때 몸무게는 kg, 키는 m 단위입니다.

```
BMI = 몸무게 / (키*키)
```

[그림 158-1]과 같이 키와 몸무게를 입력하면 BMI를 출력하는 BMI 계산기를 WPF로 만들겠습니다. WPF는 디자인할 때 윈폼과 같이 도구상자에서 컨트롤을 끌어와 배치시킬 수도 있고 XAML을 사용하여 디자인할 수도 있습니다. XAML이 처음에는 어렵게 생각되지만 조금만 사용해보면 윈폼보다 더 쉽게 디자인이 가능합니다.

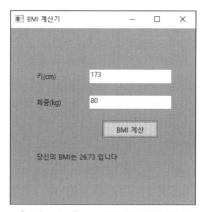

[그림 158-1] BMI 계산기의 실행 화면

XAML 파일로 디자인을 작성합니다. 〈Grid〉 안에 하나의 〈StackPanel〉이 있고 이 안에 4개의 요소가 위치하는데, 각각 〈StackPanel〉, 〈StackPanel〉, 〈Button〉, 〈Label〉입니다. 이 중 두개의 〈StackPanel〉은 Orientation 속성을 Horizontal로 설정해서 각각 〈Label〉과 〈TextBox〉를 갖고 있습니다. 소스에서 … 부분은 자동생성 부분으로 생략했습니다.

📁 File: A158_WPF_BMICalc/MainWindow.xaml

```
1  <Window x:Class="A158_WPF_BMICalc.MainWindow"
2   ...
3  Title="BMI 계산기" Height="350" Width="350">
4   <Grid Background="Orange">
5    <StackPanel HorizontalAlignment="Center" VerticalAlignment="Center">
6     <StackPanel Margin="10" Orientation="Horizontal">
7      <Label Width="100">키(cm)</Label>
8      <TextBox Name="txtHeight" Width="150"></TextBox>
9     </StackPanel>
10    <StackPanel Margin="10" Orientation="Horizontal">
11     <Label Width="100">체중(kg)</Label>
12     <TextBox Name="txtWeight" Width="150"></TextBox>
13    </StackPanel>
14    <Button Name="btnBMI" Margin="110, 10,10,10"
15           Width="100" Height="30"
16           Click="btnBMI_Click">BMI 계산</Button>
17    <Label Name="lblResult" Margin="10" Width="250">결과는:</Label>
18   </StackPanel>
19  </Grid>
20 </Window>
```

Window의 Title을 "BMI 계산기"로, 높이와 폭을 350, 350으로 수정합니다. ◆ 3

Grid는 배경색을 오렌지색으로 설정합니다. ◆ 4

StackPanel 하나가 Grid를 차지하고 있습니다. 수평정렬과 수직정렬을 Center로 하여 Grid 중앙 ◆ 5~18
에 위치하게 합니다. StackPanel 안에 두 개의 StackPanel과 Button, Label이 위에서부터 순서대로
위치합니다.

안쪽에 있는 첫 번째 StackPanel입니다. StackPanel 안에 키값을 입력받기 위해 Label과 TextBox ◆ 6~9
가 수평방향으로 배치됩니다.

안쪽에 있는 두 번째 StackPanel입니다. StackPanel 안에 체중값을 입력받기 위해 Label과 TextBox ◆ 10~13
가 수평방향으로 배치됩니다.

14~16 ◆ 안쪽에 있는 Button입니다. "BMI 계산"이라고 표시되며 클릭 이벤트 처리 메소드를 btnBMI_
Click으로 정의했습니다.

17 ◆ 결과를 출력하기 위한 lblResult Label입니다.

Form과 WPF는 C# 소스 코드가 거의 비슷하지만 사용하는 클래스와 컨트롤들이 조금씩 다릅
니다. 같은 프로젝트를 Form과 WPF로 하나씩 만들어보면서 차이점을 정리해두면 두 가지 방
법 모두 프로그램하기가 쉬워집니다. btnBMI 버튼을 더블클릭하여 나타나는 이벤트 처리 메소
드에 BMI를 계산하는 코드를 작성합니다. 주의할 점은 Label 컨트롤의 글자 속성이 Form에서는
Label.Text인데, WPF에서는 label.Content라는 점입니다.

📁 File: A158_WPF_BMICalc/MainWindow.xaml.cs

```
1 using System;
2 using System.Windows;
3
4 namespace A158_WPF_BMICalc
5 {
6   public partial class MainWindow : Window
7   {
8     public MainWindow()
9     {
10       InitializeComponent();
11     }
12
13     private void btnBMI_Click(object sender, RoutedEventArgs e)
14     {
15       if(txtHeight.Text == "" || txtWeight.Text == "")
16       {
17         lblResult.Content = "키와 체중을 입력하세요";
18         return;
19       }
20       double h = Convert.ToDouble(txtHeight.Text)/100.0;
21       double w = Double.Parse(txtWeight.Text);
22       double bmi = w / (h * h);
23
```

```
24          // Form에서는 Label.Text 인데, WPF에서는 label.Content
25          lblResult.Content = string.Format("당신의 BMI는 {0:F2} 입니다",
26              bmi);
27      }
28  }
29 }
```

btnBMI의 Click 이벤트 처리 메소드입니다.   ◆ 13

키와 체중을 입력받는 텍스트박스에 값이 없으면 lblResult에 "키와 체중을 입력하세요"라고 출력   ◆ 15~19
하고 return하여 메소드를 끝냅니다.

txtHeight의 값을 Convert.ToDouble() 메소드 더블로 변환하고 100으로 나누어 변수 h에 할당합   ◆ 20
니다.

txtWeight의 값을 Double.Parse() 메소드를 사용하여 더블로 변환하여 변수 w에 할당합니다.   ◆ 21

bmi를 계산합니다.   ◆ 22

lblResult에 결과를 출력합니다. 소수점 둘째자리까지 표시하기 위해 F2 형식지정자를 사용했습   ◆ 25
니다.

WPF DispatcherTimer와 깜박이는 프로그램

- **학습 내용:** WPF로 깜박이는 프로그램을 작성합니다.
- **힌트 내용:** 윈폼에서는 Timer를 쓰지만 WPF에서는 DispatcherTimer를 사용합니다.

프로그램을 시작하면 [그림 159-1]과 같이 초록색과 빨간색의 두 개의 버튼이 보입니다. 타이머를 사용하여 초록색 버튼을 누르면 초록색과 빨간색 버튼이 번갈아 깜박이고 빨간색 버튼을 누르면 깜빡임이 없어지는 프로그램을 만들겠습니다. WPF는 타이머 기능을 DispatcherTimer를 사용하여 구현합니다.

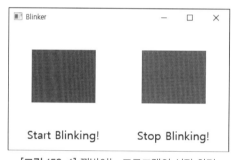

[그림 159-1] 깜박이는 프로그램의 시작 화면

먼저 XAML로 디자인을 하겠습니다. …으로 표시한 부분은 자동으로 만들어지는 부분이라 생략했습니다. 〈Grid〉를 Row와 Column 각각 두 개씩으로 나누어 사용합니다.

📁 **File: A159_WPF_Blinker/MainWindow.xaml**

```
1 <Window x:Class="WPF_Blinker.MainWindow"
2   ...
3  Title="Blinker" Height="250" Width="400">
4   <Grid>
5     <Grid.ColumnDefinitions>
6       <ColumnDefinition/>
7       <ColumnDefinition/>
8     </Grid.ColumnDefinitions>
```

```
 9      <Grid.RowDefinitions>
10        <RowDefinition Height="170"/>
11        <RowDefinition/>
12      </Grid.RowDefinitions>
13      <Button Name="btnGreen" Background="Green" Margin="40"
14        Click="btnGreen_Click"></Button>
15      <Button Name="btnRed" Grid.Column="1" Background="Red" Margin="40"
16        Click="btnRed_Click"></Button>
17      <TextBlock Grid.Row="1" FontSize="20"
18        HorizontalAlignment="Center">Start Blinking!</TextBlock>
19      <TextBlock Grid.Row="1" Grid.Column="1" FontSize="20"
20        HorizontalAlignment="Center">Stop Blinking!</TextBlock>
21    </Grid>
22  </Window>
```

Window의 Title을 "Blinker"로, 높이와 폭을 250, 400으로 수정합니다. ◆ 3

윈도우 전체를 Grid가 차지하고 있습니다. ◆ 4~21

〈Grid.ColumnDefinitions〉를 사용하여 그리드를 2개의 열로 나눕니다. ◆ 5~8

〈Grid.RowDefinitions〉를 사용하여 그리드를 2개의 행으로 나눕니다. ◆ 9~12

첫 번째 버튼은 이름을 btnGreen으로 하고 배경색을 초록색으로 설정합니다. Click 이벤트 메소 ◆ 13~14
드를 btnGreen_Click으로 설정했습니다.

두 번째 버튼은 이름을 btnRed로 하고 배경색을 빨간색으로 설정합니다. 이벤트 메소드를 ◆ 15~16
btnRed_Click으로 설정했습니다. Grid.Column=1로 하여 오른쪽 상단 그리드에 위치시킵니다.
Grid.Row를 지정하지 않으면 0이 됩니다.

첫 번째 텍스트블록은 Grid.Row=1로 하여 왼쪽 아래 그리드에 위치시킵니다. WPF에서는 Label ◆ 17~18
대신 TextBlock을 쓰는 것을 권장합니다.

두 번째 텍스트블록은 Grid.Row=1, Grid.Column=1로 하여 오른쪽 아래 그리드에 위치시킵 ◆ 19~20
니다.

497

```
1 using System;
2 ...
3 using System.Windows.Threading;   // DispatcherTimer를 위해 필요함
4
5 namespace WPF_Blinker
6 {
7   public partial class MainWindow : Window
8   {
9     DispatcherTimer t = new DispatcherTimer();
10     public MainWindow()
11     {
12       InitializeComponent();
13       t.Interval = new TimeSpan(5000000); // 단위 Tick, 0.5초
14       t.Tick += T_Tick;
15     }
16
17     private void T_Tick(object sender, EventArgs e)
18     {
19       if(btnRed.Background == Brushes.Red)
20       {
21         btnRed.ClearValue(Button.BackgroundProperty);
22         btnGreen.Background = Brushes.Green;
23       }
24       else
25       {
26         btnGreen.ClearValue(Button.BackgroundProperty);
27         btnRed.Background = Brushes.Red;
28       }
29     }
30
31     private void btnGreen_Click(object sender, RoutedEventArgs e)
32     {
33       t.Start();
34     }
35
```

```
36      private void btnRed_Click(object sender, RoutedEventArgs e)
37      {
38        t.Stop();
39      }
40    }
41 }
```

DispatcherTimer 인스턴스 t를 생성합니다.   ◆ 11

MainWindow() 생성자 메소드에서 t의 인터벌을 0.5초로 설정하고 Tick 메소드를 T_Tick으로   ◆ 9~15
설정합니다. 윈폼에서 Timer를 쓰는 것과 달리 WPF에서는 DispatcherTimer를 사용합니다. 타이
머의 Interval 속성도 윈폼에서는 int인데 반해 WPF에서는 TimeSpan형입니다. 인터벌의 단위는
Tick이고 1틱은 0.1 나노초입니다.

T_Tick()은 타이머 이벤트가 발생할 때마다 실행되는 이벤트 처리 메소드입니다. 만일 btnRed의   ◆ 17~29
배경색이 빨간색이라면 이를 버튼의 디폴트 색으로 바꾸고 btnGreen의 배경색을 초록색으로 바
꿉니다. 배경색을 원래대로 바꾸기 위해 btnRed.ClearValue(Button.BackgroundPorperty) 메소드
를 사용했습니다.

btnGreen_Click() 메소드에서는 DispatcherTimer t를 시작시켜 깜박이게 합니다. btnRed_Click()   ◆ 33~38
메소드에서는 DispatcherTimer t를 중지시킵니다. 타이머가 중지되면 더 이상 깜박이지 않게 됩
니다.

프로그램이 시작되고 초록색 버튼을 클릭하면 초록색과 빨간색 버튼이 0.5초마다 번갈아 깜박이
게 됩니다. 빨간색 버튼을 클릭하면 더 이상 깜박이지 않습니다.

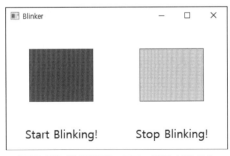

[그림 159-2] 깜박이는 프로그램의 실행 모습

5
P A R T   실무

C# 응용 프로그램 작성하기

초보자를 위한

C#

200제

실무 160

WPF 간단한 계산기

• **학습 내용 :** WPF로 간단한 계산기 프로그램을 작성합니다.
• **힌트 내용 :** XAML에서 Grid를 나누어 버튼들을 배치합니다.

사칙연산을 위한 간단한 계산기 프로그램을 WPF로 만들어 보겠습니다.

먼저 XAML로 디자인을 합니다. 계산기는 〈StackPanel〉 안에 하나의 〈TextBox〉와 하나의 〈Grid〉를 포함하고 있습니다. 이 〈Grid〉는 Row가 4, Column이 4인 16개의 조각으로 나누어지고 그 안에 〈Button〉이 하나씩 포함됩니다.

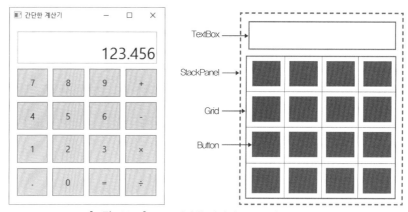

[그림 160-1] WPF 간단한 계산기 프로그램의 디자인

Xaml 파일은 아래 MainWindow.xaml 같이 구성됩니다. 여기서 Grid를 16개로 나누는 방법과 나누어진 각 Grid에 버튼을 할당하는 방법을 눈여겨 보기 바랍니다. 〈Grid.RowDefinitions〉와 〈Grid.ColumnDefinitions〉로 행과 열을 나누어 줍니다. 〈Button Grid.Row="1" Grid.Column="1"〉과 같이 쓰면 Button이 1행 1열에 들어가게 됩니다. Row와 Column의 숫자는 0부터 시작합니다. 각 버튼에 이벤트 메소드를 등록하는데 숫자, 연산자, 소수점, Equal 버튼의 4가지를 처리하는 이벤트 메소드를 Click="btn_Click"과 같이 쓰면 됩니다. XAML 파일이 길지만 〈StackPanel〉 안의 〈TextBox〉와 〈Grid〉를 정의하고 나면 버튼 부분은 모두 복사해서 사용할 수 있기 때문에 금방 만들 수 있습니다.

File: A160_WPF_SimpleCalc/MainWindow.xaml

```xml
1  <Window x:Class="A160_WPF_SimpleCalc.MainWindow"
2  ...
3  Title="간단한 계산기" Height="380" Width="320">
4
5    <StackPanel Margin="10">
6      <TextBox Margin="5" Height="60" Name="txtResult" FontSize="30"
7          HorizontalContentAlignment="Right"
8          VerticalContentAlignment="Bottom">0</TextBox>
9      <Grid Height="260" >
10       <Grid.RowDefinitions >
11         <RowDefinition/>
12         <RowDefinition/>
13         <RowDefinition/>
14         <RowDefinition/>
15       </Grid.RowDefinitions>
16       <Grid.ColumnDefinitions>
17         <ColumnDefinition/>
18         <ColumnDefinition/>
19         <ColumnDefinition/>
20         <ColumnDefinition/>
21       </Grid.ColumnDefinitions>
22
23       <Button Grid.Row="0" Grid.Column="0" Margin="5" FontSize="16"
24           Click="btn_Click">7</Button>
25       <Button Grid.Row="0" Grid.Column="1" Margin="5" FontSize="16"
26           Click="btn_Click">8</Button>
27       <Button Grid.Row="0" Grid.Column="2" Margin="5" FontSize="16"
28           Click="btn_Click">9</Button>
29       <Button Grid.Row="0" Grid.Column="3" Margin="5" FontSize="16"
30           Click="btnOp_Click">+</Button>
31       ...
32       <Button Grid.Row="3" Grid.Column="0" Margin="5" FontSize="16"
33           Click="Dot_Click">.</Button>
34       <Button Grid.Row="3" Grid.Column="1" Margin="5" FontSize="16"
35           Click="btn_Click">0</Button>
```

```
36        <Button Grid.Row="3" Grid.Column="2" Margin="5" FontSize="16"
37          Click="Equal_Click">=</Button>
38        <Button Grid.Row="3" Grid.Column="3" Margin="5" FontSize="16"
39          Click="btnOp_Click">÷</Button>
40      </Grid>
41    </StackPanel>
42  </Window>
```

3 ◆ Window의 타이틀을 "간단한 계산기"로 하고 높이와 폭을 380과 320으로 했습니다. 사이즈는 원하는 대로 바꿀 수 있습니다.

5 ◆ 〈StackPanel〉입니다. 이 안에 〈TextBox〉 하나와 〈Grid〉 하나가 들어갑니다.

6 ◆ 숫자가 표시되는 〈TextBox〉입니다. Name은 txtResult로 하고 폰트 크기는 30, 수평 콘텐트 정렬을 오른쪽으로, 수직 콘텐트 정렬을 Bottom으로 설정합니다.

9 ◆ 16개의 버튼을 포함하는 〈Grid〉입니다.

10~21 ◆ Row와 Column을 각각 4개로 나누어 줍니다.

23~39 ◆ 〈Button〉 16개를 만듭니다. 각각의 버튼에 숫자나 연산자 등을 써주고 Grid.Row, Grid.Column을 설정하여 위치를 지정합니다. Click을 설정하여 이벤트 메소드를 만드는데 숫자 버튼은 btn_Click으로, 연산자 4개는 btnOp_Click으로, "=" 버튼은 Equal_Click으로, 소수점 버튼은 Dot_Click으로 설정합니다. 코드가 너무 길어서 버튼 8개만 표시했습니다.

📁 File: A160_WPF_SimpleCalc/MainWindow.xaml.cs

```
1 using System.Windows;
2 using System.Windows.Controls;
3
4 namespace A163_WPF_SimpleCalc
5 {
6   public partial class MainWindow : Window
7   {
8     private bool newButton;
9     private double savedValue;
```

```
10      private char myOperator;
11
12      public MainWindow() ...
13
14      // 숫자 버튼의 처리
15      private void btn_Click(object sender, RoutedEventArgs e)
16      {
17        Button btn = sender as Button;
18        string number = btn.Content.ToString();
19        if (txtResult.Text == "0" || newButton == true)
20        {
21          txtResult.Text = number;
22          newButton = false
23        }
24        else
25          txtResult.Text = txtResult.Text + number;
26      }
27
28      // operator 4개의 처리
29      private void btnOp_Click(object sender, RoutedEventArgs e)
30      {
31        Button btn = sender as Button;
32
33        savedValue = double.Parse(txtResult.Text);
34        myOperator = btn.Content.ToString()[0];
35        newButton = true
36      }
37
38      // 소수점의 처리
39      private void Dot_Click(object sender, RoutedEventArgs e)
40      {
41        if (txtResult.Text.Contains(".") == false)
42          txtResult.Text += "."
43      }
44
45      // "=" 버튼의 처리
46      private void Equal_Click(object sender, RoutedEventArgs e)
```

```
47       {
48         if (myOperator == '+')
49           txtResult.Text = (savedValue +
50             double.Parse(txtResult.Text)).ToString();
51         else if (myOperator == '-')
52           txtResult.Text = (savedValue -
53             double.Parse(txtResult.Text)).ToString();
54         else if (myOperator == '×')
55           txtResult.Text = (savedValue *
56             double.Parse(txtResult.Text)).ToString();
57         else if (myOperator == '÷')
58           txtResult.Text = (savedValue /
59             double.Parse(txtResult.Text)).ToString();
60       }
61     }
62 }
```

8 ◆ 연산자 버튼을 누른 후 새로 숫자가 시작되어야 함을 의미하는 변수입니다.

9 ◆ 연산자 버튼을 누를 때 현재 txtResult에 있는 값을 저장하는 필드입니다.

10 ◆ 현재 계산할 연산자를 저장하는 char형 변수입니다.

15~26 ◆ 숫자 버튼 10개의 이벤트 처리 메소드입니다. 결과 창에 0이 있거나 연산자 버튼이 눌려서 newButton이 true 상태일 때는 새로 글씨를 써주고 그렇지 않으면 현재 결과창의 숫자 맨 뒤에 숫자 버튼의 숫자를 연결해서 표시합니다.

29~36 ◆ 연산자 버튼이 클릭되었을 때 현재 결과창의 값을 savedValue에 저장하고 클릭된 연산자를 myOperator에 저장합니다. newButton은 true로 바꾸어 숫자가 새로 시작되게 합니다.

39~43 ◆ 소수점 처리 메소드입니다. 소수점이 없을 때만 소수점을 추가합니다.

46~60 ◆ '=' 버튼이 클릭되었을 때의 처리 메소드입니다. 저장된 연산자에 따라 현재 결과창의 값에 savedValue의 값을 계산하여 결과창에 보여줍니다.

WinForm 윈도우 표준 계산기 ①

- **학습 내용:** WinForm으로 윈도우 표준 계산기를 만듭니다.
- **힌트 내용:** 윈도우10에서 제공되는 계산기와 같은 플랫디자인을 사용합니다.

윈폼으로 윈도우 표준 계산기를 만들어 보겠습니다. 윈도우에서 기본 프로그램으로 제공되는 계산기와 비슷한 모습으로 디자인합니다. 디자인 화면은 [그림 161–1]과 같습니다.

[그림 161-1] 윈도우 표준 계산기 디자인

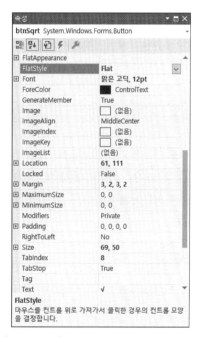

[그림 161-2] 플랫 디자인을 위한 버튼 속성

윈도우10에서는 플랫디자인을 사용합니다. 버튼의 모양이 플랫합니다. 이러한 디자인을 위해 [그림 161–2]와 같이 버튼의 속성 중에서 FlatStyle을 Flat으로 바꿉니다. 폰트도 바꿉니다. TextBox는 두 개 사용되는데 이들의 속성 중에 BorderStyle을 None으로, TextAlign을 Right로 바꿉니다. Form1의 속성 중 FormBorderStyle은 크기를 조정할 수 없도록 FixedToolWindow로 바꿉니다.

TextBox의 이름은 txtResult로 하고 속성에서 폰트를 수정하여 큰 글씨가 나오게 합니다. 글자가 오른쪽에 써질 수 있도록 TextAlign은 Right로 해줍니다. [그림 161-1]에는 보이지 않지만 txtResult 위에 수식을 보여주는 TextBox txtExp가 있습니다.

버튼이 25개 있는데 (1) 10개의 숫자 버튼 (2) 4개의 사칙연산 버튼 (3) 소수점 버튼 (4) Equal 버튼은 앞장에서 만든 간단한 계산기와 같습니다. 이외에 (5) 메모리 연산 5개 (6) 단항 연산 3개 (7) % 버튼 (8) 부호 버튼 (8) 3개의 지우기 버튼이 더 있습니다. 프로그램은 다음과 같은 순서로 작성합니다. 이 기능까지 코딩하고 다음 장에서 나머지 부분을 만듭니다.

(1) **시작할 때 메모리 버튼의 비활성화** : 시작할 때는 아직 메모리에 값이 저장되어 있지 않습니다. 메모리에 값이 저장되기 전에는 MC(Memory Clear), MR(Memory Read)을 할 수 없습니다. 따라서 폼이 시작되면서 MC, MR 버튼은 비활성화 시킵니다.

(2) **숫자 버튼의 처리** : 숫자 버튼 10개는 모두 btn_Click() 한 메소드에서 처리합니다. 숫자 버튼이 클릭될 때마다 결과창, 즉 txtResult에 해당 버튼의 숫자가 써져야 하므로 어떤 버튼인지를 매개변수 sender에서 체크해야 합니다. 버튼 숫자, 즉 Text 속성을 읽어서 처리합니다. 숫자 버튼을 처리할 때 숫자 뒤에 연결하여 쓸지, 새로 숫자를 시작할지 생각해야 합니다. 이때 숫자를 새로 시작하는 경우 ① 결과창이 0일 때 ② 연산자 버튼을 누른 후 ③ 메모리 버튼을 누른 후의 세 가지입니다. GroupSeparator() 메소드는 30장에서 설명한 것과 같이 정수 부분의 세 자리마다 콤마를 써주기 위해 필요합니다.

(3) **사칙 연산자 버튼의 처리** : +, −, x, ÷ 4개의 연산자 버튼의 처리 메소드를 btnOp_Click()으로 만듭니다.

(4) **소수점의 처리** : 결과창에 소수점이 있을 때는 소수점을 추가하면 안 되므로 소수점이 있는지를 체크하는 String.Contains() 함수를 사용합니다.

(5) **Equal(=) 버튼의 처리** : Equal 버튼이 클릭되면 계산을 수행합니다. 저장해 두었던 값과 저장해 두었던 연산자를 가져와서 현재 창의 숫자와 함께 계산하고 그 결과를 txtResult에 표시합니다.

📂 **File: A161_WinformCalc/Form1.cs(일부)**

```
1 using System;
2 using System.Windows.Forms;
3
4 namespace winFormCalc
5 {
```

```
6   public partial class Form1 : Form
7   {
8     private double saved;          // txtResult에 있는 값 저장
9     private double memory;         // 메모리에 저장된 값
10    private char op = '\0';        // 현재 계산할 Operator
11    private bool opFlag = false;   // 연산자를 누른 후인지 체크하는 flag
12    private bool memFlag;          // 메모리 버튼을 누른 후인지 체크
13    private bool percentFlag;      // % 처리를 위한 flag
14
15    public Form1()
16    {
17      InitializeComponent();
18
19      btnMC.Enabled = false;
20      btnMR.Enabled = false;
21    }
22
23    // 소수점 처리
24    private void btnDot_Click(object sender, EventArgs e)
25    {
26      if (txtResult.Text.Contains("."))
27        return;
28      else
29        txtResult.Text += ".";
30    }
31
32    // 모든 숫자 버튼을 하나로 처리하는 메소드
33    private void btn_Click(object sender, EventArgs e)
34    {
35      Button btn = sender as Button;
36      string s = btn.Text;
37
38      if (txtResult.Text == "0" || opFlag == true || memFlag == true)
39      {
40        txtResult.Text = s;
41        opFlag = false;
42        memFlag = false;
```

```
43        }
44      else
45        txtResult.Text = txtResult.Text + s;   // txtResult.Text += "1";
46
47      txtResult.Text = GroupSeparator(txtResult.Text);
48    }
49
50    // +, -, ×, ÷ 버튼
51    private void btnOp_Click(object sender, EventArgs e)
52    {
53      Button btn = sender as Button;
54
55      saved = Double.Parse(txtResult.Text);
56      txtExp.Text += txtResult.Text + " " + btn.Text + " ";
57      op = btn.Text[0];
58      opFlag = true;
59      percentFlag = true;
60    }
61
62    // = 버튼, 계산 수행
63    private void btnEqual_Click(object sender, EventArgs e)
64    {
65      Double value = Double.Parse(txtResult.Text);
66      switch (op)
67      {
68        case '+':
69          txtResult.Text = (saved + value).ToString();
70          break;
71        case '-':
72          txtResult.Text = (saved - value).ToString();
73          break;
74        case '×':
75          txtResult.Text = (saved * value).ToString();
76          break;
77        case '÷':
78          txtResult.Text = (saved / value).ToString();
79          break;
```

```
 80        }
 81      txtResult.Text = GroupSeparator(txtResult.Text);
 82      txtExp.Text = "";
 83    }
 84
 85    // 정수 부분 세 자리씩 콤마(,) 삽입
 86    private string GroupSeparator(string s)
 87    {
 88      int pos = 0;
 89      double v = Double.Parse(s);
 90
 91      if (s.Contains("."))
 92      {
 93        pos = s.Length - s.IndexOf('.');
 94        if (pos == 1)    // 맨 뒤에 소수점이 있으면 그대로 리턴
 95          return s;
 96        string formatStr = "{0:N" + (pos - 1) + "}";
 97        s = string.Format(formatStr, v);
 98      }
 99      else
100        s = string.Format("{0:N0}", v);
101      return s;
102    }
103  }
104}
```

연산자 버튼을 누를 때 현재 textResult에 있는 값을 저장하는 saved와 메모리의 값을 저장하는 memory 필드입니다. ◆ 8~9

이항 연산(+, −, x, ÷)에서 어떤 연산자가 클릭되었는지 저장하는 필드입니다. ◆ 10

연산자 버튼과 메모리 버튼이 클릭된 후에는 새로 숫자가 시작됩니다. 이를 위해 opFlag와 memFlag를 사용합니다. percentFlag는 % 버튼을 클릭했을 때 true가 되는 flag입니다. ◆ 11~13

프로그램이 시작될 때 MC, MR 버튼은 비활성화합니다. ◆ 19~20

소수점 처리 메소드입니다. 결과 창의 숫자에 소수점이 없을 때만 소수점을 추가합니다. ◆ 24~30

33~48 숫자 버튼 10개의 이벤트 처리 메소드입니다. 결과 창에 0이 있거나 연산자 버튼이 눌려서 opFlag가 true일 때, 메모리 버튼이 클릭되어 memFlag가 true일 때는 새로 글씨를 써주고 그렇지 않으면 현재 결과창의 숫자 맨 뒤에 숫자 버튼의 숫자를 연결하여 써줍니다.

47 숫자의 정수부를 그룹 분리자를 사용하여 세자리씩 콤마(,)를 추가해줍니다.

51~60 +, −, ×, ÷ 연산자 버튼이 클릭되었을 때, 현재 결과창의 값을 saved에 저장하고 클릭된 연산자를 op에 저장합니다. opFlag은 true로 바꾸어 숫자가 새로 시작되게 합니다. percentFlag도 true로 바꾸어 % 버튼이 클릭되었을 때 사용됩니다.

63~81 '=' 버튼이 클릭되었을 때의 처리 메소드입니다. 저장된 연산자에 따라서 현재 결과창의 값에 저장된 saved의 값을 계산하여 결과창에 보여줍니다.

84~100 GroupSeparator() 메소드입니다. 매개변수로 전달된 숫자의 정수부를 그룹 분리자를 사용하여 세 자리씩 콤마(,)를 추가하여 리턴합니다. 자세한 설명은 30장을 참조합니다.

WinForm 윈도우 표준 계산기 ②

- **학습 내용:** WinForm으로 윈도우 표준 계산기를 만듭니다.
- **힌트 내용:** 계산을 위해 버튼들의 클릭 이벤트 처리 메소드를 만듭니다.

앞장에 이어 윈도우 표준 계산기를 만듭니다. 이번 장에서는 다음 기능을 추가합니다.

(1) **단항연산자 버튼의 처리** : $\sqrt{}$, $1/x$, x^2의 3개 버튼은 단항 연산입니다. 이 버튼의 메소드를 작성합니다.

(2) **부호(±) 버튼의 처리** : ±는 현재 txtResult에 표시된 숫자의 마이너스 값을 구하여 다시 txtResult에 표시합니다.

(3) **% 버튼의 처리** : %는 크게 두 가지로 사용됩니다. ① 1234의 15%는 얼마인가? "1234 × 15 % =" 이때는 15 뒤에 %를 누를 때 0.15로 값이 변환되어 계산됩니다. ② 100에서 10%가x 증가(감소, 곱하기, 나누기)하면 얼마인가? 100 + 10 % = 110이 계산됩니다.

(4) **메모리 버튼의 처리** : MS(Memory Save), MC(Memory Clear), MR(Memory Read), M+(Memory +), M−(Memory −)의 다섯 가지 연산이 있습니다.

(5) **지우기 버튼** : C는 초기화, CE는 현재 입력 값의 초기화, ⊠는 한 글자 지우기입니다.

📁 **File: A161_WinformCalc/Form1.cs(일부)**

```
1  namespace winFormCalc
2  {
3    public partial class Form1 : Form
4    {
5      // ... Form1 클래스 안에 앞장에서의 코드에 추가
6
7      // 제곱근
8      private void btnSqrt_Click(object sender, EventArgs e)
9      {
10       txtExp.Text = "√(" + txtResult.Text + ") ";
11       txtResult.Text =
12         Math.Sqrt(Double.Parse(txtResult.Text)).ToString();
```

```
13      txtResult.Text = GroupSeparator(txtResult.Text);
14    }
15
16    // 제곱
17    private void btnSqr_Click(object sender, EventArgs e)
18    {
19      txtExp.Text = "sqr(" + txtResult.Text + ") ";
20      txtResult.Text = (Double.Parse(txtResult.Text) *
21        Double.Parse(txtResult.Text)).ToString();
22      txtResult.Text = GroupSeparator(txtResult.Text);
23    }
24
25    // 역수
26    private void btnRecip_Click(object sender, EventArgs e)
27    {
28      txtExp.Text = "1 / (" + txtResult.Text + ") ";
29      txtResult.Text = (1 / Double.Parse(txtResult.Text)).ToString();
30      txtResult.Text = GroupSeparator(txtResult.Text);
31    }
32
33    // 부호(±) 버튼
34    private void btnPlusMinus_Click(object sender, EventArgs e)
35    {
36      double v = Double.Parse(txtResult.Text);
37      txtResult.Text = (-v).ToString();
38      txtResult.Text = GroupSeparator(txtResult.Text);
39    }
40
41    // % 버튼
42    private void btnPercent_Click(object sender, EventArgs e)
43    {
44      if(percentFlag == true)
45      {
46        double p = Double.Parse(txtResult.Text);
47        p = saved * p / 100.0;
48        txtResult.Text = p.ToString();
49        txtExp.Text += txtResult.Text;
```

```
50          percentFlag = false;
51        }
52    }
53
54    // Memory Save
55    private void btnMS_Click(object sender, EventArgs e)
56    {
57      memory = Double.Parse(txtResult.Text);
58      btnMC.Enabled = true;
59      btnMR.Enabled = true;
60      memFlag = true;
61    }
62
63    // Memory Read
64    private void btnMR_Click(object sender, EventArgs e)
65    {
66      txtResult.Text = memory.ToString();
67      memFlag = true;
68      txtResult.Text = GroupSeparator(txtResult.Text);
69    }
70
71    // Memory Clear
72    private void btnMC_Click(object sender, EventArgs e)
73    {
74      txtResult.Text = "0";
75      memory = 0;
76      btnMR.Enabled = false;
77      btnMC.Enabled = false;
78    }
79
80    // M+
81    private void btnMPlus_Click(object sender, EventArgs e)
82    {
83      memory += Double.Parse(txtResult.Text);
84    }
85
86    // M-
```

```
87    private void btnMMinus_Click(object sender, EventArgs e)
88    {
89      memory -= Double.Parse(txtResult.Text);
90    }
91
92    // 지금 txtResult에 있는 값을 0으로
93    private void btnCE_Click(object sender, EventArgs e)
94    {
95      txtResult.Text = "0";
96    }
97
98    // 초기화
99    private void btnC_Click(object sender, EventArgs e)
100   {
101     txtResult.Text = "0";
102     txtExp.Text = "";
103     saved = 0;
104     op = '\0';
105     opFlag = false;
106     percentFlag = false;
107   }
108
109   // 맨 뒤의 한 글자 지우기
110   private void btnDelete_Click(object sender, EventArgs e)
111   {
112     txtResult.Text = txtResult.Text.Remove(txtResult.Text.Length - 1);
113     if (txtResult.Text.Length == 0)
114       txtResult.Text = "0";
115   }
116 }
117 }
```

8~14 ◆ txtExp에 수식을 추가하고 제곱근을 계산하여 txtResult에 표시합니다. 모든 메소드에서 txtResult
에 표시할 때는 GroupSeparator() 메소드를 사용하여 세자리마다 콤마를 표시합니다.

17~23 ◆ txtExp에 수식을 추가하고 제곱을 계산하여 txtResult에 표시합니다.

26~31 ◆ txtExp에 역수 계산 수식을 추가하고 역수을 계산하여 txtResult에 표시합니다.

부호를 처리합니다. txtResult에 표시된 숫자에 마이너스 값을 표시합니다. ◆ 34~39

%를 처리합니다. 사칙연산자를 클릭할 때 percentFlag는 true로 바뀝니다. 이 플래그가 true일 때 ◆ 42~52
% 버튼을 클릭하면 현재 txtResult 창에 있는 값이 퍼센트 값이 되어 saved의 값의 퍼센트 값이
txtResukt와 txtExp에 표시됩니다. percentFlag가 한번 사용되면 다음 사칙연산자 버튼이 클릭될
때까지 false로 초기화합니다.

MS 버튼을 클릭할 때 현재 txtResult에 있는 값을 메모리에 저장하는 메소드입니다. memory 값 ◆ 55~61
이 저장된 후에는 MC와 MR 버튼을 활성화합니다.

MR 버튼을 클릭할 때 메모리의 값을 가져와서 txtResult 창에 표시합니다. ◆ 64~69

MC 버튼을 클릭할 때 메모리의 값을 0으로 초기화하는 메소드입니다. 메모리에 저장된 값이 없 ◆ 72~78
으므로 MC와 MR 버튼은 비활성화합니다.

M+와 M− 버튼을 클릭하면 memory와 txtResult 창의 값을 더하거나 빼서 다시 저장합니다. ◆ 81~90

CE 버튼을 클릭할 때 txtResult 창에 있는 값을 지우고 0으로 표시합니다. txtResult, txtExp, ◆ 93~115
saved, op, opFlag, percentFlag를 초기화하여 처음 프로그램이 시작될 때의 상태로 만듭니다. ⊠
버튼을 클릭할 때 txtResult 창에 표시된 숫자의 맨 뒷 글자를 지웁니다. 모든 글자가 지워지면
0을 표시합니다.

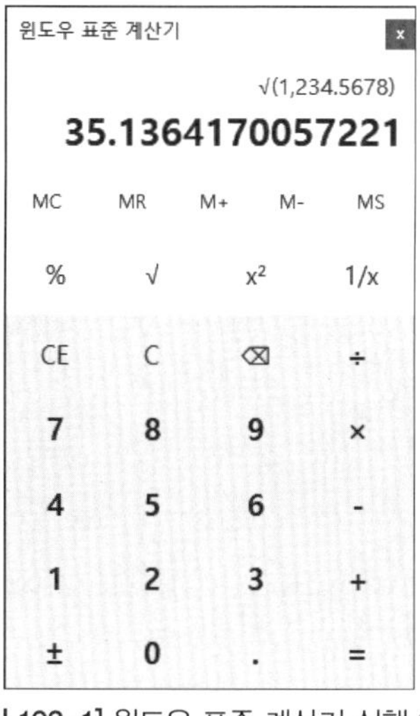

[그림 162-1] 윈도우 표준 계산기 실행 화면

WPF 윈도우 표준 계산기의 디자인

- **학습 내용 :** WPF로 윈도우 표준 계산기 프로그램을 작성합니다.
- **힌트 내용 :** WPF의 XAML에서 디자인 합니다.

앞에서 만든 윈도우 표준 계산기를 WPF로 만들어 보겠습니다. WPF는 WinForm과 다르게 디자인을 XAML 파일로 만드는 것이 일반적입니다. 그래서 디자인과 코드가 완전히 분리될 수 있기 때문에 디자인을 전문으로 하는 디자이너는 XAML 파일로 디자인을 하고 프로그래머는 CS 파일로 코딩을 각자 만들 수 있습니다.

WPF로 디자인을 하면 좋은 점이 많이 있는데, 특히 좋은 점은 윈도우 크기가 달라졌을 때 컴포넌트들의 크기가 자동으로 변할 수 있다는 점인 것 같습니다. [그림 163-1]과 같이 처음 실행되었을 때의 윈도우 크기를 바꾸어도 거기에 맞추어 텍스트 상자나 버튼들이 함께 크기가 바뀌는 것입니다.

[그림 163-1] WPF 윈도우 표준 계산기 프로그램

계산기의 버튼 배열 등 디자인은 Window 10용 계산기를 따랐습니다. XAML 코드가 매우 긴데 요약해보면 다음과 같은 구조입니다.

```
DockPanel
    - Grid
        - TextBox : txtExp(수식을 나타내는 창)
        - TextBox : txtResult(결과값을 나타내는 창)
    - Grid
        - 메모리 관련 버튼 5개
    - Grid
        - 6행 4열로 구분된 그리드 안에 버튼 24개
```

보통 Window의 크기는 Width와 Height로 지정하는데 윈도우 크기를 조절할 수 있다면 MinWidth와 MinHeight도 같이 지정하는 것이 좋습니다. 이 값들이 지정되면 그보다 작게는 줄일 수 없습니다.

DockPanel을 사용하면서 VerticalAlignment="Stretch"로 지정했습니다. DockPanel을 이용하면 윈도우에 도킹되는 디자인을 하기 좋습니다. DockPanel 대신 StackPanel을 쓰게 되면 Stretch 속성이 없기 때문에 윈도우 크기가 변해도 내부의 컨트롤 들이 같이 변하지 못합니다. Grid를 나누어서 각 칸에 하나씩의 디자인 요소를 넣는 방법은 아주 많이 쓰는 방법입니다.

XAML 파일에 이벤트 처리 메소드는 표시하지 않았습니다. 예를 들어 숫자 버튼 10개는 모두 btn_Click() 메소드에서 처리합니다. 이때 10개의 숫자 버튼에는 모두 Click=btn_Click이 추가되어야 합니다. 72번째 줄의 …은 버튼이 계속 반복되기 때문에 생략했습니다. 소스코드를 참고하기 바랍니다.

📁 **File: A163_WPF_WindowsCalc/MainWindow.xaml**

```
1  <Window x:Class="A163_WPF_WindowsCalc.MainWindow"
2  ...
3  Title="윈도우 표준 계산기" MinHeight="550" MinWidth="300" Width="400"
4    Height="550" Background="WhiteSmoke">
5    <DockPanel VerticalAlignment="Stretch">
6      <Grid Height="100" DockPanel.Dock="Top">
7        <TextBox Name="txtExp" FontSize="16"
8          HorizontalContentAlignment="Right" Margin="15"
9          BorderThickness="0" Background="WhiteSmoke"></TextBox>
10       <TextBox Name="txtResult" Height="50"
```

```
11        FontWeight="Bold" FontSize="36" VerticalAlignment="Bottom"
12        HorizontalContentAlignment="Right"
13        VerticalContentAlignment="Bottom"  Margin="10,10,15,10"
14        BorderThickness="0" Background="WhiteSmoke">0</TextBox>
15    </Grid>
16    <Grid Height="50" Background="LightGray" DockPanel.Dock="Top">
17      <Grid.ColumnDefinitions>
18        <ColumnDefinition/>
19        <ColumnDefinition/>
20        <ColumnDefinition/>
21        <ColumnDefinition/>
22        <ColumnDefinition/>
23      </Grid.ColumnDefinitions>
24      <Button Name="btnMC" Grid.Column="0" FontSize="14"
25        BorderThickness="0" FontWeight="Bold" Background="WhiteSmoke"
26        IsEnabled="False">MC</Button>
27      <Button Name="btnMR" Grid.Column="1" FontSize="14"
28        BorderThickness="0" FontWeight="Bold" Background="WhiteSmoke"
29        IsEnabled="False">MR</Button>
30      <Button Name="btnMPlus" Grid.Column="2" FontSize="14"
31        BorderThickness="0" FontWeight="Bold"
32        Background="WhiteSmoke">M+</Button>
33      <Button Name="btnMMinus" Grid.Column="3" FontSize="14"
34        BorderThickness="0" FontWeight="Bold"
35        Background="WhiteSmoke">M-</Button>
36      <Button Name="btnMS" Grid.Column="4" FontSize="14"
37        BorderThickness="0" FontWeight="Bold"
38        Background="WhiteSmoke">MS</Button>
39    </Grid>
40    <Grid MinHeight="360"  Background="LightGray" >
41      <Grid.ColumnDefinitions>
42        <ColumnDefinition/>
43        <ColumnDefinition/>
44        <ColumnDefinition/>
45        <ColumnDefinition/>
46      </Grid.ColumnDefinitions>
47      <Grid.RowDefinitions>
```

```
48        <RowDefinition/>
49        <RowDefinition/>
50        <RowDefinition/>
51        <RowDefinition/>
52        <RowDefinition/>
53        <RowDefinition/>
54      </Grid.RowDefinitions>
55      <Button Grid.Row="0" Grid.Column="0" BorderThickness="0"
56        FontSize="18" Margin="2,1,1,1">%</Button>
57      <Button Grid.Row="0" Grid.Column="1" BorderThickness="0"
58        FontSize="18" Margin="1">√</Button>
59      <Button Grid.Row="0" Grid.Column="2" BorderThickness="0"
60        FontSize="18" Margin="1">x²</Button>
61      <Button Grid.Row="0" Grid.Column="3" BorderThickness="0"
62        FontSize="18" Margin="1,1,2,1">1/x</Button>
63
64      <Button Grid.Row="1" Grid.Column="0" BorderThickness="0"
65        FontSize="18" Margin="2,1,1,1">CE</Button>
66      <Button Grid.Row="1" Grid.Column="1" BorderThickness="0"
67        FontSize="18" Margin="1">C</Button>
68      <Button Grid.Row="1" Grid.Column="2" BorderThickness="0"
69        FontSize="18" Margin="1">⌫</Button>
70      <Button Grid.Row="1" Grid.Column="3" BorderThickness="0"
71        FontSize="25" Margin="1,1,2,1">÷</Button>
72      ...
73      <Button Grid.Row="5" Grid.Column="0" BorderThickness="0"
74        Margin="2,1,1,1" FontSize="22" FontWeight="Bold">±</Button>
75      <Button Grid.Row="5" Grid.Column="1" BorderThickness="0"
76        Margin="1" FontSize="22" FontWeight="Bold"
77        Background="WhiteSmoke">0</Button>
78      <Button Grid.Row="5" Grid.Column="2" BorderThickness="0"
79        Margin="1" FontSize="22" FontWeight="Bold">.</Button>
80      <Button Grid.Row="5" Grid.Column="3" BorderThickness="0"
81        Margin="1,1,2,1" FontSize="25">=</Button>
82    </Grid>
83  </DockPanel>
84 </Window>
```

3~4	Window의 타이틀을 "윈도우 표준 계산기"로 하고 높이와 폭을 400과 550으로 했습니다. MinSize와 MinWidth는 지정했는데 이렇게 하면 윈도우 창의 크기를 바꾸어도 이보다 작게 바꿀 수는 없습니다.
5	DockPanel을 사용합니다. 사용법은 StackPanel과 같은데 내부 컨트롤을 윈도우에 도킹시켜줍니다. 이 안에 Grid 세 개가 들어갑니다. VerticalAlignment 속성을 Stretch로 하여 윈도우 크기가 바뀌면 내부 컨트롤들의 크기가 창에 맞게 변하게 합니다.
6~15	첫 번째 Grid입니다. 이곳에는 수식이 표시되는 텍스트상자 txtExp와 숫자가 표시되는 txtResult의 두 개의 텍스트 상자를 위치시키고 다양한 속성을 설정합니다.
16~39	두 번째 Grid입니다. 메모리 관련 5개의 버튼을 수평으로 배치합니다.
40~54	세 번째 Grid입니다. 그리드를 4행 6열로 나누고 24개의 버튼을 배치합니다.
55~62	세 번째 Grid의 맨 위쪽에 배치되는 %, √, x^2, 1/x의 4개의 버튼을 정의하고 그리드 안에 배치합니다.
64~71	세 번째 Grid의 두 번째 열에 배치되는 CE, C, ⊠, ÷의 4개의 버튼을 정의하고 그리드 안에 배치합니다.
72	세 번째 열에 배치되는 7, 8, 9, x, 네 번째 열에 배치되는 4, 5, 6, −, 다섯 번째 열에 배치되는 1, 2, 3, + 버튼을 정의하고 배치합니다.
73~81	여섯 번째 열에 배치되는 ±, 0, ., =의 4개의 버튼을 정의하고 그리드 안에 배치합니다.

C# 프로그램은 Form 프로그램과 거의 같습니다.

WPF 디지털 시계

- **학습 내용:** WPF로 디지털 시계 프로그램을 작성합니다.
- **힌트 내용:** DispatcherTimer의 사용법을 익힙니다.

디지털 시계를 WPF로 만들어 보겠습니다. 먼저 XAML 코드를 만듭니다. Window 부분에서 Title="Digital Clock"으로 Background="OrangeRed"로 배경색을 바꾸었습니다. 전체적인 구조는 다음과 같이 Grid 안에 TextBlock 하나가 위치하는 구조입니다.

```
<Grid>
    <TextBlock></TextBlock>
</Grid>
```

Grid의 수평, 수직 정렬을 Center로 하여 TextBlock이 화면 정중앙에 위치하게 합니다.

📁 **File: A164_WPF_DigitalClock/MainWindow.xaml**

```
 1  <Window x:Class="A164_WPF_DigitalClock.MainWindow"
 2  ...
 3  Title="Digital Clock" Height="350" Width="600" Background="OrangeRed">
 4    <Grid HorizontalAlignment="Center" VerticalAlignment="Center">
 5      <TextBlock Name="dClock"
 6                 FontSize="24"
 7                 Foreground="White"
 8                 FontWeight="Bold"></TextBlock>
 9    </Grid>
10  </Window>
```

타이머를 사용할 때 Form과 다른 점이 있는데, Form에서는 Timer 컨트롤을 사용했지만, WPF 에서는 Timer 컨트롤이 없고 DispatcherTimer 컨트롤을 사용해야 합니다. 그리고 이 컨트롤 을 쓰려면, Threading 네임스페이스를 추가해주어야 합니다. timer.Tick += 한 후 탭을 눌러서 Timer_Tick() 이벤트 함수 블록을 만듭니다.

File: A164_WPF_DigitalClock.xaml.cs

```
1 using System;
2 using System.Windows;
3 using System.Windows.Threading;
4
5 namespace A164_WPF_DigitalClock
6 {
7   public partial class MainWindow : Window
8   {
9     public MainWindow()
10    {
11      InitializeComponent();
12
13      DispatcherTimer timer = new DispatcherTimer();
14      timer.Interval = new TimeSpan(0, 0, 1);    // 1초
15      timer.Tick += Timer_Tick;
16      timer.Start();
17    }
18
19    private void Timer_Tick(object sender, EventArgs e)
20    {
21      dClock.Text = DateTime.Now.ToString();
22    }
23  }
24 }
```

3 ◆ DispatcherTimer를 사용하기 위해 System.Windows.Threading을 추가합니다.

13~17 ◆ DispatcherTimer 객체 timer를 생성하고 interval 속성을 1초로 지정합니다. Tick에 Timer_Tick을 추가하여 이벤트 처리 메소드를 지정하고 timer를 시작합니다.

21 ◆ Timer_Tick() 메소드에서 dClock의 Text를 DateTime.Now.ToString()으로 지정하여 1초에 한번씩 현재 날짜와 시간을 출력하게 합니다.

실행 화면입니다. 윈도우의 크기를 바꾸어도 시간은 항상 중앙에 표시됩니다.

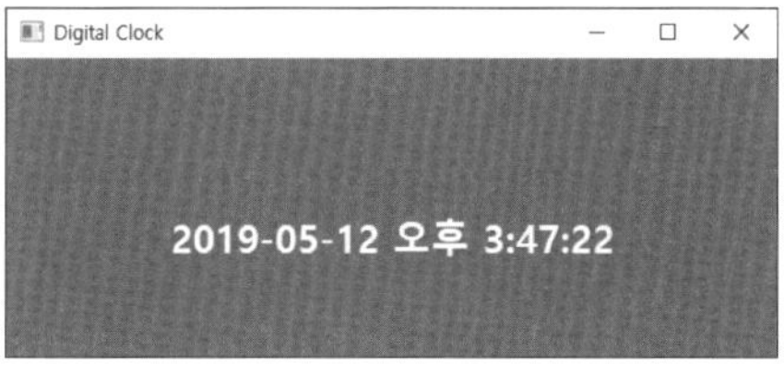
Digital Clock
2019-05-12 오후 3:47:22

[그림 164-1] 실행 화면

WinForm 아날로그 시계

- **학습 내용:** WinForm으로 Timer를 이용한 아날로그 시계 프로그램을 작성합니다.
- **힌트 내용:** Graphics 클래스의 사용법을 익힙니다.

원폼으로 아날로그 시계를 만들겠습니다. DateTime.Now로 현재 시간을 가져올 수 있습니다. 그 값을 이용하여 동그란 아날로그 시계를 만들겠습니다. 우선 폼 디자인에서 Form 안에 Panel을 넣습니다. 같이 패널의 오른쪽 상단 삼각형 표시를 누르고 "부모 컨테이너에서 도킹"을 선택하여 패널을 폼의 안쪽에 붙여줍니다. 폼 안에 패널을 넣는 이유는 그림을 그릴 때 패널에서 그리게 되면 패널의 좌측 상단, 시작 포인트가 (0,0)이 되므로 좌표 계산이 간편하기 때문입니다.

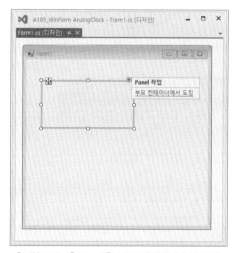

[그림 165-1] Panel을 부모 컨테이너에서 도킹

WinForm에서 그림을 그릴 때는 그래픽 라이브러리인 GDI+를 사용합니다. 이곳에 그래픽에 필요한 Pen, Color, Brush 등의 클래스와 구조체가 정의되어 있습니다. Graphics 클래스에는 대부분의 그리기 메소드가 정의되어 있어서 Graphics 객체를 하나 만들고 그 멤버함수들로 그림을 그리게 됩니다.

아날로그 시계는 시침, 분침, 초침의 각도를 계산해서 바늘을 그리게 됩니다. 시침은 12시간에 360도가 변화하므로 1시간에 30도 변화합니다. 추가적으로 60분에 30도 변화하므로 1분에

0.5도씩 각도가 추가됩니다. 분침은 60분에 360도 변화하므로 1분에 6도씩 변화합니다. 초침은 60초에 360도 변화하므로 1초에 6도씩 변화합니다. 예를 들어 분침이 10분을 가리킨다면, 중심점에서 60도의 각도를 갖고 분침의 길이만큼 그려주면 됩니다. 그림에서 (x2, y2)를 구해야 하는데 x2 = Center.X + L*sin(θ), y2 = Center.Y − L*cos(θ)가 됩니다. 여기서 각도의 단위는 라디안이므로 각도 * PI / 180을 계산해주어야 합니다.

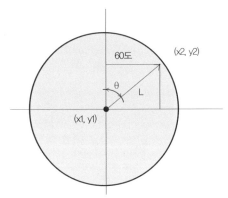

[그림 165-2] 시간에 따른 각도와 시계바늘의 좌표 계산

File: A165_WinForm AnalogClock/Form1.cs

```
1 using System;
2 using System.Drawing;
3 using System.Windows.Forms;
4
5 namespace A165_WinForm_AnalogClock
6 {
7   public partial class Form1 : Form
8   {
9     Graphics g;              // Graphics 객체
10    private Point center;    // 중심점
11    private double radius;   // 반지름
12    private int hourHand;    // 시침의 길이
13    private int minHand;     // 분침의 길이
14    private int secHand;     // 초침의 길이
15    private Timer timer1;    // 타이머
16    private const int clientSize = 300; // clientSize
```

```
17      private const int clockSize = 200;   // 시계판의 지름
18
19      public Form1()
20      {
21        InitializeComponent();
22
23        this.ClientSize = new Size(clientSize, clientSize);
24        this.Text = "Analog Clock"
25        panel1.BackColor = Color.WhiteSmoke;
26        this.Padding = new Padding(10);
27
28        g = panel1.CreateGraphics();
29
30        aClockSetting();  // 아날로그 시계 세팅
31        TimerSetting();   // 타이머 세팅
32      }
33
34      private void aClockSetting()
35      {
36        center = new Point(panel1.Width / 2, panel1.Height / 2);
37        radius = panel1.Height / 2;
38
39        hourHand = (int)(radius * 0.45);
40        minHand = (int)(radius * 0.55);
41        secHand = (int)(radius * 0.65);
42      }
43
44      private void TimerSetting()
45      {
46        timer1 = new Timer();
47        timer1.Interval = 1000;     // 1초에 한번씩
48        timer1.Tick += Timer1_Tick;
49        timer1.Start();
50      }
51
52      private void Timer1_Tick(object sender, EventArgs e)
53      {
```

```
54        DateTime c = DateTime.Now;    // 현재 시간
55
56        panel1.Refresh();
57
58        DrawClockFace(); // 시계판 그리기
59
60        // 시침, 분침, 초침의 각도(단위: 라디안)
61        double radHr = (c.Hour % 12 + c.Minute / 60.0) * 30 * Math.PI / 180;
62        double radMin = (c.Minute + c.Second / 60.0) * 6 * Math.PI / 180;
63        double radSec = (c.Second) * 6 * Math.PI / 180;
64
65        DrawHands(radHr, radMin, radSec); // 바늘 그리기
66    }
67
68    private void DrawClockFace()
69    {
70      Pen pen = new Pen(Brushes.LightSteelBlue, 30);
71      g.DrawEllipse(pen, center.X - clockSize/2,
72        center.Y - clockSize/2, clockSize, clockSize);
73    }
74
75    private void DrawHands(double radHr, double radMin, double radSec)
76    {
77      // 시침
78      DrawLine((int)(hourHand * Math.Sin(radHr)),
79        (int)(-hourHand * Math.Cos(radHr)),
80        0, 0, Brushes.RoyalBlue, 8, center.X, center.Y);
81      // 분침
82      DrawLine((int)(minHand * Math.Sin(radMin)),
83        (int)(-minHand * Math.Cos(radMin)),
84        0, 0, Brushes.SkyBlue, 6, center.X, center.Y);
85      // 초침
86      DrawLine((int)(secHand * Math.Sin(radSec)),
87        (int)(-secHand * Math.Cos(radSec)),
88        0, 0, Brushes.OrangeRed, 3, center.X, center.Y);
89
```

```
90          // 시계 배꼽
91          int coreSize = 16;
92          Rectangle r = new Rectangle(center.X - coreSize / 2,
93              center.Y - coreSize / 2, coreSize, coreSize);
94          g.FillEllipse(Brushes.Gold, r);
95          Pen p = new Pen(Brushes.DarkRed, 3);
96          g.DrawEllipse(p, r);
97      }
98
99      private void DrawLine(int x1, int y1, int x2, int y2, Brush color,
100         int thick, int cx, int cy)
101     {
102         Pen pen = new Pen(color, thick);
103         pen.StartCap = System.Drawing.Drawing2D.LineCap.Round;
104         pen.EndCap = System.Drawing.Drawing2D.LineCap.Round;
105         g.DrawLine(pen, x1 + cx, y1 + cy, x2 + cx, y2 + cy);
106     }
107 }
108}
```

Graphics 객체 g를 선언합니다. ◆ 9

시계를 그리기 위한 변수들입니다. 중심점 center, 반지름 radius, 시침, 분침, 초침의 길이를 지 ◆ 10~14
정하는 변수를 선언합니다.

Timer 객체 timer1을 선언합니다. ◆ 15

Form의 ClientSize를 지정하는 상수 clientSize와 시계판의 지름을 지정하는 상수 clockSize를 선언 ◆ 16~17
합니다.

타이머의 Tick에 Timer1_Tick을 추가하여 타이머 이벤트 메소드를 지정합니다. ◆ 21

Form1의 ClientSize 속성을 지정하고 Text 속성을 바꿉니다. ◆ 23~24

panel1의 배경색을 WhiteSmoke로 바꾸고 Form1과 panel1의 간격을 10으로 지정합니다. ◆ 25~26

panel1에 Graphics 객체를 만들어 줍니다. Form1 위에 panel1이 있으므로 Form1이 아닌 ◆ 28
panel1에 그래픽 객체를 만들어야 합니다.

30~31 ◆ aClockSetting() 메소드와 TimerSetting() 메소드를 호출합니다.

34~42 ◆ aClockSetting() 메소드에서는 중심점, 반지름, 시침, 분침, 초침의 길이를 지정합니다.

44~50 ◆ TimerSetting() 메소드에서는 (1) 타이머 객체 timer1을 생성하고 Interval을 설정하고(단위:밀리초) (2) Tick 이벤트를 지정한 후 (3) 타이머를 Start시킵니다. (2)의 Tick 이벤트 처리부분은 timer1.Tick +=까지 입력하고 [Tab]을 누르면 자동완성 기능으로 Timer1_Tick() 이벤트 메소드를 만들어 줍니다.

52~73 ◆ Timer1_Tick() 메소드에서는 (1) 현재 시간을 가져오고, (2) panel1을 지우고 (3) DrawClockFace() 메소드로 시계판을 그리고 (4) 시침, 분침, 초침의 각도를 계산한 후 (5) DrawHands() 메소드로 시계바늘을 그립니다.

68~73 ◆ DrawClockFace()에서 폭이 30인 파란색 펜으로 패널 중심에 원을 그립니다.

75~91 ◆ DrawHands() 메소드입니다. DrawLine() 메소드를 호출하여 시침, 분침, 초침을 그린 후 중앙에 시계배꼽을 그립니다.

99~106 ◆ DrawLine() 메소드는 (x1, y1)에서 (x2, y2)까지 color 색으로 두께가 thick인 선을 그립니다. 이 좌표는 중심점을 기준으로 계산한 좌표이기 때문에 실제로 g.DrawLine() 메소드에 사용하는 좌표는 cx와 cy를 더해서 그려야 합니다.

[그림 165-3] 실행 화면

530

WPF 아날로그 시계

- **학습 내용:** WPF로 아날로그 시계 프로그램을 작성합니다.
- **힌트 내용:** WPF에서 DispatcherTimer와 그래픽 요소의 사용법을 익힙니다.

이번에는 앞장에서 만든 아날로그 시계를 WPF로 만들어 보겠습니다. 먼저 XAML 코드를 만듭니다. Window 부분에서 Title="WPF Analog Clock"으로 Width="350" Height="350"으로 바꾸었습니다. Grid 안에 Canvas 하나가, 그 안에 Ellipse 하나가 위치하는 구조입니다.

📁 File: A166_WPF_AnalogClock.MainWindow.xaml

```
1  <Window x:Class="A166_WPF_AnalogClock.MainWindow"
2  ...
3  Title="WPF Analog Clock" Width="350" Height="350" >
4  <Grid Margin="10">
5    <Canvas Name="canvas1" Width="250" Height="250">
6      <Ellipse Name="aClock" Width="250" Height="250" />
7    </Canvas>
8  </Grid>
9  </Window>
```

WPF에서 타이머는 DispatcherTimer 컨트롤을 사용하고 Threading 네임스페이스를 추가해주어야 합니다. 시간을 읽고 시계를 그리는 알고리즘은 윈폼에서와 똑같습니다. 차이는 그림을 그려주는 방법입니다. 윈폼에서는 Graphics 객체를 만들어 그 멤버 메소드로 그림을 그려주지만 WPF에서는 Ellipse, Line과 같은 클래스의 객체를 만들어서 속성을 지정한 후 그 객체를 Canvas에 자식으로 등록합니다.

📁 File: A166_WPF_AnalogClock.MainWindow.xaml.cs

```
1  ...
2  using System.Windows.Threading;
3
```

```
 4 namespace A172_WPF_AnalogClock
 5 {
 6   public partial class MainWindow : Window
 7   {
 8     private Point center;
 9     private double radius;
10     private int hourHand;
11     private int minHand;
12     private int secHand;
13
14     public MainWindow()
15     {
16       InitializeComponent();
17
18       aClock_Setting();
19       TimerSetting();
20     }
21
22     private void aClock_Setting()
23     {
24       center = new Point(canvas1.Width / 2, canvas1.Height / 2);
25       radius = canvas1.Width / 2;
26       hourHand = (int)(radius * 0.45);
27       minHand = (int)(radius * 0.55);
28       secHand = (int)(radius * 0.65);
29     }
30
31     private void TimerSetting()
32     {
33       DispatcherTimer timer = new DispatcherTimer();
34       timer.Interval = new TimeSpan(0, 0, 0, 0, 10); // 0.01초에 한번씩
35       timer.Tick += Timer_Tick;
36       timer.Start();
37     }
38
39     void Timer_Tick(object sender, EventArgs e)
40     {
```

```
41        DateTime c = DateTime.Now;
42
43        canvas1.Children.Clear();  // 현재 화면 지우기
44        DrawClockFace(); // 시계판 그리기
45        double radHr = (c.Hour % 12 + c.Minute / 60.0) * 30 * Math.PI / 180;
46        double radMin = (c.Minute + c.Second / 60.0) * 6 * Math.PI / 180;
47        double radSec = (c.Second + c.Millisecond/1000.0) * 6 * Math.PI / 180;
48        DrawHands(radHr, radMin, radSec); // 바늘 그리기
49      }
50
51    // 시계판 그리기
52    private void DrawClockFace()
53    {
54      aClock.Stroke = Brushes.LightSteelBlue;
55      aClock.StrokeThickness = 30;
56      canvas1.Children.Add(aClock);
57    }
58
59    // 시계바늘 그리기
60    private void DrawHands(double radHr, double radMin, double radSec)
61    {
62      // 시침
63      DrawLine(hourHand * Math.Sin(radHr), -hourHand * Math.Cos(radHr),
64        0, 0, Brushes.RoyalBlue, 8, new Thickness(center.X, center.Y, 0, 0));
65      // 분침
66      DrawLine(minHand * Math.Sin(radMin), -minHand * Math.Cos(radMin),
67        0, 0, Brushes.SkyBlue, 6, new Thickness(center.X, center.Y, 0, 0));
68      // 초침
69      DrawLine(secHand * Math.Sin(radSec), -secHand * Math.Cos(radSec),
70        0, 0, Brushes.OrangeRed, 3, new Thickness(center.X, center.Y, 0, 0));
71
72      Ellipse core = new Ellipse();
73      core.Margin = new Thickness(canvas1.Width / 2 - 10,
74          canvas1.Height / 2 - 10, 0, 0);
75      core.Stroke = Brushes.SteelBlue;
76      core.Fill = Brushes.LightSteelBlue;
77      core.Width = 20;
```

```
78          core.Height = 20;
79          canvas1.Children.Add(core);
80      }
81
82      private void DrawLine(double x1, double y1, int x2, int y2,
83          SolidColorBrush color, int thick, Thickness margin)
84      {
85        Line line = new Line();
86        line.X1 = x1; line.Y1 = y1; line.X2 = x2; line.Y2 = y2;
87        line.Stroke = color;
88        line.StrokeThickness = thick;
89        line.Margin = margin;
90        line.StrokeStartLineCap = PenLineCap.Round;
91        canvas1.Children.Add(line);
92      }
93    }
94 }
```

31~37 ◆ TimerSetting() 메소드에서는 DispatcherTimer 객체 timer을 생성하고 interval 속성을 0.01초로 지정합니다. 타이머의 Tick 이벤트 메소드로 Timer_Tick을 지정한 후 timer를 시작합니다.

43~50 ◆ Timer_Tick() 메소드입니다. 현재 시간을 가져오고, 그림이 그려져 있는 canvas1을 canvas1.Children.Clear() 메소드로 지웁니다. DrawClockFace()를 호출하여 시계판을, DrawHands()를 호출하여 시침, 분침, 초침을 그리게 합니다.

52~57 ◆ DrawClockFace() 메소드는 aClock의 속성을 폭이 30인 파란색으로 지정하고 canvas1.Children.Add() 메소드를 사용하여 캔버스에 그려줍니다.

60~80 ◆ DrawHands() 메소드입니다. DrawLine() 메소드로 시계바늘을 그린 후 중앙에 core 객체를 만들어 canvas1에 자식으로 추가하여 시계배꼽을 나타나게 합니다.

82~92 ◆ DrawLine() 메소드는 (x1, y1)에서 (x2, y2)까지 color 색으로 두께가 thick인 선을 만듭니다. 위치는 Margin 속성을, canvas1.Children.Add() 메소드를 호출하여 선이 나타나게 합니다.

WPF로 만든 시계는 윈도우의 크기를 바꾸어도 항상 중앙에 표시됩니다.

[그림 166-1] 실행 화면

RotateTransform을 이용한 WPF 아날로그 시계

• **학습 내용:** RotateTransfrom을 이용하여 아날로그 시계 프로그램을 작성합니다.
• **힌트 내용:** RotateTransform은 클래스입니다.

앞에서 아날로그 시계를 WinForm과 WPF로 만들어 보았습니다. 이번에는 RotateTransform을 이용하여 아날로그 시계를 만드는 방법을 알아보겠습니다. WPF에서 RotateTransform은 클래스 입니다. 따라서 여러 속성과 메소드를 가지고 있는데 그중에서 Angle(각도)와 기준점(CenterX, CenterY)은 꼭 알아야 합니다. 예를 들어 [그림 167-1]에서 시침이 12시를 가리키고 있다가 2시를 가리키게 되었다면, 이는 시계의 중심점을 기준으로 각도가 60도 만큼 변화한 것입니다. 즉 Angle은 시계방향으로 60도(각도의 단위는 도, 즉 degree임), CenterX, CenterY는 시계의 중심점 입니다.

[그림 167-1] RotateTranform 개념

또, 시계의 둥근 원 주변으로 1분 간격을 표시되는 눈금들은 12시를 가리키고 있는 60개의 Line 들을 시계의 중심점을 기준으로 각각 6도, 12도, 18도, … 360도까지 회전시키면 됩니다.

이렇게 RotateTransform 을 사용하면 Sin, Cos을 이용해서 좌표를 계산했던 것보다 훨씬 쉽게 시계를 그릴 수 있습니다.

먼저 XAML 코드를 보겠습니다. Canvas 안에 Rectangle, Ellipse, 수평 · 수직선 Line 두 개, 시계 바늘을 표현하는 Line 세 개, 그리고 맨 끝의 Ellipse가 시계 배꼽을 표현합니다.

📁 File: A167_WPF_AnalogClock/MainWindow.xaml

```xml
1  <Window x:Class="A167_WPF_AnalogClock.MainWindow"
2   ...
3   Title="WPF Analog Clock" Width="350" Height="350" >
4    <Grid>
5      <Canvas Name="aClock" Width="300" Height="300">
6        <Rectangle Width="300" Height="300" Stroke="LightSteelBlue"/>
7        <Ellipse Width="300" Height="300" Stroke="LightSteelBlue"
8          StrokeThickness="2"/>
9        <Line X1="0" Y1="150" X2="300" Y2="150" Stroke="LightBlue"/>
10       <Line X1="150" Y1="0" X2="150" Y2="300" Stroke="LightBlue"/>
11       <!-- 아래 3개의 Line은 시계바늘 -->
12       <Line Name="secHand" Stroke="Red" StrokeThickness="2"
13         StrokeEndLineCap="Round"/>
14       <Line Name="minHand" Stroke="Green" StrokeThickness="4"
15         StrokeEndLineCap="Round"/>
16       <Line Name="hourHand" Stroke="Blue" StrokeThickness="6"
17         StrokeEndLineCap="Round"/>
18       <!-- 아래 Ellipse는 배꼽 -->
19       <Ellipse Name="center" Width="20" Height="20" Margin="140"
20         Stroke="DarkOliveGreen" StrokeThickness="2" Fill="Chocolate"/>
21     </Canvas>
22   </Grid>
23 </Window>
```

📁 File: A167_WPF_AnalogClock/MainWindow.xaml.cs

```csharp
1 using System;
2 using System.Windows;
3 using System.Windows.Media;
4 using System.Windows.Shapes;
5 using System.Windows.Threading;
6
7 namespace A167_RatationClock
8 {
```

```
9    public partial class MainWindow : Window
10   {
11     // 시침, 분침, 초침의 각도(12시 방향 기준, 시계방향)
12     private double hourDeg;
13     private double secDeg;
14     private double minDeg;
15
16     public MainWindow()
17     {
18       InitializeComponent();
19
20       DrawFace();          // 시계판을 그린다(눈금을 그린다)
21       MakeClockHands();    // 시계바늘을 만든다
22
23       // 타이머 세팅
24       DispatcherTimer dt = new DispatcherTimer();
25       dt.Interval = new TimeSpan(0, 0, 0, 0, 10); // 10ms
26       dt.Tick += Dt_Tick;
27       dt.Start();
28     }
29
30     // 시계판을 그린다
31     private void DrawFace()
32     {
33       // 눈금 60개를 Line 배열로 만든다
34       Line[] marking = new Line[60];
35       int W = 300;   // width of Clock
36
37       for (int i = 0; i < 60; i++)
38       {
39         marking[i] = new Line();
40         marking[i].Stroke = Brushes.LightSteelBlue;
41         marking[i].X1 = W / 2;
42         marking[i].Y1 = 2;
43         marking[i].X2 = W / 2;
44         if (i % 5 == 0)          // 매 다섯번째 눈금은 큰 눈금으로 한다
45         {
```

```
46          marking[i].StrokeThickness = 5;
47          marking[i].Y2 = 20;
48        }
49        else
50        {
51          marking[i].StrokeThickness = 2;
52          marking[i].Y2 = 10;
53        }
54
55        // 눈금 하나 당 중심점을 기준으로 6도씩 회전(RotationTransform)
56        RotateTransform rt = new RotateTransform(6 * i);
57        rt.CenterX = 150; // 회전 중심점
58        rt.CenterY = 150; // 회전 중심점
59        marking[i].RenderTransform = rt;
60        aClock.Children.Add(marking[i]);
61      }
62    }
63
64    private void MakeClockHands()
65    {
66      int W = 300;  // width of Clock
67      int H = 300;  // Height of Clock
68
69      secHand.X1 = W / 2;
70      secHand.Y1 = H / 2;
71      secHand.X2 = W / 2;
72      secHand.Y2 = 20;
73
74      minHand.X1 = W / 2;
75      minHand.Y1 = H / 2;
76      minHand.X2 = W / 2;
77      minHand.Y2 = 40;
78
79      hourHand.X1 = W / 2;
80      hourHand.Y1 = H / 2;
81      hourHand.X2 = W / 2;
82      hourHand.Y2 = 60;
```

```
83       }
84
85       private void Dt_Tick(object sender, EventArgs e)
86       {
87         DateTime currentTime = DateTime.Now;
88
89         int hour = currentTime.Hour;
90         int min = currentTime.Minute;
91         int sec = currentTime.Second;
92         hourDeg = hour % 12 * 30 + min * 0.5;
93         minDeg = min * 6;
94         secDeg = sec * 6;
95
96         // 시계바늘을 Remove & Add
97         aClock.Children.Remove(hourHand);
98         RotateTransform hourRt = new RotateTransform(hourDeg);
99         hourRt.CenterX = hourHand.X1;
100        hourRt.CenterY = hourHand.Y1;
101        hourHand.RenderTransform = hourRt;
102        aClock.Children.Add(hourHand);
103
104        aClock.Children.Remove(minHand);
105        RotateTransform minRt = new RotateTransform(minDeg);
106        minRt.CenterX = minHand.X1;
107        minRt.CenterY = minHand.Y1;
108        minHand.RenderTransform = minRt;
109        aClock.Children.Add(minHand);
110
111        aClock.Children.Remove(secHand);
112        RotateTransform secRt = new RotateTransform(secDeg);
113        secRt.CenterX = secHand.X1;
114        secRt.CenterY = secHand.Y1;
115        secHand.RenderTransform = secRt;
116        aClock.Children.Add(secHand);
117
118        // 배꼽
119        aClock.Children.Remove(center);
```

```
120        aClock.Children.Add(center);
121    }
122  }
123 }
```

시침, 분침, 초침의 각도를 지정하기 위한 변수를 선언합니다. ◆ 12~14

MainWindow() 생성자 메소드입니다. DrawFace(), MakeClockHands() 메소드를 호출하고 타이 ◆ 16~28
머를 10ms로 세팅합니다.

DrawFace() 메소드는 시계판을 그립니다. 60개의 눈금을 Line 배열로 만듭니다. 첫 번째 Line인 ◆ 31~53
marking[0]를 보면 X1=150, Y1=2, X2=150이 됩니다. 즉 12시 방향으로 서있는 Line 하나인데,
Y2는 아직 결정되지 않은 상태입니다. 시계의 눈금은 5분 단위로 큰 눈금이 있고, 그 외의 눈금
들은 작은 눈금이기 때문에 매 5번째 Line은 더 두껍게(StrokeThickness = 5), 길게(Y2=20) 만들
고, 그 외의 Line은 가늘게(StrokeThickness = 2), 짧게(Y2 = 10) 만듭니다.

그리고 RotateTransform 객체 rt를 만듭니다. 이 객체는 각도와 중심점을 지정해야 하는데 각도 ◆ 56~61
는 한 눈금이 6도씩이므로 for 루프에서 i번째 눈금은 6*i 로 설정합니다. 모든 Line의 중심점은
시계의 중심점이 됩니다. 그리고 marking[i].RenderTransfom = rt라고 해주면 그 Line이 해당하
는 각도만큼 회전하게 됩니다. 이렇게 회전시킨 Line을 aClock의 자식으로 추가합니다.

MakeClockHands() 메소드에서는 시침, 분침, 초침을 만들어 줍니다. XAML 파일에서 secHand, ◆ 64~83
minHand, hourhand를 만들어 두었으므로 여기에서는 X1, Y1, X2, Y2를 설정합니다. Line의 두
점을 지정하는데 시침, 분침, 초침 모두 (X1, Y1)은 중심점이 되고, X2는 시침, 분침, 초침에
따라 위치가 정해집니다. 즉 초침이 가장 기니까 Y2 좌표가 제일 위쪽인 20, 분침은 40, 시침은
60으로 합니다. 이 시계바늘들은 시계 중심점에서 12시 방향으로 서있는 모습이 됩니다. 여기에
현재 시간에 따라 로테이션을 적용할 것입니다.

Dt_Tick() 메소드입니다. 현재 시간으로부터 시, 분, 초를 가져와서 각 바늘의 각도를 계산합 ◆ 85~122
니다. 현재 시계바늘를 지우고 새로 시계바늘을 계산된 각도만큼 RotateTransform해서 aClock.
Children.Add()로 추가합니다. 맨 아래 배꼽은 바늘이 그려지면서 지워지기 때문에 바늘을 그린
후 다시 한번 그려주어야 합니다.

정리하면, WPF에서는 Line, Ellipse, Rectangle 등 모든 그래픽 요소들이 UIElement입니다. 기준점과 각도에 따라서 회전을 시켜주는 RotateTransform 객체를 만들어 RenderTransform하면 UIElement가 회전하게 됩니다. 이를 이용하여 시계바늘을 쉽게 구현할 수 있습니다.

[그림 167-2] 실행 화면

WPF 몬테카를로 시뮬레이션으로 원주율 찾기

- **학습 내용**: 몬테카를로 시뮬레이션으로 원주율을 찾아내는 프로그램을 작성합니다.
- **힌트 내용**: 몬테카를로 시뮬레이션은 확률적인 방법으로 값을 구합니다.

원의 둘레나 면적을 구할 때 사용하는 원주율 π는 근사값으로 3.14라는 값을 알고 있습니다. 50장에서 라이프니츠의 공식으로 원주율을 계산했습니다. 원주율을 구하는 또 다른 확률적인 방법으로 몬테카를로 시뮬레이션이라고 합니다. [그림 168-1]에 반지름이 r인 원과 사각형이 있습니다.

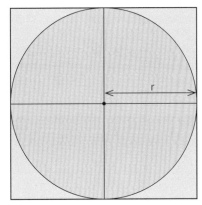

[그림 168-1] 반지름이 r인 원과 사각형

이 사각형의 면적은 $4r^2$이고 원의 면적은 $πr^2$입니다. 원의 면적과 사각형의 면적의 비율은 4/π입니다. 따라서 π = 4×원 면적/사각형 면적입니다. 원 면적과 사각형 면적의 비율은 많은 수의 랜덤한 점을 사각형 안에 위치하게 해서 그 점이 원안에 위치하는지 원 바깥에 위치하는지의 비율을 계산하면 구할 수 있습니다. 당연히 랜덤 숫자 발생기가 정말 랜덤한 숫자를 만들수록, 그리고 점의 수가 많을수록 정확한 값을 구할 수 있습니다.

XAML 파일로 만드는 디자인은 〈DockPanel〉 안에 〈Grid〉와 〈StatusBar〉를 배치합니다. 〈Grid〉 안에는 〈Rectangle〉과 〈Ellipse〉를 포함하는 〈Canvas〉를 배치하고, 〈StatusBar〉 안에는 〈TextBlock〉을 하나 배치합니다.

```xml
1  <Window x:Class="A168_WPF_MonteCarloPI.MainWindow"
2   ...
3   Title="Finding PI" Height="495" Width="450">
4    <DockPanel>
5      <Grid Name="grid1" Margin="10" DockPanel.Dock="Top">
6        <Canvas Name="canvas1" Height="400" Width="400">
7          <Rectangle Stroke="Black" Width="400" Height="400"></Rectangle>
8          <Ellipse Stroke="SlateBlue" Width="400" Height="400"></Ellipse>
9        </Canvas>
10     </Grid>
11     <StatusBar DockPanel.Dock="Bottom" Background="White"
12      Margin="20,0,20,10">
13        <TextBlock Name="txtStatus"/>
14     </StatusBar>
15   </DockPanel>
16 </Window>
```

```csharp
1  using System;
2  using System.Windows;
3  using System.Windows.Controls;
4  using System.Windows.Media;
5  using System.Windows.Shapes;
6  using System.Windows.Threading;
7
8  namespace A168_WPF_MonteCarloPI
9  {
10   public partial class MainWindow : Window
11   {
12     int iCnt = 0;
13     int oCnt = 0;
14
15     DispatcherTimer timer = new DispatcherTimer();
```

```
16      Random r = new Random();
17
18      public MainWindow()
19      {
20        InitializeComponent();
21
22        timer.Interval = new TimeSpan(10000);   // 1ms
23        timer.Tick += Timer_Tick;
24        timer.Start();
25      }
26
27      private void Timer_Tick(object sender, EventArgs e)
28      {
29        Rectangle rect = new Rectangle();
30        rect.Width = 1;
31        rect.Height = 1;
32
33        int x = r.Next(0, 400);
34        int y = r.Next(0, 400);
35
36        if ((x - 200) * (x - 200) + (y - 200) * (y - 200) <= 40000)
37        {
38          rect.Stroke = Brushes.Red;
39          iCnt++;
40        }
41        else
42        {
43          rect.Stroke = Brushes.Blue;
44          oCnt++;
45        }
46        int count = iCnt + oCnt;
47        double pi = (double)iCnt / count * 4;
48        txtStatus.Text = "n = " + count + ", In: " + iCnt + ",
49          Out: " + oCnt + ", PI = " + pi;
50        Canvas.SetLeft(rect, x);
51        Canvas.SetTop(rect, y);
52        canvas1.Children.Add(rect);
```

```
53      }
54    }
55  }
```

12~13 ◆ 원 안과 밖에 위치하는 점의 개수입니다.

15~16 ◆ 타이머 객체 timer와 Random 객체 r을 생성합니다.

22~25 ◆ timer의 Interval을 10,000Tick, 즉 1밀리초로 설정하고 Tick 메소드를 추가하고 timer를 시작합니다. 1Tick은 100나노초입니다.

27 ◆ Timer_Tick() 메소드입니다.

29~34 ◆ Rectangle 객체 rect를 만들고 Width와 Height를 1로 정합니다. 이 사각형을 그리면 점으로 표시됩니다. 0과 399 사이의 숫자를 랜덤하게 생성하여 x, y에 할당합니다.

36~45 ◆ 점 (x, y)가 반지름 200인 원 안에 있는지를 체크하여 true이면 빨간점으로 만들고 iCnt를 하나 증가시킵니다. false이면 파란점으로 만들고 oCnt를 하나 증가시킵니다.

46~47 ◆ count는 iCnt와 oCnt를 더한 값입니다. pi는 (double)iCnt/count * 4로 계산합니다.

48 ◆ txtStatus에 현재 count, iCnt, oCnt, pi 값을 출력합니다.

50~52 ◆ rect를 그립니다. x, y 위치에 그리기 위해 Canvas.SetLegt(), Canvas.SetTop() 메소드를 사용합니다. canvas1에 자식으로 추가하면 그려집니다.

반복 횟수가 많아지면 π 값이 보다 정확하게 수렴합니다.

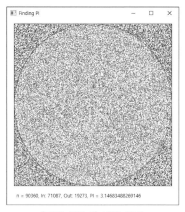

[그림 168-1] 실행 화면

WPF에서 WinForm 컨트롤 사용

- **학습 내용:** WPF에서 Winform 컨트롤을 사용하는 방법을 학습합니다.
- **힌트 내용:** 솔루션 탐색기에서 참조에 System.Windows.Forms를 추가합니다

WPF와 WinForm은 제공하는 컨트롤이 조금 다릅니다. 그 종류의 다양함이나 오랫동안 사용되어 왔던 역사를 생각하면 WPF에서 윈폼의 컨트롤을 사용할 필요가 있습니다. 예를 들어 OpenFileDialog나 Chart는 윈폼에는 있지만 WPF에는 없는 컨트롤입니다. 이번에는 WPF에서 WinForm의 컨트롤을 사용하는 방법을 알아보겠습니다.

먼저 WPF로 프로젝트를 만듭니다. 솔루션 탐색기 참조 부분에 마우스 오른쪽 버튼을 누르고 "참조 추가" 메뉴를 선택하면 참조관리자 창이 나타납니다. 참조관리자에서 어셈블리 탭에서 System.Windows.Forms를 선택하고 추가합니다. WPF의 디자이너 창에서 다음과 같이 XAML 코드를 입력합니다.

📁 **File: A169_UsingWFControlInWPF/MainWindow.xaml**

```
 1  <Window x:Class="A169_UsingWFControlInWPF.MainWindow"
 2  ...
 3  Title="MainWindow" Height="370" Width="540">
 4    <StackPanel>
 5      <Button Content="Browse" Width="100" Height="30" Margin="10"
 6        Click="Btn_Click"></Button>
 7      <ListBox Name="lbFiles" Width="500" Height="250"
 8        Margin="10"></ListBox>
 9    </StackPanel>
10  </Window>
```

⟨StackPanel⟩을 사용합니다. ◆ 4

⟨Button⟩을 추가합니다. 클릭 이벤트 메소드는 Btn_Click으로 지정합니다. ◆ 5

⟨ListBox⟩를 추가합니다. 리스트박스의 이름은 lbFiles입니다. ◆ 7

C# 소스코드를 보겠습니다.

```csharp
1  using System.Windows;
2  using System.Windows.Forms;
3
4  namespace A180_UsingWFControlInWPF
5  {
6    public partial class MainWindow : Window
7    {
8      public MainWindow()
9      {
10       InitializeComponent();
11     }
12
13     private void Btn_Click(object sender, RoutedEventArgs e)
14     {
15       OpenFileDialog ofd = new OpenFileDialog();
16       ofd.InitialDirectory = @"C:\Users\bikang\Pictures"
17       ofd.Multiselect = true;
18       var result = ofd.ShowDialog();
19       if(result == System.Windows.Forms.DialogResult.OK)
20       {
21         foreach (var s in ofd.FileNames)
22         {
23           lbFiles.Items.Add(s);
24         }
25       }
26     }
27   }
28 }
```

2 ◆ 윈폼의 OpenFileDialog를 사용하기 위해 System.Windows.Forms를 추가합니다.

13 ◆ "Browser" 버튼을 클릭할 때 실행되는 Btn_Click 메소드의 정의입니다.

15~17 ◆ OpenFileDialog 객체 ofd를 생성하고 InitialDirectory 속성과 Multiselect 속성을 지정합니다.

ShowDialog()로 대화창을 열고 결과를 result에 할당합니다.

◆ **18**

OK 버튼을 클릭하면 선택한 파일들의 파일 이름들을 리스트박스에 추가합니다.

◆ **19~25**

[그림 169-1]은 "Browse" 버튼을 클릭했을 때 나타나는 OpenFileDialog입니다. 여기에서 여러 개의 파일을 선택하고 "열기" 버튼을 클릭하면 DialogResult.OK가 리턴되고 [그림 169-2]와 같이 리스트박스에 선택된 파일들의 이름이 표시됩니다.

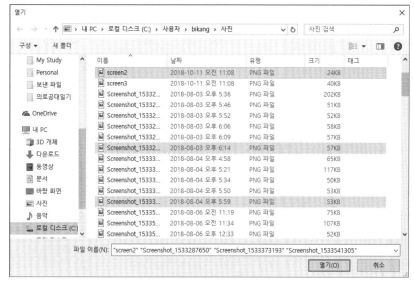

[그림 169-1] OpenFileDialog 창

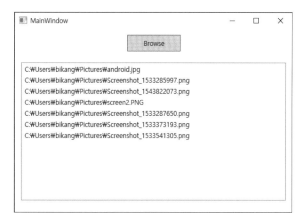

[그림 169-2] 선택된 파일들이 리스트박스에 표시됨

Chart 컨트롤 사용

• **학습 내용 :** 윈폼의 차트컨트롤 사용법을 학습합니다.
• **힌트 내용 :** ChartArea와 Series의 차이점을 이해합니다.

윈폼에는 다양한 차트를 만들 수 있는 Chart 컨트롤이 제공됩니다. Chart 컨트롤은 System. Windows.Forms.DataVisualization.Charting 네임스페이스 안에 있으므로 C# 코드에서 차트 컨트롤을 사용하려면 using 문으로 이 네임스페이스를 포함해야 합니다. Chart 컨트롤은 도구상자의 Data 부분에 있는데 이를 드래그 앤 드롭하면 그래프 모양의 차트 컨트롤이 보입니다. 차트를 만들기 위해 차트 컨트롤에서 사용하는 기본 용어를 알아야 합니다.

- **ChartArea** : 차트가 그려지는 영역입니다. 하나의 차트 객체는 하나 이상의 ChartArea(차트 영역)을 가질 수 있습니다.
- **Series** : 차트 영역에 표시되는 데이터를 말합니다. 하나의 차트 영역에 두 개 이상의 시리즈가 있을 수 있습니다. 차트의 종류를 지정할 수 있으며 차트 영역이 두 개 이상이라면 시리즈 별로 어떤 차트 영역에 그려질 지를 지정할 수 있습니다.
- **Legends** : 범례입니다. 시리즈마다 범례를 가질 수 있습니다.
- **Titles** : 차트 컨트롤 상단에 표시되는 제목입니다.

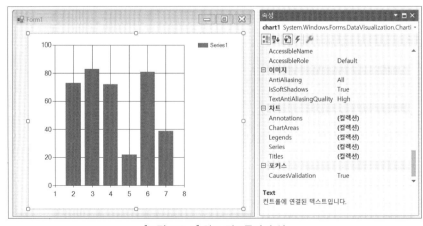

[그림 170-1] 차트 컨트롤과 속성

[그림 170-1]에 차트 컨트롤의 속성들이 보입니다. 이중에 ChartArea, Legends, Series, Titles 속성은 컬렉션으로 되어 있습니다. 여러 개를 지정할 수 있다는 뜻인데, ChartArea의 컬렉션 부분을 클릭하면 [그림 170-2]와 같이 편집기 화면이 나타납니다. 디폴트로 ChartArea1이 멤버로 들어가 있는 것을 볼 수 있습니다. 비슷하게 Legends에는 Legend1, Series에는 Series1이 디폴트로 하나씩 들어가 있습니다.

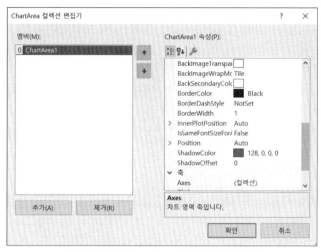

[그림 170-2] ChartArea 컬렉션 편집기 화면

디폴트로 주어진 Series1에 10명의 성적을 넣어서 그래프로 표시하는 프로그램을 만들어 보겠습니다. 10명의 성적은 랜덤하게 만들겠습니다. 디자인은 Chart 컨트롤 하나를 폼에 위치시키는 것으로 끝납니다. Chart 컨트롤은 Dock 속성을 Fill로 하여 Form에 가득 차게 합니다.
C# 소스코드는 다음과 같습니다. Series에 데이터 value를 추가할 때는 Add()나 AddXY() 메소드를 사용합니다. Series의 범례를 바꿀 때는 LegendText 속성을 지정합니다.

📁 **File: A170_ChartControl/Form1.cs**

```
1 using System;
2 using System.Windows.Forms;
3 using System.Windows.Forms.DataVisualization.Charting;
4
5 namespace A170_ChartControl
6 {
7   public partial class Form1 : Form
```

```
 8  {
 9    public Form1()
10    {
11      InitializeComponent();
12      this.Text = "Using Chart Control";
13    }
14
15    private void Form1_Load(object sender, EventArgs e)
16    {
17      Random r = new Random();
18      chart1.Titles.Add("중간고사 성적");
19      for(int i=0; i<10; i++)
20      {
21        chart1.Series["Series1"].Points.Add(r.Next(100));
22      }
23      chart1.Series["Series1"].LegendText = "수학";
24      chart1.Series["Series1"].ChartType = SeriesChartType.Line;
25    }
26  }
27 }
```

3 ◆ Chart 컨트롤을 사용하기 위해 System.Windows.Forms.DataVisualization.Charting 네임스페이스를 추가합니다.

12 ◆ Form1의 생성자 메소드에서 폼의 Text 속성을 바꿉니다. 폼의 타이틀바에 표시되는 글자입니다.

15 ◆ Form1_Load() 메소드입니다. 디자이너에서 폼을 더블클릭하면 메소드의 틀이 코드창에 나타납니다. 폼이 시작될 때 수행되는 메소드입니다.

17 ◆ Random 객체 r을 생성합니다.

18 ◆ chart1의 제목을 "중간고사 성적"으로 바꿉니다.

19~22 ◆ chart1의 "Series1" 시리즈에 랜덤하게 점수를 추가합니다. 이때 x 좌표의 값은 1부터 순차적으로 들어갑니다.

23 ◆ "Series1"의 범례를 "수학"으로 바꿉니다.

"Series1"의 차트 종류의 디폴트는 Column으로 막대그래프입니다. ChartType을 Line으로 바꾸면 [그림 170−3]과 같은 선그래프로 바꿉니다. ◆ 24

제목과 범례가 표시되는 차트입니다.

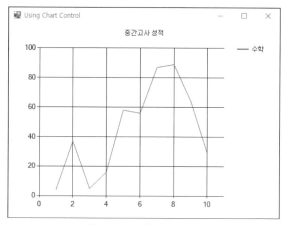

[그림 170−3] 실행 화면

두 개의 차트 영역,
두 개의 시리즈 사용하기

- **학습 내용 :** 두 개의 차트 영역과 두 개의 시리즈를 갖는 Chart를 만듭니다.
- **힌트 내용 :** 차트 영역과 시리즈의 차이점을 이해합니다.

Chart 컨트롤 하나는 ChartArea 컬렉션과 Series 컬렉션을 갖습니다. ChartArea는 차트가 그려지는 영역이고 Series는 데이터를 의미합니다. 즉 Chart 컨트롤 하나가 여러 개의 차트 영역과 시리즈를 가질 수 있습니다. Chart 컨트롤을 폼에 추가하면 디폴트로 ChartArea1과 Series1이 추가되어 있습니다.

프로그램은 처음 실행될 때 [그림 171-1]과 같이 두 개의 차트 영역에 두 개의 시리즈(수학, 영어)가 표시되게 합니다. 아래에 있는 "합쳐서 그리기" 버튼을 클릭하면 [그림 171-2]와 같이 두 개의 시리즈가 하나의 차트 영역에 표시되게 합니다. 다시 "나누어 그리기"를 클릭하면 처음과 같이 두 개의 차트 영역에 각각의 시리즈가 그려지게 합니다.

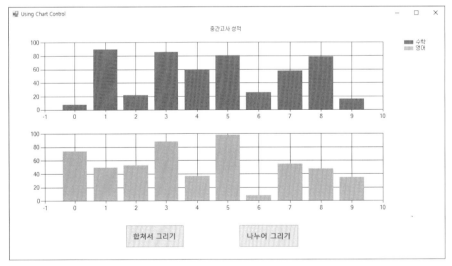

[그림 171-1] 두 개의 차트 영역에 각각 하나씩의 시리즈 표시

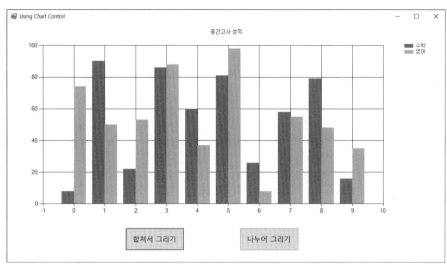

[그림 171-2] 한 개의 차트 영역에 두 개의 시리즈 표시

디자인을 설명합니다. 도구상자에서 "데이터" 탭에 있는 Chart를 폼에 드래그 앤 드롭합니다. 차트 아래에 두 개의 버튼을 위치시키고 하나의 버튼에는 "합쳐서 그리기"라고 쓰고 Name 속성을 btnOneChartArea라고 바꿉니다. 또 다른 하나의 버튼은 "나누어 그리기"라고 쓰고 Name 속성은 btnTwoChartArea라고 바꿉니다.

C# 소스코드는 다음과 같습니다.

📁 File: A171_ChartControlWithTwoSeries/Form1.cs

```
1  using System;
2  using System.Windows.Forms;
3  using System.Windows.Forms.DataVisualization.Charting;
4
5  namespace A171_ChartControlWithTwoSeries
6  {
7    public partial class Form1 : Form
8    {
9      public Form1()
10     {
11       InitializeComponent();
12       this.Text = "Using Chart Control";
```

```
13        }
14
15     private void Form1_Load(object sender, EventArgs e)
16     {
17       chart1.Titles.Add("중간고사 성적");
18       chart1.Series.Add("Series2");
19       chart1.Series["Series1"].LegendText = "수학";
20       chart1.Series["Series2"].LegendText = "영어";
21
22       chart1.ChartAreas.Add("ChartArea2");
23       chart1.Series["Series2"].ChartArea = "ChartArea2";
24
25       Random r = new Random();
26       for(int i=0; i<10; i++)
27       {
28         chart1.Series["Series1"].Points.AddXY(i, r.Next(100));
29         chart1.Series["Series2"].Points.AddXY(i, r.Next(100));
30       }
31     }
32
33     private void btnOneChartArea_Click(object sender, EventArgs e)
34     {
35       chart1.ChartAreas.RemoveAt(chart1.ChartAreas.IndexOf("ChartArea2"));
36       chart1.Series["Series2"].ChartArea = "ChartArea1";
37     }
38
39     private void btnTwoChartArea_Click(object sender, EventArgs e)
40     {
41       chart1.ChartAreas.Add("ChartArea2");
42       chart1.Series["Series2"].ChartArea = "ChartArea2";
43     }
44   }
45 }
```

12 ◆ 폼의 타이틀바에 보이는 글자를 바꿉니다.

15 ◆ Form1_Load() 메소드입니다. 프로그램이 시작되어 폼이 로드될 때 실행되는 메소드입니다.

chart1의 제목을 "중간고사 성적"으로 합니다.　　　　　　　　　　　　　　　　◆ **17**

chart1에는 디폴트로 "Series1"이라는 시리즈가 있는데, "Series2"라는 이름의 Series를 추가합니다. ◆ **18**
시리즈의 이름은 상수이며 원하는대로 쓸 수 있습니다.

"Series1"은 "수학", "Series2"는 "영어"라고 범례를 정합니다.　　　　　　　　　　◆ **19~20**

chart1에는 디폴트로 "CharArea1"이라는 차트 영역이 있는데 "ChartArea2"라는 차트 영역을 추가 ◆ **22**
합니다.

"Series2"의 ChartArea를 "ChartArea2"로 지정합니다. 영어 점수는 두 번째 차트 영역에 표시됩 ◆ **23**
니다.

Random 객체 r을 생성합니다.　　　　　　　　　　　　　　　　　　　　　　◆ **25**

"Series1"과 "Series2" 시리즈에 랜덤하게 10개의 데이터를 추가합니다.　　　　　◆ **26**

"합쳐서 그리기" 버튼을 클릭하면 차트 영역 "ChartArea2"를 삭제하고 "Series2"의 ChartArea를 ◆ **33~37**
"ChartArea1"으로 지정합니다. "ChartArea1"에 두 개의 시리즈가 다 표시됩니다.

"나누어 그리기" 버튼을 클릭하면 "ChartArea2"를 추가하고 "Series2"의 ChartArea를 "ChartArea2" ◆ **39~43**
로 지정합니다.

Chart 컨트롤을 이용한
수학 함수 그래프 그리기

• **학습 내용 :** 차트 컨트롤을 이용하여 수학 함수의 그래프를 그립니다.
• **힌트 내용 :** AddXY 메소드를 사용합니다.

Chart 컨트롤을 이용하면 수학 함수를 그래프로 그릴 수 있습니다. sin(x)/x와 cos(x)/x의 그래프를 그려보겠습니다. 먼저 디자인입니다. 도구상자에서 "데이터" 탭에 있는 Chart를 폼에 드래그 앤 드롭합니다. 속성창에서 Chart 속성의 Dock을 Fill로 만들어 폼에 차트가 가득차게 합니다.

차트 컨트롤에는 여러 개의 ChartArea, 여러 개의 Series, 여러 개의 범례들이 있을 수 있습니다. 그래프가 표시되는 영역이 ChartArea입니다. 하나의 차트 영역 안에 여러 개의 그래프가 표시될 수 있는데 그래프 하나는 시리즈 하나로 표시됩니다. 그래프는 OnPaint() 메소드 안에 만들겠습니다. OnPaint() 함수는 Paint 이벤트를 처리하는 메소드로, 프로그램이 시작되거나 다른 창이 덮었다 없어졌을 때, 폼이 최소화되었다가 원래로 돌아올 때처럼 폼의 내용을 다시 그려야 하는 Paint 이벤트가 발생할 때 호출되는 메소드입니다.

C# 소스코드는 다음과 같습니다.

📁 **File: A172_GraphWithChartControl/Form1.cs**

```
1 using System;
2 using System.Drawing;
3 using System.Windows.Forms;
4 using System.Windows.Forms.DataVisualization.Charting;
5
6 namespace A172_GraphWithChartControl
7 {
8   public partial class Form1 : Form
9   {
10     public Form1()
11     {
```

```
12        InitializeComponent();
13        this.Text = "Graph using Chart";
14    }
15
16    protected override void OnPaint(PaintEventArgs e)
17    {
18        chart1.ChartAreas[0].BackColor = Color.Black;
19
20        // ChartArea X축과 Y축을 설정
21        chart1.ChartAreas[0].AxisX.Minimum = -20;
22        chart1.ChartAreas[0].AxisX.Maximum = 20;
23        chart1.ChartAreas[0].AxisX.Interval = 2;
24        chart1.ChartAreas[0].AxisX.MajorGrid.LineColor = Color.Gray;
25        chart1.ChartAreas[0].AxisX.MajorGrid.LineDashStyle =
26          ChartDashStyle.Dash;
27
28        chart1.ChartAreas[0].AxisY.Minimum = -2;
29        chart1.ChartAreas[0].AxisY.Maximum = 2;
30        chart1.ChartAreas[0].AxisY.Interval = 0.5;
31        chart1.ChartAreas[0].AxisY.MajorGrid.LineColor = Color.Gray;
32        chart1.ChartAreas[0].AxisY.MajorGrid.LineDashStyle =
33          ChartDashStyle.Dash;
34
35        // Series 설정(Sin)
36        chart1.Series[0].ChartType = SeriesChartType.Line;
37        chart1.Series[0].Color = Color.LightGreen;
38        chart1.Series[0].BorderWidth = 2;
39        chart1.Series[0].LegendText = "sin(x)/x";
40
41        // Series 추가, 설정(Cos)
42        if(chart1.Series.Count == 1) {
43          chart1.Series.Add("Cos");
44          chart1.Series["Cos"].ChartType = SeriesChartType.Line;
45          chart1.Series["Cos"].Color = Color.Orange;
46          chart1.Series["Cos"].BorderWidth = 2;
47          chart1.Series["Cos"].LegendText = "cos(x)/x";
48        }
```

```
49
50        for (double x = -20; x < 20; x += 0.1)
51        {
52          double y = Math.Sin(x) / x;
53          chart1.Series[0].Points.AddXY(x, y);
54          y = Math.Cos(x) / x;
55          chart1.Series["Cos"].Points.AddXY(x, y);
56        }
57      }
58    }
59 }
```

4 ◆ Chart 콘트롤을 사용하기 위해 DataVisualization.Charting 네임스페이스를 추가합니다.

13 ◆ Form1의 생성자 메소드에서 폼의 Text 속성을 바꿉니다. 폼의 타이틀 바에 표시되는 글자입니다.

16 ◆ OnPaint() 메소드입니다. 폼이 시작될 때를 포함해서 Paint 이벤트가 발생할 때 수행됩니다.

18~33 ◆ chart1에 디폴트로 추가되어 있는 ChartArea[0]의 배경색을 검은색으로 바꾸고 x축과 y축을 설정합니다. 최소, 최대, 간격, 그리드의 색과 스타일을 설정합니다.

36~39 ◆ chart1에 디폴트로 추가되어 있는 Series의 차트 타입, 색, 선 두께, 범례를 지정합니다.

42~48 ◆ chart1의 시리즈 개수가 1이라면 "Cos"이라는 이름의 시리즈를 추가하고 차트 타입, 색, 선 두께, 범례를 지정합니다. 두 번째 시리즈는 Series["Cos"]처럼 이름으로 사용해도 되고, 숫자로 Series[1]처럼 사용해도 됩니다. 이제 그래프 두 개가 하나의 차트 영역에 표시됩니다.

50~56 ◆ x 값이 −20에서 +20까지 0.1씩 증가하면서 Sin 시리즈에는 Sin(x)/x, Cos 시리즈에는 Cos(x)/x 의 값을 추가합니다.

하나의 차트 영역에 두 개의 시리즈와 두 개의 범례가 표시됩니다.

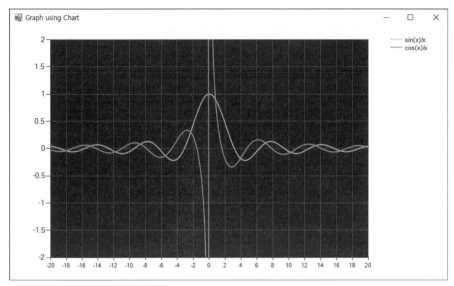

[그림 172-1] 실행 화면

메모장 프로그램 ①

윈도우 기본 프로그램에 있는 메모장(notepad)과 유사한 프로그램을 만들어 보겠습니다. 메모장 프로그램에서는 (1) MessageBox에서 응답을 처리하는 방법 (2) OpenFileDialog 사용 방법 (3) SaveFileDialog 사용 방법을 학습합니다.

디자이너에서 메뉴스트립을 넣고, RichTextBox를 부모 컨테이너에 도킹시켜 배치합니다. RichTextBox의 이름을 txtMemo로 바꿉니다. OpenFileDialog와 SaveFileDialog도 추가합니다. 메뉴는 파일과 편집, 두개 항목으로 만들고 파일의 하부 메뉴에는 새로 만들기, 열기, 저장, 끝내기를 둡니다. 하부 메뉴는 복사하기와 붙여넣기의 두 가지를 둡니다.

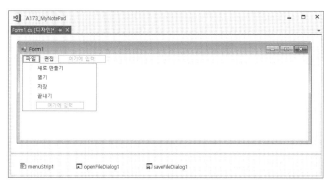

[그림 173-1] 디자인 화면

각 메뉴에 해당하는 이벤트 처리 메소드들을 만듭니다. 메뉴 항목별로 이벤트 처리 메소드가 필요한데 이 장에서는 "새로 만들기" 메뉴만 코딩하겠습니다. 나머지 부분은 다음 장에서 설명합니다.

(1) 새로 만들기

"새로 만들기" 메뉴가 선택되면 새로운 문서가 시작됩니다. 이때 현재 작업 중인 파일이 저장될 필요가 있을 수도 있으므로 MessageBox에 "변경된 내용을 저장하겠습니까?"하고 확인합니다. 저장해야 한다면 SaveFileDialog를 사용하여 현재 문서의 내용을 저장한 후 새로운 문서를 시작해야 합니다. 이 과정을 FileProcessBeforeClose()라는 메소드로 만들었습니다.

📁 File: A173_MyNotePad/Form1.cs(일부)

```
1  using System;
2  using System.IO;
3  using System.Windows.Forms;
4
5  namespace A173_MyNotePad
6  {
7    public partial class Form1 : Form
8    {
9      private bool modifyFlag = false;
10     private string fileName = "noname.txt";
11
12     public Form1()
13     {
14       InitializeComponent();
15       this.Text = fileName + " - myNotePad";
16     }
17
18     // RichTextBox의 TextChanged Event 처리 메소드
19     private void txtMemo_TextChanged(object sender, EventArgs e)
20     {
21       modifyFlag = true;
22     }
23
24     private void 새로만들기ToolStripMenuItem_Click(object sender, EventArgs e)
25     {
26       FileProcessBeforeClose();
27
28       txtMemo.Text = "";
29       modifyFlag = false;
30       fileName = "noname.txt";
31     }
32
```

```
33      private void FileProcessBeforeClose()
34      {
35        if (modifyFlag == true)
36        {
37          DialogResult ans = MessageBox.Show("변경된 내용을 저장하겠습니까?",
38              "저장", MessageBoxButtons.YesNo);
39          if (ans == DialogResult.Yes)
40          {
41            if (fileName == "noname.txt")  // 파일 이름을 지정하지 않았다면
42            {
43              if (saveFileDialog1.ShowDialog() == DialogResult.OK)
44              {
45                StreamWriter sw = File.CreateText(saveFileDialog1.FileName);
46                sw.WriteLine(txtMemo.Text);
47                sw.Close();
48              }
49            }
50            else  // 파일 이름이 지정되어 있다면
51            {
52              StreamWriter sw = File.CreateText(fileName);
53              sw.WriteLine(txtMemo.Text);
54              sw.Close();
55            }
56          }
57        }
58      }
59      // 174장의 코드는 이곳에 추가됩니다.
60    }
61 }
```

2 ◆ 파일 입출력을 위해 System.IO를 using 문으로 추가합니다.

9~10 ◆ 문서가 수정되었는지는 체크하는 modifyFlag와 fileName을 선언합니다.

15 ◆ Form1() 생성자 메소드에서 파일 이름을 타이틀바에 표시하도록 합니다.

19~22 ◆ RichTextBox에서 글자가 변경되면 modifyFlag를 true로 바꿉니다.

"새로 만들기" 메뉴 항목이 선택되었을 때 호출되는 메소드입니다. 작업 중이던 내용에 대한 ◆ 24
처리 메소드 FileProcessBeforeClose()를 호출하고 RichTextBox의 내용을 지우고 modifyFlag와
fileName을 초기 상태로 돌려 놓습니다.

FileProcessBeforeClose() 메소드입니다. 작업 중이던 내용이 있었다면 modifyFlag는 true입니 ◆ 33~58
다. false라면 처리할 내용이 없습니다. modifyFlag가 true라면 다음과 같은 메시지박스를 보
여주고 대답을 선택하게 합니다. 메시지박스는 무엇을 선택하는지에 따라 DialogResult.Yes와
DialogResult.No를 리턴합니다.

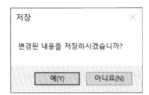

[그림 173-2] 메시지박스를 띄워서 저장할지를 선택하게 함

"예"를 선택하면 또 확인할 것이 있습니다. fileName이 초기 상태인지 아닌지 여부입니다. ◆ 39

fileName이 초기 상태, 즉 "noname.txt"라면 saveFileDialog를 띄워서 저장할 파일 이름을 설정하 ◆ 41~49
게 합니다. 그 파일 이름으로 File.CreateText() 메소드로 StreamWrite를 만들고 txtMemo의 내용
을 써준 후 닫습니다.

이미 파일 이름이 지정되어 있다면 그 파일에 내용을 쓰고 닫아줍니다. ◆ 50~55

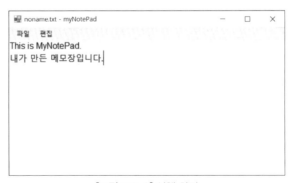

[그림 173-3] 실행 화면

메모장 프로그램 ②

- **학습 내용:** 윈도우 기본 프로그램인 메모장 프로그램을 만듭니다.
- **힌트 내용:** RichTextBox를 사용합니다.

앞장에서 메모장 프로그램의 디자인과 "새로 만들기" 메뉴의 처리까지 코딩했습니다. 계속해서 메뉴 항목별 이벤트 처리 메소드들을 살펴보겠습니다.

(2) 열기

"열기" 메뉴에서도 새 파일을 열기 전에 현재 작업 중인 파일이 있다면 이를 먼저 저장할 필요가 있으므로 FileProcessBeforeClose()를 호출합니다. 파일을 열기 위해서는 OpenFileDialog를 사용합니다. 파일이 없으면 에러가 나므로 try~catch 문을 사용합니다.

(3) 저장

저장할 때는 SaveFileDialog를 사용하여 어느 폴더에 어느 이름으로 저장할 지를 지정합니다. fileName이 디폴트인 noname.txt라면 파일 이름을 지정하게 한 후 File.Create Text(fileName)을 사용하여 텍스트 파일을 생성합니다. 저장할 내용을 WriteLine(string)로 파일에 씁니다.

(4) 끝내기

프로그램을 끝낼 때도 현재 작업 중이 문서가 있다면 이를 저장할지 물어봐야 합니다. FileProcessBeforeClose() 함수를 수행하고 Close()로 폼을 닫아 줍니다.

다음의 소스코드는 앞장의 소스코드 59번째 줄 이후에 추가됩니다.

📁 **File: A173_MyNotePad/Form1.cs(일부)**

```
1    private void 열기ToolStripMenuItem_Click(object sender, EventArgs e)
2    {
3        // 현재 열려있는 파일이 수정되었다면 먼저 저장할 필요가 있다.
4        FileProcessBeforeClose();
5
```

```
6        openFileDialog1.ShowDialog();
7        fileName = openFileDialog1.FileName;
8        this.Text = fileName + " - myNotePad";
9        try
10       {
11          StreamReader r = File.OpenText(fileName);
12          txtMemo.Text = r.ReadToEnd();
13
14          modifyFlag = false;
15          r.Close();
16       }
17       catch (Exception ex)
18       {
19          MessageBox.Show(ex.Message);
20       }
21    }
22
23    private void 저장ToolStripMenuItem_Click(object sender, EventArgs e)
24    {
25       if (fileName == "noname.txt")
26       {
27          saveFileDialog1.ShowDialog();
28          fileName = saveFileDialog1.FileName;
29       }
30       StreamWriter sw = File.CreateText(fileName);
31       sw.WriteLine(txtMemo.Text);
32
33       modifyFlag = false;
34       sw.Close();
35    }
36
37    private void 끝내기ToolStripMenuItem_Click(object sender, EventArgs e)
38    {
39       FileProcessBeforeClose();
40       Close();
41    }
42
```

```
43       private void 복사하기ToolStripMenuItem_Click(object sender, EventArgs e)
44       {
45         RichTextBox contents = (RichTextBox)ActiveControl;
46         if (contents != null)
47         {
48           Clipboard.SetDataObject(contents.SelectedText);
49         }
50       }
51
52       private void 붙여넣기ToolStripMenuItem_Click(object sender, EventArgs e)
53       {
54         RichTextBox contents = (RichTextBox)ActiveControl;
55         if (contents != null)
56         {
57           IDataObject data = Clipboard.GetDataObject();
58           contents.SelectedText = data.GetData(DataFormats.Text).ToString();
59           modifyFlag = true;
60         }
61       }
```

1 ◆ "열기" 메뉴가 선택되었을 때 실행되는 메소드입니다.

6~8 ◆ openFileDialog1에서 파일이 선택되면 폼의 타이틀바에 이 파일 이름을 표시합니다.

9~20 ◆ try~catch 문에서 파일의 내용을 읽어 와서 메모장에 표시합니다. 새로 읽어왔기 때문에 modifyFlag는 false가 됩니다. 읽어오지 못하는 에러가 생기면 catch 문에서 어떤 에러인지 출력합니다.

23 ◆ "저장" 메뉴가 선택되었을 때 실행되는 메소드입니다.

25~29 ◆ fileName이 "noname.txt"라면 아직 파일 이름을 지정하지 않았다는 뜻입니다. saveFileDialog1을 열어서 저장할 파일 이름을 지정하게 합니다.

30~34 ◆ fileName으로 파일을 열고 StreamWriter 객체 sw를 만든 후 txtMemo에 있는 글을 써줍니다. modifyFlag는 false로 지정하고 파일을 닫아줍니다.

"끝내기" 메뉴가 선택될 때 처리되는 메소드입니다. FileProcessBeforeClose() 메소드를 호출하여 ◆ 37~41
작업 중인 파일을 처리하고 프로그램을 끝냅니다.

"복사하기" 메뉴가 선택될 때 처리되는 메소드입니다. 블록으로 잡은 내용을 클립보드에 저장합 ◆ 43~50
니다.

복사된 내용을 붙여넣기 하는 메소드입니다. ◆ 52~61

[그림 174-1] 복사하기–붙여넣기 실행 화면

이미지 뷰어

● **학습 내용:** WinForm으로 이미지 뷰어 프로그램을 만듭니다.
● **힌트 내용:** PictureBox 컨트롤을 이용합니다.

여러 포맷의 그림 파일을 읽는 이미지 뷰어를 만들겠습니다. Form 디자인은 menuStrip 하나와 PictureBox 하나를 사용합니다. PictureBox는 부모컨테이너에 도킹합니다. OpenFileDialog도 추가합니다. PictureBox의 크기 모드라고 표시된 콤보박스를 누르면 Normal에서 Zoom까지 다섯 가지 모드가 있는데 이를 메뉴의 SizeMode 항목으로 추가합니다. 메뉴는 다음과 같은 계층으로 만듭니다.

```
이미지 선택
SizeMode
        Normal / StretchImage / AutoSize / CenterImage / Zoom
종료
```

[**그림 175-1**] 디자인 화면

"이미지 선택" 메뉴가 클릭되면 OpenFileDialog를 띄워서 그림 파일을 선택하게 합니다. [그림 175-2]와 같이 다이얼로그 박스에서 선택된 파일의 이름이 openFileDialog1.FileName으로 반환합니다. pictureBox1에 이미지를 표시할 때는 다음의 두 가지 방법 중 하나를 사용합니다. 두 코드의 실행 결과는 같습니다.

```
pictureBox1.Image = Bitmap.FromFile(openFileDialog1.FileName);
pictureBox1.Image = new Bitmap(openFileDialog1.FileName);
```

[그림 175-2] OpenFieDialog가 실행된 화면

📂 File: A175_ImageViewer/Form1.cs

```
1  using System;
2  using System.Drawing;
3  using System.Windows.Forms;
4
5  namespace A175_ImageViewer
6  {
7    public partial class Form1 : Form
8    {
9      public Form1()
10     {
11       InitializeComponent();
12       this.Text = "ImageViewer";
13       pictureBox1.BackColor = Color.White;
14     }
15
16     private void 이미지선택ToolStripMenuItem_Click(object sender, EventArgs e)
```

```
17    {
18      openFileDialog1.Filter = "이미지 파일(.jpg)|*.jpg|모든 파일(*.*)|*.*";
19      openFileDialog1.Title = "이미지 열기";
20      openFileDialog1.FileName = "";
21      openFileDialog1.ShowDialog();
22      if (openFileDialog1.FileName != "")
23      {
24        pictureBox1.Image = new Bitmap(openFileDialog1.FileName);
25      }
26      pictureBox1.SizeMode = PictureBoxSizeMode.Zoom;
27    }
28
29    private void normalToolStripMenuItem_Click(object sender, EventArgs e)
30    {
31      pictureBox1.SizeMode = PictureBoxSizeMode.Normal;
32    }
33
34    private void stretchImageToolStripMenuItem_Click(object sender, EventArgs e)
35    {
36      pictureBox1.SizeMode = PictureBoxSizeMode.StretchImage;
37    }
38
39    private void autoSizeToolStripMenuItem_Click(object sender, EventArgs e)
40    {
41      pictureBox1.SizeMode = PictureBoxSizeMode.AutoSize;
42    }
43
44    private void centerImageToolStripMenuItem_Click(object sender, EventArgs e)
45    {
46      pictureBox1.SizeMode = PictureBoxSizeMode.CenterImage;
47    }
48
49    private void zoomToolStripMenuItem_Click(object sender, EventArgs e)
50    {
51      pictureBox1.SizeMode = PictureBoxSizeMode.Zoom;
52    }
53
```

```
54    protected override void OnPaint(PaintEventArgs e)
55    {
56      pictureBox1.SizeMode = PictureBoxSizeMode.Zoom;
57    }
58
59    private void 종료ToolStripMenuItem_Click(object sender, EventArgs e)
60    {
61      Close();
62    }
63  }
64 }
```

Form1의 생성자 메소드에서 Form1의 타이틀바를 바꿉니다. ◆ **12**

PictureBox의 배경색을 흰색으로 바꿉니다. ◆ **13**

이미지 선택 메뉴를 클릭했을 때 실행되는 메소드입니다. openFileDialog1를 띄우고 선택된 파일 ◆ **16~27**
을 pictureBox1의 Image 속성으로 지정합니다. 선택된 이미지가 보이게 됩니다. 이때 사이즈 모
드는 Zoom으로 설정했습니다.

SizeMode의 서브 메뉴 5개를 선택했을 때 실행되는 메소드들입니다. pictureBox1의 SizeMode를 ◆ **29~52**
바꿉니다.

마우스로 폼의 크기를 바꾸거나 최대화시키는 등 폼의 크기가 변화되면 거기에 맞추어 그림을 ◆ **54~57**
다시 그려야 합니다. OnPaint() 메소드를 이용해서 처리하면 됩니다.

[그림 175-3] 실행 화면

WPF 매칭 게임 ①
– 디자인과 초기화

- **학습 내용:** WPF의 UniformGrid와 Image, DispatcherTimer 사용법을 이해합니다.
- **힌트 내용:** Button 컨트롤의 Tag를 사용합니다.

WPF로 과일을 주제로 한 게임을 만들겠습니다. 게임 이름은 매칭 게임(Matching Game)입니다. 같은 그림을 맞추면 카드가 오픈되고 모든 카드를 오픈하면 끝나는 게임입니다.

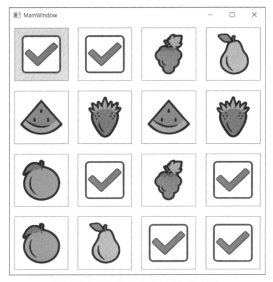

[그림 176–1] 매칭게임의 실행 중 화면

16장의 카드는 Button으로 만듭니다. 처음엔 모두 덮여있는 체크(√) 이미지이고, 버튼을 클릭하면 카드가 Open되어 해당하는 과일의 이미지를 보여주고, 잠시 후 카드가 닫힙니다.

Xaml 디자인입니다. 똑같은 크기의 버튼 16개가 있는 프로그램이므로 〈UniformGrid〉를 쓰면 좋겠습니다. 〈UniformGrid〉는 포함되는 UI Element를 같은 크기로 배치하는 컨트롤입니다. 다음의 Xaml 코드를 보면 윈도우의 크기를 550×550으로 바꾸고, "board"라는 이름의 〈UniformGrid〉 하나만으로 구성했습니다.

File: A176_MatchingGame/MainWindow.xaml

```
1 <Window x:Class="A176_MatchingGame.MainWindow"
2 ...
3 Title="MainWindow" Height="550" Width="550">
4   <UniformGrid Name="board">
5   </UniformGrid>
6 </Window>
```

프로그램이 시작될 때 생성자 메소드에서 BoardSet()을 호출하여 다음의 작업을 진행합니다.

(1) 16개 버튼을 만들어서 board에 넣습니다.

(2) 이때 랜덤하게 각 버튼에 숫자(0~7)를 할당합니다.

(3) 이 숫자를 Button.Tag에 저장합니다.

(4) 뒤집힌 그림(Check 이미지)으로 표시합니다.

WPF에서 버튼과 같은 UIElement에는 Tag라는 속성이 있습니다. Tag는 타입이 모든 클래스의 조상 클래스인 Object이므로 어떠한 값도 저장할 수 있습니다. 그래서 Tag는 프로그래머가 자기가 필요한 정보를 저장하는데 사용할 수 있습니다.

16개 버튼의 Tag에는 8개 그림 중 하나를 나타내는 0~7 사이의 랜덤 숫자를 저장합니다. 프로그램이 시작되면 화면에는 모두 뒤집힌 16개의 버튼이 보이고, 실제 각 버튼에는 8개의 과일 이미지에 해당하는 정수 0~7의 값이 Tag에 저장되어 있습니다. 이미지 파일들은 프로젝트에 Images 폴더를 만들고 이 안에 가져다 둡니다.

[그림 176-2] Tag 값에 따른 파일 이미지

```
 1 using System;
 2 ...
 3 using System.Windows.Threading;
 4
 5 namespace A176_WPFMatchingGame
 6 {
 7   public partial class MainWindow : Window
 8   {
 9     Button first;
10     Button second;
11     DispatcherTimer myTimer = new DispatcherTimer();
12     int matched = 0;
13     int[] rnd = new int[16];   // 랜덤숫자가 중복되는지 체크용
14
15     public MainWindow()
16     {
17       InitializeComponent();
18       BoardSet();
19       myTimer.Interval = new TimeSpan(0, 0, 0, 0, 750); // 0.75초
20       myTimer.Tick += MyTimer_Tick; // 다음 장에서 구현
21     }
22
23     private void BoardSet()    // 16개 버튼을 초기화
24     {
25       for (int i = 0; i < 16; i++)
26       {
27         Button c = new Button();
28         c.Background = Brushes.White;
29         c.Margin = new Thickness(10);
30         c.Content = MakeImage("../../Images/check.png");
31         c.Tag = TagSet();        // 그림의 인덱스 세팅
32         c.Click += C_Click;
33         board.Children.Add(c);
34       }
35     }
```

```
36
37     private Image MakeImage(string v)   // v는 이미지 파일의 경로
38     {
39       BitmapImage bi = new BitmapImage();
40       bi.BeginInit();
41       bi.UriSource = new Uri(v, UriKind.Relative);
42       bi.EndInit();
43       Image myImage = new Image();
44       myImage.Margin = new Thickness(10);
45       myImage.Stretch = Stretch.Fill;
46       myImage.Source = bi;
47       return myImage;
48     }
49
50     private int TagSet()   // 중복되지 않는 i = 0~15 생성, i % 8 리턴
51     {
52       int i;
53       Random r = new Random();
54       while (true)
55       {
56         i = r.Next(16); // 0~15까지
57         if (rnd[i] == 0)
58         {
59           rnd[i] = 1;
60           break;
61         }
62       }
63       return i % 8; // 태그는 0~7까지, 8개의 그림을 표시
64     }
65   }
66 }
```

MainWIndow 클래스의 필드를 선언합니다. ◆ 9~13

생성자 메소드입니다. BoardSet()을 호출하고 myTimer의 Interval과 이벤트 처리 메소드를 지정 ◆ 15~21
합니다.

23~35 ◆ BoardSet()에서는 16개의 버튼을 생성해서 board에 추가합니다. 이때 TagSet()을 호출하여 각 버튼에 랜덤한 0~7까지의 숫자를 Tag 속성으로 설정합니다. 이 숫자가 그림의 종류를 나타냅니다.

37~48 ◆ WPF에서 이미지 파일을 읽어 이미지를 만드는 과정입니다. 먼저 비트맵을 만들고 이를 이미지로 변환합니다.

50~66 ◆ TagSet()은 중복되지 않는 0~15까지의 숫자를 생성해서 8로 나눈 나머지를 리턴합니다. 이 값이 각 버튼의 Tag 속성이 되어 8개 이미지 중 하나를 지정합니다.

지금까지 한 프로그램을 실행하면 다음과 같이 16개의 버튼이 모두 닫혀진 모양으로 보입니다. 버튼 클릭 메소드를 다음 장에서 구현합니다.

[그림 176-3] 실행 화면

WPF 매칭 게임 ② – 게임의 구현

- **학습 내용:** WPF의 UniformGrid와 Image, DispatcherTimer 사용법을 이해합니다.
- **힌트 내용:** Button 컨트롤의 Tag를 사용합니다.

계속해서 매칭게임을 만듭니다. 버튼을 클릭할 때 처리하는 알고리즘은 다음과 같습니다.

(1) 버튼의 Tag 숫자에 따라 그림을 표시해 줍니다.

(2) 첫 번째 누른 버튼과 두 번째 누른 버튼이 같은 그림인지를 체크합니다.

(3) 같다면, 그대로 Open한 그림을 보여줍니다.

(4) 다르다면, 다시 뒤집어줍니다.

마지막으로 타이머 처리 부분입니다. 두 버튼의 그림이 다르다면 myTimer.Start()로 타이머를 시작시키고 0.75초 후에 MyTimer_Tick 메소드가 호출합니다. 여기에서 myTimer.Stop()으로 타이머를 중지시키고, 버튼의 이미지를 다시 체크 이미지로 바꿉니다.

📁 **File: A176_WPFMatchingGame/MainWindow.xaml.cs(일부)**

```
1  using System;
2  ...
3  using System.Windows.Threading;
4
5  namespace A176_WPFMatchingGame
6  {
7    public partial class MainWindow : Window
8    {
9      ...
10     public MainWindow()
11     {
12       InitializeComponent();
13       BoardSet();
14       myTimer.Interval = new TimeSpan(0, 0, 0, 0, 750); // 0.75초
15       myTimer.Tick += MyTimer_Tick;
```

```
16      }
17
18      private void BoardSet() ...
19      private Image MakeImage(string v) ...
20      private int TagSet() ...
21
22      private void C_Click(object sender, RoutedEventArgs e)
23      {
24        Button btn = sender as Button;
25
26        string[] icon = { "딸기", "레몬", "모과", "배", "사과",
27            "수박", "파인애플", "포도" };
28        btn.Content = MakeImage("../../Images/" + icon[(int)btn.Tag] +
29          ".png");
30
31        // 두 개의 버튼을 순서대로 눌렀을 때 처리
32        if (first == null) // 지금 누른 버튼이 첫 번째 버튼이면
33        {
34          first = btn;
35          return;
36        }
37        second = btn;
38
39        if ((int)first.Tag == (int)second.Tag) // 매치가 되었을 때
40        {
41          first = null;
42          second = null;
43          matched += 2;
44          if (matched >= 16)
45          {
46            MessageBoxResult res = MessageBox.Show(
47                "성공! 다시하겠습니까, "Success", MessageBoxButton.YesNo);
48            if (res == MessageBoxResult.Yes)
49              NewGame();
50            else
51              Close();
52          }
```

```
53        }
54        else // 매치가 안 되었을 때는 다시 덮어주어야 한다.
55        {
56          myTimer.Start();
57        }
58      }
59
60      private void MyTimer_Tick(object sender, EventArgs e)
61      {
62        myTimer.Stop();
63        first.Content = MakeImage("../../Images/check.png");
64        second.Content = MakeImage("../../Images/check.png");
65        first = null;
66        second = null;
67      }
68
69      private void NewGame()
70      {
71        for (int i = 0; i < 16; i++)
72          rnd[i] = 0;
73        board.Children.Clear();
74        BoardSet();
75        matched = 0;
76      }
77    }
78 }
```

버튼을 클릭할 때 실행되는 메소드입니다.   ◆ 22

클릭된 버튼을 btn에 할당합니다.   ◆ 24

icon 배열에 그림의 이름을 저장하고 btn의 Tag에 따라 이미지를 가져와서 btn의 Content로 할당   ◆ 26~29
합니다. 버튼에 과일 그림이 나타납니다.

지금 누른 버튼이 첫 번째 버튼이면 first에 할당해주고 리턴합니다. 두 번째 버튼이라면 second   ◆ 32~37
에 할당해주고 계속 진행합니다.

first와 second의 Tag가 같은 숫자라면 매치가 된 것입니다. 이때는 first, second를 null로 초기화하고 matrched를 2 증가시키고 이 값이 16개이면 프로그램이 끝난 것이므로 메시지박스에 게임을 다시할지 물어봅니다. 다시 한다면 NewGame()을 호출하고 아니면 프로그램을 종료합니다.

매치가 안 되었으면 MyTimer를 시작시켜서 0.75초 후에 MyTimer_Tick 메소드가 호출되게 하고 두 버튼의 그림을 체크 표시로 돌려줍니다.

NewGame()은 rnd 배열을 초기화하고 보드를 Clear하고 다시 BoardSet()을 호출합니다. matched도 0으로 초기화합니다.

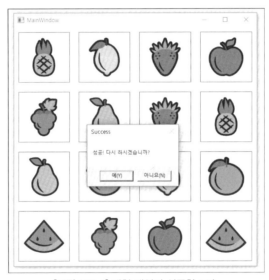

[그림 177-1] 매칭 게임이 성공한 모습

WPF Snake Bite 게임

실무
178

• **학습 내용:** WPF로 Snake Bite 게임을 만듭니다.
• **힌트 내용:** 두 개의 윈도우를 사용하며, 키보드 이벤트를 사용합니다.

스네이크 바이트 게임을 WPF로 만듭니다. 뱀이 알을 먹을 때마다 길이가 길어지며 25개의 알을 먹으면 끝나는 게임입니다. 얼마나 빨리 알을 다 먹는지 시간을 측정합니다. 뱀의 움직임은 키보드로 조정합니다. 이 게임은 창을 두 개 사용합니다. 첫 번째 창은 [그림 178-1]과 같이 게임설명과 함께 Play와 Quit의 두 개 버튼을 갖습니다.

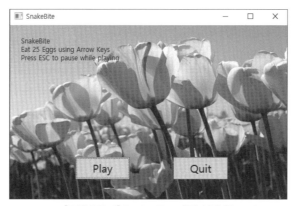

[그림 178-1] Snake Bite 게임 시작 창

📁 **File: A178_SnakeBite/MainWindow.xaml**

```
1 <Window x:Class="A178_SnakeBite.MainWindow"
2 ...
3 Title="SnakeBite" Height="350" Width="525">
4   <Grid>
5     <Image Source="tulip.jpg" Stretch="Fill"></Image>
6     <TextBlock Margin="20,20">SnakeBite</TextBlock>
7     <TextBlock Margin="20,35">Eat 25 Eggs using Arrow Keys</TextBlock>
8     <TextBlock Margin="20,50">Press ESC to pause while playing</TextBlock>
9     <Button Content="Play" Name="button1" Width="100" Height="40"
```

```
10          HorizontalAlignment="Left" Margin="120,200,0,0"  FontSize="20"
11          Click="button1_Click"/>
12        <Button Content="Quit" Name="button2" Width="100" Height="40"
13          HorizontalAlignment="Left" Margin="300,200,0,0"  FontSize="20"
14          Click="button2_Click"/>
15      </Grid>
16  </Window>
```

3 ◆ 첫 번째 윈도우는 MainWindow입니다. 윈도우의 타이틀과 크기를 지정합니다.

5~14 ◆ Grid 안에 Image를 Stretch 속성을 Fill로 하여 그리드를 가득 채우게 합니다. 3개의 TextBlock으로 게임의 사용법을 설명하고 2개의 버튼을 배치하여 속성을 설정합니다.

📁 File: A178_SnakeBite/MainWindow.xaml.cs

```
1 using System.Windows;
2
3 namespace A178_SnakeBite
4 {
5   public partial class MainWindow : Window
6   {
7     public MainWindow() ...
8
9     private void button1_Click(object sender, RoutedEventArgs e)
10     {
11       Window1 w = new Window1();
12       w.Show();
13     }
14
15     private void button2_Click(object sender, RoutedEventArgs e)
16     {
17       this.Close();
18     }
19   }
20 }
```

Play 버튼을 클릭하면 Window1을 생성하고 Show() 메소드로 창을 띄웁니다. Quit 버튼을 클릭 ◆ 9~18
하면 프로그램을 끝냅니다.

[그림 178-2]의 두 번째 창은 게임을 진행하는 창입니다. 솔루션 탐색기의 프로젝트 이름 위에
마우스 오른쪽 버튼을 클릭하고 추가 - 창을 누른 후 Window1으로 생성합니다.

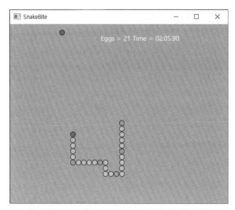

[그림 178-2] Snake Bite 게임의 게임 창

📁 File: A178_SnakeBite/Window1.xaml

```
1  <Window x:Class="snake.Window1"
2  ...
3  Title="SnakeBite" SizeToContent="WidthAndHeight" KeyDown="Window_KeyDown">
4    <Grid Height="380" Width="480">
5      <Canvas Name="Canvas1" Background="LightSteelBlue">
6        <TextBlock Name="score" Text="Eggs = 0" Foreground="White"
7          FontSize="14" Canvas.Left="200" Canvas.Top="20"/>
8        <TextBlock Name="time" Text="Time = 00:00:00" Foreground="White"
9          FontSize="14" Canvas.Left="270" Canvas.Top="20"/>
10     </Canvas>
11   </Grid>
12 </Window>
```

SizeToContent 속성을 "WidthAndHeight"로 하여 Window1의 크기를 내부 Grid를 포함하게 지 ◆ 3
정하고 KeyDown 이벤트로 Window_KeyDown으로 설정합니다.

Grid 안에 Canvas를 두고 점수와 시간을 표시하는 TextBlock을 배치합니다. ◆ 4~12

585

소스코드를 보겠습니다. DispatcherTimer와 StopWatch를 사용합니다.

```csharp
1 using System;
2 ...
3 using System.Windows.Threading;   // DispatcherTimer를 위해 필요함
4 using System.Diagnostics;         // StopWatch를 위해 필요함
5
6 namespace A178_SnakeBite
7 {
8   public partial class Window1 : Window
9   {
10     Random r = new Random();
11     Ellipse[] snakes = new Ellipse[30];
12     Ellipse egg = new Ellipse();
13     private int size = 12;          // Egg와 Body의 사이즈
14     private int visibleCount = 5;   // 처음에 보이는 뱀의 길이
15     private string move = "";       // 뱀의 이동 방향
16     private int eaten = 0;          // 먹은 알의 개수
17     DispatcherTimer timer = new DispatcherTimer();
18     Stopwatch sw = new Stopwatch();
19     private bool startFlag = false;
20
21     public Window1()
22     {
23       InitializeComponent();
24       InitSnake();
25       InitEgg();
26
27       timer.Interval = new TimeSpan(0, 0, 0, 0, 100); // 0.1초마다
28       timer.Tick += timer_Tick;
29       timer.Start();
30     }
31
32     private void InitSnake()
33     {
```

```
34      for (int i = 0; i < 30; i++)
35      {
36        snakes[i] = new Ellipse();
37        snakes[i].Width = size;
38        snakes[i].Height = size;
39        if (i == 0)
40          snakes[i].Fill = Brushes.Chocolate;    // 머리 색깔 변경
41        else if (i % 5 == 0)
42          snakes[i].Fill = Brushes.YellowGreen; // 5번째 마디 색깔 변경
43        else
44          snakes[i].Fill = Brushes.Gold;
45        snakes[i].Stroke = Brushes.Black;
46        Canvas1.Children.Add(Snakes[i]);
47      }
48
49      for (int i = visibleCount; i < 30; i++)
50      {
51        snakes[i].Visibility = Visibility.Hidden;
52      }
53
54      int x = r.Next(1, 480 / size) * size;
55      int y = r.Next(1, 380 / size) * size;
56      CreateSnake(x, y);
57    }
58
59    private void CreateSnake(int x, int y)
60    {
61      for (int i = 0; i < visibleCount; i++)
62      {
63        snakes[i].Tag = new Point(x, y + i * size);
64        Canvas.SetLeft(snakes[i], x);
65        Canvas.SetTop(snakes[i], y + i * size);
66      }
67    }
68
69    private void InitEgg()
70    {
```

```
71      egg = new Ellipse();
72      egg.Tag = new Point(r.Next(1, 480 / size) * size,
73        r.Next(1, 380 / size) * size);
74      egg.Width = size;
75      egg.Height = size;
76      egg.Stroke = Brushes.Black;
77      egg.Fill = Brushes.Red;
78
79      Point p = (Point)egg.Tag;
80      Canvas1.Children.Add(egg);
81      Canvas.SetLeft(egg, p.X);
82      Canvas.SetTop(egg, p.Y);
83    }
84
85    void timer_Tick(object sender, EventArgs e)
86    {
87      if (move != "")
88      {
89        startFlag = true;
90
91        for (int i = visibleCount; i >= 1; i--) // 꼬리 하나를 더 계산
92        {
93          Point p = (Point)snakes[i - 1].Tag;
94          snakes[i].Tag = new Point(p.X, p.Y);
95        }
96
97        Point pnt = (Point)snakes[0].Tag;
98        if (move == "Right")
99          snakes[0].Tag = new Point(pnt.X + size, pnt.Y);
100       else if (move == "Left")
101         snakes[0].Tag = new Point(pnt.X - size, pnt.Y);
102       else if (move == "Up")
103         snakes[0].Tag = new Point(pnt.X, pnt.Y - size);
104       else if (move == "Down")
105         snakes[0].Tag = new Point(pnt.X, pnt.Y + size);
106       EatEgg();   // 알을 먹었는지 체크
107     }
```

```
108
109     if (startFlag == true)
110     {
111       TimeSpan ts = sw.Elapsed;
112       time.Text = String.Format("Time = {0:00}:{1:00}.{2:00}",
113           ts.Hours, ts.Minutes, ts.Seconds, ts.Milliseconds / 10);
114       DrawSnakes();
115     }
116   }
117
118   private void Window_KeyDown(object sender, KeyEventArgs e)
119   {
120     if (move == "")  // 맨 처음 키가 눌리면 sw 시작
121       sw.Start();
122
123     if (e.Key == Key.Right)
124       move = "Right";
125     else if (e.Key == Key.Left)
126       move = "Left";
127     else if (e.Key == Key.Up)
128       move = "Up";
129     else if (e.Key == Key.Down)
130       move = "Down";
131     else if (e.Key == Key.Escape)
132       move = "";
133   }
134
135   private void EatEgg()
136   {
137     Point pS = (Point)snakes[0].Tag;
138     Point pE = (Point)egg.Tag;
139
140     if (pS.X == pE.X && pS.Y == pE.Y)
141     {
142       egg.Visibility = Visibility.Hidden;
143       visibleCount++;
144       // 꼬리를 하나 늘림
```

```
145        snakes[visibleCount - 1].Visibility = Visibility.Visible;
146        score.Text = "Eggs = " + (++eaten).ToString();
147
148        if (visibleCount == 30)
149        {
150          timer.Stop();
151          sw.Stop();
152          DrawSnakes();
153          TimeSpan ts = sw.Elapsed;
154          string tElapsed = String.Format("Time = {1:00}:{2:00}.{3:00}",
155              ts.Minutes, ts.Seconds, ts.Milliseconds / 10);
156          MessageBox.Show("Success!!!  " + tElapsed + " sec");
157          this.Close();
158        }
159
160        Point p = new Point(r.Next(1, 480 / Size) * Size,
161          r.Next(1, 380 / Size) * Size);
162        egg.Tag = p;
163        egg.Visibility = Visibility.Visible;
164        Canvas.SetLeft(egg, p.X);
165        Canvas.SetTop(egg, p.Y);
166      }
167    }
168
169    private void DrawSnakes()
170    {
171      for (int i = 0; i < visibleCount; i++)
172      {
173        Point p = (Point)snakes[i].Tag;
174        Canvas.SetLeft(snakes[i], p.X);
175        Canvas.SetTop(snakes[i], p.Y);
176      }
177    }
178  }
179 }
```

생성자 메소드에서 InitSnake(), InitEgg()를 호출하고 timer를 세팅합니다. ◆ 21~30

snakes는 Ellipse 30개의 배열입니다. Ellipse를 생성하고 머리는 초코렛색, 5번째 마디마다 초록 ◆ 32~52
색, 나머지는 금색이고 테두리는 검은색으로 바꾼 후 Canvas1에 자식으로 추가합니다. 처음에는
앞쪽 5개만 보이게 하고 나머지는 Visibility를 Hidden으로 하여 숨깁니다.

뱀이나 알은 size 단위로 배치되고 움직입니다. 뱀이 초기에 임의의 위치에 나타나게 하려고 x, y ◆ 54~56
를 랜덤하게 만들고 CreateSnake(x, y)를 호출합니다.

snakes[i]의 Tag에 뱀을 이루는 각 Ellipse의 좌표를 Point로 저장합니다. CreateSnake(x, y)는 보이 ◆ 59~67
는 뱀의 개수만큼 x, y에서 아래쪽으로 뱀의 좌표를 설정합니다. 따라서 뱀은 처음에 머리가 위,
꼬리가 아래를 향하는 임의의 위치에 나타납니다.

InitEgg()입니다. 알은 빨간색으로 칠해진 Ellipse로 표현하고 Tag가 Point 타입으로 알의 위치를 ◆ 69~83
나타냅니다. 알의 위치를 랜덤하게 만들고 Canvas1에 나타냅니다.

timer_Tick 메소드에서 move가 빈 문자열이면 아무 일도 일어나지 않습니다. move는 118번째 ◆ 85~116
줄의 Window_KeyDown에서 키보드 상하좌우 키를 누르면 그때 값이 변합니다. 키보드를 누르
기 전에는 스톱워치도, 뱀도 움직이지 않습니다. 키보드가 눌리면 눈에 보이는 뱀의 Ellipse 좌표
를 자기 앞의 Ellipse 좌표를 갖도록 바꿉니다. 머리의 위치는 상하좌우 키보드에 따라 바꾸어줍
니다. 그리고 뱀이 알을 먹었는지 EatEgg()로 체크합니다. startFlag가 true이면 sw.Elapsed 값으
로 경과 시간을 표시하고 DrawSnakes를 호출합니다.

뱀의 머리좌표와 알의 좌표를 비교해서 같으면 visibleCount를 1 증가시키고 뱀의 Ellipse 중 다음 ◆ 135~167
하나의 Visibility 속성을 Visible로 하여 꼬리를 하나 늘립니다. 알 25개를 먹으면 visibleCount가
30이 되어 timer와 sw를 중지시키고 스톱위치의 값을 출력하는 메시지박스를 띄운 후, 윈도우를
닫고 첫 번째 윈도우로 돌아갑니다. 게임이 끝나지 않았으면 새로운 위치에 알을 나타나게 합니
다.

DrawSnakes() 메소드는 snakes 배열에서 visibleCount 개의 Ellipse를 Tag 위치에 그려줍니다. ◆ 169~177

WPF 로그인 프로그램 ①
– 디자인과 DB

- **학습 내용:** 데이터베이스를 이용하여 로그인 창을 구현하는 방법을 학습합니다.
- **힌트 내용:** 로컬 데이터베이스를 사용합니다.

많은 프로그램에서 로그인 기능을 사용합니다. 이를 위해서는 사용자의 정보를 미리 데이터베이스에 저장해두고 입력하는 정보와 비교하여 일치하는지를 체크해야 합니다. 비주얼스튜디오에서 제공되는 로컬데이터베이스를 사용하여 로그인 창을 만들겠습니다. 이번 장에서는 프로그램의 디자인과 데이터베이스를 준비하는 과정을 설명합니다.

[그림 179-1] 로그인 창의 실행 화면

XAML에서 화면을 디자인합니다.

📁 **File: A179_WPFLogin/MainWindow.xaml**

```
1  <Window x:Class="A179_WPFLogin.MainWindow"
2  ...
3  Title="Login" Height="340" Width="300" Background="LightSteelBlue">
4    <Border Background="White" Margin="20">
5      <StackPanel Margin="20">
6        <TextBlock Text="Login" FontSize="20"
7            HorizontalAlignment="Center" Margin="10"/>
```

```
 8          <Separator Background="Orange"/>
 9          <TextBlock Text="UserName" FontSize="16" Margin="0,5"/>
10          <TextBox Name="txtUserName" FontSize="16"/>
11          <TextBlock Text="Password" FontSize="16" Margin="0,5"/>
12          <PasswordBox Name="txtPassword" FontSize="16"/>
13          <Button x:Name="btnLogin" Content="로그인" FontSize="16"
14             Width="100" Margin="10,20"/>
15       </StackPanel>
16    </Border>
17 </Window>
```

윈도우의 Title, Height, Width, Background를 설정합니다.　　　　　　　◆ 3

Border를 사용합니다. Border 안에 StackPanel을 배치합니다.　　　　　　◆ 4

StackPanel을 사용합니다. StackPanel 안에 실행 화면에서 보이는 요소들을 위에서부터 순서대로 ◆ 5
배치합니다.

"Login" 텍스트블록과 수평선을 그려주는 Separator를 배치합니다.　　　◆ 6~8

"UserName" 텍스트블록과 txtUserName 텍스트박스를 배치합니다.　　　◆ 9~10

"Password"과 txtPassword 패스워드박스를 배치합니다.　　　　　　　◆ 11~12

"로그인" 버튼을 배치하고 Name을 btnLogin으로 하고, 이벤트 처리 메소드를 btnLogin_Click으 ◆ 13
로 합니다.

이제 사용자 정보를 저장하는 데이터베이스를 만듭니다. 솔루션 탐색기에서 프로젝트 이름 위에
마우스 오른쪽 버튼을 클릭하여 추가 – 새 항목 – 서비스 기반 데이터베이스를 선택하고 이름을
Login.mdf로 하여 생성합니다. 이 데이터베이스는 비주얼스튜디오에서 사용할 수 있도록 제공
하는 로컬 SQL Server 데이터베이스입니다.

[그림 179-2] 솔루션 탐색기에서 Login.mdf 추가 · · · · · · · · **[그림 179-3]** 서버 탐색기 창

프로젝트에 DB를 추가하긴 했지만 이름만 있고 아무런 내용이 없습니다. 솔루션 탐색기의 Login.mdf에 마우스 오른쪽 버튼을 클릭하고 "열기" 메뉴를 선택하면 [그림 147-3]과 같은 서버 탐색기 창이 나타납니다.

서버 탐색기 Login.mdf 아래의 "테이블"에 마우스 오른쪽 버튼을 클릭하고 "새 테이블 추가" 메뉴를 선택하면 dbo.Table[디자인] 창이 나타납니다. 이곳에서 [그림 179-4]와 같이 테이블의 필드를 추가합니다. Id 필드를 선택하고 속성창에서 ID 사양의 (ID여부)를 true로 바꾸어줍니다. 이렇게 하면 Id 필드는 자동으로 1씩 증가하는 프라이머리 키가 됩니다. 디자인 창에서 필드들을 추가하면 자동으로 T-SQL 창에 문장이 추가됩니다. 마치 XAML 창에서 디자인과 XAML 코드가 연결되듯이 디자인 창과 T-SQL 창이 연결되어 있습니다. T-SQL 창에서 테이블 이름을 [LoginTable]로 수정하고 업데이트를 클릭하면 이 내용이 저장됩니다.

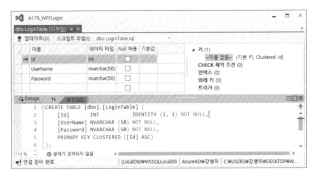

[그림 179-4] LoginTable의 디자인 · · · · · · · · · · **[그림 179-5]** LoginTable의 추가

새로고침을 실행하면 [그림 179-5]와 같이 테이블이 추가된 것을 확인할 수 있습니다.

이제 프로그램에서 DB를 사용할 준비가 되었습니다. Login할 때 사용할 수 있도록 사용자 데이터 하나를 테이블에 추가하겠습니다. 테이블에 데이터를 추가, 삭제, 변경하려면 T-SQL 문장을 사용해야 합니다. Microsoft SQL 데이터베이스와 통신하는 모든 도구와 애플리케이션은 T-SQL 명령을 사용하여 데이터베이스 작업을 수행합니다.

서버 탐색기의 Login.mdf - 테이블 - LoginTable에 마우스 오른쪽 버튼을 클릭하고 "새 쿼리" 메뉴를 선택합니다. T-SQL 창에 [그림 179-6]과 같이 Insert와 Select 두 문장을 입력하고 왼쪽 위의 초록색 ▷ 버튼을 클릭하면 아래쪽 Result 창에 데이터가 추가된 것을 볼 수 있습니다. Insert 문은 LoginTable에 새로운 레코드를 저장하는 명령이고 Select 문은 LoginTable의 레코드를 가져오는 명령입니다.

[그림 179-6] LoginTable에 사용자 데이터 추가

WPF 로그인 프로그램 ② – 코딩

• **학습 내용 :** 데이터베이스를 이용하여 로그인 창을 구현하는 방법을 학습합니다.
• **힌트 내용 :** 로컬 데이터베이스를 사용합니다.

계속해서 프로그램을 진행하겠습니다. 서버 탐색기의 Login.mdf에 마우스 오른쪽 버튼을 클릭하여 속성을 누른 후 속성창에서 "연결 문자열" 항목의 값을 복사합니다. 연결 문자열은 소스코드에서 DB와 연결할 때 필요한 정보입니다. 다음의 소스코드 11번째 줄의 "[경로]"라고 표시된 부분은 Login.mdf 파일이 저장된 경로입니다. 경로는 컴퓨터마다 다르기 때문에 연결 문자열을 복사해서 사용하는 것이 편리합니다.

DB 프로그램은 (1) 커넥션을 열고 (2) 명령을 수행하고 (3) 커넥션을 닫는 방법으로 작성합니다. SQL 서버를 사용할 때는 SqlConnection, SqlCommand 객체가 필요합니다.

📁 **File: A179_WPFLogin/MainWindow.xaml.cs**

```
1  using System;
2  using System.Data;
3  using System.Data.SqlClient;
4  using System.Windows;
5
6  namespace A179_WPFLogin
7  {
8    public partial class MainWindow : Window
9    {
10     string connStr = @"Data Source = (LocalDB)\MSSQLLocalDB; " +
11      "AttachDbFilename = [경로]\Login.mdf; Integrated Security = True";
12
13     public MainWindow()
14     {
15       InitializeComponent();
16     }
17
```

```
18      private void btnLogin_Click(object sender, RoutedEventArgs e)
19      {
20        SqlConnection conn = new SqlConnection(connStr);
21        try
22        {
23          if (conn.State == ConnectionState.Closed){
24            conn.Open();
25          }
26          string sql = string.Format("SELECT COUNT(*) FROM LoginTable " +
27              "WHERE UserName='{0}' AND Password='{1}'",
28              txtUserName.Text, txtPassword.Password);
29          SqlCommand comm = new SqlCommand(sql, conn);
30          int count = Convert.ToInt32(comm.ExecuteScalar());
31          if(count == 1)
32          {
33            MessageBox.Show("Login 성공");
34          }
35          else
36          {
37            MessageBox.Show("Login 실패");
38          }
39        }
40        catch (Exception ex)
41        {
42          MessageBox.Show(ex.Message);
43        }
44        finally
45        {
46          conn.Close();
47        }
48      }
49    }
50 }
```

SQL 서버 데이터베이스를 사용할 때 추가할 네임스페이스입니다.   ◆ 2~3

연결 문자열입니다. 서버 탐색기 Login.mdf의 속성창에서 복사해서 가져옵니다.   ◆ 10

| 18 | "Login" 버튼을 클릭할 때 실행되는 메소드입니다. |

| 20 | SqlConnection 객체 conn을 connStr 매개변수로 생성합니다. |

| 21~47 | try~catch~finally 블록으로 DB와 관련된 명령어를 수행하고 예외가 생기면 메시지박스에 표시합니다. 최종적으로 커넥션을 닫아줍니다. DB 관련 코드는 예외가 많이 발생하므로 try~catch~finally 블록을 쓰는 것이 좋습니다. |

| 23~25 | conn의 연결 상태가 Closed라면 Open합니다. |

| 26~28 | sql 문자열에 사용자가 입력한 UserName과 Password가 DB에 있는지 체크하여 일치되는 레코드의 개수를 리턴하는 SELECT COUNT(*) 문을 만듭니다. |

| 29 | SqlCommand 객체 comm을 생성합니다. |

| 30 | comm.ExecuteScalar() 메소드를 실행하고 리턴 값을 정수 count에 할당합니다. ExecuteScalar() 메소드는 쿼리의 결과 중 첫 번째 row의 첫 번째 column을 리턴해줍니다. 26번째 줄에서 만든 쿼리가 일치되는 레코드의 숫자를 리턴하므로 UserName과 Password가 일치되는 레코드가 있다면 ExecuteScalar()의 리턴 값은 1이, 없다면 0이 리턴됩니다. |

| 31~38 | count가 1이면 일치되는 레코드가 있다는 뜻이므로 "Login 성공"이라고 메시지박스를 보여줍니다. 아니면 "Login 실패"라고 메시지박스를 보여줍니다. |

Access 데이터베이스 프로그래밍 ① - 전화번호부

- **학습 내용:** Access 데이터베이스를 이용하여 전화번호부 프로그램을 만듭니다.
- **힌트 내용:** OleDB를 사용하여 CRUD 기능을 구현합니다.

데이터베이스는 프로그램에서 빠질 수 없는 요소입니다. .NET에서도 데이터베이스를 다룰 수 있도록 ADO.NET을 제공합니다. ADO는 Active Data Object의 약자이며 데이터베이스 조작에 관련된 클래스의 집합을 말합니다. 이를 통해 검색, 수정, 삽입, 삭제 등의 데이터베이스의 기능을 구현합니다. 이러한 작업을 데이터베이스에서는 CRUD(Create, Read, Update, Delete)라고 합니다. .NET의 데이터 공급자(Data Provider)는 실제 데이터베이스와 연결하는 기능을 지원합니다. OleDb, SqlClient, ODBC, Oracle 등이 있는데 어떤 데이터베이스를 사용하느냐에 따라 달라집니다. 이번에는 Access 데이터베이스를 사용하는 DB 프로그램을 만듭니다. Access는 OleDB 공급자를 사용합니다.

[그림 181-1] 전화번호부 프로그램의 디자인 화면

먼저 [그림 181-1]과 같이 폼을 디자인합니다. 리스트박스 1개, 레이블과 텍스트박스 4개씩, 그리고 버튼이 7개 있습니다. 텍스트박스 4개는 각각 txtID, txtSId, txtSName, txtPhone으로 이름을 바꿉니다. 버튼도 각각 이름을 부여합니다.

다음엔 Access 프로그램을 띄워서 테이블을 디자인합니다. ID, SId(학번), SName(이름), Phone(전화번호)의 4개 필드를 만들고 각각의 데이터 형식은 [그림 181-2]와 같이 만듭니다. 이 때 ID 필드는 왼쪽에 열쇠모양의 아이콘이 표시되어 있고 데이터 형식은 '일련 번호'로 설정되어 있습니다. ID 필드가 레코드의 키 필드이며 값이 입력될 때 자동으로 일련번호가 쓰여지게 된다는 뜻입니다. 키 필드는 테이블에 저장되는 레코드들에서 중복될 수 없는 유일한 값만 쓸 수 있습니다. studentTable 이름으로 저장합니다.

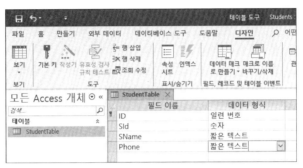

[그림 181-2] Access 프로그램에서 테이블 디자인

다음 그림처럼 StudentTable을 열고 샘플로 두 사람의 데이터를 테이블에 넣은 후 저장합니다. 다음 장에서 StudentTable에 저장된 데이터를 가져오는 코딩을 하겠습니다.

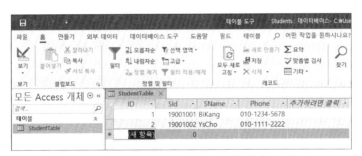

[그림 181-3] Access 프로그램에서 테이블에 데이터 추가

데이터베이스 프로그래밍 ②
– 전화번호부

• **학습 내용:** Access 데이터베이스를 이용하여 전화번호부 프로그램을 만듭니다.
• **힌트 내용:** OleDB를 사용하여 CRUD 기능을 구현합니다.

프로그램이 시작되면서 DB를 연결하고 StudentTable에 있는 모든 데이터를 불러와서 리스트박스에 표시하는 코드를 작성합니다. 제일 먼저 할 일이 데이터베이스를 프로젝트에 추가하는 것인데 이는 보기 메뉴에서 "서버 탐색기"를 열어서 할 수도 있고, 단순히 DB 파일, 즉 Students. accdb를 프로젝트에 드래그 앤 드롭하여 추가할 수도 있습니다.

데이터베이스 프로그램은 (1) DB와 연결 (2) DB에서 수행할 SQL 명령어 작성 (3) 명령 수행 (4) DB와 연결 닫기의 순으로 작성됩니다. Access 데이터베이스를 사용하므로 using 문으로 OleDB를 포함해야 합니다. 또 하나 준비할 것이 DB와 연결할 때 사용할 연결 문자열(connection string) 입니다. 응용프로그램이 데이터베이스와 연결되면 ADO.NET은 데이터 제공자(Provider)가 응용프로그램에서 원하는 작업을 할 수 있도록 해줍니다. 연결 문자열은 파일의 경로와 데이터 공급자 정보를 포함하고 있습니다.

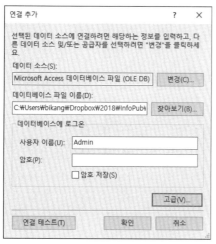

[그림 182-1] 연결 추가 창

[그림 182-2] 고급 속성 창

메뉴에서 도구 – 데이터베이스 연결을 선택하면 [그림 182-1]과 같이 연결 추가 창이 나타납니다. 여기에서 데이터 소스를 Access 데이터베이스 파일로 지정하고, 찾아보기 버튼을 누른 후, 앞장에서 만든 Students.accdb 파일을 찾아서 선택합니다. 창의 아래 오른쪽에 있는 "고급" 버튼을 클릭하면 [그림 182-2]와 같은 고급 속성창이 나타납니다. 이 창의 맨 아래 텍스트박스에 있는 문자열이 연결 문자열입니다. 이를 복사하여 코드에서 사용합니다.

📁 File: A181_StudentPhoneBook/Form1.cs(일부)

```
1  using System;
2  using System.Windows.Forms;
3  using System.Data.OleDb;
4
5  namespace A181_StudentPhoneBook
6  {
7    public partial class Form1 : Form
8    {
9      OleDbConnection conn = null;
10     OleDbCommand comm = null;
11     OleDbDataReader reader = null;
12
13     string connStr = @"Provider=Microsoft.ACE.OLEDB.12.0;
14         Data Source=../../Students.accdb";
15
16     public Form1()
17     {
18       InitializeComponent();
19       DisplayStudents();
20     }
21
22     private void DisplayStudents()
23     {
24       if (conn == null)
25       {
26         conn = new OleDbConnection(connStr);
27         conn.Open();
28       }
29
30       string sql = "SELECT * FROM StudentTable";
31       comm = new OleDbCommand(sql, conn);
```

```
32
33        reader = comm.ExecuteReader();
34        while (reader.Read())
35        {
36          string x = "";
37          x += reader["ID"] + "\t";
38          x += reader["SID"] + "\t";
39          x += reader["SName"] + "\t";
40          x += reader["Phone"];
41
42          listBox1.Items.Add(x);
43        }
44        reader.Close();
45        conn.Close();
46        conn = null;
47      }
48    }
49 }
```

System.Data.OleDb를 using 문으로 추가합니다.   ◆ 3

Form1 클래스에 OleDbConnection, OleDbCommand, OleDbDataReader 클래스의 객체를 각각   ◆ 9~11
conn, comm, reader 이름으로 만듭니다.

연결 문자열 connStr을 만듭니다. 본문에서 설명한 방식으로 복사하여 가져옵니다. 파일의 경로   ◆ 13~14
를 간략하게 ../../Students.accdb라고 해도 됩니다. 프로그램이 실행되는 폴더에서 볼 때 DB 파
일이 있는 폴더는 상대적으로 ../../에 있기 때문입니다.

Form1의 생성자 메소드에서 DisplayStudents() 메소드를 호출합니다.   ◆ 19

DisplayStudents() 메소드의 정의입니다. conn이 null이라면 connStr을 매개변수로 conn 객체를   ◆ 22~28
생성합니다. 여기서 만들어진 conn은 DB 작업이 다 끝난 후 45번째 줄에서와 같이 반드시 Close
해야 합니다.

DB에 수행할 SQL 명령어를 문자열로 만들어 sql에 할당합니다.   ◆ 30

명령어 sql과 연결 문자열 conn을 매개변수로 comm 객체를 생성합니다.   ◆ 31

comm.ExecuteReader() 메소드로 명령어를 수행합니다.

reader가 명령어의 결과를 리턴받는데 이 명령어의 수행 결과는 여러 개의 레코드입니다. while 문에서 reader.Read()가 true인 동안 각 레코드의 ID, SId, SName, Phone 필드를 가져와서 문자 열 x에 추가합니다. x는 한 레코드의 4개 필드를 하나의 문자열로 만든 것입니다. x를 리스트박 스에 추가합니다.

실행이 끝나면 reader와 conn은 Close하고, conn은 null로 만듭니다.

[그림 182-3] 실행 결과

위의 프로그램에서 DB와 연결하는 부분, DB에서 데이터를 읽는 부분 등 자주 사용되는 부분을 메소드로 만들고 다시 프로그램을 작성하겠습니다. 앞으로 만들 추가, 검색, 삭제, 수정에서도 이 부분은 똑같이 사용되기 때문입니다. 새로 만드는 메소드는 ConnectionOpen(), ConnectionClose(), ReadAndAddToListBox()의 세 개입니다. 코드에서 ... 부분은 수정하지 않은 부분입니다.

📁 **File: A181_StudentPhoneBook/Form1.cs(일부)**

```
1  using ...
2
3  namespace A181_StudentPhoneBook
4  {
5    public partial class Form1 : Form
6    {
```

```
7    ...
8    public Form1() ...
9
10   private void DisplayStudents()
11   {
12     ConnectionOpen();
13
14     string sql = "SELECT * FROM StudentTable";
15     comm = new OleDbCommand(sql, conn);
16
17     ReadAndAddToListBox();
18     ConnectionClose();
19   }
20
21   private void ConnectionOpen()
22   {
23     if (conn == null)
24     {
25       conn = new OleDbConnection(connStr);
26       conn.Open();
27     }
28   }
29
30   private void ReadAndAddToListBox()
31   {
32     reader = comm.ExecuteReader();
33     while (reader.Read())
34     {
35       string x = "";
36       x += reader["ID"] + "\t";
37       x += reader["SID"] + "\t";
38       x += reader["SName"] + "\t";
39       x += reader["Phone"];
40       listBox1.Items.Add(x);
41     }
42     reader.Close();
43   }
```

```
44
45     private void ConnectionClose()
46     {
47       conn.Close();
48       conn = null;
49     }
50   }
51 }
```

10~19 ◆ 프로그램이 처음 시작될 때 DB에서 레코드를 읽어 와서 리스트박스에 보여주는 메소드입니다. (1) Connection을 열고 (2) 명령어를 만들고 (3) 실행한 후 (4) 연결을 닫는 과정으로 이루어집니다.

21~28 ◆ DB와 연결을 설정하는 메소드입니다.

30~43 ◆ comm.ExecuteReader()로 데이터를 읽어 와서 리스트박스에 표시하는 메소드입니다.

45~49 ◆ conn을 닫아주고 null로 만들어주는 메소드입니다.

- **학습 내용:** Access 데이터베이스를 이용하여 전화번호부 프로그램을 만듭니다.
- **힌트 내용:** OleDB를 사용하여 CRUD 기능을 구현합니다.

데이터베이스와 관련된 명령은 SQL 문장으로 만듭니다. CRUD(Create, Read, Update, Delete) 작업에 대해 SQL 문법을 간단하게 설명하면 다음과 같습니다. 주의할 점은 숫자는 그대로 쓰고, 문자열은 따옴표 안에 써야 합니다. 대문자와 소문자는 구분하지 않습니다.

```
INSERT INTO StudentTable(SId, SName, Phone)
          VALUES(19001003, 'BsKim', '010-1212-3434')
SELECT * FROM StudentTable WHERE SId=19001001
UPDATE StudentTable SET SId=19001002, SName='KsLee',
          Phone='010-4567-9876' WHERE ID=2
DELETE FROM StudentTable WHERE ID=2
```

테이블에 레코드를 추가할 때는 INSERT INTO 문을 사용합니다. 이때 일련번호로 지정된 ID 값은 별도로 입력하지 않아도 자동으로 1씩 증가한 값으로 저장됩니다. DB에서 특정한 데이터를 뽑아낼 때는 SELECT FROM WHERE 문을 사용합니다. 수정은 UPDATE SET WHERE 문을 사용합니다. 삭제는 DELETE FROM WHERE 문을 사용합니다. 비주얼스튜디오는 SQL 문법에는 대해 에러를 찾아주지 않기 때문에 주의해서 작성해야 합니다.
계속해서 프로그램을 설명합니다. 앞장에서 구현한 부분은 ...으로 표시했습니다. DB와 관련된 작업은 공통적으로 (1) Connection을 열고 (2) 명령어를 만들고 (3) 실행한 후 (4) 연결을 닫는 과정으로 이루어집니다.

📁 **File: A181_StudentPhoneBook/Form1.cs(일부)**

```
1 using ...
2
3 namespace A148_StudentPhoneBook
4 {
```

```
5    public partial class Form1 : Form
6    {
7      ...
8      public Form1() ...
9      private void DisplayStudents() ...
10     private void ConnectionOpen() ...
11     private void ReadAndAddToListBox() ...
12     private void ConnectionClose() ...
13
14     private void listBox1_SelectedIndexChanged(object sender, EventArgs e)
15     {
16       ListBox lb = sender as ListBox;
17
18       if (lb.SelectedItem == null)
19         return;
20
21       string[] s = lb.SelectedItem.ToString().Split('\t');
22       txtID.Text = s[0];
23       txtSId.Text = s[1];
24       txtSName.Text = s[2];
25       txtPhone.Text = s[3];
26     }
27
28     private void btnInsert_Click(object sender, EventArgs e)
29     {
30       if (txtSName.Text == "" || txtPhone.Text == "" || txtSId.Text == "")
31         return;
32
33       ConnectionOpen();
34
35       string sql = string.Format("insert into " +
36         "StudentTable(SId, SName, Phone) VALUES({0}, '{1}', '{2}')",
37         txtSId.Text, txtSName.Text, txtPhone.Text);
38
39       comm = new OleDbCommand(sql, conn);
40       if (comm.ExecuteNonQuery() == 1)
41         MessageBox.Show("삽입성공!");
```

```
42
43      ConnectionClose();
44      listBox1.Items.Clear();
45      DisplayStudents();
46    }
47
48    private void btnSearch_Click(object sender, EventArgs e)
49    {
50      if (txtSName.Text == "" && txtPhone.Text == "" && txtSId.Text == "")
51        return;
52
53      ConnectionOpen();
54
55      string sql = "";
56      if (txtSId.Text != "")
57        sql = string.Format("SELECT * FROM StudentTable WHERE SID={0}",
58            txtSId.Text);
59      else if (txtSName.Text != "")
60        sql = string.Format(
61            "SELECT * FROM StudentTable WHERE SName='{0}'", txtSName.Text);
62      else if (txtPhone.Text != "")
63        sql = string.Format(
64            "SELECT * FROM StudentTable WHERE Phone='{0}'", txtPhone.Text);
65
66      listBox1.Items.Clear();
67      comm = new OleDbCommand(sql, conn);
68      ReadAndAddToListBox();
69      ConnectionClose();
70    }
71
72    private void btnUpdate_Click(object sender, EventArgs e)
73    {
74      ConnectionOpen();
75
76      string sql = string.Format("UPDATE StudentTable SET SID={0},
77        SName='{1}', Phone='{2}' WHERE ID={3}",
78          txtSId.Text, txtSName.Text, txtPhone.Text, txtID.Text);
```

```
79        comm = new OleDbCommand(sql, conn);
80        if (comm.ExecuteNonQuery() == 1)
81          MessageBox.Show("수정 성공!");
82
83        ConnectionClose();
84        listBox1.Items.Clear();
85        DisplayStudents();
86      }
87
88      private void btnDelete_Click(object sender, EventArgs e)
89      {
90        ConnectionOpen();
91
92        string sql = string.Format("DELETE FROM StudentTable WHERE ID={0}",
93            txtID.Text);
94
95        comm = new OleDbCommand(sql, conn);
96        if (comm.ExecuteNonQuery() == 1)
97          MessageBox.Show("삭제 성공!");
98
99        ConnectionClose();
100       listBox1.Items.Clear();
101       DisplayStudents();
102     }
103
104     private void btnClear_Click(object sender, EventArgs e)
105     {
106       txtID.Text = "";
107       txtSName.Text = "";
108       txtPhone.Text = "";
109       txtSId.Text = "";
110     }
111
112     private void btnViewAll_Click(object sender, EventArgs e)
113     {
114       listBox1.Items.Clear();
115       DisplayStudents();
```

```
116      }
117   }
118 }
```

리스트박스에서 항목을 선택했을 때 실행되는 메소드입니다. 리스트박스에서 빈 공간을 클릭하 ◆ 14~26
면 SelectedItem이 null이 됩니다. 이때는 그대로 return합니다. 항목이 선택되면 탭으로 구분된
문자열이므로 Split 메소드를 사용하여 탭을 기준으로 배열 s에 값을 저장하고 이를 텍스트박스
에 표시합니다.

"추가" 버튼을 클릭할 실행되는 메소드입니다. 학번, 이름, 전화번호 텍스트박스에 있는 데이터 ◆ 28~46
를 가져와서 sql에 INSERT INTO 문을 만들어 넣습니다. 이때 숫자는 그대로 넣지만, 문자열을
따옴표 안에 넣어 사용해야 합니다. INSERT 명령을 실행할 때는 comm.ExecuteReader()를 사용
하지 않고 comm.ExecuteNonQuery() 명령을 사용합니다. 이 명령어의 리턴 값은 DB에서 변경된
레코드의 숫자입니다. 리턴 값이 1이면 성공적으로 명령이 수행되었음을 알 수 있습니다.

"검색" 버튼을 클릭하면 실행되는 메소드입니다. 학번, 이름, 전화번호 텍스트박스 중 하나에 있 ◆ 48~70
는 데이터를 DB에서 검색하여 리스트박스에 보여줍니다.

"수정" 버튼을 클릭하면 실행되는 메소드입니다. 학번, 이름, 전화번호 텍스트박스에 있는 데이 ◆ 72~86
터를 가져와서 sql에 UPDATE SET WHERE 문으로 만들어 넣습니다. UPDATE 명령을 실행할
때는 comm.ExecuteNonQuery() 명령을 사용합니다.

"삭제" 버튼을 클릭하면 실행되는 메소드입니다. 키 필드인 ID 값으로 sql 문을 만들고 comm. ◆ 88~102
ExecuteNonQuery() 명령을 사용합니다.

"삭제" 버튼을 클릭하면 실행되는 메소드입니다. 텍스트박스에 있는 글자를 모두 지웁니다. ◆ 104~110

"View All" 버튼을 클릭하면 실행되는 메소드입니다. 현재 리스트박스의 내용을 지우고 ◆ 112~116
DisplayStudents() 메소드를 호출하여 DB에서 모든 레코드를 읽어 와서 리스트박스에 보여줍니
다.

SQL Server 데이터베이스 프로그래밍 ① – 디자인

- **학습 내용:** SQL Server 데이터베이스를 이용한 DB 프로그램을 WPF로 만듭니다.
- **힌트 내용:** SQL Server는 SqlClient를 사용합니다.

앞장에서 ACCESS 데이터베이스를 사용하는 전화번호부 프로그램을 만들었습니다. ACCESS는 데이터 공급자로 OleDB를 사용했는데, 이번에는 SQL Server 데이터베이스를 사용하는 프로그램을 WPF로 만들겠습니다. SQL Server는 SqlClient 공급자를 사용합니다.

WPF 프로젝트를 만들고 [그림 184-1]과 같이 디자인합니다. 프로그램은 "Random 색깔 표시" 버튼을 클릭하면 1초에 한번씩 랜덤하게 20개의 값을 생성하여 날짜, 시간과 함께 데이터베이스에 저장합니다. 이 값은 그리드에 있는 20개의 image 배경색을 표시하는 용도로 사용됩니다. "DB에 저장된 색깔 표시" 버튼을 누르면 DB에 저장된 데이터를 읽어 와서 역시 20개의 image 배경색을 표시하게 됩니다. 리스트박스는 시간, 날짜와 20개의 데이터를 표시합니다.

20개의 랜덤 숫자는 20개의 센서에서 보내주는 값이라고 생각할 수 있습니다. 예를 들어 20개의 압력 센서의 값을 읽어서 1초에 한번씩 DB에 저장하는 식입니다.

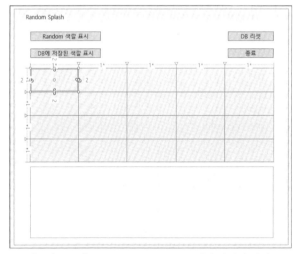

[그림 184-1] RandomSplash 프로그램의 디자인 화면

디자인 화면의 XAML 파일은 다음과 같습니다.

612

```
1  <Window x:Class="A184_WPFRandomSplash.MainWindow"
2    ...
3    Title="Random Splash" Height="500" MinHeight="500"
4    Width="600" MinWidth="600">
5    <Grid>
6      <Button Content="Random 색깔 표시" HorizontalAlignment="Left"
7        Margin="32,20,0,0" VerticalAlignment="Top" Width="156"/>
8      <Button Content="DB에 저장된 색깔 표시" HorizontalAlignment="Left"
9        Margin="32,56,0,0" VerticalAlignment="Top" Width="156"/>
10     <Button Content="종료"  VerticalAlignment="Top" Width="100"
11       HorizontalAlignment="Right" Margin="0,56,28,0" />
12     <Grid Background="AntiqueWhite" Height="199" Margin="32,98,28,0"
13       VerticalAlignment="Top" >
14       <Grid.RowDefinitions>
15         <RowDefinition/>
16         <RowDefinition/>
17         <RowDefinition/>
18         <RowDefinition/>
19       </Grid.RowDefinitions>
20       <Grid.ColumnDefinitions>
21         <ColumnDefinition/>
22         <ColumnDefinition/>
23         <ColumnDefinition/>
24         <ColumnDefinition/>
25         <ColumnDefinition/>
26       </Grid.ColumnDefinitions>
27       <Image x:Name="image1" Margin="2" Grid.Column="0" Grid.Row="0"/>
28       <Image x:Name="image2" Margin="2" Grid.Column="1" Grid.Row="0"/>
29       <Image x:Name="image3" Margin="2" Grid.Column="2" Grid.Row="0"/>
30       <Image x:Name="image4" Margin="2" Grid.Column="3" Grid.Row="0"/>
31       <Image x:Name="image5" Margin="2" Grid.Column="4" Grid.Row="0"/>
32       ...
33     </Grid>
34     <ListBox x:Name="lstDB" Margin="32,307,28,10" />
35     <TextBlock x:Name="lblDate" HorizontalAlignment="Left" Width="165"
```

```
36        VerticalAlignment="Top" Margin="210,24,0,0" />
37    <TextBlock x:Name="lblTme" HorizontalAlignment="Left" Width="165"
38        VerticalAlignment="Top" Margin="210,56,0,0"/>
39    </Grid>
40 </Window>
```

3~4 높이와 최소 높이, 너비와 최소 너비를 지정합니다. 프로그램이 실행될 때 창을 크게 하거나 작게 할 수 있는데 최소 높이와 최소 너비보다 창이 작아질 수는 없습니다.

5 디자인 요소 전체를 포함하는 그리드입니다.

6~7 "랜덤 색깔 표시" 버튼입니다.

8~9 "DB에 저장된 색깔 표시" 버튼입니다.

10~11 "종료" 버튼입니다. 수평 정렬을 오른쪽으로 설정합니다.

12~33 20개의 Image를 포함하는 그리드입니다. Row는 4개, Column은 5개로 나누고 Image 20개를 나누어진 그리드에 각각 배치합니다. WPF에서 Image는 Form에서의 PictureBox 컨트롤에 해당합니다. image6~image20은 생략했습니다.

34 날짜, 시간, 20개의 값이 표시되는 ListBox입니다. 이름을 lstDB로 했습니다.

35~38 날짜와 시간을 표시하기 위한 텍스트블록 2개입니다. 이름을 lblDate, lblTime으로 했고 버튼 옆에 위치합니다.

SQL Server 데이터베이스
프로그래밍 ② – DB 작성

- **학습 내용:** SQL Server 데이터베이스를 이용한 DB 프로그램을 WPF로 만듭니다.
- **힌트 내용:** 프로젝트에 DB를 추가하고 서버 탐색기에서 SQL Server DB를 설계합니다.

데이터베이스를 만들고 프로젝트에서 사용할 수 있도록 준비하는 과정은 다음과 같습니다.

(1) 솔루션 탐색기에서 프로젝트에 데이터베이스 추가

솔루션 탐색기의 프로젝트 이름에서 마우스 오른쪽 버튼을 누르면 나타나는 메뉴에서 추가 – 새 항목을 선택합니다. [그림 185-1]의 "새 항목 추가" 창에서 "서비스 기반 데이터베이스"를 선택하고 이름을 Colors.mdf로 지정한 후 추가 버튼을 클릭합니다.

[그림 185-1] 프로젝트에 데이터베이스 추가

DB가 추가되면 솔루션 탐색기에 [그림 185-2]와 같이 Colors.mdf라는 데이터베이스가 추가된 것을 볼 수 있습니다.

[그림 185-2] 프로젝트에 데이터베이스 추가   **[그림 185-3]** 서버 탐색기

(2) 서버 탐색기에서 데이터베이스 작성

솔루션 탐색기의 colors.mdf를 마우스 오른쪽 버튼을 클릭하여 "열기"하면 [그림 185-3]의 서버 탐색기가 나옵니다. Colors.mdf 아래의 테이블 위에서 마우스 오른쪽 버튼을 누르고 "새 테이블 추가" 메뉴를 선택합니다.

[그림 185-4]와 같이 디자인창이 나타나면 Id, Date, Time, P1, P2, ..., P20까지 필드를 넣고 데이터 타입을 지정합니다. Date와 Time은 문자열인 NVARCHAR로 설정하고 나머지는 모두 int로 설정합니다.

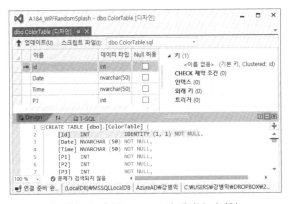

[그림 185-4] SQL Server의 테이블 디자인   **[그림 185-5]** ID 열의 속성창

이중 Id는 키값으로 사용되는 필드입니다. 이 필드를 선택하고 [그림 185-5]와 같이 속성창에서 ID 사양 – (ID 여부)를 True로 바꿉니다.

모든 열을 다 입력했으면 [그림 185-4] T-SQL 창의 첫 번째 줄 CRETE TABLE [dbo].[Table] 부분에서 Table을 지우고 테이블 명을 [ColorTable]이라고 입력합니다. 이제 dbo.ColorTable [디자인] 창에서 왼쪽 위의 "업데이트"를 누르면 설계된 DB가 저장됩니다.

이때 서버 탐색기의 Colors.mdf를 마우스 오른쪽 버튼으로 클릭하고 새로고침을 하면 새로 만든 ColorsTable이 나타납니다. ColorTable을 확장시키면 설계된 필드를 볼 수 있습니다.

(3) 연결 문자열 복사하여 코드에서 사용

서버 탐색기에서 Colors.mdf 파일을 마우스 오른쪽 버튼으로 클릭하고 속성 메뉴를 선택하면 [그림 185-6]과 같이 속성창이 나옵니다. 이중 연결 문자열을 복사하여 코드에서 사용합니다.

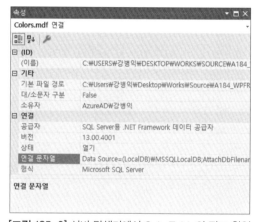

[그림 185-6] 서버 탐색기에서 ColorTable의 필드 확인

SQL Server 데이터베이스 프로그래밍 ③ – C#

본격적으로 DB 프로그램을 시작할 준비가 되었습니다. DB 프로그램은 C# 코드와 DB를 연결하는 것으로 시작됩니다. 이때 연결 문자열(connection string)이 필요합니다. 앞장의 [그림 185-6]에서 속성창에서 복사한 연결 문자열을 사용합니다. 소스코드의 16번째 줄에서 [경로]라고 표시된 부분은 실제 프로젝트가 위치한 경로이며 컴퓨터마다 다릅니다.

📁 **File: A184_WPFRandomSplash/MainWindow.xaml.cs**

```
1  ...
2  using System.Data.SqlClient;
3  using System.Threading;
4  using System.Windows.Threading;
5
6  namespace A184_WPFRandomSplash
7  {
8    public partial class MainWindow : Window
9    {
10     List<Border> borderList;
11
12     DispatcherTimer t = new DispatcherTimer();
13     Random r = new Random();
14
15     string connString = @"Data Source=(LocalDB)\MSSQLLocalDB;" +
16         "AttachDbFilename=[경로]\Colors.mdf;" +
17         "Integrated Security=True";
18     SqlConnection conn;
19
20     public MainWindow()
21     {
```

```
22        InitializeComponent();
23
24        borderList = new List<Border>
25        { border1, border2, border3, border4, border5,
26          border6, border7, border8, border9, border10,
27          border11, border12, border13, border14, border15,
28          border16, border17, border18, border19, border20 };
29
30        t.Interval = new TimeSpan(0, 0, 1); // 1초에 한번
31        t.Tick += T_Tick;
32    }
33
34    private void T_Tick(object sender, EventArgs e)
35    {
36        string date = DateTime.Now.ToString("yyyy-MM-dd");
37        lblDate.Text = "날짜: " + date;
38        string time = DateTime.Now.ToString("HH:mm:ss");
39        lblTime.Text = "시간: " + time;
40
41        byte[] colors = new byte[20];
42        for (int i = 0; i < 20; i++)
43        {
44            colors[i] = (byte)(r.Next(255));
45            borderList[i].Background = new
46                SolidColorBrush(Color.FromRgb((byte)0, (byte)0, colors[i]));
47        }
48
49        string sql = "INSERT INTO ColorTable VALUES (@date, @time"
50        for (int i = 0; i < 20; i++)
51        {
52            sql += ", " + String.Format("{0}", colors[i]);
53        }
54        sql += ")";
55
56        using (conn = new SqlConnection(connString))
57        using (SqlCommand comm = new SqlCommand(sql, conn))
58        {
```

```csharp
59          conn.Open();
60          comm.Parameters.AddWithValue("@date", date);
61          comm.Parameters.AddWithValue("@time", time);
62          comm.ExecuteNonQuery();
63      }
64
65      string lstItem = "";
66      lstItem += string.Format($"{date} {time} ");
67      for (int i = 0; i < 20; i++)
68      {
69          lstItem += string.Format("{0,3} ", colors[i]);
70      }
71      lstDB.Items.Add(lstItem);
72  }
73
74  bool flag = false;
75  private void btnRandom_Click(object sender, EventArgs e)
76  {
77      if (flag == false)
78      {
79          btnRandom.Content = "정지";
80          t.Start();
81          flag = true;
82      }
83      else
84      {
85          btnRandom.Content = "Random 색깔 표시";
86          t.Stop();
87          flag = false;
88      }
89  }
90
91  private void btnDB_Click(object sender, EventArgs e)
92  {
93      lstDB.Items.Clear();
94
95      string sql = "SELECT * FROM ColorTable";
```

```
96        int[] colors = new int[20];
97
98     using (conn = new SqlConnection(connectionString))
99     using (SqlCommand command = new SqlCommand(sql, conn))
100    {
101       conn.Open();
102       SqlDataReader reader =  command.ExecuteReader();
103
104       int index = 0;
105       while(reader.Read())
106       {
107         lblDate.Text = reader[1].ToString();  // Date, [0]는id
108         lblTime.Text = reader[2].ToString();  // Time
109         for(int i=0; i<20; i++)
110         {
111           colors[i] = int.Parse(reader[i + 3].ToString());
112         }
113
114         string record = "";
115         for (int i = 0; i < reader.FieldCount; i++)
116           record += String.Format("{0,3}", reader[i].ToString()) + " "
117
118         lstDB.Items.Add(record);
119         lstDB.SelectedIndex = index++;
120
121         for (int i = 0; i < 20; i++)
122         {
123           borderList[i].Background = new
124             SolidColorBrush(Color.FromRgb((byte)0, (byte)0,
125               (byte)colors[i]));
126         }
127
128         // delay 주기
129         this.Dispatcher.Invoke((ThreadStart)(() => { }),
130             DispatcherPriority.ApplicationIdle);
131         Thread.Sleep(20);
132       }
```

```
133        }
134    }
135
136    private void btnReset_Click(object sender, RoutedEventArgs e)
137    {
138        lstDB.Items.Clear();
139        string sql = "Delete From ColorTable";
140
141        using (conn = new SqlConnection(connString))
142        using (SqlCommand command = new SqlCommand(sql, conn))
143        {
144            conn.Open();
145            command.ExecuteNonQuery();
146        }
147    }
148 }
149}
```

2 ◆ SQL Server 데이터베이스는 공급자로 SqlClient를 사용하기 때문에 using 문에 System.Data. SqlClient 네임스페이스를 추가합니다.

3~4 ◆ System.Threading은 DispatcherTimer를 쓰기 위한 네임스페이스입니다. System.Windows. Threading은 128번째 줄에서 시간을 지연하는 delay를 만들기 위해 사용하는 DispatcherPriority 를 위해 추가합니다.

10 ◆ Border 객체의 리스트 borderList를 선언합니다.

12~13 ◆ WPF에서의 타이머는 DispatcherTimer를 사용합니다. DispatcherTimer 객체 t와 Random 객체 r을 생성합니다.

15~16 ◆ connString 문자열에 복사해 온 연결 문자열을 할당하고 SqlConnection 객체 conn을 선언합니다.

20~32 ◆ 생성자 메소드에서 borderList를 만듭니다. t의 인터벌을 1초에 한번으로 설정하고 이벤트 메소 드는 T_Tick으로 설정합니다.

34~72 ◆ 1초에 한번씩 실행되는 이벤트 메소드입니다. 날짜와 시간을 표시하고 20개의 랜덤값을 만들어 서 colors[] 배열에 저장하고 borderList의 배경색을 Color.FromRgb() 메소드를 지정합니다. RGB 에서 R과 G는 0으로 하고 Blue 성분만 랜덤하게 생성되는 값으로 지정합니다.

날짜, 시간, 20개의 랜덤값을 테이블에 저장하는 INSERT 문을 만듭니다. ◆ 49~54

using 문을 사용하여 conn과 comm을 생성하고 ExecuteNonQuery() 명령으로 테이블에 추가합니다. 이때 @date, @time은 comm.Parameters.AddWithValue로 date와 time 문자열의 값을 쿼리문에 사용합니다. ◆ 56~63

날짜, 시간, 20개의 랜덤값을 lstItem 문자열에 추가하여 리스트박스에 표시합니다. ◆ 65~71

"Random 색깔 표시" 버튼을 클릭하면 버튼에 "정지"라고 표시하고 타이머를 시작하여 1초에 한 번씩 T_Tick() 메소드를 호출하게 합니다. flag를 사용하여 버튼이 "정지" 표시일 때 클릭하면 "Random 색깔 표시"로 바꾸고 타이머를 중지합니다. ◆ 74~89

"DB에 저장된 색깔 표시" 버튼을 클릭할 때 실행되는 메소드입니다. 리스트박스를 지우고 ColorTable에서 모든 값을 읽어 와서 record 문자열에 저장하고 리스트박스에 표시합니다. ◆ 91~133

20개의 Border의 배경색을 DB에서 읽어온 색으로 설정합니다. ◆ 121~126

색깔들이 변하는 모습을 확인하기 위해서 한번 그려주고 나면 20밀리초만큼 delay를 줍니다. WPF에서 delay를 주는 방법은 이와 같이 합니다. ◆ 129~132

"DB 리셋" 버튼을 누르면 Delete From ColorTable 명령으로 DB의 모든 레코드를 지웁니다. ◆ 136~147

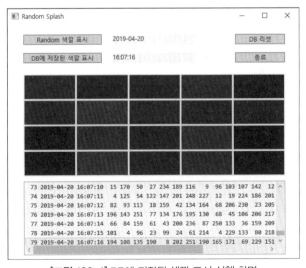

[그림 186-1] DB에 저장된 색깔 표시 실행 화면

오목 프로그램 ① – 디자인

- **학습 내용:** WinForm으로 오목 프로그램의 디자인을 만듭니다.
- **힌트 내용:** 오목 프로그램을 위한 디자인과 Form1 클래스의 필드를 정의합니다.

Form 프로그램으로 오목 게임을 만들어 보겠습니다. 프로그램이 시작되면 [그림 187–1]과 같이 바둑판이 나타나고 마우스를 클릭하면 검은돌과 흰돌이 번갈아 나타나는 게임입니다.

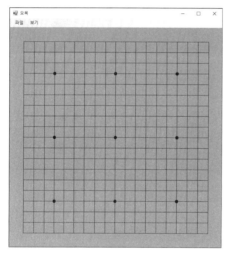

[그림 187–1] 바둑판

[그림 187–2] 메뉴 아래에 Panel을 부모와 도킹

윈폼에서 그래픽 프로그램을 할 때 GDI+를 사용합니다. GDI+에는 Point, Color 등 그래픽을 위한 많은 클래스와 구조체, 그리고 대부분의 그리기 메소드가 정의되어 있는 Graphics 클래스가 정의되어 있습니다.

메뉴가 자리를 차지하고 있기 때문에 Form1에 직접 그림을 그리면 좌표 계산이 복잡해집니다. 그래서 메뉴 아래 패널(panel1)을 배치하고 부모와 도킹시킵니다. Form1을 panel1이 덮고 있으므로 그림은 Form1이 아니고 panel1에 그려줍니다. Panel의 좌측 상단을 (0, 0)으로 하는 좌표를 사용할 수 있으므로 계산이 간단해집니다.

[그림 187-3]에서 메뉴의 높이는 menuStrip1.Height입니다. 폼의 경계와 첫 번째 선이 그려지는 곳까지의 거리를 margin이라고 하겠습니다. 선과 선 사이의 거리를 "눈Size", 화점의 크기는 "화점Size", 바둑돌의 크기는 "돌Size"라고 하겠습니다. C#에서 필드(변수)의 이름은 보통 영어로 쓰지만 한글을 써도 됩니다. 한글이 편할 때는 한글로 변수명을 만들어 프로그램을 작성하고, 완성되면 영어로 한 번에 바꾸어 줍니다(영어로 하면 누구나 볼 수 있지만 한글이 섞이면 한국 사람만 볼 수 있는 코드가 되기 때문입니다).

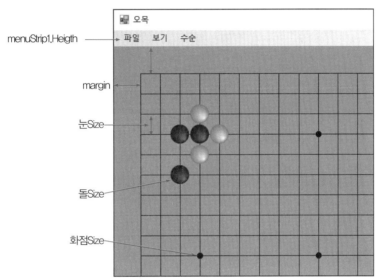

[그림 187-3] 프로그램에서 사용되는 변수들

📁 File: A187_Omok/Form1.cs(일부)

```csharp
1 using System;
2 using System.Drawing;
3 using System.Windows.Forms;
4
5 namespace A187_Omok
6 {
7   public partial class Form1 : Form
8   {
9     int margin = 40;
10    int 눈Size = 30;   // 눈금 크기
11    int 돌Size = 28;   // 바둑돌 크기
```

```
12        int 화점Size = 10;   // 화점 크기
13
14        Graphics g;
15        Pen pen;
16        Brush wBrush, bBrush;
17
18        public Form1()
19        {
20          InitializeComponent();
21
22          this.BackColor = Color.Orange;
23
24          pen = new Pen(Color.Black);
25          bBrush = new SolidBrush(Color.Black);
26          wBrush = new SolidBrush(Color.White);
27
28          this.ClientSize = new Size(2 * margin + 18 * 눈Size,
29            2 * margin + 18 * 눈Size + menuStrip1.Height);
30        }
31      }
32 }
```

9~12 ◆ Form1 클래스에 필드를 정의합니다. margin, 눈Size, 돌Size, 화점Size를 지정해 줍니다. 이렇게 하면 이들 숫자만 바꾸어 주어도 더 크거나 더 작은 바둑판을 쉽게 만들 수 있습니다.

14~16 ◆ Graphics 객체로 g를 선언하고, 그림 그릴 때 필요한 Pen과 Brush도 선언합니다. 흰 돌과 검은돌이 있으니까 브러시는 wBrush, bBrush 두 가지를 만듭니다.

18~29 ◆ Form1의 생성자 메소드에서 패널에 바둑판 색과 비슷하게 오렌지색으로 배경색을 지정하고 선을 그리기 위한 검은색 pen, 검은돌과 흰돌을 그리기 위한 브러시를 만듭니다. 마진과 눈금 크기, 메뉴의 높이를 고려하여 폼의 ClientSize를 지정합니다.

지금 프로그램을 실행하면 선 없는 오렌지색 화면만 보이게 됩니다.

오목 프로그램 ②
– 바둑판 그리기

- **학습 내용:** 오목 프로그램이 시작할 때 바둑판을 그립니다.
- **힌트 내용:** panel1.Paint() 메소드를 사용합니다.

앞장 [그림 187-1]의 바둑판을 살펴보겠습니다. 바둑판은 가로, 세로 19개의 선이 있고 선의 교차점에 바둑돌을 둘 수 있습니다. 3, 9, 15번째 가로 세로선이 교차하는 곳에 작은 검은 점이 찍혀 있습니다. 이것을 화점이라고 하는데 전부 9개가 있습니다.

폼 위에 그림을 그릴 때는 OnPaint() 메소드를 재정의하여 그려줍니다. 하지만 바둑판 프로그램은 폼 위에 panel1이 덮여 있으므로 OnPaint()가 아닌 panel1.Paint() 메소드를 사용하여야 합니다. panel1.Paint()는 panel1의 Paint 이벤트에 대응하는 이벤트 처리 함수입니다. Paint 이벤트는 화면을 다시 그려주어야 할 때 자동으로 발생하는 이벤트입니다. 예를 들어 폼이 최소화되었다가 다시 나타나는 경우, 다른 창이 폼을 덮었다가 없어지는 경우 등입니다. 디자인 창에서 panel1의 속성 창의 이벤트 창에서 Paint 이벤트를 더블클릭하고 소스 창에 만들어지는 panel1.Paint() 메소드에 바둑판을 그려주는 메소드인 DrawBoard()를 호출합니다.

OnPaint()에서 호출되는 DrawBoard() 메소드에서 바둑판의 모습을 그려줍니다. panel1에 그림을 그려주므로 Graphics 객체 g = panel1.CreateGraphics()로 만들어줍니다.

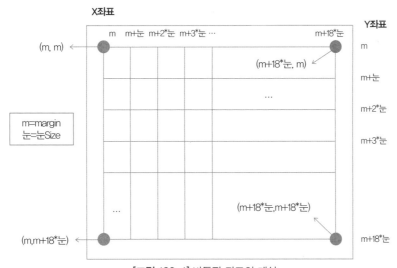

[그림 188-1] 바둑판 좌표의 계산

[그림 188-1]과 같이 좌표를 계산할 수 있습니다. 선을 그려주는 DrawLine()과 화점을 그려주기 위해 타원을 채워서 그려주는 FillEllipse()를 사용합니다. 반복문을 사용해서 세로선 19개, 가로선 19개를 그리고 화점 9개를 그려줍니다. 화점을 그릴 때 주의할 점이 있습니다. g.FillEllipse(Brush b, Rectangle r)는 사각형 r에 내접하는 원을 b 브러시 색으로 채워줍니다. 이때 사각형은 왼쪽 상단 좌표와 폭, 높이로 나타내는데 원이 바둑판에서 선의 교차점에 위치하려면 [그림 188-2]와 같이 왼쪽 상단 좌표가 원의 반지름만큼 좌측 상단으로 이동해야 합니다.

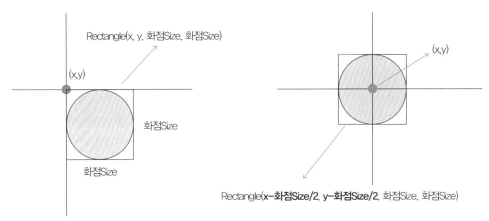

[그림 188-2] 선의 교차점에 화점 그리기

앞장에서 만든 프로그램에 다음의 코드를 추가합니다.

File: A187_Omok/Form1.cs(일부)

```
1 using System;
2 ...
3
4 namespace A187_Omok
5 {
6   public partial class Form1 : Form
7   {
8     public Form1() ...
9
10    // panel1의 Paint 이벤트 처리 메소드
11    private void panel1_Paint(object sender, PaintEventArgs e)
12    {
```

628

```
13        DrawBoard();
14    }
15
16    private void DrawBoard()
17    {
18      g = panel1.CreateGraphics();
19
20      for (int i = 0; i < 19; i++)
21      {
22        g.DrawLine(pen, new Point(margin + i * 눈Size, margin), // 세로선
23          new Point(margin + i * 눈Size, margin + 18 * 눈Size));
24        g.DrawLine(pen, new Point(margin, margin + i * 눈Size), // 가로선
25          new Point(margin + 18 * 눈Size, margin + i * 눈Size));
26      }
27
28      // 화점그리기
29      for (int x = 3; x <= 15; x += 6)
30        for (int y = 3; y <= 15; y += 6)
31        {
32          g.FillEllipse(bBrush,
33            margin + 눈Size * x - 화점Size / 2,
34            margin + 눈Size * y - 화점Size / 2,
35            화점Size, 화점Size);
36        }
37    }
38 }
```

panel1.Paint() 이벤트 처리 메소드를 정의합니다. ◆ 11

바둑판을 그리는 메소드 DrawBoard()를 호출합니다. ◆ 13

panel1에 그래픽스 객체 g를 생성합니다. g의 멤버 메소드들은 panel1에 그림을 그리게 됩니다. ◆ 16

세로선과 가로선 각각 19개와 화점 9개를 그립니다. ◆ 20~42

오목 프로그램 ③
– 바둑돌 그리기

- **학습 내용 :** 바둑판 위에서 마우스를 클릭할 때 검은돌과 흰돌을 번갈아 그려줍니다.
- **힌트 내용 :** MouseDown 이벤트를 사용합니다.

마우스로 클릭한 위치에 바둑돌이 그려지게 합니다. 이 때 몇 가지 고려할 점이 있습니다.

(1) 바둑돌은 검은돌부터 시작해서 흑, 백이 번갈아 나타납니다.

(2) 바둑돌은 마우스가 클릭된 위치가 아니고 그 점과 가장 가까운 가로세로 선의 교차점에 그려
    야 합니다.

(3) 한번 바둑돌이 놓인 곳에는 다른 돌이 놓일 수 없습니다.

(1)번 문제를 해결하기 위해서 bool 변수 flag를 사용합니다. 돌이 그려질 때마다 flag의 상태가
false이면 검은돌을, true이면 흰돌을 그려주고, flag의 상태를 바꾸어주면 됩니다.

(2)번 문제를 해결하기 위해서는 마우스 좌표와 바둑판 좌표라는 두 가지 좌표를 생각해야 합니
다. 마우스 좌표는 픽셀 단위의 값이고 바둑판 좌표는 바둑돌이 놓일 수 있는 가로 세로 19x19개
교차점의 좌표입니다.

(3)번 문제를 해결하기 위해서는 현재 바둑돌이 놓여있는 상황을 저장하고 있어야 합니다. 바둑
판 가로세로 19x19 좌표로 표시될 수 있으므로 2차원 배열이 가장 적합합니다.

앞장에서 만든 프로그램에 다음의 코드를 추가합니다. ...으로 표시된 부분은 앞장에서 만든 부
분으로 수정할 필요가 없는 부분입니다.

📁 **File: A187_Omok/Form1.cs(일부)**

```
1  ...
2  namespace A187_Omok
3  {
4    public partial class Form1 : Form
5    {
6      ...
7      enum STONE { none, black, white };
8      STONE[,] 바둑판= new STONE[19, 19];
```

```
 9      bool flag = false;   // false = 검은돌, true = 흰돌
10
11      public Form1() ...
12      private void panel1.Paint(PaintEventArgs e) ...
13      private void DrawBoard() ...
14
15      private void panel1_MouseDown(object sender, MouseEventArgs e)
16      {
17        // e.X는 픽셀 단위, x는 바둑판 좌표
18        int x = (e.X - margin + 눈Size / 2) / 눈Size;
19        int y = (e.Y - margin + 눈Size / 2) / 눈Size;
20
21        if (바둑판[x, y] != STONE.none) return;
22
23        // 바둑판[x,y]에 돌을 그리기 위한 Rectangle
24        Rectangle r = new Rectangle(margin + 눈Size * x - 돌Size / 2,
25          margin + 눈Size * y - 돌Size / 2, 돌Size, 돌Size);
26
27        // 검은돌 차례
28        if (flag == false)
29        {
30          g.FillEllipse(bBrush, r);
31          flag = true;
32          바둑판[x, y] = STONE.black;
33        }
34        else
35        {
36          g.FillEllipse(wBrush, r);
37          flag = false;
38          바둑판[x, y] = STONE.white;
39        }
40      }
41 }
```

열거형으로 STONE을 정의하고 {none, black, white}의 값을 쓸 수 있게 합니다. none은 "바둑돌   ◆ 7
이 없다", black은 "검은돌이 있다", white는 "흰돌이 있다"는 뜻입니다.

8 ◆ 바둑판에 놓여있는 돌의 상태를 저장하는 2차원 배열 "바둑판"을 정의합니다. 바둑판은 가로 세로 19줄이 만나는 교차점마다 그에 대응하는 STONE 값을 갖는 STONE 2차원 배열입니다.

9 ◆ bool 변수 flag를 정의합니다. 돌이 그려질 때마다 flag의 상태가 false이면 검은돌을, true이면 흰돌을 그려주고, flag의 상태를 바꾸어줍니다.

15 ◆ Form1을 panel1이 덮고 있기 때문에 MouseDown() 이벤트는 Form1의 이벤트가 아니고 panel1의 이벤트 입니다. 디자이너에서 panel1을 선택하고 속성창의 이벤트 중에서 MouseDown을 찾아 더블클릭하여 자동으로 만들어지는 panel1.MouseDown() 메소드에 코딩합니다.

18~19 ◆ 마우스 좌표를 바둑판 좌표로 변환합니다. e.X, e.Y는 마우스가 클릭되는 좌표입니다. margin과 눈Size를 고려하여 마우스 좌표를 바둑판 좌표로 변환합니다.

21~39 ◆ 바둑판[x,y]에 black이나 white 값이 들어 있다면, 즉 STONE.none이 아니라면 바둑돌이 놓일 수 없는 자리이므로 리턴합니다. 그렇지 않다면 flag에 따라 검은돌과 흰돌을 번갈아 두고 바둑판[x, y]를 수정합니다.

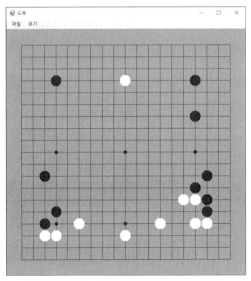

[그림 189-1] 마우스 클릭할 때 바둑돌 그리기

오목 프로그램 ④
– 바둑돌을 이미지로 그리기

- **학습 내용:** 바둑돌을 이미지로 그리는 방법을 학습합니다.
- **힌트 내용:** DrawImage() 메소드를 사용합니다.

바둑돌을 검은색과 흰색으로 채워진 원으로 표시한다면 FillEllipse() 메소드를 사용하면 됩니다. 바둑돌을 그리는 또 다른 방법은 이미지를 사용하는 것입니다. 인터넷에서 바둑돌 이미지를 검색해서 다음과 같은 검은돌과 흰돌 이미지를 가져옵니다.

black.png   white.png

[그림 190-1] 바둑돌 이미지

[그림 190-2] 프로젝트에 Images 폴더 생성 후 파일 복사

이 파일을 솔루션 탐색기의 프로젝트 이름에서 마우스 오른쪽 버튼을 클릭하고 추가 – 새 폴더를 선택해서 Images 폴더를 만들고 그 안에 복사해서 넣어줍니다.

보기 메뉴의 서브 메뉴에서, "그리기"가 선택되면 바둑돌을 g.FillEllipse()로 그려주고, "이미지"를 선택하면 지금 저장한 이미지로 표시하도록 처리합니다. 이를 위해서 Form1 클래스에 imageFlag을 필드로 추가해주고 true, false가 변하게 합니다.

189장의 코드에서 추가, 수정되는 부분은 다음과 같습니다.

 File: A187_Omok/Form1.cs(일부)

```
1   public partial class Form1 : Form
2   {
3     ...
```

```
 4    bool imageFlag = false;
 5
 6    private void panel1_MouseDown(object sender, MouseEventArgs e)
 7     {
 8      // e.X, e.Y는 픽셀 단위, x, y는 바둑판 좌표
 9      int x = (e.X - margin + 눈Size / 2) / 눈Size;
10      int y = (e.Y - margin + 눈Size / 2) / 눈Size;
11
12      if (바둑판[x, y] != STONE.none)
13        return;
14
15      // 바둑판[x,y]에 돌을 그리기 위한 Rectangle
16      Rectangle r = new Rectangle(margin + 눈Size * x - 돌Size / 2,
17        margin + 눈Size * y - 돌Size / 2, 돌Size, 돌Size);
18
19      if (flag == false)  // 검은돌 차례
20      {
21        if (imageFlag == false)
22          g.FillEllipse(bBrush, r);
23        else
24        {
25          Bitmap bmp = new Bitmap("../../Images/black.png");
26          g.DrawImage(bmp, r);
27        }
28        flag = true;
29        바둑판[x, y] = STONE.black;
30      }
31      else  // 흰돌 차례
32      {
33        if (imageFlag == false)
34          g.FillEllipse(wBrush, r);
35        else
36        {
37          Bitmap bmp = new Bitmap("../../Images/white.png");
38          g.DrawImage(bmp, r);
39        }
40        flag = false;
```

```
41              바둑판[x, y] = STONE.white;
42          }
43      }
44
45      private void 그리기ToolStripMenuItem_Click(object sender, EventArgs e)
46      {
47          imageFlag = false;
48      }
49
50      private void 이미지ToolStripMenuItem_Click(object sender, EventArgs e)
51      {
52          imageFlag = true;
53      }
54  }
```

imageFlag을 필드로 추가해주고 메뉴 항목에 따라 true, false가 변하게 합니다. 메뉴에서 "그리 ◆ 4
기"가 선택되면 imageFlag = false로, "이미지"가 선택되면 imageFlag = true로 바꾸어 줍니다.

imageFlag가 true라면 Images 폴더에 있는 black.png 또는 white.png 이미지를 사각형 영역에 표 ◆ 23~39
시합니다.

보기 메뉴의 그리기를 클릭하면 imageFlag를 false로, 이미지를 클릭하면 imageFlag를 true로 바꿉니 ◆ 45~53
다.

프로그램을 실행해서 보기 메뉴를 이미지로 바꾸고 마우스를 클릭하면 바둑돌들이 입체적으로
보입니다.

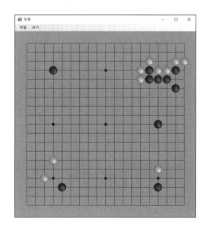

635

오목 프로그램 ⑤ - 자료구조

- **학습 내용 :** 자료구조를 참조하여 바둑돌을 다시 그립니다.
- **힌트 내용 :** 바둑돌이 놓인 상태를 저장하고 있는 이차원 배열 바둑판 [19,19]를 사용합니다.

앞에서 2차원 STONE 배열인 바둑판[19,19]를 정의했습니다. 배열의 요소는 STONE 열거형입니다. 즉 none, black, white를 가질 수 있습니다. 처음에 바둑돌이 놓이기 전에는 배열의 모든 원소가 none 값을 갖습니다. panel1_MouseDown() 메소드에서 돌이 하나씩 놓일 때마다 해당 위치의 배열 원소에 STONE 열거형 값을 저장하게 됩니다.

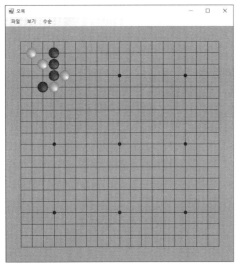

STONE 바둑판[19,19]

	0	1	2	3	4	5	6	7	8	9	10	11	12	13	14	15	16	17	18
0																			
1		w		b															
2			w	b															
3				b	w														
4			b	w															
5																			
6																			
7																			
8																			
9																			
10																			
11																			
12																			
13																			
14																			
15																			
16																			
17																			
18																			

[그림 191-1] STONE 바둑판[19,19]

panel1.Paint() 메소드 부분에 추가할 내용이 있습니다. panel1.Paint() 안에 바둑판을 그리는 DrawBoard() 메소드만 호출하므로 실행되고 있는 오목 프로그램은 최소화했다가 다시 띄우면 바둑판은 다시 그려지지만 바둑돌들이 다 없어집니다. 이를 해결하기 위해서 DawBoard() 후에 DrawStones()라는 메소드를 호출해서 자료구조에 있는 바둑돌들을 전부 다시 그려줍니다. 2차원 배열을 살펴서 값이 STONE.none이 아니라면 저장된 black, white 값에 따라 바둑돌을 그려줍니다. 소스 코드에서 추가되는 부분은 다음과 같습니다.

📁 File: A187_Omok/Form1.cs(일부)

```
1    // panel1.Paint() 메소드를 수정합니다.
2    private void panel1.Paint(PaintEventArgs e)
3      {
4      drawBoard();  // 바둑판을 그립니다.
5      drawStones();  // 바둑돌을 그립니다(추가).
6    }
7
8    // 자료구조에서 바둑돌의 값을 읽어서 다시 그려줍니다.
9    private void DrawStones()
10   {
11     for (int x = 0; x < 19; x++)
12       for (int y = 0; y < 19; y++)
13         if (바둑판[x, y] == STONE.white)
14           if (imageFlag == false)
15             g.FillEllipse(wBrush, margin + x * 눈Size - 돌Size / 2,
16                 margin + y * 눈Size - 돌Size / 2, 돌Size, 돌Size);
17           else
18           {
19             Bitmap bmp = new Bitmap("../../Images/white.png");
20             g.DrawImage(bmp, margin + x * 눈Size - 돌Size / 2,
21                 margin + y * 눈Size - 돌Size / 2, 돌Size, 돌Size);
22           }
23
24         else if (바둑판[x, y] == STONE.black)
25           if (imageFlag == false)
26             g.FillEllipse(bBrush, margin + x * 눈Size - 돌Size / 2,
27                 margin + y * 눈Size - 돌Size / 2, 돌Size, 돌Size);
28           else
29           {
30             Bitmap bmp = new Bitmap("../../Images/black.png");
31             g.DrawImage(bmp, margin + x * 눈Size - 돌Size / 2,
32                 margin + y * 눈Size - 돌Size / 2, 돌Size, 돌Size);
33           }
34   }
```

1~6 ◆ panel1.Paint() 메소드는 Paint 이벤트가 발생하면 호출됩니다. 이때 바둑판을 그리는 메소드 DrawBoard()를 호출하고 그 뒤에 바둑돌을 그리는 DrawStones() 메소드를 호출합니다.

9~34 ◆ DrawStones() 메소드입니다. 이차원 배열 바둑판 [19,19] 안에서 STONE.none이 아닌 곳의 저장된 색깔에 맞게 바둑돌을 그려줍니다.

13~22 ◆ 바둑판 [x, y]가 STONE.white이면 imageFlag에 따라 흰돌을 그려주거나 흰돌 이미지를 표시해줍니다.

24~34 ◆ 바둑판 [x, y]가 STONE.black이면 imageFlag에 따라 검은돌을 그려주거나 검은돌 이미지를 표시해줍니다.

오목 프로그램 ⑥ – 오목 판정

- **학습 내용 :** 오목이 완성되었는지 판정하는 메소드를 작성합니다.
- **힌트 내용 :** 이차원 배열 바둑판 [19,19]를 사용합니다.

바둑돌이 놓이는 순간, 이 돌에 의해 오목이 만들어졌는지를 체크하는 CheckOmok() 메소드를 추가합니다. [그림 192-1]과 같이 좌우, 상하, 왼쪽 대각선, 오른쪽 대각선 방향으로 같은 색의 돌이 5개 이상 연속되는지를 체크합니다.

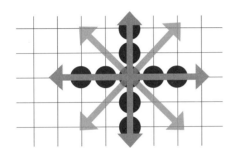

[그림 192-1] CheckOmok() 메소드의 동작   **[그림 192-2]** 오목이 완성되었을 때 나타나는 메시지박스

CheckOmok() 메소드는 panel1.MouseDown() 이벤트 처리 함수의 맨 아래에서 호출됩니다. 오목이 완성되면 OmokComplete() 메소드를 호출하여 누가 이겼는지를 표시하고 게임을 다시 할지 그만할지를 물어봅니다. 게임을 다시 한다고 선택하면 NewGame() 메소드를 호출합니다. 여기서는 flag 변수들, 바둑판 배열 등을 초기화하고 panel1에 바둑판을 새로 그려줍니다. [그림 192-2]는 오목이 되었을 때 나타나는 MessageBox의 모습입니다. 오목판정을 위해 코드에서 추가되는 부분은 다음과 같습니다.

📁 File: A187_Omok/Form1.cs(일부)

```
1    private void panel1_MouseDown(object sender, MouseEventArgs e)
2    {
3      ...
4      CheckOmok(x, y);  // 추가
5    }
```

```
 6
 7      // 오목인지 체크하는 메소드
 8      private void CheckOmok(int x, int y)
 9      {
10        int cnt = 1;
11
12        for (int i = x + 1; i <= 18; i++)        // 오른쪽 방향
13          if (바둑판[i, y] == 바둑판[x, y])
14            cnt++;
15          else
16            break;
17
18        for (int i = x - 1; i >= 0; i--)         // 왼쪽 방향
19          if (바둑판[i, y] == 바둑판[x, y])
20            cnt++;
21          else
22            break;
23
24        if (cnt >= 5)
25        {
26          OmokComplete(x, y);
27          return;
28        }
29
30        // 이 부분에 상하, 왼쪽 대각선, 오른쪽 대각선 방향 추가
31      }
32
33      private void OmokComplete(int x, int y)
34      {
35        DialogResult res = MessageBox.Show(바둑판[x, y].ToString().ToUpper()
36            + " Wins!\n새로운 게임을 시작할까요, "게임종료",
37            MessageBoxButtons.YesNo);
38        if (res == DialogResult.Yes)
39          NewGame();
40        else if (res == DialogResult.No)
41          this.Close();
42      }
```

```
43
44      private void NewGame()
45      {
46        imageFlag = true;
47        flag = false;
48
49        for (int x = 0; x < 19; x++)
50          for (int y = 0; y < 19; y++)
51            바둑판[x, y] = STONE.none;
52
53        panel1.Refresh();
54        DrawBoard();
55      }
```

panel1_MouseDown() 메소드의 맨 아래에서 CheckOmok() 메소드를 호출합니다. ◆ 4

CheckOmok() 메소드입니다. 이차원 배열 바둑판 [19,19]의 x, y 좌표에 돌이 놓였을 때 이 돌로 ◆ 8
인해 오목이 완성되는지를 체크하는 메소드입니다.

지금 돌이 놓였으므로 cnt는 1로 초기화합니다. ◆ 10

지금 놓인 돌의 오른쪽과 왼쪽으로 진행하면서 같은 돌이 놓여있는 숫자를 cnt에 더해줍니다. 바 ◆ 12~22
둑판의 끝까지 가거나 같은 색의 돌이 아니면 반복이 끝납니다.

cnt가 5 이상이면 좌우로 연속해서 5개 이상의 같은색 돌이 놓여있는 것입니다. 오목이 완성되었 ◆ 24~28
으므로 OmokComplete() 메소드를 호출하고 리턴합니다.

지금까지는 좌우방향으로 오목을 체크했습니다. 지금 오목이 만들어졌다면 더 이상 체크할 필요 ◆ 30
가 없지만 그렇지 않다면 상하, 왼쪽 대각선, 오른쪽 대각선 방향도 오목인지 체크해야 합니다.
이 부분은 너무 길어서 생략했습니다. 소스코드를 참고하세요.

오목이 완성되었을 때 호출되는 메소드입니다. 메시지박스를 띄워서 누가 이겼는지를 표시하고 ◆ 33~42
새로운 게임을 시작할지를 물어봅니다. Yes를 누르면 새로운 게임을 시작하는 NewGame()을 호
출합니다. No를 누르면 Close()를 호출하여 프로그램을 종료합니다.

새로운 게임을 시작하는 메소드입니다. 플래그의 값과 바둑판 배열을 초기화하고, 패널에 있는 ◆ 44~56
내용을 지운 후 바둑판을 다시 그려줍니다.

오목 프로그램 ⑦ – 수순 표시

- **학습 내용 :** 바둑돌 위에 수순을 표시하는 방법을 학습합니다.
- **힌트 내용 :** DrawString()를 사용합니다.

바둑돌 위에 숫자를 표시해서 어떤 순서로 게임이 진행되었는지 볼 수 있으면 좋겠지요? GDI+에서 글자를 쓸 때 사용하는 메소드는 DrawString()입니다. 사각형 안에 글자를 쓸 수 있는데, 우리는 바둑돌을 그리는 사각형 안 정중앙에 수순을 써주면 됩니다. 돌의 중앙에 글을 써주려면 StringFormat을 사용해야 합니다.

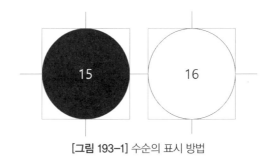

[그림 193-1] 수순의 표시 방법

수순을 기록하기 위해 Form1의 필드로 stoneCnt와 font를 다음과 같이 지정합니다.

```
int stoneCnt = 1;                      // 수순
Font font = new Font("맑은 고딕", 10);// 수순 출력용 폰트
```

panel1_MouseDown() 메소드 안에 검은돌과 흰돌을 그리는 곳에서 DrawStoneSequence() 메소드를 호출합니다. 수순이 항상 나타날 필요는 없습니다. 필요에 따라서 나타날 수 있도록 "수순" 메뉴에서 "수순 표시", "수순 표시 안함"이라고 서브 메뉴를 만들고 sequenceFlag를 만들어 사용합니다.

수순 표시를 위해 코드에서 추가되는 부분은 다음과 같습니다.

📁 File: A187_Omok/Form1.cs(일부)

```
1    ...
2    public partial class Form1 : Form
3    {
4      ...
5      int stoneCnt = 1; // 수순
6      Font font = new Font("맑은 고딕", 10);
7      private bool sequenceFlag;
8
9      private void panel1_MouseDown(object sender, MouseEventArgs e)
10     {
11       ...
12       // 검은돌 차례
13       if (flag == false)
14       {
15         if (imageFlag == false)
16           g.FillEllipse(bBrush, r);
17         else
18         {
19           Bitmap bmp = new Bitmap("../../Images/black.png");
20           g.DrawImage(bmp, r);
21         }
22         DrawStoneSequence(stoneCnt++, Brushes.White, r); // 추가
23         flag = true;
24         바둑판[x, y] = STONE.black;
25       }
26       else
27       {
28         if (imageFlag == false)
29           g.FillEllipse(wBrush, r);
30         else
31         {
32           Bitmap bmp = new Bitmap("../../Images/white.png");
33           g.DrawImage(bmp, r);
34         }
35         DrawStoneSequence(stoneCnt++, Brushes.Black, r); // 추가
```

```
36          flag = false;
37          바둑판[x, y] = STONE.white;
38        }
39        checkOmok(x, y);
40      }
41
42      private void DrawStoneSequence(int v, Brush color, Rectangle r)
43      {
44        if(sequenceFlag == true) {
45          StringFormat stringFormat = new StringFormat();
46          stringFormat.Alignment = StringAlignment.Center;
47          stringFormat.LineAlignment = StringAlignment.Center;
48          g.DrawString(v.ToString(), font, color, r, stringFormat);
49        }
50      }
51
52      private void 수순 표시ToolStripMenuItem_Click(object sender, EventArgs e)
53      {
54        sequenceFlag = true;
55      }
56
57      private void 수순 표시안함ToolStripMenuItem_Click(object sender, EventArgs e)
58      {
59        sequenceFlag = false;
60      }
61      ...
62  } // Form1
```

5~7 ◆ 수순을 위한 필드를 선언합니다. stoneCnt는 1부터 순서대로 증가하는 수순을 나타냅니다. font
는 수순을 표시하는 숫자 폰트입니다. sequenceFlag는 true일 때 수순을 표시하기 위한 플래그 변
수입니다.

22, 35 ◆ panel1_MouseDown() 메소드에서 바둑돌을 그린 후 해당하는 돌 반대색으로 수순을 표시하는
DrawStoneSequence() 메소드를 호출합니다.

42~50 ◆ sequenceFlag가 true일 때만 돌을 그리는 사각형의 중앙에 수순을 씁니다.

메뉴에서 수순 표시 항목을 클릭하면 sequenceFlag를 true로 바꿉니다.   ◆ 52~55

메뉴에서 수순 표시 안함 항목을 클릭하면 sequenceFlag를 false로 바꿉니다.   ◆ 57~60

이미지 표시 상태에서 수순 표시로 프로그램을 실행하면 다음과 같은 화면이 보입니다.

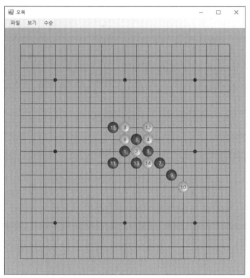

[그림 193-2] 수순이 표시되는 실행 화면

오목 프로그램 ⑧
– 게임 정보의 저장

• **학습 내용 :** 게임 내용을 파일에 저장하는 기능을 추가합니다.
• **힌트 내용 :** 새로운 파일에 Revive 클래스를 만들고 Revive 객체의 List를 사용합니다.

오목 게임의 내용을 파일에 저장하고 다시 불러와서 복기할 수 있는 기능을 만들겠습니다. 이 기능을 위해서 새로운 클래스를 만들고 List〈T〉를 사용합니다. 오목 게임을 복기하려면 어떤 순서로 바둑돌이 두어졌는지를 기억해야 합니다. 그래서 각 수마다 바둑판에서의 x, y 좌표와 흑/백, 그리고 수순을 기록합니다. 이를 위해 복기 클래스, Revive를 정의합니다. 새로운 클래스를 정의하는 방법은 그 클래스를 어디에 두는 가에 따라 세 가지 방법이 있습니다. (1) 같은 클래스 안에 정의 (2) 같은 파일의 클래스 바깥에 정의 (3) 다른 파일에 정의. 이중에서 3번째 방법으로 만들어 보겠습니다.

솔루션 탐색기의 프로젝트에서 마우스 오른쪽 버튼을 누르고 추가 – 클래스를 선택합니다. 클래스 파일의 이름을 복기라는 뜻으로 Revive.cs라고 하겠습니다. 만들어진 Revive.cs는 지금까지 작성해온 Form1.cs의 소스코드와 namespace를 공유합니다. 이 때문에 다른 파일에서도 Revive 클래스를 사용할 수 있습니다. Revive 클래스는 4개의 속성과 하나의 생성자를 갖습니다.

📁 **File: A187_Omok/Revive.cs**

```
1  namespace A187_Omok
2  {
3    class Revive  // 게임 저장과 복기를 위한 클래스
4    {
5      public int X { get; set; }
6      public int Y { get; set; }
7      public STONE Stone { get; set; }
8      public int Seq { get; set; }
9
10     public Revive(int x, int y, STONE s, int seq)
11     {
12       this.X = x;
```

```
13        this.Y = y;
14        this.Stone = s;
15        this.Seq = seq;
16      }
17    }
18 }
```

Revice 클래스의 정의입니다. ◆ **3**

4개의 속성입니다. ◆ **5~8**

생성자 메소드입니다. 좌표와 STONE, 수순을 매개변수로 객체를 생성합니다. ◆ **10~16**

이제부터 Form1.cs의 코드를 수정합니다. panel1_MouseDown() 이벤트처리 함수에서 복기 모드 가 아닐 때에는 바둑돌이 놓일 때마다 다음과 같이 lstRevive 리스트에 돌 정보를 하나씩 저장해 주어야 합니다. 검은돌과 흰돌 처리 부분에 각각 추가합니다. 이제 게임에서 바둑돌이 놓인 순서 대로 x, y 좌표, 돌색깔, 수순이 lstRevive 리스트에 저장됩니다. 복기 모드일 때는 새로운 돌을 그리는 것이 아니고 마우스를 클릭할 때마다 리스트 lstRevive에 저장되어 있는 돌의 정보를 가져와서 하나씩 그려주게 합니다.

```
lstRevive.Add(new Revive(x, y, STONE.black, stoneCnt));
lstRevive.Add(new Revive(x, y, STONE.white, stoneCnt));
```

192장에서 오목이 완성되었으면 MessageBox를 띄워 게임을 더할지 끝낼지를 묻는 부분이 있었습니다. 그 메소드의 제일 앞에 saveGame()을 호출하여 lstRevive에 저장된 데이터를 파일에 써줍니다.
Form1.cs 파일에서 추가되는 부분은 다음과 같습니다.

📁 **File: A187_Omok/Form1.cs**

```
1 ...
2 using System.IO;
3 using System.Text;
4
5 namespace A187_Omok
```

```
 6  {
 7    enum STONE { none, black, white };  // Form1 클래스 바깥에 정의
 8
 9    public partial class Form1 : Form
10    {
11      ...
12      int sequence = 0;          // 복기에 사용되는 순서
13      bool reviveFlag = false;   // 복기 모드인지를 알리는 플래그
14
15      List<Revive> lstRevive = new List<Revive>();   // 리스트
16      private string dirName;    // 게임을 저장하기 위한 디렉토리 이름
17
18      private void panel1_MouseDown(object sender, MouseEventArgs e)
19      {
20        ...
21        // 검은돌 차례
22        if (flag == false)
23        {
24          ...
25          DrawStoneSequence(stoneCnt++, Brushes.White, r);
26          lstRevive.Add(new Revive(x, y, STONE.black, stoneCnt)); // 추가
27          ...
28        }
29        else
30        {
31          ...
32          DrawStoneSequence(stoneCnt++, Brushes.Black, r);
33          lstRevive.Add(new Revive(x, y, STONE.white, stoneCnt)); // 추가
34          ...
35        }
36        checkOmok(x, y);
37      }
38
39      private void OmokComplete(int x, int y)
40      {
41        SaveGame();  // 추가
42        ...
```

```
43        }
44
45      private void SaveGame()
46      {
47        if (reviveFlag == true)   // 복기 모드에서는 저장하지 않습니다.
48          return;
49
50        string documentPath =
51          Path.Combine(Environment.ExpandEnvironmentVariables
52          ("%userprofile%"), "Documents").ToString();
53        dirName = documentPath + "/Omok/";
54
55        if (!Directory.Exists(dirName))
56          Directory.CreateDirectory(dirName);
57
58        string fileName = dirName + DateTime.Now.ToShortDateString()
59          + "-" + DateTime.Now.Hour + DateTime.Now.Minute + ".omk";
60        FileStream fs = new FileStream(filename, FileMode.Create);
61        StreamWriter sw = new StreamWriter(fs, Encoding.Default);
62
63        foreach (Revive item in lstRevive)
64        {
65          sw.WriteLine("{0} {1} {2} {3}", item.X, item.Y, item.stone, item.seq);
66        }
67        sw.Close();
68        fs.Close();
69      }
70      ...
71    } // Form1
72  }
```

파일 입출력에서 사용하도록 System.IO를 using에 추가합니다. ◆ 2

50번째 줄 Encoding 클래스를 사용하려면 System.Text를 using으로 추가합니다. ◆ 3

Revive 클래스에서도 STONE 열거형을 사용하므로 Form1.cs 파일에서 enum STONE은 Form1 ◆ 7
클래스 바깥으로 이동시킵니다.

12 ◆ 복기에 사용되는 수순를 나타내는 sequence 변수를 선언합니다.

13 ◆ 복기 모드인지를 알리는 reviveFlag를 선언합니다. reviveFlag는 보통 때는 false이지만 메뉴에서 복기 모드를 선택하면 true로 바뀌어 마우스를 클릭할 때마다 List〈Revive〉의 데이터를 하나씩 그려줍니다.

15 ◆ Revive 클래스의 리스트를 정의합니다. 돌이 하나 놓일 때마다 이곳에 순서와 함께 돌의 정보를 추가합니다.

16 ◆ 게임 정보 파일을 저장하는 디렉토리의 이름입니다.

26, 33 ◆ 돌이 놓일 때마다 lstRevive 리스트에 돌 정보를 하나씩 저장합니다. 검은돌과 흰돌 처리 부분에 각각 추가합니다.

41 ◆ OmokComplete() 메소드의 맨 앞에서 saveGame()을 호출하여 lstRevive에 저장된 데이터를 파일에 써주도록 합니다.

47~48 ◆ 복기 모드에서는 게임을 저장할 필요가 없으므로 그대로 return합니다.

50~53 ◆ 윈도우 시스템의 "문서" 폴더 경로를 documentPath에 할당합니다.

55~56 ◆ 처음 게임을 저장할 때는 Omok 폴더가 없으므로 만들어줍니다. 게임 결과를 문서 폴더 아래의 Omok에 저장합니다. dirName은 이 폴더의 이름입니다.

58~59 ◆ 파일 이름은 (현재 날짜+시간+분).omk으로 만듭니다.

60~68 ◆ FileStream과 StreamWriter를 생성하고 lstRevive 리스트의 아이템을 한 줄 씩 파일에 쓰고 StreamWriter와 FileStream을 닫습니다. 게임 정보가 파일에 저장됩니다.

오목 프로그램 ⑨ – 복기 기능

- **학습 내용:** 게임을 복기하는 기능을 추가합니다.
- **힌트 내용:** 저장된 파일을 OpenFileDialog로 불러와서 한 수씩 복기합니다.

저장된 오목 게임의 내용을 파일에서 불러와서 복기할 수 있는 기능을 만들겠습니다. 보통때는 마우스를 클릭할 때마다 바둑돌이 그려지지만 복기 모드에서는 마우스를 클릭할 때마다 한 수씩 복기하게 하려고 합니다. 그래서 파일 메뉴에 복기 항목을 추가합니다.

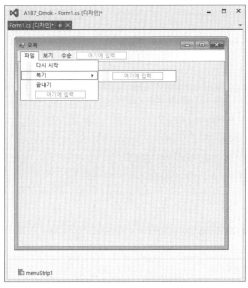

[그림 195-1] 메뉴에 복기 항목을 추가

복기 메뉴의 처리를 위해 Form1.cs 파일에서 추가되는 부분은 다음과 같습니다.

📁 File: A187_Omok/Form1.cs(일부)

```
1 ...
2 using System.IO;
3 using System.Text;
4
```

```
5   namespace A195_Omok
6   {
7     enum STONE { none, black, white };   // Form1 클래스 바깥에 정의
8
9     public partial class Form1 : Form
10    {
11      ...
12      private void panel1_MouseDown(object sender, MouseEventArgs e)
13      {
14        if (reviveFlag == true)
15        {
16          ReviveGame();
17          return;
18        }
19        ...
20      }
21
22      // 복기 리스트에 있는 내용을 하나씩 그려준다.
23      private void ReviveGame()
24      {
25        if(sequence < lstRevive.Count)
26          DrawAStone(lstRevive[sequence++]);
27      }
28
29      private void DrawAStone(Revive item)
30      {
31        int x = item.X;
32        int y = item.Y;
33        STONE s = item.Stone;
34        int seq = item.Seq;
35
36        Rectangle r = new Rectangle(margin + 눈Size * x - 돌Size / 2,
37          margin + 눈Size * y - 돌Size / 2, 돌Size, 돌Size);
38
39        if (s == STONE.black)
40        {
41          if (imageFlag == false)
```

```
42          g.FillEllipse(bBrush, r);
43        else
44        {
45          Bitmap bmp = new Bitmap("../../Images/black.png");
46          g.DrawImage(bmp, r);
47        }
48        DrawStoneSequence(seq, Brushes.White, r);
49        바둑판[x, y] = STONE.black;
50      }
51      else
52      {
53        if (imageFlag == false)
54          g.FillEllipse(wBrush, r);
55        else
56        {
57          Bitmap bmp = new Bitmap("../../Images/white.png");
58          g.DrawImage(bmp, r);
59        }
60        DrawStoneSequence(seq, Brushes.Black, r);
61        바둑판[x, y] = STONE.white;
62      }
63      checkOmok(x, y);
64    }
65
66    // 저장된 파일을 읽고 수순대로 복기
67    private void 복기ToolStripMenuItem_Click(object sender, EventArgs e)
68    {
69      OpenFileDialog ofd = new OpenFileDialog();
70      ofd.InitialDirectory = dirName;
71      ofd.Filter = "Omok files(*.omk)|*.omk";
72      ofd.ShowDialog();
73      string fileName = ofd.FileName;
74      sequenceFlag = true;
75
76      InitializeOmok(); // 현재 게임 중이라면 초기화
77
78      try
```

```
79          {
80              StreamReader r = File.OpenText(fileName);
81              string line = "";
82
83              // 파일 내용을 한줄씩 읽어서 lstRevive 리스트에 넣는다.
84              while ((line = r.ReadLine()) != null)
85              {
86                  string[] items = line.Split(' ');
87                  Revive rev = new Revive(
88                      int.Parse(items[0]), int.Parse(items[1]),
89                      items[2] == "black" ? STONE.black : STONE.white,
90                      int.Parse(items[3]));
91                  lstRevive.Add(rev);
92              }
93              r.Close();
94          }
95          catch (Exception ex)
96          {
97              MessageBox.Show(ex.Message);
98          }
99
100         reviveFlag = true; // 복기 준비
101         sequence = 0;      // 복기 수순 초기화
102     }
103
104     private void InitializeOmok()
105     {
106         flag = false;          // 검은돌부터 시작
107         reviveFlag = false;    // 복기 모드 false
108         Clear바둑판();
109         lstRevive.Clear();
110         stoneCnt = 1;
111         panel1.Refresh();
112         DrawBoard();
113     }
114
115     private void Clear바둑판()
```

```
116    {
117      for (int x = 0; x < 19; x++)
118        for (int y = 0; y < 19; y++)
119          바둑판[x, y] = STONE.none;
120    }
121
122    private void 다시시작ToolStripMenuItem_Click(object sender, EventArgs e)
123    {
124      InitializeOmok();
125    }
126    ...
127    } // Form1
```

panel1_MouseDown() 메소드의 맨 앞부분에서 reviveFlag를 체크하여 true이면 ReviveGame()을 ◆ 12~20
호출합니다.

ReviveGame() 메소드에서는 lstRevive 리스트의 요소를 하나씩 처리합니다. sequence 값을 글로 ◆ 23~27
벌 변수로 하여 하나의 요소가 처리할 때마다 다음 요소를 가리키도록 증가시킵니다.

DrawAStone() 메소드는 리스트 요소에 저장된 정보에 따라 바둑판 위에 바둑돌 하나를 그려주 ◆ 29~64
게 됩니다. 바둑돌을 그리고 수순을 표시하는 과정은 복기 모드가 아닐 때 panel1_MouseDown()
메소드에서 처리되는 내용과 유사합니다. 다만 복기 모드에서는 리스트에 저장하지 않는다는 점
이 다릅니다.

메뉴에서 복기 항목을 선택할 때 실행되는 메소드입니다. ◆ 67

OpenFileDialog 객체 ofd를 생성하고 InitialDirectory와 Filter 설정에 의해 Data 폴더를 엽니다. ◆ 69~74
파일을 선택하면 fileName에 파일 이름을 저장합니다. 복기 모드에서는 항상 수순이 표시되도록
sequenceFlag를 true로 설정합니다.

게임 중에 복기 메뉴를 선택할 수 있습니다. 따라서 게임을 초기화합니다. ◆ 76

try~catch 문을 사용하여 fileName으로 지정된 파일을 text 형태로 읽어들이는 StreamReader r을 ◆ 78~98
생성합니다. 파일 내용을 한 줄씩 읽어들여 Split() 메소드로 분리하여 items[] 배열에 저장합니
다. items[] 배열의 4개 요소를 매개변수로 하여 Revive 클래스의 생성자에서 객체 rev를 생성하
고 lstRevive에 저장합니다.

100~101 ◆ 복기를 위해 reviveFlag를 true로 바꾸고, sequence를 0으로 세팅합니다.

104~113◆ InitializeOmok() 메소드입니다. 새로운 게임이 시작되도록 플래그 변수들을 초기 상태로 설정하고 Clear바둑판() 메소드를 호출하여 바둑판 [19,19] 배열을 초기화합니다. panel1을 지우고 바둑판을 새로 그립니다.

122◆ 메뉴의 파일 – 다시 시작 항목을 선택할 때 실행되는 메소드입니다.

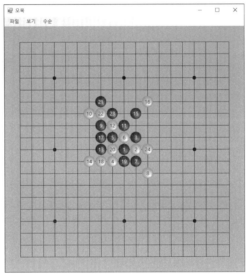

[그림 195–2] 복기 모드의 실행 화면

오목 프로그램 ⑩ – 중복 제거

- **학습 내용 :** 코드에서 중복된 부분을 없앱니다.
- **힌트 내용 :** lstRevive를 이용하면 중복된 부분을 많이 줄일 수 있습니다.

오목 프로그램이 완성되었습니다. 오목 프로그램의 자료구조는 두 가지가 사용되었습니다. 하나는 바둑판 [19,19]로 오목을 판정할 때 사용되는 STONE형의 이차원 배열이고 또 다른 하나는 복기 기능에서 사용하는 수순을 포함하는 Revive 객체의 리스트 lstRevive입니다. 복기 프로그램에서 작성한 ReviveGame() 메소드에서 호출하는 DrawAStone() 메소드는 Revive 객체를 매개변수로 하여 돌 하나를 바둑판 위에 그려줍니다. DrawAStone() 메소드를 이용하여 panel1_MouseDown() 메소드와 panel1.Paint()에서 호출하는 DrawStones() 메소드에서 중복된 코드를 없앨 수 있습니다.

📁 **File: A187_Omok/Form1.cs**

```
1    private void panel1_MouseDown(object sender, MouseEventArgs e)
2    {
3      if (reviveFlag == true)
4      {
5        ReviveGame();
6        return;
7      }
8
9      // e.X는 픽셀 단위, x는 바둑판 좌표
10     int x = (e.X - margin + 눈Size / 2) / 눈Size;
11     int y = (e.Y - margin + 눈Size / 2) / 눈Size;
12
13     if (바둑판[x, y] != STONE.none)
14       return;
15
16     STONE stoneColor;
17
```

```
18        if (flag == false) // 검은돌 차례
19        {
20          stoneColor = STONE.black;
21          flag = true;
22        }
23        else
24        {
25          stoneColor = STONE.white;
26          flag = false;
27        }
28        Revive aStone = new Revive(x, y, stoneColor, stoneCnt++);
29        lstRevive.Add(aStone);
30        DrawAStone(aStone);
31     }
32
33     private void DrawStones()
34     {
35        foreach (var stone in lstRevive)
36        {
37          DrawAStone(stone);
38        }
39     }
```

16 ◆ 마우스가 클릭될 때 검은돌과 흰돌이 번갈아 표시됩니다. flag이 false이면 검은돌, true이면 흰돌
이 그려집니다. 해당 돌의 색을 표현하기 위해 stoneColor 변수를 선언합니다.

18~27 ◆ flag가 false이면 stoneColor을 STONE.black으로 설정하고 flag의 상태를 바꿉니다. flag가 true이
면 stoneColor을 STONE.white로 설정하고 flag의 상태를 바꿉니다.

28~30◆ 바둑판 좌표 x, y와 stoneColor, stoneCnt를 매개변수로 하는 생성자 메소드를 호출하여 Revive
객체 aStone을 생성합니다. 이 객체를 lstRevive에 추가하고 돌을 그려주는 DrawAStone() 메소드
를 호출합니다.

33~39◆ DrawStones() 메소드는 OnPaint()에서 바둑돌을 다시 그릴 때 호출됩니다. lstRevive를 이용하여
돌을 그려주면 됩니다.

아두이노 센서 모니터링 ①
– 아두이노와 디자인

- **학습 내용 :** 아두이노에서 조도센서의 값을 시리얼 통신으로 C# 프로그램에 보냅니다.
- **힌트 내용 :** 아두이노 회로를 만듭니다.

IoT 세상입니다. 특히 아두이노와 라즈베리파이가 등장한 이래 누구나 쉽게 센서를 이용한 데이터 획득 장치를 만들 수 있게 되었고, 이를 PC나 클라우드에 저장하여 다양한 서비스가 가능하게 할 수 있습니다. 이번에는 아두이노에 연결된 조도 센서의 값을 시리얼 통신으로 PC에 전달하여 화면에 표시하고 DB에 저장하여 활용할 수 있게 하는 센서 모니터링 프로그램을 만들겠습니다. [그림 197-1]에 프로그램의 동작 모습과 주요 컨트롤을 표시했습니다.

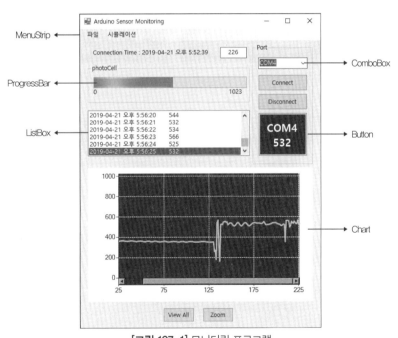

[그림 197-1] 모니터링 프로그램

[그림 197-2]는 아두이노 회로 모습입니다. 아두이노의 5V 전압소스와 접지 사이에 조도센서와 저항을 직렬로 연결합니다. 즉, 5V – 조도센서 – 저항 – 접지의 순서로 직렬연결하고 조도센서와 저항 사이의 점에서 전선을 연결하여 ANALOG IN A0에 연결합니다.

조도센서는 PhotoCell 또는 CDS라고도 하며 조도에 따라 저항이 변화하는 가변 저항입니다. 밝으면 저항이 작아지고, 어두우면 저항이 커집니다. 조도센서와 저항을 직렬로 연결하고 그 사이 노드의 전압을 읽으면 전압분배 회로가 됩니다. 조도가 밝아지면 조도센서의 값이 작아져서 저항에 걸리는 전압이 커지고 반대로 조도가 낮아져서 조도센서의 값이 커지면 저항에 걸리는 전압이 작아집니다.

[그림 197-2] 아두이노 회로

[그림 197-3] 아두이노 프로그램

[그림 197-3]의 아두이노 프로그램은 analogRead(A0)로 아날로그 입력 A0의 값을 읽어 Serial.println()으로 출력합니다. delay(1000)에 의해 1초에 한번씩 시리얼 통신으로 보내줍니다.

C# 코드에서 시리얼 통신으로 아두이노에서 보내주는 값을 읽어서 처리합니다. 시리얼 통신으로 값이 들어올 때 발생하는 이벤트 처리 메소드, SPort_Data_Received()에서 그래프를 그리고 DB에 값을 저장합니다.

아두이노 센서 모니터링 ②
– 센서데이터 클래스

- **학습 내용 :** SensorData 클래스와 Form1 생성자 메소드를 만듭니다.
- **힌트 내용 :** 콤보박스, 프로그레스바, 차트를 준비합니다.

센서데이터를 위한 클래스 SensorData와 Form1의 생성자 메소드를 만듭니다. 센서데이터 클래스는 솔루션 탐색기의 프로젝트에서 마우스 오른쪽 버튼을 클릭하여 추가 – 클래스를 선택합니다.

📁 **File: A197_ArduinoSensorMonitoring/SensorData.cs**

```
1 using System;
2
3 namespace A197_ArduinoSensorMonitoring
4 {
5   internal class SensorData
6   {
7     public string Date { get; set; }
8     public string Time { get; set; }
9     public int Value { get; set; }
10
11     public SensorData(string date, string time, int value)
12     {
13       this.Date = date;
14       this.Time = time;
15       this.Value = value;
16     }
17   }
18 }
```

SensorData 클래스의 시작입니다. 디폴트로 internal 클래스가 만들어집니다. ◆ 5

문자열 Date와 Time, 정수 Value를 속성으로 만듭니다. ◆ 7~9

11~16 ◆ SensorDate의 생성자 메소드입니다.

Form1.cs 파일에서 프로그램을 작성합니다.

📁 File: A197_ArduinoSensorMonitoring/Form1.cs(일부)

```
1  using System;
2  using System.Collections.Generic;
3  using System.Drawing;
4  using System.IO.Ports;
5  using System.Windows.Forms;
6  using System.Windows.Forms.DataVisualization.Charting;
7
8  namespace A197_ArduinoSensorMonitoring
9  {
10   public partial class Form1 : Form
11   {
12     SerialPort sPort;
13     private double xCount = 200;  // 차트에 보여지는 데이터 개수
14     List<SensorData> myData = new List<SensorData>();   // 리스트 자료구조
15
16     public Form1()
17     {
18       InitializeComponent();
19
20       // ComboBox
21       foreach (var ports in SerialPort.GetPortNames())
22       {
23         comboBox1.Items.Add(ports);
24       }
25       comboBox1.Text = "Select Port";
26
27       // 아두이노의 A0에서 받는 값의 범위 표시
28       progressBar1.Minimum = 0;
29       progressBar1.Maximum = 1023;
30
31       // 차트 모양 세팅
```

```
32        ChartSetting();
33
34        // 숫자 버튼
35        button1.BackColor = Color.Blue;
36        button1.ForeColor = Color.White;
37        button1.Text = "";
38        button1.Font = new Font("맑은 고딕", 16, FontStyle.Bold);
39
40        label1.Text = "Connection Time : ";
41        textBox1.TextAlign = HorizontalAlignment.Center;
42        btnConnect.Enabled = false;
43        btnDisconnect.Enabled = false;
44    }
45
46    private void ChartSetting()
47    {
48      chart1.ChartAreas.Clear();
49      chart1.ChartAreas.Add("draw");
50      chart1.ChartAreas["draw"].AxisX.Minimum = 0;
51      chart1.ChartAreas["draw"].AxisX.Maximum = xCount;
52      chart1.ChartAreas["draw"].AxisX.Interval = xCount / 4;
53      chart1.ChartAreas["draw"].AxisX.MajorGrid.LineColor = Color.White;
54      chart1.ChartAreas["draw"].AxisX.MajorGrid.LineDashStyle =
55          ChartDashStyle.Dash;
56
57      chart1.ChartAreas["draw"].AxisY.Minimum = 0;
58      chart1.ChartAreas["draw"].AxisY.Maximum = 1024;
59      chart1.ChartAreas["draw"].AxisY.Interval = 200;
60      chart1.ChartAreas["draw"].AxisY.MajorGrid.LineColor = Color.White;
61      chart1.ChartAreas["draw"].AxisY.MajorGrid.LineDashStyle =
62          ChartDashStyle.Dash;
63
64      chart1.ChartAreas["draw"].BackColor = Color.Blue;
65      chart1.ChartAreas["draw"].CursorX.AutoScroll = true;
66
67      chart1.ChartAreas["draw"].AxisX.ScaleView.Zoomable = true;
68      chart1.ChartAreas["draw"].AxisX.ScrollBar.ButtonStyle =
```

```
69              ScrollBarButtonStyles.SmallScroll;
70      chart1.ChartAreas["draw"].AxisX.ScrollBar.ButtonColor =
71          Color.LightSteelBlue;
72
73      chart1.Series.Clear();
74      chart1.Series.Add("PhotoCell");
75      chart1.Series["PhotoCell"].ChartType = SeriesChartType.Line;
76      chart1.Series["PhotoCell"].Color = Color.LightGreen;
77      chart1.Series["PhotoCell"].BorderWidth = 3;
78      if (chart1.Legends.Count > 0)
79        chart1.Legends.RemoveAt(0);
80    }
81  }
82 }
```

4 ◆ SerialPort 클래스를 사용하기 위해 System.IO.Ports를 using으로 추가합니다.

6 ◆ Chart 컨트롤을 사용하기 위해 System.Windows.Forms.DataVisualization.Charting을 using으로 추가합니다.

12~14 ◆ Form1 클래스의 필드로 sPort, xCount와 SensorData의 리스트인 myData를 만듭니다.

16~44 ◆ Form1 클래스의 생성자 메소드입니다.

21~25 ◆ 오른쪽 상단에 있는 콤보박스는 지금 컴퓨터에서 사용할 수 있는 포트의 이름을 표시합니다. 컴퓨터의 포트 이름은 SerialPort.GetPortNames() 메소드로 가져올 수 있습니다. 이 메소드의 리턴값은 스트링 배열입니다. 스트링 배열의 각 원소를 콤보박스의 Items에 추가하고 콤보박스에는 "Select Port"라고 표시합니다.

28~29 ◆ ProgressBar의 최소값과 최대값을 표시합니다. 아두이노의 아날로그 포트는 0~1023까지의 값을 가질 수 있습니다.

32 ◆ 차트의 모양을 지정하는 ChartSetting() 메소드를 호출합니다.

35~38 ◆ 차트 위 오른쪽에 있는 큰 버튼은 시리얼 포트에서 읽어 들인 값을 표시하는 용도입니다. 배경색과 폰트 모양을 지정합니다.

label1은 "Connection Time : "이라고 표시합니다. textBox1을 중앙 정렬하고 초기에 btnConnect
와 btnDisconnect는 비활성화시킵니다.
◆ 40~43

ChartSetting() 메소드에서 x축과 y축의 최소, 최대, 간격, 선 모양을 지정합니다.
◆ 46~62

차트의 배경색을 파란색으로 하고 x축의 자동 스크롤을 true로 세팅합니다.
◆ 64~65

x축의 zoomable을 true로 하고 스크롤바의 버튼 모양을 지정합니다.
◆ 67~71

차트의 시리즈를 추가합니다. 시리즈는 차트에 표시되는 데이터이고 그래프 하나로 표시됩니다.
그래프 타입을 선그래프로 하고, 선의 색깔, 두께를 지정합니다. 범례는 없앱니다.
◆ 73~79

지금까지 코딩한 프로그램을 실행시키면 다음의 화면이 나타납니다. Select Port라고 표시된 콤
보박스를 누르면 현재 컴퓨터에서 사용할 수 있는 시리얼 포트들을 볼 수 있습니다.

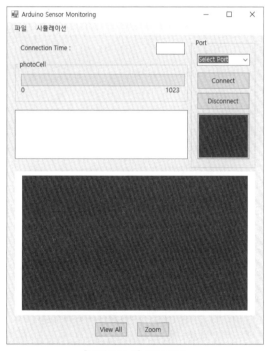

[그림 198-1] 실행 화면

아두이노 센서 모니터링 ③ – 시리얼 통신

- **학습 내용:** 시리얼 포트에서 값을 받아 처리하는 프로그램을 작성합니다.
- **힌트 내용:** 시리얼 포트의 DataReceived 이벤트를 사용합니다.

콤보박스에서 통신포트를 선택하면 데이터를 받아서 리스트박스와 차트에 표시하는 부분을 설명합니다. ... 표시는 앞에서 작성한 코드입니다.

📁 **File: A197_ArduinoSensorMonitoring/Form1.cs(일부)**

```
1 using ...
2
3 namespace A197_ArduinoSensorMonitoring
4 {
5   public partial class Form1 : Form
6   {
7     SerialPort sPort;
8     private double xCount = 200;  // 차트에 보여지는 데이터 개수
9     List<SensorData> myData = new List<SensorData>();    // 리스트 자료구조
10
11    public Form1() ...
12    private void ChartSetting() ...
13
14    private void comboBox1_SelectedIndexChanged(object sender, EventArgs e)
15    {
16      ComboBox cb = sender as ComboBox;
17      sPort = new SerialPort(cb.SelectedItem.ToString());
18      sPort.Open();
19      sPort.DataReceived += SPort_DataReceived;
20
21      label1.Text = "Connection Time : " + DateTime.Now.ToString();
22    }
23
```

```
24      // 시리얼 포트의 Data_Received 이벤트
25      private void SPort_DataReceived(object sender,
26          SerialDataReceivedEventArgs e)
27      {
28        string s = sPort.ReadLine();
29        this.BeginInvoke((new Action(delegate { ShowValue(s); })));
30      }
31
32      // 시리얼 포트로 받은 값을 보여주는 delegate 메소드
33      private void ShowValue(string s)
34      {
35        int v = Int32.Parse(s);
36        if (v < 0 || v > 1023)  // 처음 시작할 때 이상한 값이 들어오는 경우
37          return;
38
39        SensorData data = new SensorData(
40          DateTime.Now.ToShortDateString(),
41          DateTime.Now.ToString("HH:mm:ss"), v);
42        myData.Add(data);
43        DBInsert(data);    // 다음 장에서 추가
44
45        textBox1.Text = myData.Count.ToString();      // myData의 개수를 표시
46        progressBar1.Value = v;
47
48        // ListBox에 시간과 값을 표시
49        string item = DateTime.Now.ToString() + "\t" + s;
50        listBox1.Items.Add(item);
51        listBox1.SelectedIndex = listBox1.Items.Count - 1;
52
53        // Chart 표시
54        chart1.Series["PhotoCell"].Points.Add(v);
55
56        // zoom을 위해 200개까지는 기본으로 표시
57        // 데이터 개수가 많아지면 200개만 보이지만, 스크롤 나타남
58        chart1.ChartAreas["draw"].AxisX.Minimum = 0;
59        chart1.ChartAreas["draw"].AxisX.Maximum
60          = (myData.Count >= xCount) ? myData.Count : xCount;
```

```
61
62        // change chart range : Zoom 사용
63        if (myData.Count > xCount)
64        {
65          chart1.ChartAreas["draw"].AxisX.ScaleView.Zoom(
66              myData.Count - xCount, myData.Count);
67        }
68        else
69        {
70          chart1.ChartAreas["draw"].AxisX.ScaleView.Zoom(0, xCount);
71        }
72        btnPortValue.Text = sPort.PortName + "\n" + s;
73      }
74
75      private void btnDisconnect_Click(object sender, EventArgs e)
76      {
77        sPort.Close();
78        btnConnect.Enabled = true;
79        btnDisconnect.Enabled = false;
80      }
81
82      private void btnConnect_Click(object sender, EventArgs e)
83      {
84        sPort.Open();
85        btnConnect.Enabled = false;
86        btnDisconnect.Enabled = true;
87      }
88
89    }
90 }
```

14~22 ◆ 콤보박스에서 포트를 설정하면 실행되는 이벤트 처리 메소드입니다. sender를 ComboBox cb로
받습니다. 시리얼 포트 객체 sPort를 콤보박스에서 선택한 포트 이름으로 생성하고 열어줍니다.
DataReceived 이벤트 SPort_DataReceived를 지정합니다. 이때 시간을 label1에 표시합니다.

시리얼 포트에서 데이터를 받으면 호출되는 이벤트입니다. 시리얼 포트에서 받은 데이터를 sPort.ReadLine()으로 문자열로 저장하고 델리게이트 메소드 ShowValue(s)를 호출합니다.

◆ 25~30

델리게이트 메소드 ShowValue()입니다. 이 메소드에서 화면의 여러 곳에 값을 표시해주고 데이터베이스에 값을 저장합니다.

◆ 33

문자열 s를 정수로 바꿉니다. 이 값은 아두이노의 아날로그 포트 값이므로 0~1023 사이의 값이어야 합니다. 이 범위를 넘어서면 신뢰할 수 없는 값이므로 처리하지 않고 리턴합니다.

◆ 35

SensorData 객체 data를 오늘 날짜, 현재 시간, 시리얼 통신으로 받은 값으로 생성하고 myData 리스트에 추가합니다.

◆ 39~42

DBInsert() 메소드를 호출합니다. 이곳에서 DB에 센서 데이터를 저장합니다. DB와 관련된 내용은 다음 장에서 설명합니다.

◆ 43

textBox1에 지금까지 myData에 저장된 데이터의 개수를 표시합니다.

◆ 45

progressBar1의 Value 속성을 지금 받은 데이터 값으로 설정하여 표시합니다.

◆ 46

현재 시간과 받은 값을 리스트박스에 표시합니다. 이때 SelectedIndex의 값을 listBox1.Items. Count−1로 설정하면 데이터 개수가 리스트박스를 넘어갈 때 스크롤바를 통해 가장 나중에 들어온 값이 보입니다.

◆ 49~51

차트의 "PhotoCell" 시리즈에 값을 추가합니다. 차트에 값이 표시됩니다.

◆ 54

차트에는 200개의 값을 표시할 수 있는데 200개가 넘어서면 x축의 Maximum을 myData 리스트의 숫자로 설정합니다.

◆ 56~60

차트에 표시할 데이터의 범위를 설정합니다. myData 리스트에 저장된 값이 200개보다 크면 나중에 들어간 200개의 데이터를 Zoom()에 설정합니다. 200개보다 작으면 0~200까지를 Zoom()으로 설정합니다.

◆ 63~71

btnPortValue 버튼에 포트 번호와 포트에서 들어온 값을 표시합니다.

◆ 72

"Disconnect" 버튼이 활성화되어 있을 때 버튼을 클릭하면 수행되는 메소드입니다. 즉 데이터를 받고 있는 상태에서 이 버튼을 누르면 sPort를 Close하고 Connect와 Disconnect 버튼의 활성화 상태를 바꾸어 줍니다.

◆ 75~80

"Connect" 버튼이 활성화되어 있을 때 클릭하면 수행되는 메소드입니다. 이 버튼은 데이터를 받다가 Disconnect한 후 다시 받고자 할 때 사용합니다. sPort를 Open하고 Connect와 Disconnect 버튼의 활성화 상태를 바꾸어 줍니다.

지금 상태에서 프로그램을 실행하면 [그림 199-1]과 같이 1초에 한 번씩 아두이노에서 데이터를 받아 프로그램에 표시합니다. 데이터를 파일이나 데이터베이스에 저장하고 다시 불러오는 프로그램이 추가되어야 합니다.

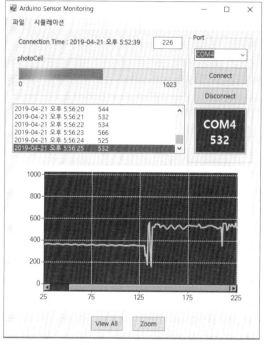

[그림 199-1] 실행 화면

아두이노 센서 모니터링 ④ – 데이터베이스

실무
200

- **학습 내용:** 조도센서의 값을 데이터베이스에 저장하는 방법을 학습합니다.
- **힌트 내용:** MS SQL Server 데이터베이스를 사용합니다.

데이터베이스에 센서 데이터를 저장하는 부분을 만들겠습니다. 또한 아두이노가 없다면 시뮬레이션 모드에서 시리얼 통신 대신 랜덤값을 만들어서 처리하는 부분을 프로그램합니다. 데이터베이스는 로컬 SQL Server를 사용하고 다음과 같은 순서로 생성합니다.

(1) 프로젝트에서 마우스 오른쪽 버튼을 누르고 추가 – 새 항목 – 서비스 기반 데이터베이스를 선택한 후, SensorData.mdf로 이름을 바꾸어 데이터베이스를 추가합니다.

(2) 프로젝트에 만들어진 SensorData.mdf 파일에 마우스 오른쪽 버튼을 누르고 열기를 선택하면 서버 탐색기 창이 나타납니다. 데이터 연결의 하부에 있는 SendorData.mdf를 확장하고 테이블에서 마우스 오른쪽 버튼을 누르고 새 테이블 추가를 선택합니다.

(3) [그림 200-1]과 같은 데이터베이스 디자인 창에서 Id, Date, Time, Value 필드를 만들고 테이블 이름을 SensorTable로 저장합니다. 이때 Id 칼럼을 선택하고 속성창에서 ID 사양 – (ID 여부)를 True로 바꿉니다. 그러면 이 칼럼은 데이터가 추가될 때마다 자동으로 1씩 증가하게 됩니다.

(4) 서버 탐색기에서 새로고침을 하면 [그림 200-2]와 같이 지금 만든 테이블과 필드를 볼 수 있습니다. 이제 프로그램에서 이 데이터베이스를 사용할 준비가 되었습니다.

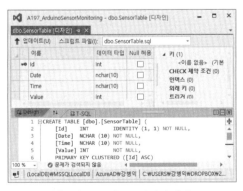

[그림 200-1] DB 디자인 화면

[그림 200-2] 서버 탐색기에서 SensorTable 확인

```
1  using ...
2  using System.Data.SqlClient;
3
4  namespace A197_ArduinoSensorMonitoring
5  {
6    public partial class Form1 : Form
7    {
8      SerialPort sPort;
9      private double xCount = 200;  // 차트에 보여지는 데이터 개수
10     List<SensorData> myData = new List<SensorData>();
11
12     string connString = @"Data Source=" +
13         "(LocalDB)\MSSQLLocalDB;AttachDbFilename=" +
14         "C:[파일경로]\SensorData.mdf;" Integrated Security=True";
15
16     public Form1() ...
17     private void ChartSetting() ...
18     private void comboBox1_SelectedIndexChanged(object sender,
19       EventArgs e)...
20     private void SPort_DataReceived(object sender,
21       SerialDataReceivedEventArgs e) ...
22
23     private void ShowValue(string s)
24     {
25       ...
26       // 숫자 버튼 표시
27       if(simulationFlag == false)
28         btnPortValue.Text = sPort.PortName + "\n" + s;
29       else
30         btnPortValue.Text = s;
31     }
32
33     private void btnDisconnect_Click(object sender, EventArgs e) ...
34     private void btnConnect_Click(object sender, EventArgs e) ...
35
```

```
36     // SensorData를 DB에 저장
37     private void DBInsert(SensorData data)
38     {
39       string sql = string.Format("Insert into SensorTable" +
40         "(Date, Time, Value) Values('{0}','{1}',{2})",
41         data.Date, data.Time, data.Value);
42
43       using (SqlConnection conn = new SqlConnection(connString))
44       using (SqlCommand comm = new SqlCommand(sql, conn))
45       {
46         conn.Open();
47         comm.ExecuteNonQuery();
48       }
49     }
50
51     private void btnViewAll_Click(object sender, EventArgs e)
52     {
53       chart1.ChartAreas["draw"].AxisX.Minimum = 0;
54       chart1.ChartAreas["draw"].AxisX.Maximum = myData.Count;
55       chart1.ChartAreas["draw"].AxisX.ScaleView.Zoom(0, myData.Count);
56       chart1.ChartAreas["draw"].AxisX.Interval = myData.Count / 4;
57     }
58
59     private void btnZoom_Click(object sender, EventArgs e)
60     {
61       chart1.ChartAreas["draw"].AxisX.Minimum = 0;
62       chart1.ChartAreas["draw"].AxisX.Maximum = myData.Count;
63       chart1.ChartAreas["draw"].AxisX.ScaleView.Zoom(
64         myData.Count - xCount, myData.Count);
65       chart1.ChartAreas["draw"].AxisX.Interval = xCount / 4;
66     }
67
68     Timer t = new Timer();
69     Random r = new Random();
70     private bool simulationFlag;
71
72     private void 시작ToolStripMenuItem_Click(object sender, EventArgs e)
```

```
73        {
74            simulationFlag = true;
75            t.Interval = 1000;
76            t.Tick += T_Tick;
77            t.Start();
78        }
79
80        private void T_Tick(object sender, EventArgs e)
81        {
82            int value = r.Next(1024);
83            ShowValue(value.ToString());
84        }
85
86        private void 끝ToolStripMenuItem_Click(object sender, EventArgs e)
87        {
88            t.Stop();
89            simulationFlag = false;
90        }
91    }
92 }
```

2 ◆ 데이터베이스를 사용하기 위해 SqlClient를 using 문으로 추가합니다.

12~14 ◆ 서버 탐색기에서 SensorData.mdf를 선택하고 속성창에서 복사해온 연결 문자열을 사용합니다.
여기서 [파일경로] 부분은 사용하는 컴퓨터마다 다르게 나타납니다.

23~31 ◆ ShowValue() 메소드의 맨 아래 부분에서 simulationFlag가 true이면 sPort가 null이므로 sPort를 사
용하지 않도록 코드를 수정합니다. 시뮬레이션 부분은 68번째 줄부터 설명합니다.

37~49 ◆ DBInsert() 메소드입니다. 문자열 sql에 DB의 SensorTable에 센서 데이터를 추가하는 INSERT
INTO 문을 만듭니다. 날짜, 시간, 값을 추가합니다. using 문으로 conn 객체를 생성합니다.
using 블록이 끝나면 생성된 conn은 자동으로 없어지므로 conn을 Close()할 필요가 없습니다.

SqlCommand 객체 comm을 생성한 후, conn을 열고, comm을 수행합니다.

51~57 ◆ ViewAll 버튼이 클릭될 때 실행되는 메소드입니다. x축의 Zoom 범위를 0부터 myData.Count로
하여 전체 데이터가 차트에 표시되게 합니다.

Zoom 버튼이 클릭될 때 실행되는 메소드입니다. x축의 Zoom 범위를 맨 뒤에서 앞으로 200개로 지정하여 차트에 표시합니다. 이 경우는 스크롤 할 수 있습니다. ◆ 59~66

이제부터는 시뮬레이션 부분을 처리합니다. 아두이노가 없다면 시리얼 통신이 불가능하여 이 프로그램은 동작하지 않습니다. 아누이노가 없는 분들을 위해 시뮬레이션 프로그램을 작성하겠습니다. 메뉴에 시뮬레이션 항목이 있는데 "시작" 메뉴를 선택하면 시리얼 통신 대신 타이머를 사용하여 1초에 한 번씩 랜덤하게 0~1023까지의 값을 만들고 이를 센서 데이터 대신 사용하도록 합니다.

1초에 한 번씩 랜덤값을 만들기 위해 타이머 t를 생성하고 랜덤 객체 r을 생성합니다. ◆ 68~70
simulationFlag를 사용하여 시리얼 포트를 사용하는 코드 부분을 수정합니다.

시뮬레이션 메뉴의 "시작"을 선택하면 수행되는 메소드입니다. simulationFlag를 true로 바꾸고 ◆ 72~78
1초에 한번씩 작동하는 타이머를 시작합니다.

틱 메소드입니다. 랜덤 숫자를 만들어 ShowValue() 메소드를 호출합니다. ◆ 80~84

시뮬레이션 메뉴의 "끝"을 선택하면 수행되는 메소드입니다. 타이머를 중지시키고 simulationFlag ◆ 86~90
를 false로 바꿉니다.

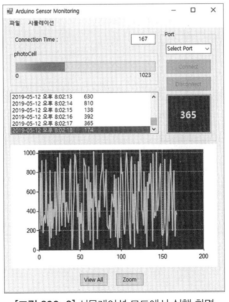

[그림 200-3] 시뮬레이션 모드에서 실행 화면

[그림 200-3]은 시뮬레이션 모드에서 실행되는 모습입니다. 시리얼 통신으로 전달받는 센서 값이 아니라 1초에 한 번씩 만들어지는 랜덤 숫자라는 점만 다르고 나머지 동작은 모두 같습니다.

이 소스 코드에서는 DB에 데이터를 저장하는 부분만 만들었습니다. 저장된 데이터를 가져와서 처리하는 부분은 필요에 따라 추가합니다. [그림 200-4]는 서버 탐색기에서 SensorTable을 마우스 오른쪽 버튼으로 클릭하고 "테이블 데이터 표시" 메뉴를 선택하면 나타나는 내용입니다. 프로그램에 의해 저장된 데이터베이스의 내용을 확인할 수 있습니다.

[그림 200-4] 데이터베이스에 저장된 내용

찾아보기